LZ 007562

Fran Dorf
Die Totdenkerin

SERIE PIPER

Zu diesem Buch

»Ich bin mit zusätzlichen Sinnen ausgestattet geboren worden. Ich kann hören, was die Leute denken.« Die schöne und reiche Laura stürzt die Vernehmungsbeamten in zunehmende Verwirrung. Sie besteht darauf, einen Mord begangen zu haben, obwohl die Zeugin einen Mann gesehen hat. Sie kennt die Zahl der Messerstiche, mit denen die Frau umgebracht wurde, und sie hat – vielleicht – ein Motiv. Aber sonst gibt es keine Hinweise, daß Laura tatsächlich die Täterin war. Ein Fall von Schizophrenie? Mysteriöse Geschehnisse und die parapsychologischen Fähigkeiten dieser geheimnisvollen Frau stellen die Ermittler vor ein Rätsel. Als der Psychiater David Lauras ungewöhnliche geistige Fähigkeiten untersucht, verliebt er sich rettungslos in seine Patientin … Ein raffinierter Psychothriller der Bestsellerautorin Fran Dorf.

Fran Dorf studierte Psychologie an der Universität von New York und lebt heute mit ihrer Familie in Connecticut. Auf deutsch erschienen außerdem »Der lange Schlaf« (1994), und »Dämonenlied« (2001).

Fran Dorf
Die Totdenkerin

Psychothriller

Aus dem Amerikanischen von
Leon Mengden

Piper München Zürich

Für meine Eltern.
Und für Bob und Rachel,
durch die alles seinen Sinn bekommt.

Ungekürzte Taschenbuchausgabe
Piper Verlag GmbH, München
1. Auflage Januar 2000
3. Auflage April 2001

Titel der amerikanischen Originalausgabe:
»A Reasonable Madness«, Birch Lane Press,
New York 1990

Umschlag: Büro Hamburg
Stefanie Oberbeck, Katrin Hoffmann
Foto Umschlagvorderseite: Antje Keyenburg
Foto Umschlagrückseite: Donna Callighan
Satz: C.H. Beck'sche Buchdruckerei, Nördlingen
Druck und Bindung: Clausen & Bosse, Leck
Printed in Germany ISBN 3-492-22959-x

They cannot scare me with their empty spaces
Between stars – on stars where no human race is.
I have it in me so much nearer home
To scare myself with my own desert places.

Robert Frost

Prolog

In keinem Büro dürfte es so heiß sein wie in diesem hier, keine Arbeit dürfte so öde sein, kein Gebäude so still.

Lilly Dunleavy hörte auf zu tippen und lauschte. Ohne das gleichmäßige Ticker-Tacker ihrer Finger auf dem Tastenfeld war nichts zu hören außer dem gedämpften Summen des Computers. Nicht einmal die Klimaanlage, die sonst immer einen Klagegesang voller Klappern und Dröhnen von sich gab, machte ein Geräusch. Mit dem Thermostat mußte irgend etwas nicht stimmen. Sie hatte das Ding schon dreimal runtergestellt, und es war noch immer schrecklich warm.

Lilly warf einen Blick auf die Uhr. Es war schon nach acht, und im Büro war es wie in einem Backofen. Vielleicht war die ganze Anlage für die Nacht abgeschaltet worden. Wen interessierte schon Lilly Dunleavy, die wegen der Arbeit an Allen Haverhills verdammtem Bericht – konnte es etwas Langweiligeres geben als Firmenentflechtung? – Überstunden machte, weil er morgen fertig sein mußte und sie andernfalls ihrem Job auf Wiedersehen sagen konnte? Wen interessierte schon Lilly, die Niedrigste der Niederen, Sekretärin eines schlichten Buchhaltungsfritzen, der selber eine ziemlich kleine Nummer war? Seit beinahe zwei Wochen ermahnte der Bürgermeister jeden Tag die Stadt: »Wir müssen es gemeinsam anpacken. Sparen Sie während der Hitzewelle Energie für New York City.« Am Ende war das ein Erlaß aus dem Rathaus. Nachts keine Klimaanlagen. Aber jeder andere war längst fort, und es gab niemanden, den man fragen konnte, außer vielleicht irgendeinen Hausmeister, den Lilly auf einem der sechzehn Stockwerke würde finden können – oder auch nicht.

Lilly starrte wieder auf den Bildschirm. Flimmernde

weiße Buchstaben auf blauer Fläche. Sie stand auf, um sich die Beine zu vertreten. Sie warf einen Blick auf das nutzlose Fenster. Wofür, zum Teufel, waren Fenster denn *da,* wenn sie immer geschlossen waren, man sie nicht öffnen konnte. Klimatisierte Raumluft. Was ja auch in Ordnung war, außer, wenn die Raumluft nicht klimatisiert wurde.

Gedankenverloren trat Lilly ans Fenster und blickte auf den Gehsteig hinaus, zwei Stockwerke unter ihr. Es schien nicht viel Verkehr zu herrschen, niemand war zu Fuß unterwegs, aber das war auch nur zu verständlich, so spät in dieser Gegend, wo kein Mensch wohnte. Es war jetzt dunkel draußen auf der Straße. Nur das Licht einer Straßenlaterne verbreitete etwas Helligkeit.

Plötzlich stutzte Lilly.

Zuerst konnte sie nicht genau erkennen, was sie da sah. Alles schien verwaschen zu sein, seiner Farbe beraubt. Ein dunkler Schatten auf dem Bürgersteig, eine plumpe, kniende Gestalt. Nein, *zwei* Gestalten. Eine lag auf dem Boden. Das war eine Frau – Lilly konnte die Umrisse zweier spitzer Absätze ausmachen. Wieso bewegten sich die Füße nicht?

Die andere Gestalt kniete über ihr. Aber was *machten* sie denn da?

Lilly versuchte, sich genau auf das zu konzentrieren, was dort unten vor sich ging. Sie sah das Aufblitzen eines Messers, sah, wie es sich bewegte, folgte der Klinge mit den Augen.

Das Messer stach nicht zu. Es schlitzte. Noch einmal. Noch einmal. Noch einmal. Kleine, langsame, behutsame Bewegungen, eine Pantomime in schwarz und grau. Hoch. Hinunter. Dann wieder hoch. Die Bewegung erinnerte sie ans Aufschneiden. Wie man einen Truthahn aufschnitt.

Jetzt begriff sie.

Sie sah weiter zu, krampfhaft bemüht, sich etwas einfallen zu lassen, was sie tun konnte. Das Fenster aufreißen, ihn verscheuchen? Nein. Jetzt fiel es ihr wieder ein. Das Fenster war versiegelt, und sie war im zweiten Stock. Vielleicht konnte sie es aufstemmen. Aber womit?

Sie begann, mit den Fäusten gegen die Scheibe zu hämmern. Kleine Fäuste auf einer riesigen Glasfläche. Später sollte sie sich daran erinnern, gehämmert, geschlagen, geschrien zu haben. *Aber sie brachte das Glas nicht zum Zersplittern,* und er war immer noch da.

Sie könnte den Papierbeschwerer von ihrem Schreibtisch, wo die Münzen drinlagen, gegen das Fenster schleudern; oder vielleicht könnte sie mit dem Monitor ihres Computers die Scheibe einschlagen, wenn sie das Gewirr von Leitungen und die Stecker von der Tastatur riß. Sie würde ihn schon verjagen.

Aber dann würde er sie sehen.

Sie hörte auf, gegen die Scheibe zu schlagen.

Plötzlich richtete sich die plumpe Gestalt auf und wurde zu einem Mann. Die andere Gestalt, die Frau, lag auf dem Gehsteig, rührte sich nicht, bis auf ein leichtes Zukken ihrer Hand und die Bewegung eines dunklen Schattens – die Lache von Blut, die sich um ihren Kopf herum ausbreitete.

Er ging jetzt auf die 8th Avenue zu, ganz langsam, als schlenderte er durch den Park. Warum ging er so langsam?

Sie wollte zurücktreten, aber sie war wie angewurzelt, die Hand auf der Scheibe, die Augen auf den Mann gerichtet. Sie konnte ihn immer noch sehen, wie er davonging. Aber er hatte *kein Gesicht!*

Nein. Er trug eine Maske. Sie konnte die Stellen sehen, wo die Schlitze für die Augen ausgeschnitten waren, mandelförmige Löcher, schwarze Höhlen.

Der Mörder sah sich im Gehen um, und dann blickte er hinauf. Lilly war nicht mehr sicher hinter der Scheibe.

Die Augen des Mörders sahen sie an, waren für einen winzigen Augenblick auf ihr Gesicht geheftet. Die schwarzen Höhlen hielten sie fest, als hätte der Mann durch das Fenster hinaufgelangt, seine Hand auf ihre Schulter gelegt. Sie begriff, daß auch sie ein Teil der Szene in schwarz und grau geworden war. Er. Und sein Opfer. Und *sie.* Sie hörte, wie ihre Fingernägel über das Glas kratzten, schrill, kalt. Wie die Nägel des Lehrers auf der Wandtafel. Zwölfte Klasse, Mr. Larson. Er hatte das nur zu gerne gemacht, zugesehen, wie sich die Schüler bei dem Geräusch wanden.

Erster Teil

Culligan: Logik

1

Zum ersten Male seit beinahe einem Jahr läutete es an David Goldmans Privatanschluß, während er sich in einer Sitzung befand. Nur wenige Leute kannten die Nummer – seine baldige Exfrau, sein bester Freund, seine Eltern, ein paar andere noch – und sie alle waren sich wohl bewußt, daß die einzige Zeit, in der man ihn erreichen konnte, zwischen zehn vor und zehn nach jeder vollen Stunde war, außer, es handelte sich um einen Notfall.

Die Sitzung war seit vierzig Minuten im Gange; er war durch den Rhythmus und die Melodie der Stimme seiner Patientin ganz eingelullt, und nahm leicht erstaunt, mehr als nur ein wenig verärgert, den Hörer auf.

»Dr. Goldman?« Eine tiefe, dröhnende Stimme. »Hier spricht Sergeant Jake Ammonetti vom neunzehnten Revier.«

»Woher haben Sie diese Nummer, Sergeant?«

»Ich habe ein paarmal in Ihrem Büro angerufen und bekam immer nur diesen Anrufbeantworter dran, also habe ich es bei Ihnen zu Hause probiert. Ihre Frau gab mir die Nummer.«

Was, zum Kuckuck, machte Allison in dem Apartment? »Ja, Sergeant«, sagte David, »womit kann ich Ihnen helfen?«

»Wir haben hier eine Patientin von Ihnen, und ich meine, Sie kommen am besten sofort her. Ihr Name ist Wade.«

»Wer?«

»Laura Gardner Wade. Sagt, Sie wären Ihr ...« Er hatte »Seelenklempner« sagen wollen, verbesserte sich dann aber schnell und sagte: »Psychiater.«

»Aber ich habe keine Patientin, die so heißt. Ich ...« Einen Moment mal. Er hatte keine, aber er hätte beinahe eine gehabt. Zu Beginn des Jahres war eine Laura Wade zu einer Konsultation gekommen, im Januar mochte das gewesen sein. Geringfügige Depressionen. Sehr hübsche Frau. David fand, daß die Sitzung gut gelaufen war und hatte sich gefragt, warum er danach nie wieder etwas von ihr gehört hatte.

»Dr. Goldman?«

»Ja. Ich kenne sie.« Er warf einen Blick auf seine Patientin, Pepper Moran. Er mußte sehr aufpassen, was er sagte, solange sie noch dasaß und zuhörte.

»Wir müssen Mrs. Wade rüber ins Bellevue-Hospital schicken, wenn wir hier nicht mit ihr weiterkommen, Dr. Goldman«, sagte Ammonetti.

Bellevue? »Was ist denn passiert?«

»Ihre Patientin hat ein Tötungsdelikt gestanden. Eine Frau, ermordet gestern abend unten an der Ecke 7th und 29th Street. Vielleicht haben Sie in den Nachrichten davon gehört.«

Das hatte er in der Tat. Er hatte gestern abend zu Hause ein paar Fälle durchgesehen und dann eine Zeitlang die Nachrichten im Fernsehen laufen lassen, bevor er zu Bett gegangen war. Wozu riefen sie ihn hier an? Es hörte sich eher danach an, daß Laura Wade einen Anwalt brauchte – und keinen Therapeuten.

»Ja, ich habe davon gehört, Sergeant.«

»In dem Augenblick, als sie hier hereinkam, habe ich natürlich sofort gewußt, daß etwas mit ihr los war«, erzählte Ammonetti. »Ich könnte mir sowieso nie vorstellen, daß 'ne Frau das gemacht hätte, jedenfalls nicht die Frau. Ich meine, sie kommt hier rein – sie ist 'ne ganz flotte Biene, Ihre Patientin – in 'nem rosa Dreiteiler, der achthundert Mäuse gekostet haben muß. Und wie sie dann sagt, sie wäre Laura Gardner Wade ... na, den Namen erkenne ich doch sofort – ich meine, wir kaufen da doch dauernd ein, man kann ganz hübsche Schnäppchen machen bei Gardners. Und dann sagte sie, daß sie oben in Connecticut lebt, im Fairfield County. Ganz schön exklusive Ecke für jemanden, der in Manhattan wen auf der

Straße umlegt. Ich habe gleich zu Culligan gesagt, daß sie 'ne Bekennerin ist.«

Eine Bekennerin? Und wer war Culligan? David seufzte.

»Schon gut, Sergeant, ich komme, so schnell ich kann.«

Er legte auf. Pepper sah, die Arme verschränkt, über seinen Kopf hinweg die Wand hinter seinem Schreibtisch an. Dort hingen Davids Referenzen – Diplome, Zertifikate, eine lobende Erwähnung für eine Arbeit über Angstzustände – in einem Durcheinander von Rahmen gleich rechts neben der Uhr arrangiert. David fiel auf, daß die »Stunde« beinahe herum war.

»Es tut mir leid, Pepper, aber es hat einen Notfall gegeben. Ich muß unsere Sitzung ein wenig abkürzen.«

Pepper Moran stand auf. »Wenn Sie losmüssen, müssen Sie los. Ich verstehe.« Auf ihrem Gesicht war nicht die geringste Spur von Verständnis zu entdecken.

David nahm seine Brille ab. »Wir machen hiermit nächste Woche weiter, Pepper. Okay?«

»Okay, aber lassen Sie es uns nächste Woche ohne die Brille machen«, sagte sie lächelnd. »So sehen Sie netter aus.«

Er wartete, bis sie die Tür hinter sich geschlossen hatte, bevor er aufstand. Sie war eine schwierige Patientin. Pepper – eine ganz heiße Nummer in der Werbebranche, und alles, woran sie denken konnte, war, einen Ehemann und eine Familie zu bekommen, bevor ihre biologische Uhr abgelaufen war. David ordnete Menschen nicht gerne Kategorien zu, aber es schien ihm, als gehörte Pepper Moran zu einer sich ständig vermehrenden Spezies. Und in letzter Zeit war sie ganz unverfroren verführerisch aufgetreten, machte ihm bei jeder Gelegenheit Komplimente, schlug die Beine übereinander, starrte ihn lange und bedeutungsvoll an, die ganze Kiste. Glaubte sie, daß *er* ihre Antwort war?

Er machte ein paar Anrufe, um seine Besuchstermine um fünf und um sechs abzusagen und ging dann auf die

Toilette, um sein Gesicht zu waschen. Er konnte noch kurz einen Blick von sich im Spiegel erhaschen, ehe er das Licht ausknipste. Wie hatte Pepper ihn vor ein paar Wochen genannt? »Hören Sie auf, mich so anzugucken«, hatte sie gesagt. »Sie sehen aus wie ein brütender Adonis.« Gebrütet mochte er schon haben, aber ein Adonis? Im besten Fall sah er semitisch aus, ausgeprägter Unterkiefer, wulstige Nase, dunkles Haar – aber die blauen Augen. Er war ziemlich groß, aber relativ mager. Sogar mit neununddreißig Jahren. Schöner Adonis.

Auf dem Weg zur Tür stieß er auf die allgegenwärtige Mrs. Frangipani, die im Foyer ihre Post geholt hatte.

»Guten Tag, Doktor. Alles in Ordnung?«

Mrs. Frangipani wohnte in dem Apartment über Davids Praxis, die das gesamte Erdgeschoß des Sandsteingebäudes einnahm – ein klassizistisches Bauwerk aus der Zeit um die Jahrhundertwende, dessen Außenmauer eine ganze Reihe ziemlich verspielter und mittlerweile auch sehr verrußter wasserspeiender Köpfe schmückten. Manchmal kam es ihm etwas schäbig vor für einen Ort, an dem bisweilen psychotherapeutische Hilfe stattfand. Er versuchte, das Ganze ein wenig aufzuhellen, indem er Geranien in die Fensterkästen stellte. Von Zeit zu Zeit nahm es Mrs. Frangipani auf sich, sie zu gießen.

»Schönen guten Tag auch, Mrs. Frangipani. Alles ist bestens.« Er beeilte sich, nach draußen zu kommen und blieb dann vor der Treppe einen Augenblick lang auf dem Pflaster stehen. Es war eine ruhige, schattige Seitenstraße zwischen der Columbus- und der Amsterdam-Avenue. Ruhig und schattig, aber heiß. Wieder so eine Hundehitze, wieder ein Tag, an dem man sich wünschte, man wäre irgendwo auf der Welt, nur nicht in Manhattan, diesem Dschungel aus schwitzendem Beton und Fleisch. Die Geranien sahen vertrocknet aus, und die Luft stank – die Hinterlassenschaft eines erst jüngst beigelegten Streiks der Müllabfuhr. David wandte sich nach Osten, in Richtung Central Park und mußte im Bogen um einen Mann herumgehen, der am Ende des Häuserblocks stand und verlangte, daß Buße getan wurde, denn die Stunde sei nah.

Ohne große Probleme bekam er an der Ecke gleich ein Taxi. Es war dreckig darin, und der Fahrer fluchte, was seine Stimme nur hergab, die ganze Zeit in einer Sprache, die David nicht ganz identifizieren konnte. Dazu kam noch, daß der Bursche fuhr wie ein Besessener. Aber nichts davon machte auf David besonderen Eindruck. Er war damit beschäftigt, sich alles ins Gedächtnis zu rufen, was mit Laura Wade zu tun hatte.

Sie lebte in Connecticut-Easterbrook, ein Name, an den er sich erinnerte, weil er und Allison während eines Sommers auf dem Weg nach Cape Cod dort Halt gemacht hatten. Eines jener ruhigen Städtchen an der Ostküste, die voller weißer angelsächsischer Protestanten steckten, die alle gleich auszusehen schienen, wie sie da in ultrabequemer, sündhaft teurer Freizeitkleidung an den schicken Boutiquen und Freßläden an der Hauptstraße entlangpromenierten. Sie hatten in einem sonnigen Restaurant voller Pflanzen zu Mittag gegessen, in dem es das beste Stew gab, das er je bekommen hatte, und von wo man einen Blick auf den malerischen kleinen Hafen und eine Aussicht auf Long Island Sound genießen konnte, die einfach atemberaubend war. Das Erlebnis war allerdings durch die drei hängebackigen Krähen in weißen Tennisschuhen am Nebentisch ein wenig geschmälert worden, die da ihren Radicchiosalat in sich hineinmampften und mit lauten schrillen Stimmen ihren böswilligen Klatsch hinausposaunten.

Er erinnerte sich, seinerzeit gedacht zu haben, daß Laura Wade auf eine gewisse Weise nicht in diese Stadt paßte. Und es gab noch etwas an ihr, das ihn gestört hatte. Beim besten Willen kam ihm nicht in den Sinn, ob sie etwas gesagt hatte, was ihm irgendwie eine Erleuchtung darüber verschaffen könnte, wieso sie etwas dermaßen Verzweifeltes tun sollte, wie auf ein Polizeirevier zu gehen und einen Mord zu gestehen. Solche Leute waren meistens psychotisch veranlagt, und sie hatte nicht im entferntesten einen derartigen Eindruck gemacht. Oder hatte er etwas übersehen? Natürlich konnte in sechs Monaten einiges passiert sein.

Als das Taxi vor dem Polizeirevier auf der 94th Street hielt, drückte er dem Chauffeur den Fahrpreis in die Hand und betrat das Gebäude. Drinnen erwartete er das Irrenhaus, das allen vertraut ist, die sich so viele Abendserien im Fernsehen angeschaut haben wie er in den neun Monaten, seit Allison ihn verlassen hatte. Aber es war ganz anders. Es herrschte eine ruhige, geordnete Atmosphäre. Er sah Reihen von angestoßenen Schreibtischen, stählerne Aktenschränke, durch Glaswände abgetrennte Büros an der hinteren Wand, obwohl es auch ein puertorikanisches Paar gab, das in lautem Spanisch mit einem jungen Beamten gleich hinter dem Eingangsbereich herumkrakeelte.

Der Beamte am Tresen führte David in eines der verglasten Büros.

»Sergeant Ammonetti, dies ist Dr. Goldman. Er sagt, Sie hätten ihn angerufen.«

»Okay, bin gleich bei Ihnen.« Ammonetti, der am Telefonieren war, deutete auf einen Stuhl. »Er ist heute unten im Gericht, Dammon.«

David hatte einen mächtigen Mann erwartet, zu dem die Donnerstimme paßte. Ammonetti trug eine Brille in Form einer Coca-Cola-Flasche und war dünn und blaß. Er sah beinahe kränkelnd aus. Mußte man bei der Polizei nicht eine bestimmte Größe oder Statur aufweisen?

»Jesus Christus, da mußt du aber in den Akten weit zurückblättern«, sagte Ammonetti gerade. »Sechs, sieben Jahre vielleicht. Kannst ja mal probieren, ob du was aus dem Computer herausbekommst. Paß auf, ich muß jetzt los, in meinem Büro ist jemand. Wegen der anderen Sache rufe ich dich später noch mal an.«

Ammonetti stand von seinem Stuhl auf. Seine Schreibtischplatte war kaum zu sehen unter dem Wust von Akten und Papieren, dem Aschenbecher voller Kippen, drei leeren Kaffeebechern, einem halbverzehrten Pfannkuchen und dem Teddybären, der um seinen Hals ein Schild trug, auf dem stand: »Der beste Daddy der Welt.«

David schüttelte ihm die Hand. »Erzählen Sie mir, was los ist, Sergeant.«

»Wie ich Ihnen schon gesagt habe«, begann Ammonetti. »Sie ist 'ne Wichtigtuerin. Kriegen wir hier andauernd. Kam rein, sagte, sie wollte im Harmon-Mord ein Geständnis ablegen. Sie redete gar nicht verworren oder sowas, wie die Spinner es meistens tun, also habe ich Culligan angerufen.«

»Wer ist das?«

»Henry Culligan. Der Detective, der mit dem Fall betraut ist. Zuerst haben wir wirklich gedacht, daß wir's schon haben. Ich meine, es ist doch erst gestern passiert. Bei solchen Fällen kann es manchmal Wochen dauern, bis wir überhaupt was kriegen.«

»Was für ein Fall ist es denn?«

»Sieht aus, als ob es ein Überfall war. Beschaffungskriminalität. Täter und Opfer kennen einander nicht. Was noch ein Grund mehr dafür ist, daß ich sie gleich für 'ne Spinnerin gehalten habe – sie sagte, sie hätte das Opfer gekannt.«

»Warum denken Sie, daß es ein Überfall war? Ich dachte, die meisten Morde passieren zwischen Leuten, die irgendwie miteinander in Beziehung stehen.«

»Das stimmt. Aber die Umstände stimmen dafür ganz und gar nicht. Der Tatort stimmt nicht. Und es war auch ziemlich brutal für jemanden, der das Opfer gekannt hat. Trotzdem, an diesem Punkt der Ermittlungen würde ich noch nichts für unmöglich halten. Aber wollen Sie mal wissen, was mir mein Gefühl sagt? Es wird noch so einen geben. Was wir hier haben, ist der erste in einer Serie – Sie wissen ja, ein Serienkiller mit einem charakteristischen Modus operandi. Ich hoffe, ich irre mich.«

»Das hoffe ich auch, Sergeant. Aber muß man nicht einen Anwalt dabeihaben, wenn man ein Geständnis ablegt?«

»Sie hat auf ihren Anspruch auf rechtlichen Beistand verzichtet, Doc. Das bedeutet . . .«

»Ich habe es schon verstanden.«

»Na, jedenfalls Culligan war drauf und dran, sie einzubuchten. Sie hat uns die ganze Geschichte erzählt. Daß sie zu ihrer Familie gesagt hätte, sie wolle ins Kino und sie statt dessen zu dem Haus der Frau gefahren ist und sie verfolgt hat. Hatte sogar ein Motiv für uns – sagte, ihr Mann und das Opfer hätten was miteinander. Ich sag' Ihnen, wir kriegen hier eine Menge Bekenner, aber so eine wie sie habe ich noch nie gesehen.«

»Was wollen Sie damit sagen?«

»Nun, sie bewahrte Haltung. Normalerweise tischen sie dir 'ne Geschichte auf, die . . . na, Sie wissen schon, irgendwie Spinnkram ist. Zum Beispiel, daß sie kleine Antennen auf ihrem Kopf haben, die Signale aussenden, mit denen sie Leute umbringen. Einmal hatte ich einen Typen hier, der eine Vergewaltigung auf größere Distanz gestehen wollte. Er erzählte mir, daß seine, öh, Genitalien . . . naja, Sie müssen sich solchen Kram ja ständig anhören. Als Psychiater.«

In Wahrheit verhielt es sich so, daß David, nun, da er privat praktizierte, solchen Kram fast nie zu hören bekam.

»Na jedenfalls, Doktor, diese Wade hat das alles genau vorbereitet. Ich habe es selber fast geglaubt, so gut war sie. Bis in die kleinste Einzelheit. Ort, Zeit, Datum, Vorgehensweise, Motiv. Sie wollte unbedingt hopsgenommen werden. Hat sich sogar 'ne Stelle ausgedacht, von der sie sagen konnte, sie hätte die Waffe dahin geworfen, so daß wir sie nie finden würden. In den Hudson. Für gewöhnlich sind sie nicht so geistesgegenwärtig, daß sie so eine glaubhafte Geschichte zusammenbekommen.«

Schon wahr. Eine Person, befallen von einer psychotischen Wahnvorstellung, Variante B, paranoide Psychose, kam sich so niederträchtig vor, daß sie den Zwang verspürte, ein furchtbares Verbrechen zu gestehen, das sie gar nicht begangen hatte – und würde vermutlich geistesgestört wirken, wahrscheinlich stottern, oder halluzinieren. Würde wahrscheinlich *nicht* die Geistesgegenwart haben, eine glaubwürdige Geschichte zusammenzubasteln.

»Und warum haben Sie ihr dann nicht geglaubt, Sergeant? Gibt es noch einen Grund dafür außer Ihrem Gefühl, daß der Täter ein Serienkiller ist – und Laura Wade eine ›Bekennerin‹?«

»Warum? Weil keine fünfzehn Minuten, nachdem Culligan ihr Geständnis hatte, unten in der Stadt sich eine Zeugin gemeldet hat, in der 10th Street. Sie sagte, sie hätte das Ganze von oben beobachtet, aus einem Fenster im zweiten Stock, in einem Kontorhaus.«

»Und?«

»Und die Zeugin sagt, daß es ein Mann war. Hatte zwar eine Maske auf, war aber auf jeden Fall ein Mann. Hat das Opfer aufs Pflaster geworfen, sich rittlings auf sie draufgesetzt, ihr Kinn festgehalten, an ihrem Gesicht rumgeschnitten, als wäre es eine Salami.« Er erschauderte. »Können Sie sich das vorstellen, eine Sekretärin, die Überstunden macht, und das am Fenster beobachtet? Die Zeugin ist selber ganz durcheinander. Kann ich ihr auch nicht verdenken. Sagte, sie hätte nicht einmal das Fenster aufmachen und schreien können, damit er sie hört und vielleicht wegrennt. Sie kennen diese klimatisierten Bürohäuser, wo die Fenster so sind, daß man sie nicht öffnen kann. Und bis die Zeugin dann unten war, war alles vorbei. Wie ich schon sagte, ich würde nie glauben, daß eine Frau überhaupt so etwas machen könnte. Man muß dafür schon ganz schön kräftig sein.«

Und ganz schön krank.

»Als wir also mitbekamen, daß sich 'ne Zeugin gemeldet hatte, wußten wir sofort, daß die Wade es nicht getan hatte. Aber da wurde sie hysterisch. Sagte, natürlich wäre sie es gewesen, sagte, die Zeugin würde lügen. Und dann schließlich, als ihr klar wird, daß wir sie nicht hopsnehmen werden, bricht sie total zusammen und fängt an zu erzählen, sie hätte den Kerl verhext, der es getan hat, oder irgendwas in der Richtung. Ach, jetzt fällt es mir wieder ein. Sie sagte, sie wäre lebensgefährlich. Wir haben sie gefragt, ob wir ihren Mann anrufen sollen, damit er sie abholen kommt, sie wollte aber nicht. Dann hat sie gesagt, daß sie Sie will.«

»Wo ist Mrs. Wade jetzt?«

»Unten.«

»Würden Sie mich zu ihr bringen?«

»Klar. Schauen Sie, Doc, ich will Ihnen nicht sagen, was Sie zu tun haben, aber denken Sie nicht, daß diese Dame in irgendeine Klinik gehört, eine von den netten, die sie da in Connecticut haben? Geld ist ja genug da, nicht wahr, sie ist ja schließlich 'ne Gardner.«

Er führte David eine Treppe am hinteren Ende des Gebäudes hinunter, dann durch einen langen Korridor mit Türen an beiden Seiten, geschlossenen Türen.

»Hier drin ist sie«, sagte er und blieb vor der vorletzten Tür auf der linken Seite stehen. Er legte die Hand auf den Knauf, wandte sich dann aber noch einmal an David. »Da ist noch etwas, was ich vielleicht hätte erwähnen sollen.«

»Und das wäre?«

Der Sergeant ließ den Türknauf los. »Die Sache nämlich, bei der wir wirklich von den Stühlen gesprungen sind, als sie gestanden hat. Wo wir wirklich dachten, jetzt hätten wir 'ne Täterin. Ein Mord, zwei vielleicht. Wäre echt ein Glücksfall gewesen. Trotzdem, Zeugin oder nicht, Culligan ist natürlich noch immer nicht ganz überzeugt, daß die Wade nicht doch was damit zu tun hat. Er sagt . . .«

»*Was* war es denn nun, was Sie von Ihren Stühlen hat aufspringen lassen, Sergeant?«

»Nun, Mrs. Wade wußte etwas über den Mord. Sie

wußte genau, wie viele Einstiche es gab, eine Einzelheit, die wir der Presse bewußt vorenthalten haben. Manchmal tun wir das.«

»Habe ich auch schon gehört. Wie viele waren es denn?«

»Zehn. Senkrecht ins Gesicht. Parallel. Der Gerichtsarzt meint, er mußte an ein Raubtier denken, das sie mit allen Krallen seiner beiden Pranken zerfleischt hat. Nur, daß die Wunden alle ziemlich sauber waren. Wie von 'nem Chirurgen. Das muß schon ein ganz schöner Psychopath sein, so etwas zu tun – 'ne Frau zu Boden zu reißen und sich die Zeit zu nehmen, zehn nette, saubere Schlitze zu machen, an 'ner Straßenecke, wo jeden Augenblick wer vorbeikommen kann.«

2

Laura Wade saß alleine in dem kleinen Raum, die Arme vor sich auf dem Tisch verschränkt, die Hände so stark ineinander verkrampft, daß die Knöchel ganz weiß geworden waren. Sie saß sehr aufrecht, vollkommen still, und starrte die Wand an.

»Dr. Goldman ist hier, Mrs. Wade«, sagte Ammonetti, der in der Tür stehengeblieben war.

David trat ins Zimmer.

»Laura?«

Sie wischte sich die Augen, bevor sie sich umwandte und ihn ansah.

»Es tut mir leid, daß ich die gebeten habe, Sie herzubestellen, Dr. Goldman. Ich wußte nicht mehr, was ich tun sollte. Es geht mir jetzt gut. Ehrlich.«

Er sah sie sehr genau an. Ihre Lippen und ihre Augen waren vom Weinen ein wenig geschwollen, aber sie hatte ihr Make-up offenbar schon wieder in Ordnung gebracht. Lippenstift, Rouge, Wimperntusche. Sogar den Lidschatten. Ihr Haar war stufig geschnitten, wie es gerade modern war. Ihre Kleidung war unauffällig, aber sehr elegant. Schmale Bundfaltenhose und dazu eine passende ärmellose Bluse und eine Jacke, die über die Stuhllehne gehängt war. Alles in Pink. Sie schien eine blendende Figur zu haben, eine Figur, für die eine Frau in den Dreißigern schon tüchtig etwas tun mußte. Sie hatte muskulöse, weiche Arme. Ihre Handtasche stand auf dem Tisch, Schlangenleder, auch in Pink, mit pastellfarbenen Aufsätzen. David fand es äußerst merkwürdig, daß eine Frau, die überspannt genug war, um so etwas zu tun, so ... nun, *gestylt* aussah. Selbst ihre Nägel waren sorgfältigst manikürt, nicht lang, aber rundgefeilt und hellila lackiert.

Sie nahm ihre Jacke und stand auf.

»Wirklich, Dr. Goldman, es ist alles in Ordnung mit

mir. Ich bin Ihnen sehr dankbar, daß Sie hergekommen sind, aber es wäre nicht nötig gewesen.«

»Warum haben Sie mich rufen lassen, Laura?«

Sie warf einen Blick auf Ammonetti, der immer noch in der Tür stand.

»Ich weiß nicht. Ich war ziemlich aufgeregt. Mir ist niemand anderes eingefallen, den ich hätte rufen können.«

»Ihren Ehemann?«

»Ja, das hätte ich wohl auch machen können. Aber nachdem ich eine Weile darüber nachgedacht hatte, wollte ich nicht, daß er es erfährt.« Tränen traten ihr in die Augen. David konnte ihr ansehen, daß sie Mühe hatte, sich zu beherrschen.

»Hören Sie, Laura, warum fahren wir nicht zurück in meine Praxis, wo wir uns in Ruhe unterhalten können?« Er sah Ammonetti an, der mit den Schultern zuckte.

»Sie ist frei. Sie kann gehen.«

»Nein, wirklich nicht«, sagte Laura Wade. »Es ist alles in Ordnung. Ich fahre am besten gleich nach Hause.«

David sah sie an. Konnte er sie so gehen lassen?

»Warum haben Sie ein Geständnis abgelegt, Laura?«

»Weil ich schuldig bin. Ich habe sie getötet.«

»Und wann haben Sie sie getötet?«

»Vor zwei Wochen.«

»Nicht gestern abend?«

»Es spielt keine Rolle, wann sie tatsächlich gestorben ist. Es kommt nur darauf an, daß ich sie getötet habe.«

Sie starrte ihn mit dunklen, harten Augen an. Ihre Iris war braun, beinahe schwarz. Sie sah genauso aus, wie man sich heute eine schöne Frau vorstellt: groß und schlank, mit langen Beinen, nicht zu schmalen Schultern, kleinen Brüsten und schmalen Hüften für ihre Größe. Und sehr dunkle, beinahe olivfarbene Haut, dunkles Haar.

Plötzlich sagte sie: »Ich bin ein Mutant, Doktor.«

»Was?«

»Sie wissen schon. Wie ein blauer Krebs.«

»Ich verstehe nicht, Laura.«

Sie seufzte. »Mutation. Eine plötzliche genetische Veränderung im Erbgefüge. Ich bin mit zusätzlichen Sinnen ausgestattet geboren worden. Ich kann hören, was die Leute denken.«

David hörte, wie sich der Polizeisergeant hinter ihm bewegte.

»Was denken wir denn gerade?«

»Er denkt, daß ich verrückt bin. Naja, kann ich ihm auch nicht vorwerfen. Ich habe mich vorhin wirklich wie eine Verrückte aufgeführt. Es tut mir leid.« Sie blickte zur Seite. »Und *Sie* ... nun, Sie versuchen, zu einer Diagnose zu gelangen. Sie haben noch nie zuvor jemanden von sich behaupten hören, er wäre eine Mutation. Das ist es, was Sie denken.«

Das stimmte. Einmal, noch während seiner Zeit als Assistenzarzt, hatte es einen Schizophrenen gegeben, der behauptete, er wäre ein außerirdisches Wesen, aber nein, ein Mutationswahn war David noch nie untergekommen.

»Tja, nun, da Sie es gehört haben«, sagte sie, »wissen Sie es. Ich habe ein zusätzliches Paar Augen und Ohren. Ich sehe Dinge, die kein anderer sieht. Ich weiß Dinge, die andere Leute nicht wissen. Und jetzt habe ich Macht über Leben und Tod in meinem Hirn.«

Ihr strömten jetzt die Tränen über die Wangen.

»Kommen Sie mit mir, Laura«, sagte David.

Für einen Moment schloß sie die Augen und holte tief und lange Luft. Dann öffnete sie sie wieder und nickte zustimmend, während sie sich über das Gesicht wischte.

David legte ihr den Arm auf die Schulter und führte sie die Treppe hinauf. Ammonetti trottete hinter den beiden her.

Es dauerte fast zwanzig Minuten, bis sie im Feierabendverkehr ein Taxi bekommen hatten, und eine weitere halbe Stunde, um auf die andere Seite der Stadt zu gelangen. Während der Fahrt schwieg Laura, und es war fast halb sechs, als David mit ihr wieder seine Praxis betrat.

Sie sah sich einen Augenblick um, immer noch, ohne ein Wort zu sagen, bevor sie auf dem tweedbezogenen Stuhl vor seinem Schreibtisch Platz nahm. Er erinnerte sich, daß sie auch beim letzten Mal mit einem sehr langen Schweigen begonnen hatte. Das hatte ihn gewundert, denn er machte immer wieder die Erfahrung, daß neue Patienten, besonders weibliche, mit einer kurzen Eröffnungsrede gewappnet ankamen, die etwas oder auch nichts mit ihrem Problem zu tun hatte. Er zog einen zweiten Stuhl heran und setzte sich ihr gegenüber hin.

Sie starrte ihn immer noch an, beäugte ihn dermaßen eindringlich, daß es ihn geradezu abstieß. Das war es, was ihn gestört hatte – ihre Art, ihn anzustarren. Und, wie ihm weiter einfiel, auch ihr Aussehen. Aus der Nähe betrachtet, schienen ihre Züge irgendwie nicht zueinander zu passen, als stammten sie aus verschiedenen Gesichtern. Der Unterkiefer war stark und breit, die Nase lang, vielleicht etwas zu lang, aber sehr gerade, die Lippen fest und schmal, die Augen mit leicht orientalischem Einschlag, beinahe mandelförmig.

Ihr Blick war immer noch unverändert auf ihn geheftet. Die meisten Patienten, die meisten Menschen, konnten einen nicht so lange, so direkt anschauen.

»Warum haben Sie mich denn nun gerufen?« fragte er schließlich. »Nach unserem ersten Gespräch haben Sie sich nie wieder gemeldet.«

»Ich hoffe, daß Sie nicht beleidigt waren, daß ich nicht wiedergekommen bin. Sie sind sehr intelligent, scheinen sehr einfühlsam zu sein, sehr warmherzig . . .«

»Aber Sie haben nicht geglaubt, daß ich Ihnen helfen könnte?«

»Es war nicht genau das. Es war . . . naja, während der Sitzung ging mir auf, daß ich, wenn ich weiter zu Ihnen käme, das bedeuten würde, daß ich, nun . . . Ihnen gewisse Dinge über mich selber erzählen müßte. Im täglichen

Leben fällt es einem nicht schwer, nicht über sich selber zu reden – oder zumindest, sich nicht zu verraten. Aber in der Praxis eines Psychiaters – worüber sonst soll man da sprechen?«

David mußte lächeln. »Und Sie hatten Angst davor, in sich selber hineinzuschauen?«

»Nein. Das ist es überhaupt nicht. Ich bin mir immer... meiner selbst sehr bewußt gewesen.« Einen Moment lang blickte sie woanders hin. »Ich glaube, mir ist aufgegangen, daß ich über gewisse Dinge nicht sprechen wollte, weil ich wußte, daß Sie sie mir nicht glauben würden. Ich habe wohl immer gedacht, daß es das beste wäre, alles für mich zu behalten.«

»Daß Sie glauben, ein Mutant zu sein?«

Schweigen.

»Möchten Sie sagen, daß Sie das Gefühl haben, daß etwas Furchtbares in Ihnen steckt?«

Das war ein Schuß ins Blaue, und ein ziemlich guter unter den gegebenen Umständen.

Schweigen.

»Viele Leute glauben, daß etwas Schreckliches in ihnen steckt, Laura. Daß irgend etwas nicht mit ihnen stimmt, daß sie nicht normal sind, daß sie böse sind. Aber das, was drinnen steckt, ist gut, nicht böse. Sie müssen den Mut finden ...«

»Mut? Glauben Sie mir, Doktor, Sie haben von Mut keine Ahnung.« Wieder liefen ihr die Tränen über das Gesicht.

»Warum sagen Sie das, Laura?«

Sie sah ihn an, setzte sich in dem Stuhl auf, so, wie sie auf dem Revier gesessen hatte, als er in den Raum kam. Würdevoll. Gleichmütig.

»Mein Schmerz gehört mir, Doktor. Schon immer.« Sie stand auf und trat zu der Wand mit dem Fenster, das auf die 74th Street hinausging. Sie lehnte sich gegen die Scheibe. »Ich werde Ihnen die Diagnose *geben*. Nicht, daß ich sie verstehe. Das habe ich noch nie. Aber ich bin mit gewissen außergewöhnlichen Fähigkeiten geboren worden. Fähigkeiten, Dinge vorauszuahnen. Fähigkeiten der Sinne. Fähigkeiten, Dinge zu beeinflussen, zu fühlen, zu verursachen. Es ist sehr schwer zu beschreiben. Ich glaube, man könnte sagen, daß ich das zweite Gesicht habe, aber es ist so anders als das, was man darüber liest – viel stärker. Die meisten Leute, von denen man liest, sind Schwindler. Früher waren das vielleicht Damen mit riesigen Ohrringen, die Ihnen sagten, Sie sollten sich vor einem unbekannten Fremden in acht nehmen; heutzutage sind es eher Leute, die von Gedankenübertragung schwätzen. Manchmal trifft man auf jemanden, der bisweilen einen *Anflug* des sechsten Sinnes hat, der Ströme und Gegenströme *spüren* kann. Aber auch dann geraten diese Leute in den Medienrummel, wo man sie zwingt, auf ein Stichwort hin von ihren Fähigkeiten Gebrauch zu machen, und dann müssen sie doch schwindeln.«

»Aber Sie sind keine Schwindlerin?«

»Nein«, sagte sie. »Ich bin echt. In meinen Träumen habe ich oft die Zukunft vorausgesehen. Ich höre Dinge, die niemand anders hört.«

»Stimmen?«

Sie warf ihm einen ärgerlichen Blick zu. »Nicht die Art von Stimmen, an die Sie denken. Es sind mehr die inneren Stimmen der Menschen.«

»Und was sagen sie?«

»Die Dinge, die die Leute nicht laut aussprechen.«

»Zum Beispiel?«

»Es sind so etwas wie Vor-Gedanken. Die Gedanken, die den Leuten in den Sinn kommen, bevor sie sprechen. Damit sie niemandes Gefühle verletzen, oder weil es in einer bestimmten Situation unangebracht wäre zu sagen, was sie in Wirklichkeit denken.«

»Denken die Leute schlecht von Ihnen?«

»Suchen Sie nicht nach einer Paranoia, Doktor. Ich würde schon sagen, daß die meisten Leute leicht mißtrauisch werden könnten, und deshalb gebe ich mir Mühe, in meinem Umgang mit ihnen ausgeglichen zu erscheinen. Natürlich bin ich im Vorteil, weil ich in ihre Gedanken eingeweiht bin. Die Gedanken anderer sind gar nicht schwer zu interpretieren. Die innersten Gedanken können ziemlich kraß, sogar schreckenerregend sein. Weil sie sozusagen unzensiert sind. Verstehen Sie, was ich sagen will?«

Wieso war ihm das damals entgangen?

»Und das ist es, was Sie mir damals nicht hatten erzählen wollen?«

Sie sah wieder einen Augenblick lang zu ihm hin, wandte sich dann ab, holte tief Luft und zitterte beinahe bei dem Versuch, ein erneutes Weinen zu unterdrücken. Er ging zu ihr und legte ihr die Hand auf die Schulter.

»Laura, lassen Sie mich Ihnen helfen.«

Sie sah ihn an, kreuzte ihre nackten Arme vor der Brust, wie um sich darin einzukuscheln, als hätte plötzlich arktische Kälte den Raum erfüllt. Dann stellte sie sich kerzengerade hin, blähte kurz die Nasenlöcher und wandte den Blick wieder ab. »Sie können mir nicht helfen, Doktor. Niemand kann mir helfen.«

»Ich kann es versuchen, Laura.«

»Vor einem halben Jahr hätten Sie mir vielleicht helfen können ... ich weiß nicht, besser damit zu leben vielleicht. Aber jetzt ist alles anders. Es ist zu spät. Glauben Sie mir, Dr. Goldman, Sie wissen nicht, womit Sie es hier zu tun haben.«

»Was versuchen Sie mir mitzuteilen, Laura?«

Ihre Augen füllten sich mit Tränen.

»Ich glaube, das *war* es vielleicht, wovor ich damals Angst gehabt habe, *wirklich* in mich hineinzublicken. Sehen Sie, ich entwickele mich zurück, alles wird anders. Meine Gene, meine Chromosomen oder so was. Alles verändert sich irgendwie.«

»In was?«

Sie war jetzt vollends in Tränen aufgelöst, so heftig, daß es Mühe machte zu verstehen, was sie sagte.

»So ist es noch nie gewesen. Ich konnte vorhersehen. Ich habe noch nie zuvor Dinge *bewirken* können. O Gott im Himmel! Ich habe völlig die Kontrolle verloren. Ich fühle es in mir. Und es wird immer stärker. Ich habe Angst zu denken, Angst zu fühlen, ich habe Angst zu *sein*.«

»Laura. Erzählen Sie mir, was geschieht.«

Sie wischte sich über die Augen. »Ich *versuche*, meinen Zorn zurückzuhalten. Weil jetzt nämlich manchmal furchtbare Dinge passieren, wenn ich wütend werde.«

Offensichtlich fühlte sie sich nicht berechtigt zu ihren Gefühlen, besonders zu ihrem Zorn. Was sehr häufig vorkam bei Frauen, obwohl natürlich nicht in diesem Extrem. Die Wahnvorstellung hatte sich vermutlich aus einem Drang zur Selbstbestrafung entwickelt, weil sie unangebrachte oder unerwünschte Gefühle hatte. Gefühle, mit denen sie nicht fertig wurde, die sie stets unterdrückt hatte. Damen wurden nicht wütend. Und wenn sie es doch wurden, gaben sie ihrem Zorn keinen Ausdruck. Und wenn sie es doch taten, dann waren sie wirklich böse und demzufolge verantwortlich für schlimme Dinge, die demjenigen zustießen, gegen den sich ihr Zorn richtete. So drehte man sich im Kreise, indem man sich etwas einzureden versuchte. Das war eine Logik, die nicht leicht zu durchbrechen sein würde.

»Sie glauben, daß ich geistesgestört bin, nicht wahr?«

»Was glauben Sie denn, Laura?«

Sie zuckte mit den Schultern. »Ich nehme an, es klingt nach irgendeiner Wahnvorstellung. Ich meine, durch Gedanken kann man doch keine Dinge bewirken, stimmt's? So funktioniert die Welt nicht. Für mich ist die Wahrheit natürlich ganz augenscheinlich. Aber das ist es doch genau, was eine Wahnvorstellung ausmacht, nicht wahr? Daß die Person, die darunter leidet, nicht glaubt, daß es eine Wahnvorstellung ist. Ist es nicht so, Doktor?«

Das war eine verdammt treffende Feststellung für eine Frau, die so sehr unter einer Psychose litt wie sie. Offenbar hatte sie zumindest in gewisser Form ihr ganzes Leben lang solche Vorstellungen gehabt. Dennoch war es ihr gelungen, ganz normal zu leben. Hatte geheiratet. Kinder bekommen. Kam vor sechs Monaten hierher und sprach vernünftig, sogar klarblickend, über ihr Leben.

»Ja, das ist richtig«, sagte David leise.

»Schön«, sagte sie. »Dann hören Sie sich dies an, Doktor, und dann sagen Sie mir, sagen Sie mir, was Sie denken würden, wenn Ihnen das passiert wäre. Vor zwei Wochen haben mein Mann und ich eine Party gegeben. Fünf Paare, Freunde und Bekannte aus Easterbrook. Ich habe Rita Harmon neben Zach gesetzt – das ist mein Mann – und sie, naja, sie machte sich irgendwie an ihn heran.«

»Hatte sie eine Affäre mit ihm, wie Sie es bei der Polizei gesagt haben?«

»Wahrscheinlich nicht.«

»Aber Sie hatten doch einen Verdacht?«

»Nein. Das habe ich mir ausgedacht.«

»Warum?«

»Weil es doch nicht sehr logisch gewesen wäre, dort hineinzugehen und die Wahrheit zu sagen. Sie hätten mir nicht geglaubt, und ich hätte nicht bekommen, was ich wollte. Ein Ehebruch kam mir wie ein gutes Motiv vor. Ich glaube, ich habe nicht klar genug nachgedacht. Na, jedenfalls ist Zach nicht der Typ, der eine Affäre hat. Zumindest finde ich das. Er hat sehr viel in seinem Geschäft zu tun. Mein Vater hat ihn zum Präsidenten gemacht, als er sich aus dem Geschäftsleben zurückzog. Er hat das Geschäft weiter ausgebaut, und er macht schon wieder einen neuen Laden auf, oben in Boston. Und in der wenigen freien Zeit, die er hat, spielt er Tennis, macht Fitneßübungen oder ist mit den Kindern zusammen – er ist ein stolzer Vater. Aber natürlich reist er um die ganze Welt, also *könnte* er durchaus Affären haben.«

»Würde es Sie stören, wenn er welche hätte?«

»Selbstverständlich. Ich liebe meinen Mann.«

»Und er liebt Sie?«

»Ja. Ich glaube, er liebt mich sehr. Vielleicht zu sehr.«

»Lassen Sie uns für einen Augenblick mal bei der Party bleiben. Was ist da passiert?«

»Sie hat die ganze Zeit mit ihm geflirtet.«

»Ist er darauf eingegangen?«

»Nicht richtig. Er wollte nur einfach höflich sein. Aber ich konnte mir nicht helfen. Ich bin so wütend geworden. Mein Gott, wenn ich jetzt darüber nachdenke, es hätte ebensogut *er* sein können, über den ich diesen Gedanken gehabt habe. Oder meine Kinder. Sehen Sie es nicht? Es ist gefährlich, mich zu kennen.«

Er wollte nicht zulassen, daß sie abschweifte.

»Was ist auf der Party passiert?«

»Ich bin in die Küche gegangen und habe versucht, mich zu beruhigen, aber dann mußte ich wieder zurück. Ich muß mich ja normal verhalten, nicht wahr. Ich habe das immer sehr gut hingekriegt. Aber jetzt scheine ich mich nicht mehr verstellen zu können.«

Sie vergrub das Gesicht in den Händen, dann rieb sie ihre Schläfen, massierte sie, als hätte sie schreckliche Kopfschmerzen.

»O Gott, ich habe ihr nie wirklich etwas tun wollen. Aber wenn ich einmal den Gedanken habe, kann ich ihn nicht wieder zurücknehmen. Er strömt aus – wie ein Gas, wie ein Gift.«

»Was war das für ein Gedanke, Laura?«

»Nun, ich blickte auf den Tisch hinunter, auf meine Hände. Ich hatte roten Nagellack aufgetragen. Und das erinnerte mich an Blut, Blut auf der weißen Tischdecke. Und ich dachte daran, ihr die Nägel ins Gesicht zu bohren, wie ein Tier. Oder ein Dämon.«

»Ich verstehe.«

»Und dann, als ich es heute morgen in der Zeitung las – mehrere Schnitte im Gesicht, und daß es sich um Rita Harmon handelte . . .«

Das war in der Tat ein ganz schöner Zufall, einmal

vorausgesetzt, daß es die Party und ihren »Gedanken« tatsächlich gegeben hatte.

»Natürlich«, sagte sie, »als ich den Namen las, *wußte* ich, daß es wieder passiert war.«

»Was war passiert, Laura? Eine Zeugin hat gesehen, daß ein *Mann* den Mord begangen hat.«

Sie hörte auf zu weinen und sah ihn nur an. »Sie verstehen nicht«, sagte sie schließlich. »Merken Sie jetzt, warum ich so alleine dastehe? Wer würde mir glauben? Ich höre mich an wie eine Verrückte. Aber trotzdem. Mörder müssen doch bestraft werden, oder? Also habe ich gestanden.«

»*Erinnern* Sie sich denn daran, diese Frau getötet zu haben, Laura?«

»Natürlich nicht. Bei Gewalt dreht sich mir jedesmal der Magen um. Ich bin gestern im Kino gewesen.«

»Was haben Sie gesehen?«

Wieder zuckte sie mit den Schultern. »Ach, irgendeinen Film über eine Sekretärin, die mit ihrem Boß die Plätze tauscht.«

»Laura«, sagte er, »es gibt eine Zeugin, die die ganze Sache beobachtet hat. Sie sagt, daß es ein Mann gewesen ist.«

»Vielleicht lügt sie.«

»Dann könnte es also sein, daß Sie die Frau niedergestochen haben und sich jetzt nur einfach nicht mehr daran erinnern?«

»Nein, sie lügt nicht. Es war wahrscheinlich ein Mann. Aber verstehen Sie denn nicht, daß es gar nicht darauf ankommt, *wer* es letztendlich getan hat? Worauf es ankommt ist, daß mein Gedanke es ausgelöst hat.«

»Könnten Ihr Gedanke und der Mord nicht nur ein zufälliges Zusammentreffen sein?«

»Diese Erklärung habe ich schon lange verworfen«, sagte sie mit einem finsteren Gesichtsausdruck. »Vor ein paar Monaten noch hätte ich vielleicht gedacht, daß es wieder nur eine Vorahnung war. Ich habe es immer geschafft, mit meinen Zukunftsvisionen leben zu können, mit den Träumen, mit den Gedanken anderer Leute in meinem Kopf. Kann sein, daß ich es, so wie Sie es sehen, nicht ganz geschafft habe, aber ich bin damit zurechtgekommen. Ein- oder zweimal habe ich das Leben von jemandem gerettet. Das ist nicht viel, wenn man den Umfang meiner Kräfte betrachtet, aber es ist doch immerhin was. Aber nun, da ich mich geändert habe, weiß ich nicht, wie es weitergehen soll. Die Dinge, die jetzt geschehen, sind anders, sie kommen mehr... aus mir heraus. Sie verstehen, meine *eigenen* Vor-Gedanken.«

»Manifestationen Ihrer Wut?«

»Ich denke schon. Oder ich betrachte die Dinge jetzt anders.«

»Wollen Sie sagen, daß Sie einen Fluch auf sie gelegt haben oder so?«

»Ich weiß nicht. Ich habe nie so getan, als würde ich meine Kräfte begreifen. Wie sie funktionieren, warum sie funktionieren. Schon als Kind habe ich mich gewundert, aus welchem Teil meines Körpers diese zusätzlichen Sinne wohl kamen. Es ist nicht so, als hätte ich ein zweites Paar Augen oder irgendwas, was man bei einer körperlichen Untersuchung entdecken könnte. Für das Auge sieht mein Körper ziemlich normal aus. Zu groß vielleicht. Vielleicht zu dünn. Und mein Gesicht ist, nun, komisch. Alles in allem aber ist es ziemlich normal. Aber natürlich, wenn ich erst einmal mit den Veränderungen, die ich jetzt durchlaufe, fertig bin, könnte ich am Ende wie Gott-weiß-was aussehen.«

David war über diese Beschreibung ihres Körpers keineswegs erstaunt. Er hätte sich nicht einmal gewundert, wenn sie zu ihm gesagt hätte, daß ihr Körper verfiele. Es war ganz deutlich, daß diese Frau von schweren Wahnvorstellungen verfolgt wurde, möglicherweise schizophren war. Die hochfliegenden Illusionen von Macht und Bösartigkeit, auch die Behauptung, giftig zu sein, waren charakteristisch. Er mußte entscheiden, was zu tun sein würde.

Er fragte sie, ob sie in eine Klinik gehen wollte. Sie sah ihn an, als hätte er vorgeschlagen, sie auf den Mond zu schicken. »Es spielt keine Rolle, wo Sie mich hinstecken. Gift kriecht durch die Wände.« Sie hielt inne. »Sie können mich doch nicht zwingen, in eine Klinik zu gehen, oder? Ich muß nach Hause. Ich habe Kinder. Ich muß für meine Kinder dasein. Ich habe morgen eine Wohltätigkeitssitzung. Dienstag spiele ich Tennis – Gott, wenn ich diese Frauen diese Woche schon wieder versetze, werden sie ahnen, daß irgend etwas nicht mit mir stimmt. Man kann nie wissen.« Sie umklammerte seinen Arm. »Sie werden mich doch nicht zwingen, oder?«

»Natürlich nicht, Laura. Ich möchte nur, daß Sie regelmäßig zu mir kommen. Wir können bei Ihnen mit einer medikamentösen Behandlung beginnen.«

»Sie meinen eines von diesen Psychotropika? Thorazin? Prolixin? Haldol?«

Psychotropika?

»Laura, haben Sie schon einmal so eine Behandlung bekommen?«

»Ich habe nie einer Seele hiervon erzählt, und ganz bestimmt keinem Doktor. Oh, abgesehen davon, daß ich ziemlich hysterisch geworden bin, als sie bei der Polizei sagten, ich könnte gehen, da habe ich vielleicht irgendwas davon geschrien. Aber sie haben ja gedacht, ich sei eine Verrückte. Sie halten mich auch für eine Verrückte.«

»Verrückt ist kein Wort, das ich benutzen würde, Laura. Ich denke, daß Sie wahrscheinlich an irgendeiner Form von Schizophrenie leiden. Es ist eine *Krankheit,* nichts Schreckliches, dessen man sich schämen müßte. Wir können das behandeln, Laura. Es gibt neue Medikamente. Wir haben enorme Fortschritte gemacht.«

»Zauberpillen werden mir nicht helfen, Doktor. Sie wollen Beweise, ich werde Ihnen Beweise liefern. Sie haben gerade gedacht, daß es Sie überraschte, daß ich das Wort ›Psychotropika‹ kannte. Stimmt's?«

Er sah sie an. »Lassen Sie sich nicht ins Bockshorn jagen, Doktor. Ich habe in meinem Leben schon eine Menge Dinge gelesen. Bücher über Psychologie. Parapsychologie. Medizinische Wörterbücher. Alles mögliche.«

Ihre Angewohnheit, immerzu zu raten, was er gerade dachte, und damit auch noch recht zu haben, begann ihm auf den Wecker zu gehen.

»Versuchen Sie immer zu erraten, was die Leute denken, und ihre Fragen zu beantworten, bevor sie sie gestellt haben?«

»Nein. Ich behalte mein Wissen für mich.«

»Warum machen Sie es dann bei mir?«

Sie zögerte einen Augenblick und sagte dann: »Nun, weil ich Ihnen ohnehin alles erzählt habe. Warum sollte ich es Ihnen nicht auch beweisen? Auf gewisse Weise tut es gut, es endlich jemandem erzählt zu haben.«

»Sie haben sich aber niemals testen lassen? In einem parapsychologischen Institut?«

»Ich habe oft daran gedacht. Ich weiß, daß es ganz in der Nähe eines gibt – in New Jersey, das Rockham-Institut –, und einmal war ich nahe dran, dort anzurufen. Dann aber dachte ich: ›warum soll ich?‹ Ich habe es nie gemocht, im Mittelpunkt des Interesses zu stehen und überall herumgereicht zu werden. Und außerdem habe ich immer gedacht, daß es mir gelingen sollte ... nun, daß das Ganze irgendeinen *Zweck* haben müßte, damit ich dessen auch wert bin. Aber wie kann ich das je sein, wenn ich dieselben kleinlichen Gefühle habe, dieselbe Eifersucht, so wie alle anderen Leute? Und nun ... Gott, wenn dies alles hatte so sein sollen, warum habe ich dann Fortpflanzungsorgane bekommen. Um Gottes willen, ich habe Kinder, drei Kinder. Was ist mit *ihnen*?«

»Können Sie mir Ihre Kräfte demonstrieren, Laura?

Mich aufstehen und im Kreise herumlaufen lassen oder so was in der Art?«

»Die Kräfte, die immer bei mir gewesen sind, kann ich demonstrieren.« Wieder sah sie ihn an. »Zum Beispiel höre ich Sie jetzt gerade denken, daß eine Person, die so unter Wahnvorstellungen leidet, eigentlich sehr viel weniger logisch denken sollte.«

Das war wieder verdammt nahe dran. Andererseits konnte sie es natürlich auch geraten haben. Sie war ja offenbar gut belesen auf dem Gebiet.

»Was ist mit Ihrer Fähigkeit, Ereignisse in der Realität zu bewirken?«

»Das *habe* ich doch, oder nicht? Ich bin hier, oder? Ich habe Ihnen von meiner Vision erzählt.«

»Nachdem es passiert war, Laura.«

»Ja. Das stimmt wohl. Ich denke, Sie müßten mich viel länger kennen, um die Abfolge der Ereignisse ...«

»Ich bin ein guter Psychiater, Laura.«

»Sie müßten Wunder bewirken können, um mir zu helfen. Vielleicht sogar Gott sein.«

»Wunder sind nicht mein Metier, Laura. Lassen Sie uns damit beginnen, was wirklich *ist.* Es gibt psychologische Erklärungen für die Abfolge der Ereignisse, so, wie Sie sie beschrieben haben, diesen Mord, den Sie gestanden haben. Denken Sie darüber nach. Schon möglich, daß Sie diese Wut hatten, da auf der Party, aber vielleicht glaubten Sie nur, diese spezifische Vision gehabt zu haben, nachdem Sie in den Nachrichten davon gehört hatten. Der Verstand kann die komischsten Assoziationen herstellen, kann uns an der Nase herumführen. Oder Sie haben vielleicht Schuldgefühle, weil Sie einen so bösen Gedanken gehabt haben, unabhängig davon, was der spezifische Inhalt dieses Gedankens gewesen ist.«

»Glauben Sie mir, ich wünschte, das wäre es«, sagte sie. »*Ich wäre lieber verrückt* als das Monstrum, das aus mir geworden ist.«

»Daß Sie wütend werden, macht Sie noch nicht zu einem Monstrum, Laura. Warum denken Sie, daß Sie sich keine Emotionen gestatten dürfen?«

»Wie kann ich mir denn das *gestatten,* wenn Leute dann sterben müssen? Tot ist tot.«

Dies Argument war rundum stimmig. Aber auch damit war er schon fertig geworden.

Sie starrte ihn an. »Sie denken darüber nach, wie Sie den wunden Punkt in meiner Argumentationskette finden können, stimmt's?«

Zum Donnerwetter, das war *exakt* das, was er gerade gedacht hatte. »Sie können es nicht«, fuhr sie fort. »Und jetzt, wo alles anders geworden ist... Sehen Sie, das ist das Schreckliche daran. Ich weiß nie, wann, oder welcher Gedanke etwas auslösen wird. Ich habe Angst, auch nur irgend etwas Negatives zu denken. Verstehen Sie, was ich meine?«

»Ich möchte Ihnen helfen, Laura.«

»Ich weiß, daß Sie das möchten«, sagte sie leise.

»Na gut, warum stellen wir dann nicht einen Behandlungsplan auf. Sagen wir drei Sitzungen pro Woche, für den Anfang. Ich habe gerade ein paar Termine frei. Und dann können wir ein paar von diesen Gefühlen erforschen; wir können anfangen, der Sache auf den Zahn zu fühlen. Möchten Sie das versuchen, Laura?«

Einen Augenblick lang studierte sie ihn eindringlich; dann fuhr ein leichter Schauder durch ihren Körper, so leicht wie das Zittern eines Blattes im Wind. Sie stand auf. »Ich denke, das bin ich Ihnen schuldig.«

»Sie sind es sich selber schuldig, Laura.«

»Bin ich das?« fragte sie. »Nein. Das *denken* Sie bloß.«

3

Henry R. Culligan mochte keine Zufälle, und der hier war ein Hammer. Fünfundzwanzig Jahre im Polizeidienst, aber er hatte noch nie von einem Fall gehört, in dem ein Bekenner einen Mord so akkurat beschrieben hatte.

Rita Harmon war die Kehle aufgeschlitzt worden – das war die Verwundung, an der sie gestorben war. Soviel hatte Culligan gestern abend gewußt, am Tatort. Der Rest der Wunden waren dagegen der reinste Zuckerguß. Zehn rasierklingendünne Schnitte im Gesicht, alle nicht einmal allzu tief. Vertikal. »Ich weiß, daß es sich verrückt anhört, Henry«, hatte Pat Carle heute morgen am Telefon gesagt, »aber weißt du, woran mich das erinnert? An die Klauen eines Tieres.«

Und Laura Wade wußte das, hatte diese zehn Wunden genau beschrieben. Hatte sogar gesagt, daß sie nach Tierkrallen aussahen. Große Mutter Gottes! Nur sieben Personen, alles Beamte des gehobenen Dienstes, kannten die Anzahl der Wunden auf Rita Harmons Gesicht. Jones, Compton, Pat Carle und Ed Reilly von der Gerichtsmedizin, Ammonetti, McGee und Donaldson. Culligan hatte es auch Betty gegenüber erwähnt, als sie ihn um die Mittagszeit angerufen hatte, um ihn daran zu erinnern, von Dalworth's Bäckerei in der Nähe des Reviers Gebäck mitzubringen. Nicht einmal DeWitt und Dennis, die als erste am Tatort gewesen waren, wußten es. Es war zuviel Blut dagewesen, um die Wunden zählen zu können. Von dem Gesicht der Frau war ja kaum noch etwas übriggeblieben. Erst heute morgen, nachdem Carle im Leichenschauhaus Gelegenheit gehabt hatte, sie sich anzusehen, hatte er es Culligan gesagt.

Und doch behauptete die Zeugin, der Täter wäre ein Mann gewesen.

»Okay, Lilly, lassen Sie es uns noch einmal durchgehen.«

Lilly Dunleavy rutschte ein wenig auf dem Stuhl gegenüber von Culligans Schreibtisch hin und her und zupfte an ihrem Rock. Schweigend beobachtete Culligan sie einen Augenblick und wartete. Er war ein ungewöhnlich hochgewachsener Mann, groß und massig, mit einem lang herunterhängenden Schnurrbart und einer Pilotenbrille. Culligan war sich der Wirkung, die seine gewaltige Erscheinung und seine fortgesetzte Vernehmung – beinahe zwei Stunden lang Fragen – bei dem Mädchen hinterließen, nur zu bewußt. Sie sah immer noch ziemlich erschüttert aus, genau wie gestern abend, als sie sie am Tatort vorgefunden hatten.

Sie hatte gegen die Mauer des Gebäudes gelehnt dagestanden, gleich außerhalb der abgesperrten Fläche westlich der 9th und der 7th Street, jung, völlig verschreckt, käsebleich. Bei so einem Verbrechen waren Gaffer entweder entsetzt oder nur neugierig; Lilly Dunleavy war völlig außer sich gewesen. Ja, er hatte sie dort stehen gesehen; doch nachdem er sich an der Menschenmenge, die sich angesammelt hatte, vorbei hinter die Absperrung vorgekämpft hatte, wo er sich in dem Gewimmel von Uniformen unter dem grellen Licht der Scheinwerfer ein Bild von dem Blutbad machen und die Geschichte von dem Mann hören wollte, der die Leiche gefunden hatte – hatte er noch einmal aufgeblickt, und Lilly war fort gewesen.

»Lilly?«

Das Mädchen blickte auf.

»Okay, fangen wir noch einmal von vorne an. Also, was haben Sie am Fenster gemacht?«

Sie seufzte. Das war das dritte Mal, daß sie es erzählen mußte.

»Ich habe Überstunden gemacht. Ich bin aufgestanden, um die Beine auszustrecken. Zufällig sah ich hinunter auf die Straße.«

»Um welche Zeit war das?«

»Siebzehn Minuten nach acht.«

»Sie haben mir gesagt, daß Sie auf die Uhr gesehen haben. Ist das richtig?«

»Ja. Als ich vom Stuhl aufgestanden bin. Ich dachte daran, daß ich den Bericht endlich fertigkriegen mußte. Ich wollte nach Hause.«

»Was für eine Uhr ist das?«

»Ich weiß nicht.«

»Ich meine, ist es eine Digitaluhr?«

»Ja.«

»Also haben Sie um zwanzig Uhr siebzehn hinunter auf die Straße geschaut. Was haben Sie da gesehen?«

Sie zögerte einen Augenblick. »Ich ... ich habe gesehen, wie er sie umgebracht hat.«

»Wie waren die Positionen der Leute, die Sie gesehen haben?«

»Er war ... wie über sie gehockt.«

»Als Sie also runtergeschaut haben, lag sie schon auf dem Pflaster. Stimmt das?«

»Ja.«

»Und wie lange hat das Ganze gedauert?«

»Das habe ich Ihnen doch schon gesagt, es war wie in einem Traum. Ich weiß wirklich nicht, wie lange.«

»Schätzen Sie mal.«

»Eine Minute oder zwei.«

»Wie sah die Waffe aus?«

»Glänzend. Ein Messer.«

»Groß oder klein?«

»Es sah nicht groß aus.«

»Okay, Lilly, während das da unten passierte, haben Sie da noch woanders hingeschaut? Haben Sie gesehen, ob sich unten auf der Straße irgend etwas gerührt hat?«

»Nein. Ich habe nur auf sie gesehen, und ich habe gegen die Scheibe getrommelt.«

Culligan steckte sich eine Zigarette an, stand auf und ging hinüber zur anderen Seite seines Büros. Verdammt.

Es mußte doch etwas *Brauchbares* geben, an das sich die Zeugin erinnerte. Auf der anderen Seite der Glasscheibe konnte Culligan Compton an seinem Schreibtisch sitzen sehen. Am Gesichtsausdruck des Mannes konnte man ablesen, daß er auch nichts gefunden hatte. Einen ganzen Tag lang hatte er mit den Ladenbesitzern, den Restaurantbesitzern im Umkreis von drei Straßenblocks um den Schauplatz des Mordes herum, mit Leuten auf der Straße geredet. Wo zum Teufel, war der Kerl hin? Er mußte doch voll mit Blut gewesen sein. Ein Mann kommt vorbeigerannt, in einem blutigen Mantel oder mit einem in der Hand, mit einer Maske, und kein Mensch sieht irgendwas?

»Lilly, hatten auf der Straße Autos geparkt?«

»Ich glaube schon. Doch. Die ganze Straße entlang.«

»Beide Seiten?«

»Ja.«

»Irgendwelche Lücken?«

»Ich weiß nicht.«

»Irgendwer in der zweiten Reihe geparkt?«

»Ist mir nicht aufgefallen.«

»Denken Sie nach, Lilly. Auch die geringfügigste Einzelheit kann von Bedeutung sein.«

Sie schüttelte den Kopf. »Ich kann mich einfach an nichts anderes mehr erinnern. Ich hatte Angst.«

»Okay, was ist dann passiert?«

»Das habe ich doch schon gesagt. Er hörte auf. Und er stand auf. Und er ist in Richtung auf die 8th Street fortgegangen.«

»Und Sie haben beobachtet, wie er um die Ecke gegangen ist?«

»Nein. Ich habe doch schon gesagt, er sah einen Moment zu mir herauf. Und dann ist er weitergegangen.«

Der arrogante Dreckskerl. »Fanden Sie es nicht merkwürdig, daß er einfach davongegangen ist, nachdem er das getan hatte?«

»Ich habe nicht darüber nachgedacht, ich habe gedacht, daß er mich gesehen hat.«

»Aber Sie haben ihm nicht nachgesehen, als er weitergegangen ist?«

»Nein.«

»Also haben Sie nur angenommen, daß er um die Ecke gegangen ist. Sie haben nicht gesehen, wie er das getan hat?«

»Ja, ich glaube schon.«

»Wo haben Sie hingesehen, während er um die Ecke gegangen ist?«

»Ich habe auf sie geguckt.«

Culligan zog an seiner Zigarette. »Warum sind Sie nicht schon gestern abend gekommen und haben uns das erzählt, Lilly?«

Lilly fuhr sich mit den Fingern durch das Haar und glättete es. »Als ich unten auf der Straße ankam, war da schon eine Menschentraube. Und die Polizei war auch schon da. Die ganzen Scheinwerfer und alles. Ich hatte Angst. Ich bin nach Hause, wie ich Ihnen schon gesagt habe. Ich bin einfach gerannt und in den Zug gestiegen.«

Armes Mädchen. Noch nicht einmal 21 Jahre alt. Frisch von der High-School. Culligans eigene Tochter hätte vermutlich das gleiche getan.

Lilly Dunleavy verschränkte die Arme vor der Brust und sah ihn an. Ein ernster Blick. »Ich habe Angst, Detective.«

»Ich weiß das, Lilly. Aber Sie haben nicht das Gesicht des Burschen gesehen. Er trug eine Maske. Es ist nicht so, daß Sie ihn identifizieren könnten, stimmt's?«

Sie zuckte mit den Schultern. »Ja, aber er ist wahnsinnig. Vielleicht ist ihm gar nicht klar, daß ich ihn nicht identifizieren kann.«

»Lilly, selbst wenn er Ihr Gesicht gesehen hat, es war nur ein Gesicht.«

»Ich weiß, aber doch – er hat mich *gesehen*. Er weiß, wo ich arbeite. Eine Sache kann ich Ihnen sagen, ich gehe da nie wieder hin. Aber was ist, wenn er... ich weiß nicht, in irgendwelchen Unterlagen nachsieht und mich findet, wenn ich einen neuen Job habe?«

Culligan versicherte ihr, daß es kaum wahrscheinlich war, daß er sich die Mühe machen würde, nach den Unterlagen einer Zeugin zu suchen, die ihn gar nicht identifizieren konnte. Lilly schien das nicht zu überzeugen.

Ihn auch nicht. In Wahrheit wußte Culligan ja auch so gut wie nichts über den Kerl und welche Mühen er auf sich nehmen würde. Nicht einmal, ob es ein Kerl *war.*

Er sah das Mädchen an, das vor ihm saß. Vielleicht hatte er voreilig gehandelt, als er Laura Wade so einfach gehen ließ. Vielleicht hatte Laura Wade es sich nur anders überlegt, plötzlich Schiß bekommen und sich wie eine Verrückte aufgeführt, um ihn durcheinanderzubringen. Nicht zuletzt war es ja eine ganz andere Sache, sich zu einem Geständnis zu entschließen, als wirklich auf einem Polizeirevier zu sitzen. Als sie merkte, daß sie wirklich drauf und dran waren, sie einzubuchten, hatte sie vielleicht versucht, den Kopf aus der Schlinge zu ziehen, indem sie irgendeine Geschichte auftischte, damit sie glaubten, sie wäre verrückt. Aber warum hatte sie sich andererseits so vernünftig angehört, bevor sie ihr gesagt hatten, daß sich eine Zeugin gemeldet hatte, die erklärte, es wäre ein Mann gewesen, und war erst ausgeflippt, als man ihr sagte, sie könne gehen?

»Alles klar, Lilly«, sagte Culligan und drückte die Zigarette in dem Aschenbecher auf seinem Schreibtisch aus. »Ich möchte, daß Sie noch einmal nachdenken. Von Ihrer Position am Fenster, haben Sie sich da ein Bild davon machen können, wie groß die Person war?«

»Das ist schwer zu sagen. Es war so weit weg.«

»Tippen Sie.«

»Ich weiß nicht. Einsfünfundsiebzig vielleicht.«

Laura Wade war groß, möglicherweise sogar einsfünfundsiebzig.

»Lilly, wieso glauben Sie, daß der Täter ein Mann war?«

Sie starrte ihn nur an.

»Wenn er eine Maske aufhatte, wie konnten Sie da sehen, ob es ein Mann oder eine Frau war?«

»Ich glaube, weil er Männerkleidung trug.«

»Beschreiben Sie noch einmal die Kleidung.«

»Dunkle Hosen. Jeans, denke ich. Eine kurze schwarze Jacke. Ich weiß nicht. Es war dunkel.«

»Was ist mit den Schuhen?«

»Ich weiß nicht.«

»Hatte er breite Schultern, so wie ich?«

»Eigentlich nicht.«

»Wie war denn sein Gang? Wie bei einem Mann?«

»Gibt's da einen Unterschied?«

»Zeigen Sie mir mal, wie er gegangen ist.«

Sie stand vom Stuhl auf, ging auf die andere Seite des Büros zum Aktenschrank und begann, den Raum zu durchqueren. Sie schritt weit aus, aber ganz gewiß war das kein Laufen. Man konnte es weder als männlich noch als weiblich charakterisieren.

Am anderen Ende des Büros blieb Lilly stehen.

»Sie haben also einfach angenommen, daß es ein Mann war«, sagte Culligan. »Warum?«

»Eine Frau könnte das nie tun.«

»Aber *könnte* es auch eine Frau gewesen sein, Lilly?«

Lilly Dunleavys Augen waren voller Tränen.

»Ich weiß nicht, Detective«, sagte sie. »Kann sein.«

»Danke, Lilly«, sagte er. »Sie können jetzt gehen.«

Culligan nahm den vorläufigen Bericht des Leichenbeschauers von der Kante seines Schreibtisches und überflog ihn wohl zum hundertsten Male. Geschlecht: weiblich. Tod vermutlich eingetreten durch einen einzigen Schnitt quer durch die Kehle, bei dem die Halsschlagader durchtrennt worden ist.

Er hatte immer noch das Bild der Frau vor Augen, wie sie da auf dem Gehsteig lag, schick zurechtgemacht mit ihren schwarzen Lackschuhen, dem grünen Kostüm aus

Seide mit dem Plisseerock. Es hatte einen tiefen Rükkenausschnitt, dieses Kostüm, und es war am einen Ärmel eingerissen und über und über mit Blut besudelt. Der Halsausschnitt, auch voller Blut, war verrutscht und entblößte die Brustwarzen. Sie war zurechtgemacht für einen Abend mit ihrem Mann im St. Germain. Lag da, in all ihrer Pracht, mit ihrem diamantenbesetzten Goldarmband. Die Steine hatten im Licht der Polizeischeinwerfer gefunkelt. So schick zurechtgemacht, und der Scheißkerl hatte ihr beinahe den Kopf abgeschnitten.

Culligan blickte noch einmal auf den Bericht. »Weitere Einstiche . . .«

Pat Carle hatte geglaubt, es wäre ein Überfall gewesen, bei dem der Täter wahllos zugeschlagen hatte, aber er irrte sich. Dies war auch Culligans erste spontane Einschätzung gewesen, aber nicht lange. Welcher Straßenräuber stellte das mit einer Frau an und ließ sie dann da liegen mit ihrer Handtasche voller Kreditkarten, nicht zu reden von den 77 Dollar plus Kleingeld in ihrem Portemonnaie oder dem Diamantenarmband, das Jones auf beinahe 3000 Dollar geschätzt hatte? Nein, das war ein echter Psychopath gewesen und vielleicht der Beginn einer ganzen Serie. Berauscht sich wohl an dem Blut. Allerdings keine Anzeichen von sexuellem Mißbrauch. Tatsächlich war ihr Körper, bis auf ein paar kleine Kratzer, bemerkenswert unversehrt. Bis auf das Gesicht eben. Culligan konnte immer noch Carle sehen, der über der Leiche hockte: »Christus im Himmel, Henry, diese Typen werden langsam fies.« »Diese Typen« waren immer fies gewesen. Aber Carle war kein Detective, er war ein Doktor, und noch dazu ein Anfänger, letztes Jahr von Brooklyn North herüberversetzt. »Diese Typen«, das waren keine ordinären Straßenräuber. Das Telefon läutete. Culligan warf den Bericht auf den Schreibtisch zurück und nahm den Hörer ab.

»Henry, hier spricht Eric.« Er vernahm Detective Jones' vertrautes Näseln. »Wir haben den Wagen gefunden.«

»Wo?«

»Auf dem Abschlepphof an der West Side. Er war Ecke 49th und Lexington geparkt. Gestern abend, als sie ihn da abgestellt hat, durfte sie da noch parken. Sie haben ihn heute früh abgeschleppt.«

Was erklärte, warum sie den Wagen in keiner der Tiefgaragen rund um St. Germain gefunden hatten. Culligan war einmal mit seiner Frau dort gewesen, zu ihrem Geburtstag, eine Feier, die ihn hundert Piepen gekostet hatte. Das war 'ne Ecke für Typen von der Wall Street, Innendekorateure, reiche Leutchen, denen es Spaß machte, vierzehn Dollar für drei Stangen Spargel auszugeben, die kunstvoll auf dem Teller dekoriert waren. Was in aller Welt trieb Rita Harmon bloß drüben an der 29th und 7th Street, wenn ihr Wagen an der 49th und Lex geparkt war und das Restaurant noch weiter oben in der Stadt lag?

»Henry? Was zum Teufel hat sie denn da gewollt?«

»Tja, Eric. Darüber habe ich auch gerade nachgedacht.«

»Vielleicht wollte sie irgendwas besorgen?«

»Ganz bestimmt nicht, sagt ihr Mann. Sie sollte um halb acht im Restaurant sein.« Culligan hatte gestern abend um zehn in der Leichenhalle mit dem Ehemann des Opfers, George Harmon, gesprochen. Gott, wie er diesen Teil seines Jobs haßte. Er dachte, der Mann würde einen Herzanfall kriegen, wenn er sich seine Frau anschauen mußte, um die Identifizierung zu bestätigen. Der arme Kerl hatte bis halb neun im Restaurant gewartet und dann zu Hause angerufen und hören müssen, daß sie schon vor Stunden gegangen war. Um neun hatte er dann die Polizei angerufen. Dann hatte es bis zehn gedauert, bis jemandem im Präsidium der Zusammenhang aufging.

»Warum hörst du dich nicht in der Gegend um, wo der Wagen gestanden hat, Eric«, sagte Culligan. »Schaust mal, ob da irgend jemand was gesehen hat.«

»McGee ist schon dabei.«

»Gut.«

»Ich glaube, der Kerl hat sie gekannt, Henry.«

»Wieso?«

»Ich glaube, er hat ihr aufgelauert, als sie ihren Wagen abstellte, hat sie dann dazu gebracht, bei ihm einzusteigen und ist dann quer durch die Stadt gefahren, um es zu machen.«

»Warum sollte sie zu dem Typen in den Wagen einsteigen, wenn sie doch mit ihrem Mann verabredet war?«

Jones zögerte einen Augenblick.

»Ich weiß nicht. Vielleicht war es ihr Lover. Stellte Forderungen.«

»Kann sein. Oder der Knabe hat ihr ein Messer an den Hals gehalten und darauf bestanden.«

4

Die Sonne war am Untergehen, und es wurde langsam dunkel in der Praxis. David knipste die Schreibtischlampe an. Sie veränderte die Form der Schatten an den Wänden und beleuchtete Laura Wades Gesicht.

»Wollen Sie mir jetzt die Zauberpillen geben?« fragte sie.

Er sah sie an. Schizophrenie war eine ziemlich komplizierte Störung, nicht leicht zu diagnostizieren und auch nicht leicht zu behandeln. Es gab mehrere Organzustände, die Einbildungen und Halluzinationen hervorrufen konnten, die nach Schizophrenie aussahen, was bedeutete, daß die Diagnose oftmals ein Prozeß des Aussiebens war. Die Phenothiazine, mit denen man das Leiden behandelte, waren sehr starke Medikamente mit erheblichen Nebenwirkungen, unter anderem einer bizarren Entstellung und Fehlfunktion der Muskeln, die als tardive Dyskinesie bekannt war, was speziell in ihrem Fall verheerende Folgen haben konnte.

»Um Ihnen genau das richtige Medikament zu verschreiben«, begann David, »möchte ich noch warten, bis ich mehr Fakten habe. Ich werde eine ganze Reihe von physischen und psychologischen Tests mit Ihnen machen. Persönlichkeitstests, IQ ...«

»Bei IQ schneide ich immer gut ab.«

»Wann haben Sie denn zuletzt einen gemacht?«

Sie zuckte die Achseln. »Damals auf der Grundschule, glaube ich.«

»Dann wollen wir mal lieber feststellen, wie der aktuelle Stand ist, okay?«

»Okay.«

»Und wir werden ein paar gesundheitliche Untersuchungen machen. Blutbild, Ultraschall.«

»Glauben Sie mir, Doktor, Sie können alle Fakten kriegen, die Sie wollen. Sie werden immer noch nicht wissen, was Sie mit mir anfangen sollen.«

»Wollen wir es nicht abwarten?«

»Na schön. Ich glaube, ich gehe jetzt.« Wieder Tränen.

»Laura, wie sind Sie von Connecticut hierhergekommen?«

Es schien, als dächte sie einen Moment lang nach. »Ich habe den Zug genommen. Das war vielleicht eine Fahrt. Der Mann neben mir ist aufgestanden und hat sich woanders hingesetzt.«

»Ich finde, Sie sollten Ihren Mann kommen lassen, damit er Sie abholt.«

»Nein. Ich komme schon klar.«

Wieder sah er sie an. Mit ihr stimmte ganz gewiß etwas nicht. Offensichtlich wollte sie Verurteilung, Bestrafung. Aber sie hatte nicht bekommen, was sie wollte. Würde sie sich selbst bestrafen?

»Laura, denken Sie manchmal an Selbstmord?«

Sie ging zum Fenster, sah einen Moment hinaus, wandte sich dann wieder ihm zu. »Ja.«

»Wie oft?«

Sie lachte. »Dreitausendvierhunderteinundsechzigmal am Tag. Ich muß meine tägliche Dosis Selbstmordgedanken haben, sonst bin ich am Morgen zu nichts zu gebrauchen.

Endlich eine Antwort. Das erste eklatante Zeichen von Bitterkeit, das er bei ihr entdecken konnte.

»Laura, ich versuche, Ihnen zu helfen.«

»Sie versuchen, mich zu retten.«

»Meinetwegen, ich versuche, Sie zu retten.«

»Warum?«

»Weil ich glaube, daß Sie es wert sind, gerettet zu werden.«

»Warum?«

»Weil Sie mir wie ein intelligentes, warmes, nachdenkliches menschliches Wesen vorkommen. Weil Sie drei Kinder haben und einen Mann, der Sie liebt und eine

Mutter und einen Vater und einen Bruder und eine Schwester. Und Freunde.«

»Ich habe *eine* Freundin«, sagte sie und zog die Stirn in Falten. »Es wäre besser, *sie* alle zu retten.«

Nein. Schizophrenie war hier nicht ganz das Richtige. Vielleicht sollte er damit anfangen, ihr ein Antidepressivum zu geben. Diese spezielle Einbildung – darin lag gewiß eine affektive Komponente, eine erheblich depressive Komponente. Natürlich konnte es die Symptome noch verschlimmern, wenn man einer Schizophrenen Antidepressiva verschrieb . . ., vielleicht sollte er die Sache mit dem Klinikaufenthalt doch forcieren.

»Wie oft denken Sie an Selbstmord, Laura?«

Sie fuhr mit dem Finger über das breite Blatt der Maispflanze, die er am Fenster stehen hatte. »Sie sollten diese Dinger mal abstauben, wissen Sie.«

»Wie oft?«

»Wenn ich mich entscheide, Selbstmord zu begehen, Doktor, dann wird es sein, weil *ich* mich entschieden habe. Sie können mich in eine Zwangsjacke stecken und mich ins Krankenhaus schleifen. Sie können mich rund um die Uhr überwachen lassen – es würde nichts nützen. Wenn ich es will, will ich es.«

Sie trat zum Schreibtisch und setzte sich ihm gegenüber hin.

»Ist es das, wozu Sie sich entschieden haben?«

Sie dachte einen Augenblick nach, dann sagte sie: »Nein. Heute morgen vielleicht. Aber jetzt, nein, jetzt bin ich noch nicht darauf vorbereitet aufzugeben. Ich glaube, daß mein Leben immer noch einen Sinn hat.«

»Ich werde Ihnen helfen, damit Sie sehen, daß es einen Sinn gibt, Laura, daß Sie nicht mit Ihrem Leben Schluß machen *wollen* – weil es ein gutes Leben ist, das sich zu leben lohnt. Ich werde Ihnen zeigen, daß Sie kein schlechter Mensch sind, der nur sein Gift in die Welt versprühen kann. Was halten Sie davon?« Er wünschte sich, er wäre so überzeugt davon, wie er sich anhörte.

Sie lachte wieder. »Wissen Sie was? Ich hoffe, Sie können das. Ich hoffe es wirklich.«

Eine bessere Antwort als er erhofft hatte.

In dieser halbwegs entspannten Atmosphäre – wobei er keineswegs davon überzeugt war, das Richtige zu tun – warf er einen Blick auf seinen Kalender. Er hatte mehrere Termine zur Verfügung, darunter die zwei, die durch Allen Davino freigeworden waren, der ihm mitgeteilt hatte, daß er nicht mehr zu kommen brauchte, was er dann auch nicht mehr tat; und die von Sue Weingarten, die die Behandlung in gegenseitigem Einvernehmen abgebrochen hatte, was David nur recht war. (Er hatte Sue schon vor Monaten gesagt, daß sie langsam zu einem Ende kommen sollten, aber sie sagte immer wieder, daß sie gerne zu ihm kam und mit ihm redete, was zwar ein nettes Kompliment war, aber 120 Dollar die Stunde kamen ihm wie Straßenraub vor, wenn sie sich über Filme, Bücher und die Situation in Südafrika unterhielten.)

Damit blieben also Dienstag morgen und Mittwoch und Freitag nachmittag. Er sagte ihr, daß er versuchen wollte, für den nächsten Tag Tests vorzubereiten, schrieb ihr dann einen Terminplan auf, in den er auch seine Privatnummer eintrug.

»Sie können mich anrufen, wenn Sie mich brauchen, zu Hause, jederzeit, nachts und am Tage.« Er reichte ihr die Karte. »Und ich möchte, daß Sie mich morgen anrufen und mir sagen, wie Sie sich fühlen, und am Freitag sehe ich Sie dann. So, wie kommen Sie jetzt in die Stadt?«

Sie ließ die Karte in ihrer Handtasche verschwinden. »Ich weiß, wie man Auto fährt, Doktor. Ich habe mit sechzehn Jahren damit angefangen.«

»Es wäre vielleicht leichter für Sie, wenn Sie jemanden oben in Connecticut hätten, mit dem Sie sprechen können. Ich könnte Sie an . . .«

»Nein. Ich werde niemandem etwas davon erzählen. Ich werde mein Leben weiterleben. So wie es ist.«

Er dachte: Und wenn sie der Meinung ist, daß »es« wieder passiert ist, was dann?

Himmel. Sie weinte. Zumindest einer in der Familie mußte auf die Situation aufmerksam gemacht werden. Schweigepflicht hin, Schweigepflicht her, für gewöhnlich informierte David die Familie im Falle einer schweren Störung.

»Wo ist das Büro Ihres Mannes, Laura?«

»Die Büros der Führungskräfte sind unten in der Stadt. Aber ich möchte nicht, daß er davon erfährt.«

»Warum nicht?«

Sie nahm eine Zigarette aus ihrer Handtasche und steckte sie mit einem goldenen, mit Schildpatt verzierten Feuerzeug an, in das ihr Name eingraviert war: »Ich hoffe, das stört Sie nicht.« Zigarettenrauchende Patientinnen waren ein Berufsrisiko. Er sagte ihr, daß es ihn nicht störte.

Sie nahm einen langen tiefen Zug und blies den Rauch in die Luft. »Ich könnte seinen Chauffeur kommen lassen, damit der mich abholt. Wären Sie dann zufrieden?«

»Nein.«

Sie ließ sich in den Stuhl sinken. »Das ist sowieso eine blöde Idee. Von mir aus, rufen Sie ihn an.«

»Wollen *Sie* ihn nicht lieber anrufen?«

»Nein.«

»Wie ist die Nummer?«

Er kritzelte die Telefonnummer, die sie ihm nannte, auf seine Schreibunterlage.

»Er wird selber dran sein«, sagte sie. »Das ist seine Privatnummer.« Dann lehnte sie sich mit ihrer Zigarette auf dem Stuhl zurück und sah zu, wie er die Nummer wählte.

Es klingelte zweimal.

»Zach Wade.« Eine tiefe, klangvolle Stimme.

»Mr. Wade, mein Name ist David Goldman. Ich bin Arzt hier in Manhattan, und bei mir ist Laura.«

»Ist ihr was passiert?«

»Nein, es geht ihr gut. Ich bin Psychiater, Mr. Wade. Ich möchte Sie bitten, zu meiner Praxis zu kommen, um sie abzuholen.«

»*Wohin* soll ich kommen?«

»Ich bin hier oben an der West Side.« David nannte ihm die Adresse.

»Wenn ich fragen darf, Doktor, was macht Laura in Ihrer Praxis?«

»Ich werde es Ihnen erklären, wenn Sie hier sind.«

»Erklären Sie es mir jetzt.«

»Nun, Ihre Gattin ist ... mitten in einer Krise. Sie möchte nicht ins Krankenhaus, aber Sie sollten doch ...«

»Würde es Ihnen was ausmachen, mir zu sagen, wovon Sie reden, Doktor? Meiner Frau geht es bestens. Jedenfalls ging es ihr gut, als ich sie zuletzt gesehen habe.«

»Also, Lauras Verhalten und ihre Denkmuster scheinen irgendwie von Wahnvorstellungen geprägt.«

»Wahnvorstellungen? Wovon, zum Teufel, reden Sie? Wie ist sie an Sie geraten?«

»Ich würde es vorziehen, darüber zu sprechen ...«

»Ich will es wissen, bevor ich da raufkomme.«

»Mr. Wade, Ihre Gattin ist heute nachmittag aufs Polizeirevier gegangen und hat einen Mord gestanden.«

Schweigen. »Einen Mord? Doktor, sind Sie sich sicher, daß Sie auch von meiner Frau reden? Sie könnte keiner Fliege etwas zuleide tun. Sie mag nicht einmal einen guten Krimi lesen, kann keine Filme ausstehen, in denen jemand umgebracht wird, hat nicht auch nur einmal eines unserer Kinder geschlagen. Gewalttätigkeit ist nicht ihr Ding, wie man heute sagt. Sie ist so ängstlich wie eine Katze.«

Waren Katzen ängstlich? »Ich habe nicht gesagt, daß sie den Mord begangen hat, ich habe nur gesagt, daß sie ihn gestanden hat.«

»Das ist das Lächerlichste, was ich je gehört habe. Wollen Sie sich einen Witz mit mir erlauben?«

»Ich versichere Ihnen, Mr. Wade, es ist kein Witz.«

»Also schön, dann erklären Sie es mir bitte.«

»Nun, Ihre Frau glaubt, sie hätte gewisse... Gedankenübertragungskräfte. Am Telefon ist es wirklich ziemlich schwierig zu erklären. Ich habe noch keine genaue Diagnose erstellt, aber sie wird Ihre Hilfe brauchen, Ihre Unterstützung.«

»Ich bin gleich da.«

Er hatte eingehängt. Auch David legte den Hörer nieder und sah Laura an. »Er wird bald hier sein.«

»War er böse?«

»Warum glauben Sie, daß er böse gewesen sein sollte?«

»Keine Ahnung.«

»Glauben Sie, daß Ärger die angemessene Reaktion sein würde, Laura?«

Mit einem Male fing sie zu lachen an – laut, heftig und lang. Eine unpassende Reaktion. Noch ein Anhaltspunkt für eine Diagnose. Wahrscheinlich hatte sie keine Vorstellung davon, was für eine Reaktion angebracht *wäre*, weder bei sich selber noch bei jemand anderem.

Sie hörte so unvermittelt zu lachen auf wie sie angefangen hatte. »Man sollte seinen Ärger herauslassen, nicht wahr?«

Er sah sie an: Sie weinte wieder. Er streckte den Arm aus und legte die Hand auf ihre Schulter. Sie entzog sich seiner Berührung, stand auf und ging auf das Sofa zu.

»Fassen Sie mich nicht an. Es ist gefährlich, mich anzufassen.«

»Nein, ist es nicht, Laura. Aber wenn Sie nicht möchten, daß ich Sie berühre, werde ich es nicht tun.«

Sie setzte sich auf das Sofa und drückte sich in eine Ecke.

»Ich bin sehr müde, Dr. Goldman.«

Sie schloß die Augen, und dabei schien sie kleiner zu werden. Schon bald war sie eingeschlafen.

Er beobachtete sie einen Augenblick lang und ging dann in sein Büro, um seinen Anrufbeantworter abzuhören. Leise schloß er die Tür hinter sich. Sechs Anrufe waren gekommen: die beiden von Ammonetti, einer von einem Patienten namens Al Dunhill, der einen Rat bezüglich eines neuen Jobs haben wollte, der ihm angeboten worden war, zwei von Patienten, die Termine absagen wollten, einer von Allison.

Er hörte die hektische Stimme seiner Exfrau: »David, ich wußte nicht, was ich tun sollte. Ich war hier, um den Rest meiner Sachen abzuholen, als der Sergeant anrief. Er sagte, es wäre dringend, also habe ich ihm deine Privatnummer gegeben.« Aber dann klang ihre Stimme wieder so wie immer: »Also hast du jetzt Scherereien mit der Polizei.«

Er fragte sich, ob zu dem »Rest ihrer Sachen« auch der Papagei gehörte, den mitzunehmen sie sich geweigert hatte, als sie ihn verließ. Sie hatten ihn vor sechs Jahren von einer Reise nach Brasilien mitgebracht. Er hatte es unmöglich gefunden, sechshundert Dollar für einen Vogel auszugeben, aber Allison wollte ihn unbedingt haben, und ihre Ehe hatte sich damals gerade wieder in einer Aufwärtsperiode befunden. Sie waren beide sehr darum bemüht gewesen, die gegensätzliche Lebenseinstellung des anderen zu akzeptieren.

Er wollte ihren BMW akzeptieren und ihr Bedürfnis, an den Wochenenden auf Parties zu gehen. Sie wollte seine Ernsthaftigkeit akzeptieren (David hatte nie gefunden, daß er so überaus ernsthaft war) und das, was sie seine Knickerigkeit nannte. David konnte nicht begreifen, warum man 40000 Dollar für ein Auto ausgeben mußte, selbst wenn man es sich leisten konnte. Und er hielt sich auch nicht für arbeitssüchtig. Es stimmte schon, daß er mehr als acht oder zehn Stunden am Tag für seine Patienten da war. Aber mit der Bereitschaft, für andere dazusein, zu geizen, fand er weit schlimmer als die Sache mit dem Geld. Das hörte sich selbstgerecht an, aber, bitte, so sah er es nun einmal.

Er schaltete das Band aus und wollte sich gerade Lauras alte Karteikarte holen, als es an der Tür klingelte.

David konnte den Mann nur sehr schwer erkennen – das Licht im Flur war nicht eingeschaltet –, die Limousine aber, die draußen auf der Straße geparkt stand, war nicht zu übersehen.

»Sie müssen Goldman sein«, sagte Zachary Wade.

David stellte sich vor, gab ihm die Hand und führte ihn in das Wartezimmer. Mein Gott, das war schon ein gutaussehender Mann: groß, blond, grüne Augen, erstklassige Figur. David war nie der Typ gewesen, der auf das Aussehen anderer Männer achtete, aber der hier mußte einem einfach auffallen. Sein Alter war nicht leicht zu schätzen. Fünfundvierzig Jahre vielleicht. Und natürlich gut gekleidet, in einem graugestreiften Anzug, der einfach ... *wie angegossen* saß. Maßgeschneidert. Und italienische Schuhe. Butterlederschuhe, wie Allison sie immer genannt hatte.

»Warum sagen Sie mir nicht, was los ist, Doktor?« fragte Zachary Wade und nahm auf einem Stuhl Platz. Der Mann war sehr bestimmt, sehr präzise, sowohl in seinen Bewegungen als auch in seinem Auftreten. Natürlich mußte er das auch sein. Gardners war eine sehr große Firma.

»Ihre Frau hat Sergeant Ammonetti vom Neunzehnten Revier gebeten, mich anzurufen«, sagte David.

»Wo ist Laura jetzt?«

»Sie ist in meinem Sprechzimmer eingeschlafen.«

»Aha.« Er tippte mit dem Zeigefinger auf die Stuhllehne und sah sich um. »Matisse.« Sein Blick war an dem gerahmten Druck von ›Harmonie in Rot‹ an der Wand hängengeblieben. »Ich habe Matisse einmal getroffen. In Saint Paul de Vence, in Südfrankreich. Er war sehr alt. Ein schöner Ort. Je dort gewesen?«

»Nein.« David setzte sich ihm gegenüber und beschrieb die Situation so leichtverständlich und behutsam, wie er nur konnte.

»Rita *Harmon*?« fragte Wade. »Sind Sie sich sicher?«

»Ja.«

»Ich habe nicht einmal etwas davon gehört. Sie war

auf der Party, die wir vor ein paar Wochen gegeben haben. Schade um sie. Und wer, glauben Sie, hat es getan?«

»Der Polizeibeamte sagte, daß es noch zu früh wäre, um schon eine Vermutung zu äußern.«

Wade zog die Stirn in Falten. »Wahrscheinlich ein Süchtiger. Guter Gott, man kann in dieser Stadt nicht einmal mehr über die Straße gehen. Aber ein ganz schöner Zufall. Laura *war* wütend auf Rita. Natürlich hatte sie gar keinen Grund dazu.«

»Hat sie Ihnen gesagt, daß sie wütend war?«

»Nein. Aber während der Party – es war wirklich alles äußerst peinlich – hat sie plötzlich etwas gesagt, was darauf hindeutete, daß sie es war.«

»Was?«

»Sie sagte, ›nimm deine dreckigen Finger von meinem Mann, Rita‹.«

»Ich verstehe. Ihre Frau hat mir erzählt, daß sie mit Ihnen geflirtet hat.«

»Vielleicht hat sie das getan. Rita war eine verrückte Nudel. Sie kennen die Sorte.«

»Welche Sorte?«

»Die immer mit allen Männern flirten wollen.«

»Mr. Wade, Ihre Frau hat der Polizei erzählt, daß Sie ein Verhältnis mit Rita Harmon hatten.«

»Mit *Rita*?« Er mußte lachen. »Kaum.«

»Wieso ›kaum‹?«

»Nun, es tut mir leid, daß sie sterben mußte, besonders auf diese Weise. Schreckliche Sache. Aber sie war – sagen wir mal, nicht mein Typ.«

»Was ist denn Ihr Typ?«

Er sah David verdattert an. »Wieso, Laura ist mein Typ, natürlich, wenn Sie das überhaupt etwas angeht.«

»Flirten die Frauen oft mit Ihnen?«

»Sie scheinen mich attraktiv zu finden.«

»Und an dem Abend sind Sie nicht darauf eingegangen? Auf der Party?«

»Ich stehe hier nicht vor Gericht.«

Hatte das jemand behauptet? »Sind Sie darauf eingegangen, Mr. Wade?«

»Für wen halten Sie mich? Ich pflege wohl kaum in meinem Haus mit einer anderen Frau herumzuschäkern, auf meiner Party.«

Herumschäkern? Was für ein komisches Wort.

»Ich war höflich zu meinen Gästen, Doktor. Wenn Sie es unbedingt wissen müssen.«

»Das hat Laura auch gesagt.«

»Sie hat es gesagt, weil es stimmt.«

»Verdächtigt sie Sie, Affären zu haben?«

»Sie hatte nie Anlaß, das zu glauben. Manchmal stellt sie sich Dinge vor.«

»Was für Dinge?«

»Zum Beispiel versucht sie immer, das Verhalten der Leute zu interpretieren, Entschuldigungen zu finden.«

»Inwiefern?«

»Oh, indem sie sagt, ›der und der hat das nur gesagt, weil er sich über irgend etwas anderes geärgert hat‹. So in der Art. Sie macht sich damit eine Menge Probleme. Ich hätte im Traum nicht daran gedacht, daß es mal zu so etwas führen könnte. Warum in aller Welt sollte Laura nur denken, sie hätte Rita umgebracht?«

»Sie hat Wahnvorstellungen, Mr. Wade. Sie glaubt, daß ihre Emotionen – ihr Zorn vor allem – Menschen Schaden zufügen können. Sie sogar töten können.«

»Was könnte eine so bizarre Vorstellung hervorgerufen haben?«

David hielt ihm den Standardvortrag über all die verschiedenen Theorien, die zu erklären versuchten, was eine Episode wie diese ausgelöst haben könnte, chemische Unstimmigkeiten, Hormonstörungen, genetische Faktoren.

»Aber es gibt nichts dergleichen in Lauras Familie.«

»Die Psychiatrie ist keine exakte Wissenschaft, Mr. Wade«, sagte David. Dann erzählte er ihm von den enormen Fortschritten, die mit neuen Medikamenten erzielt worden waren. »Ich glaube, daß mit Ihrer Unterstützung, mit umfangreicher Therapie und medikamentöser Behandlung eine gute Chance besteht, daß es uns gelingt, diese Wahnvorstellungen zu reduzieren.«

David sagte ihm nicht, daß er wußte, wie schwer das sein würde.

»Ich weiß, daß das alles ein ziemlicher Schock für Sie ist«, sagte er. »Glauben Sie mir.«

Zachary Wade schwieg. Er hatte es in der Tat besser aufgenommen, als David es nach dem Telefongespräch erwartet hatte. Einmal war David von dem Vater eines schizophrenen Patienten, den er in eine Klinik geschickt hatte, zu Boden geschlagen worden. Er würde den Burschen nie vergessen. Herb Jorgansky.

»Haben Sie irgendwelche Fragen, Mr. Wade?«

Er verneinte, also stellte David ihm ein paar Fragen.

»Hat Laura sich auffällig benommen?«

»Eigentlich nicht.«

»Das muß alles schon länger zurückreichen, Mr. Wade. Diese Vorstellungsmuster sind nicht erst seit gestern da. Sie haben nie etwas davon gemerkt?«

»Meine Frau ist immer ein ziemlich stiller Mensch gewesen«, sagte er. »Sehr organisiert. Eine gute Mutter, obwohl sie den Kindern zuviel durchgehen läßt ...; ich würde sagen, daß Laura sich ein Bein ausreißt, um nett zu den Leuten zu sein, zu jedem nett zu sein.«

»Sich ein Bein ausreißt?«

»Manchmal sicher ein Fehler.«

David fragte ihn, ob er sich an irgend etwas erinnerte, was die derzeitige Zerrüttung ihrer Persönlichkeit und die paranoiden Vorstellungen ausgelöst haben könnte.

»Nein. Nichts.«

Er stellte nicht die Fragen, mit denen die Angehörigen für gewöhnlich kamen – was tun, wenn sie plötzlich anfängt, wirr daherzureden –, also erzählte David es ihm.

»Man muß sich immer ins Bewußtsein rufen, daß sie sehr verängstigt ist. Ihr Verstand ist zu ihrem Feind geworden. Am besten sagen Sie ihr, daß Sie verstehen, daß sie diese Dinge glaubt, es aber sein könnte, daß ihr Verstand ihr einen Streich spielen will.«

»Ja. Das ist eine gute Idee.«

David gab ihm eine Broschüre über Schizophrenie. Weil er auch danach nicht gefragt hatte, legte ihm David seine Gründe dar, Laura nicht zur Behandlung in eine Klinik einzuweisen: sie wollte es nicht, und er glaubte, sie müßten sie wirklich mit Gewalt dazu zwingen.

»Haben Sie Geduld mit ihr, und fürchten Sie nicht ihre Symptome.«

Zachary Wade nickte. David hatte das Gefühl, daß er kein Mann war, der sich leicht vor etwas fürchtete.

Wieder trommelte er mit den Fingern auf der Armlehne. »Ich verstehe, Doktor.«

»Zach?«

Laura stand in der Tür. Er ging zu ihr und legte ihr den Arm um die Schulter.

»Es tut mir leid, Zach.«

»Nichts braucht dir leid zu tun. Alles wird gut.« Er klopfte ihr auf die Schulter. »Wir fahren jetzt nach Hause.«

Und schon waren sie fort.

David setzte sich an seinen Schreibtisch und legte den Kopf in die Hände. Plötzlich merkte er, wie erschöpft er war.

Es klopfte an der Tür. David öffnete und fand Zachary Wade vor, alleine. Die Limousine stand hinter ihm. Verdunkelte Scheiben. Er konnte Laura nicht sehen.

»Ich habe noch eine Frage an Sie«, sagte Wade.

»Ich werde sie gerne beantworten, wenn ich kann.«

»Wo ist Lauras Erklärung?«

»Was für eine Erklärung?«

»Die, die sie auf der Polizei abgegeben hat.«

Was für eine merkwürdige Frage. »Ich weiß nicht. Ich nehme an, sie haben sie auf Band. In ihrem Archiv.«

Bevor David ihn fragen konnte, was er mit der Frage

bezweckte, war er schon wieder weg. David dachte sich, daß er wohl wissen wollte, ob Lauras Geständnis an die Medien gegeben worden war. Er wollte keinen Skandal.

Und David dachte sich, daß er Zachary Wade nicht besonders mochte.

Im Ordnerschrank fand er unter »W« ihre Akte. Sie war ziemlich dünn. Er steckte sie in seine Tasche, schloß ab und machte sich auf den Heimweg. Es war gerade dunkel geworden, und es war immer noch heiß. Die Gegend um den Broadway herum war voller Menschen – er summte geradezu, wie immer an heißen Sommerabenden. So viele verschiedene Menschen, so viele Dialekte, Akzente, Hautfarben – die Vielfalt war unendlich.

An der Ecke der Straße, in der David wohnte, spielte eine karibische Band auf Blechtrommeln vor einer Bar mit dem Namen Phil's auf dem Gehsteig. Niemand blieb stehen, um ihnen zuzuschauen oder sich die Musik anzuhören, aber sie spielten und spielten. Die Musik erinnerte ihn an Laura: herb, traurig und auf eine merkwürdige Weise disharmonisch.

5

Aus dem Red Apple im Erdgeschoß seines Apartmenthauses brachte David sich ein gegrilltes Hähnchen mit. Alles, was er sich jetzt wünschte, waren ein heißes Duschbad und ein ruhiges, gemütliches Abendessen, fettig, aber füllend.

Als er in der Halle auf den Fahrstuhl zuging, rannte er in Allison hinein. Er war so sehr darauf konzentriert, rasch nach Hause zu kommen, daß er sie gar nicht wahrnahm, bis er sie praktisch über den Haufen gerannt hatte, was nicht schwer war. Sie war eine äußerst zierliche Frau.

»Entschuldigen Sie – oh, David. Hatte nicht erwartet, dich hier zu treffen.«

»Warum nicht? Ich wohne hier.«

»Ich bin mit Grace zum Abendessen verabredet«, sagte sie.

Was David sich bereits gedacht hatte. Grace Axelrod war eine freiberufliche Werbetexterin, die auch in dem Haus lebte. Allison hatte sich Grace anvertraut, als ihre Ehe in die Brüche ging: David hielt nicht allzuviel von ihr, und Allison wußte das.

Sie paßte sich seinem Schritt an. Keiner von beiden war stehengeblieben.

»Wie geht es dir, Allison?«

»Gut. Und dir?«

»Hast du deine Beförderung bekommen?« Allison arbeitete bei einer der großen Werbeagenturen in Manhattan.

»Ja.«

»Gefällt dir dein neuer Job so, wie du gehofft hast?«

»Bis jetzt schon. Mein neuer Boß scheint ziemlich nett zu sein.«

So ging es eine Weile weiter. Nicht ohne einen gewissen Schmerz mußte David feststellen, wie schön sie aussah, gebräunt und entspannt, viel entspannter, als sie je ausgesehen hatte, als sie beide noch zusammen waren. Ihr Haar war sogar noch blonder, als er es in Erinnerung hatte.

»Ich war am Wochenende unten in Barbados«, erzählte sie ihm in dem beiläufigen Ton, der ihm mitteilte, wie *wahnsinnig toll* Wochenendtrips zu exotischen Orten waren – und gleichzeitig, daß es wirklich keine große Sache war. Sie machte es dauernd.

»Wir haben es unheimlich schön gehabt«, sagte sie.

»Du siehst wundervoll aus, Allison.« Er fragte nicht, wer die andere Hälfte von diesem »wir« war.

»Danke. Du siehst scheußlich aus«, kicherte sie.

Wie würde sie wohl aussehen, wenn sie einen solchen Tag hinter sich hatte? Diesen Gedanken behielt David für sich. Seine Arbeit war immer Anlaß zu Streit zwischen ihnen gewesen.

»Vielen Dank, Allison.«

»Es tut mir leid. Das war nicht schön von mir. Du hast wohl einen miesen Tag gehabt?«

»Sagen wir mal, einen ungewöhnlichen Tag.«

»Kann ich mir vorstellen.« Sie drückte auf den Aufzugsknopf. Sie dachte nicht daran zu fragen, sondern wartete darauf, daß er ihr erzählte, wieso er von einem Polizeibeamten angerufen worden war. Sie war nie direkt, diese Frau. Katz-und-Maus-Spielen war für sie die hohe Kunst der Psychologie. Er sagte kein Wort.

Sie lächelte: »Ist nicht jeder Tag mit den Klapsmühlenaspiranten ungewöhnlich?«

Er mußte seufzen. »Allison, meine Patienten sind zum allergrößten Teil ganz normale Leute mit Problemen, so wie du.« Wie oft hatte er schon etwas in der Art zu ihr gesagt? Sie brachte die schlechtesten Seiten in ihm zum Vorschein, und, so vermutete er, er die schlechtesten Seiten in ihr.

»Wie gut für sie, daß ihr *Doktor* keine Probleme hat.«

Er mußte sich nicht mehr mit ihr streiten. Sie lebten getrennt, waren praktisch so gut wie geschieden, obwohl sie aus irgendwelchen Gründen die endgültige Abwicklung der Scheidung immer wieder hinauszuzögern schien. Aber er mußte sich nicht mehr mit ihr streiten.

»Ich hoffe, daß du glücklich bist, Allison.«

Sie bohrte noch ein wenig tiefer. »Jetzt bin ich es.«

Es mußte wieder sein. Es ging nicht anders. Es war schon zu sehr zur Gewohnheit geworden.

»Ich hoffe, du hast auf deinem kleinen Raubzug in meiner Wohnung heute wenigstens den gottverdammten Vogel mitgenommen.«

Sie berührte ihr Haar. »Ein Papagei paßt nicht zu meinem neuen Lebensstil als Single. Behalte du ihn nur. Oh, da ist ja schon der Fahrstuhl.«

Sie betraten die Kabine. Er drückte auf die »zwanzig«, sie auf die »neun«, und dann drückten sie sich in verschiedene Ecken, von wo aus sie einander anblickten, als der Aufzug sich in Bewegung setzte. David stand da, sah sie an und fragte sich, wer wohl bei der Aufteilung des Besitzes letztendlich den Vogel bekommen würde, und wie er, falls er der Glückliche wäre, ihn wieder loswürde.

»Bye, bye«, sagte sie, als sie in Graces Etage ausstieg.

»Eines schönen Tages«, sagte er zu dem leeren Fahrstuhl, als der weiter nach oben fuhr, »werde ich ihn in dein Apartment schmuggeln und dort stehenlassen.«

David wurde von dem üblichen Geschrei und Gezeter, das jeden Tag seine Heimkehr begleitete, begrüßt. Der Vogel hockte auf seiner Stange in seinem Messingkäfig, hielt den Kopf zur Seite geneigt und kreischte.

Gott, war es heiß. Er drehte die Klimaanlage an, fütterte den Vogel und hörte den Anrufbeantworter ab. Auf dem Band war nur ein Anruf: »David, hier ist deine Mutter. Ruf mich bitte zurück.« Ihre Stimme auf dem Tonband hatte wieder diesen mitfühlenden Ton, der ihn verrückt machte, seit er und Allison sich getrennt hatten. Er beschloß, seine Mutter erst am nächsten Tag anzurufen.

Sein Hemd fühlte sich verklebt an. Er legte das Hähnchen in den Backofen und ging rasch unter die Dusche. In der Wohnung schien es eher noch heißer als kühler geworden zu sein, als er wieder aus dem Bad kam. Er drehte an einigen Knöpfen der Klimaanlage, drückte ein paar Schalter, aber es kam noch immer warme Luft heraus. Er rief den Hausmeister an, der sagte, er würde gleich raufkommen. (Klar! Gleich nächsten Donnerstag würde er raufkommen.) Nachdem er die Fenster aufgemacht hatte, so weit es nur ging, setzte er sich mit Lauras Akte zum Essen hin.

Auf der ersten Seite stand ihre Krankengeschichte. Nichts Außergewöhnliches. Die üblichen Kinderkrankheiten. Keine Spur von Geisteskrankheiten in der Familie, jedenfalls hatte sie keine angegeben. Sie litt unter Kopfschmerzen, gegen die sie Fiorinal nahm, ein ziemlich gängiges Medikament gegen Migräne, verschrieben von einem Arzt in Easterbrook.

Die Akte enthielt außerdem nur noch einen einseitigen, mit der Schreibmaschine geschriebenen Bericht. David erkannte die Schrifttype seiner alten elektrischen Maschine. Im Mai hatte er sich dazu durchgerungen, mit der Zeit zu gehen, und begonnen, seine Aufzeichnungen in einen Computer einzuspeichern. Für gewöhnlich unterteilte er ein Protokoll in verschiedene Abschnitte, die bestimmte Äußerungen des Patienten enthielten, die er während der Sitzung in seiner eigenen Kurzschrift notiert hatte, nonverbale Verhaltensmuster, die ihm aufgefallen waren, und alles andere, was ihm von Bedeutung erschien. Er überflog die Überschriften der einzelnen Teile: Hintergrund, vorliegendes Problem, Symptome.

Verdammt. Das einzige klinische Symptom, das er festgehalten hatte, war eine nicht näher bezeichnete Depression – und noch dazu eine geringfügige.

Sie hatte die Familie, aus der sie stammte, als »vermögend und unkommunikativ« bezeichnet, »mehr wie eine Sammlung von Steinen in einer Schachtel als eine Familie, und trotz all des Geldes nie richtig zufrieden«. Hauptsächlich hatte sie über ihren Vater geredet, zu dem sie eine distanzierte Beziehung zu haben schien, und den sie als »unnahbar, reserviert und fordernd« beschrieb. Daran war nichts Ungewöhnliches. Männer wie ihr Vater, Männer, die ganze Imperien aufbauten, waren oft unnahbar und fordernd. Sie hatte auch gesagt, daß sie immer um die Liebe ihres Vaters geworben, sich danach gesehnt, sie gebraucht und sich damit genau so verhalten hatte, wie ihr Vater es von ihr erwartete. Sie war immer die kleine Lady, gegen die er nie seine Stimme im Zorn erheben mußte.

Die Notizen, die er für sich selber gemacht hatte, beschrieben Laura Wade als eine sehr beherrschte Frau, die an einem Identitätsverlust und einem Mangel an Selbstachtung litt. Nachdem sie sich in der Sitzung als »Hausfrau« bezeichnet hatte, machte sie sich selbst und ihre Aktivitäten herunter. »Ich versuche, eine gute Mutter zu sein«, hatte sie gesagt. »Manchmal mache ich mir zu viele Sorgen um meine Kinder.« Aber das schienen ganz normale Sorgen gewesen zu sein.

»Ich versuche, meinem Mann ein gutes, normales Zuhause zu schaffen«, hatte sie gesagt. »Dafür zu sorgen, daß Zach sich wohlfühlt, daß seine Bedürfnisse erfüllt, daß unsere Parties ein Erfolg werden, daß ich charmant bin, wenn wir Geschäftsfreunde zu Besuch haben.« David erinnerte sich, gedacht zu haben, wie merkwürdig er das alles fand. Für gewöhnlich gaben die Frauen, deren Leben sich um derartige Dinge drehten, das nicht zu, jedenfalls nicht auf diese Weise.

Auch ihre Antwort auf seine Frage, ob sie denn noch irgendwelche anderen Interessen hätte, war sonderbar gewesen. Sie sagte, daß sie Klavier spielte (»ziemlich mittelmäßig«) und malte (»niemand würde meine Bilder kaufen«).

Schließlich hatte er sie gefragt, ob es irgend etwas gab, was sie an sich wirklich leiden mochte. Sie hatte gelächelt und gesagt: »Meine Knöchel mag ich.« Als er sie fragte, ob solche Scherze ihr halfen, ihren Schmerz zu lindern, war sie in Tränen ausgebrochen.

»Ich weine sonst nie«, hatte sie gesagt.

»Nie?«

»Mein Schmerz gehört nur mir. So war es schon immer.«

So. Das hatte sie also damals auch schon gesagt.

»Weinen Sie je, wenn Sie alleine sind?«

»Manchmal.«

»Worüber?«

»Über das Leben. Mein Leben.«

»Weil Sie unter dem Gefühl leiden, nichts Vernünftiges daraus gemacht zu haben?«

»Nichts, was meinen Fähigkeiten würdig wäre.«

David blickte auf. Verdammt. Das war's. Er hatte angenommen, daß sie ihre offensichtlichen Fähigkeiten gemeint hatte, wie Intelligenz, Reichtum, Bildung. Aber das hatte sie ganz und gar nicht gemeint. Nachdem sie ihn auf gut Glück aus der Liste der Psychiater im Branchenverzeichnis von Manhattan herausgepickt hatte, wollte sie ihn testen, vielleicht sehen, ob er es wert wäre, in ihre Geheimnisse eingeweiht zu werden. Auf eine gewisse Weise hatte sie ihm schon damals alles gesagt.

Das Telefon läutete.

»Hallo, David? Wie geht es dir? Du hörst dich müde an. Schläfst du auch genug? Kommst du auch mal raus?«

Seine Mutter rief an, um ihn zu einer Party einzuladen, die am kommenden Samstag für seinen älteren Bruder, Ivan, gegeben wurde, der gerade ein beachtliches Stipendium für seine mathematischen Forschungen an der Penn State University bekommen hatte. Sie sagte, daß sie auch Stan Friedland einladen wollte; es fehlte ihr, daß sie ihn überhaupt nicht mehr zu Gesicht bekam. David war überzeugt davon, daß seine Mutter ihn immer noch für den Fünfundzwanzigjährigen hielt, der er gewesen war, als er und Stan gemeinsam in Philadelphia ihre medizinische Ausbildung machten.

»Schön, wenn du ihn einlädst«, sagte er. »Ich seh dich dann, Mom. Du fehlst mir.«

Er sagte ihr nicht, daß er weder auf die Fahrt nach Philadelphia noch auf den Besuch bei ihr und bei seinem Vater besonders erpicht war, wobei letzteres wieder eine Gelegenheit sein würde, alle möglichen alten Geschichten auszugraben, obwohl er mittlerweile neununddreißig war.

»Ich reserviere dir ein extra großes Stück Fleisch. Das kannst du dann mit nach Hause nehmen.«

»Mach dir nicht soviel Mühe, Mom.« David aß dreimal im Jahr extra große Stücke Fleisch, jedesmal, wenn sie ihm von seiner Mutter aufgezwungen wurden.

»Aber es macht mir doch überhaupt keine Mühe, David. Ich muß doch sowieso für die Party kochen. Wenn du möchtest, kannst du alles mitnehmen, was übrigbleibt. Es bleibt bestimmt viel übrig. Du kannst alles einfrieren und dann einen Monat lang davon essen. Es ist schrecklich, wenn ich daran denke, daß du jeden Abend irgendwo essen gehen mußt.«

In Wahrheit war Allison diejenige gewesen, die immer irgendwo essen gehen wollte.

Himmel! Er mußte den Ofen eingeschaltet gelassen haben, als er das Hähnchen herausnahm. Nun war die Küche voll von dem verbrannten Geruch angesetzter Speisereste. Er drehte den Knopf auf »0«, brachte die Akte ins Wohnzimmer und setzte sich hin, um sie zu Ende zu lesen.

Es waren nur noch zwei Absätze übrig. Den ersten Absatz hatte er mit »Allgemeine Depression – existentiell (?)« überschrieben, vermutlich, weil Laura sich während des Gesprächs dauernd selber unterbrach. Sie sprach über einen bestimmten Aspekt ihres Lebens, wechselte dann ganz abrupt zu einem ganz anderen Thema, indem sie ihn fragte, ob er an die Vorsehung glaubte, an Gott, an das Böse, an Magie, an die Bestimmung des einzelnen, daran, daß das Individuum letztlich doch isoliert dastand. Er antwortete so kurz und knapp wie möglich und versuchte dann herauszufinden, warum sie ihn das fragte. Er vermutete, daß es damit zusammenhing, daß sie sich als Teil ihrer allgemeinen Depression mit diesen Fragen herumschlug.

An einem Punkt hatte sie plötzlich gefragt: »Helfen Sie den Menschen eigentlich, Dr. Goldman?«

Der Ton ihrer Frage war so freundlich, so unverfälscht, so völlig ohne jeden Zynismus gewesen, daß David das Verlangen aufzulachen unterdrücken mußte.

»Ich bemühe mich, Laura«, hatte er gesagt. »In den meisten Fällen versuche ich, den Leuten zu zeigen, wie sie sich selber helfen können.«

»Und wenn sie ein hoffnungsloses Problem haben?«

»Ich glaube nicht, daß es ein Problem gibt, das vollkommen hoffnungslos ist. Das Leben ist komplex und manchmal schwierig, aber die Menschen kommen mit allen möglichen Dingen zurecht. Es ist eine Frage, ob man die inneren Ressourcen aktivieren kann, denke ich.«

»Das verstehe ich. Aber sagen wir mal, jemand kommt her und sagt, er sei deprimiert. Sie reden mit ihm und versuchen herauszufinden, was mit ihm nicht stimmt. Und dann stellen Sie fest, daß er deprimiert ist, weil er noch sechs Monate zu leben hat. Das müßten Sie doch hoffnungslos nennen, oder nicht?«

»Das trifft doch nicht auf Sie zu, oder?«

»Nein. Auf mich trifft das nicht zu.«

»Nun gut dann«, hatte er gesagt, »da haben wir also diesen Menschen, der noch sechs Monate zu leben hat. Er hat natürlich einen legitimen Grund, deprimiert zu sein, und ich würde auch nicht versuchen, ihm etwas anderes einzureden. Ich würde versuchen, ihn dazu zu bringen, daß er seinem Tod ins Auge schaut, seinem Leben eine Perspektive gibt, indem er meinetwegen all die Sachen tut, die er schon immer hatte tun wollen, Dinge zu Leuten sagt, die er ihnen schon immer hatte sagen wollen – so etwas zum Beispiel.«

»Aber die Depression wäre immer noch da«, hatte sie

gesagt. »Weil der Anlaß der Depression immer noch da ist, und den konnten Sie nicht beseitigen. Stimmt das nicht?«

Im letzten Punkt seiner Aufzeichnungen ging es um einen Traum aus ihrer Kindheit, von dem sie ihm gegen Ende der Sitzung erzählt hatte. Er hatte ihn wortwörtlich aufgeschrieben: »Ich bin an eine Tischplatte festgebunden, mit irgendwelchen Riemen, und an meinem Kopf sind Saugnäpfe angebracht und ein paar Drähte, die in eine Maschine führen. Und Leute sehen mich an. Ich fühle mich nackt – oder vielleicht bin ich auch nackt, ich kann mich nicht mehr erinnern. Dann drückt jemand auf einen Knopf, und ich habe furchtbare Schmerzen. Danach scheine ich zu fallen, aber ich habe keine Angst, weil ich weiß, daß das Fallen mir Erleichterung von dem Schmerz bringt.«

Ein ungewöhnlicher Traum für ein Kind. Aber das Fallen war ein häufiges Symbol dafür, daß man die Kontrolle verlor. Er hatte sie gefragt, woran der Traum sie erinnerte.

»Aber Sie haben doch nie eine Schocktherapie durchgemacht, oder?«

»Nein, aber vielleicht werde ich es einmal. Also war es vielleicht ein präkognitiver Traum.«

»Laura, warum denken Sie, daß Sie je eine Schocktherapie bekommen oder brauchen sollten? Selbst in ihrer Blütezeit wurde sie nur bei extremen Fällen angewendet.«

»Und ich scheine Ihnen kein extremer Fall zu sein?«

»Nun, ich kenne Sie ja nicht, aber, nein, das sind Sie nicht.«

Und das war es dann gewesen. Er sagte ihr noch, daß sie seiner Ansicht nach mit ein paar Punkten ins reine kommen müßte, und wenn sie es wollte, könnten sie es gemeinsam versuchen. Sie sagte, daß sie darüber nachdenken wolle.

Und damit ging sie.

Er schloß die Akte. Schöne Konsultation. Er hatte sie

wie eine x-beliebige Neurotikerin abgehandelt, mit den üblichen Identitätsproblemen und ein paar minderrangigen Depressionen. Schizophren? Es war ihm nicht im Traum eingefallen.

6

Der Mann wusch seine Hände dreimal, erst mit Alkohol, dann mit einem Bimsstein, darauf mit Kernseife. Schließlich, als wären ihm doch noch Bedenken gekommen, wusch er sie sich noch einmal, schäumte sie mit einer parfümierten Seife ein und spülte sie ab. Dann nahm er die Perücke, den Schnurrbart und die Schuhe, wickelte sie zu einem kleinen Bündel und packte sie an ihren Platz zurück. Er würde sie wieder brauchen, und zwar schon recht bald.

Später würden die Kleider und die Maske verbrannt werden. Die Kleider waren dick mit Blut verschmiert, mit Tod, aber sie waren gut versteckt. Niemand würde sie finden. Schon hatte sich die Farbe des Blutes verändert. Am Anfang war Blut hellrot, dann nahm es eine stumpfe Rostfarbe an. Bald würde es schokoladenbraun sein, dann aschfarben. Nicht eine Spur von Blut würde übrigbleiben. Dafür hatte er gesorgt. Es war alles nur eine Sache von guter Planung, von Disziplin.

Die Todeshexe würde jetzt bald sterben, die Welt würde von einer Geißel befreit, saubergewischt sein. Die Todeshexe konnte man natürlich nicht umbringen. SIE mußte besiegt werden, hereingelegt, ausgetrickst. Dann würde SIE ihr Leben von selber beenden. Das war der einzige Weg, der richtige Weg.

Während er auf sein Abbild im Spiegel starrte, nahm der Mann ein frisches Handtuch aus dem Schrank und trocknete sich die Hände ab. Das Bild im Spiegel lächelte. Es tat ihm nicht um die Tote leid. Sie mußte geopfert werden. Der Wert dieses Opfers konnte gar nicht unterschätzt werden, aber die Frau selber war unwichtig; sie war leicht gestorben. Wenn es eine andere Möglichkeit gegeben hätte, eine sauberere, hätte er sie wahrgenommen. Er mochte das Blut nicht. Und doch lag in dem

Ableben der Toten durch das Messer eine gewisse Ordnung. Leiche um Leiche. Fleisch um Fleisch. Das erinnerte ihn an die Art, wie die Todeshexe tötete. Er sah sie vor sich, wie SIE tötete, dann dachte er an den Unterschied zwischen ihnen: SIE war wild gewesen, von heftigster Wut ergriffen, hatte blindlings zugeschlagen, hatte herausgerissene Fetzen von Fleisch zurückgelassen. Er dagegen war ruhig. Geübt. Vorsichtig. In seinem Gesicht wäre keine Wut zu erkennen gewesen, falls jemand es unter der Maske hätte sehen können. Dessen war er sich sicher. Auch nicht die Frau am Fenster, weit über ihm.

Der Mann mußte sich jetzt beeilen. Er konnte die Todeshexe kommen hören, fühlte bereits IHRE Gegenwart. Manchmal überrumpelte SIE ihn, indem SIE über ihn kam, bevor er sich verstecken konnte. Rasch, aber voller Sorgfalt schrubbte er das Spülbecken aus, wusch sich dann wieder, trocknete sich wieder ab, reinigte seine manikürten Fingernägel mit einer Feile, rubbelte sie mit einer kleinen Bürste ab, rieb sich Pflegelotion in die Haut.

Disziplin. Das war die einzige Möglichkeit, IHRE Gegenwart zu ertragen, die Berührung IHRES kalten weiblichen Fleisches zu überleben.

Der Mann machte das Licht aus.

Schnell jetzt. Die Todeshexe näherte sich. Er konnte SIE im Spiegel sehen.

7

Detective Henry R. Culligan hatte das Videoband mit Laura Wades Geständnis in seiner Aktentasche, als er in die Einfahrt einbog. Es war gegen die Gepflogenheiten der Abteilung, das Ding aus der Akte zu nehmen, aber er hatte es trotzdem gemacht. Zu Betty würde er kein Wort sagen; er sprach selten mit ihr über seine Arbeit, obwohl sie ihn bisweilen auf ganz gute Gedanken brachte, wenn er es doch mal tat. Weibliche Intuition oder so was. Aber er fand, daß das Leben leichter war, wenn er Arbeit und Privatleben voneinander trennte. Und manchmal schien es auch so, als wollte sie gar nichts davon hören. Als er zur Tür hereinkam, konnte er Käse, Tomaten und Knoblauch riechen. Hähnchen *Parmigiana*, hoffte er.

»Noch eine Minute länger, und es wäre angebrannt«, rief Betty aus der Küche. Sie hatte die Schürze um, auf der »Küß-die-Köchin« stand. Grinsend zeigte sie auf die Worte und hielt ihm die Wange hin.

Er gab ihr einen Kuß.

»Hast noch einen kleinen genommen bei McKellen's?« fragte sie.

Es hatte keinen Sinn, es abzustreiten, denn es war einer der Gründe, weswegen er erst um acht kam und nicht um sieben, wie er ihr versprochen hatte. Der zweite Grund war, daß es ihm endlich gelungen war, Ozzie Allen ans Telefon zu kriegen, und es hatte einige Zeit gedauert, bis er den Mann über die Hintergründe des Harmon-Falles ins Bild gesetzt hatte. Allen war Detective beim Police Department von Philadelphia, und Culligan pflegte gelegentlich Gefälligkeiten mit ihm auszutauschen. Culligan hatte ihn vor Jahren anläßlich eines großen Rauschgiftfalles kennengelernt. Er war damals gerade Detective geworden und arbeitete in der Abteilung für Drogendelikte. Er hatte Allen gebeten, mal die Gardners abzuklopfen, die aus Philadelphia stammten, wo sie auch ihren ersten Laden aufgemacht hatten.

»Aber nur *einen* kleinen«, beschwichtigte Culligan seine Frau.

Betty lachte, zog dann ihre Topfhandschuhe über und machte die Ofentür auf.

Er sah ihr zu, wie sie die Kasserolle auf den Tisch stellte. Sie war eine gut und kräftig gebaute Frau, inzwischen ein wenig rund um die Hüften, aber sie sah immer noch klasse aus mit ihren Mitte Vierzig, besonders mit der blonden Tönung, mit der sie vor ein paar Wochen vom Friseur nach Hause gekommen war. Sie war immer eine wundervolle Mutter gewesen, selbst während Hayleys unmöglicher Pubertät; und sie war seit fünfundzwanzig Jahren eine verständnisvolle Polizistenfrau, hatte dafür gesorgt, daß ihre Ehe in dem schweren Jahr, das auf seine außereheliche Affäre mit Anna Grayboyes folgte, einer Sozialarbeiterin, die er im Dienst kennengelernt hatte, nicht auseinanderbrach. Und ihrer streng katholischen Erziehung zum Trotz war sie immer noch an Sex interessiert – mehr als nur interessiert, um es genau zu sagen. Was konnte man mehr verlangen?

Sie hatten ein ruhiges Abendessen in der Küche. Hähnchen Parmigiana. Danach sahen sie noch ein wenig fern, irgendeine alberne Preisverleihungsshow, die Betty sehen wollte, und gingen dann um zehn zu Bett. Betty wollte mit ihm schlafen. Sie schien den Sex fast so zu brauchen wie die Männer, als einen Spannungslöser, und das war Culligan nur recht so. Er hatte selber genug Anspannung, von der er sich lösen mußte – mit diesem Harmon-Fall, mit Laura Wade, mit Chief Hallahan, der überzeugt davon war, daß es sich um den Beginn einer ganzen Mordserie handelte.

Außer Jones und Compton hatte Hallahan noch ein paar Burschen vom Mordsonderdezernat oben an der 19th Street auf den Fall angesetzt. Zudem hatte Hallahan Culligan nahegelegt, Doug Gray, den Hypnosespezialisten der Abteilung, anzurufen. Culligan hatte Gray nur einmal gesehen, als er an einem Kursus teilnahm, den Gray gab, und das war schon ein paar Jahre her. Eine Zeugin zu hypnotisieren, kam Culligan ziemlich abwegig vor; er ging lieber so vor, wie man's gelernt hatte – wie *er* es gelernt hatte – doch Gray hatte ihn dann ziemlich beeindruckt. Er war ein Karrierebulle, kein abgedrehter Psychiater, der in höheren Sphären schwebte, und er war es gewesen, der die Zeugin im Johanson-Fall dazu gebracht hatte, sich an das entscheidende Detail – eine grüne Windjacke – zu erinnern, was die Polizei dann zu Eppi Duncan geführt hatte. Culligan war nicht der Typ, der anderen einen Erfolg neidete. Aber wenn sie nicht bald einen entscheidenden Schritt weiterkamen, würde er den Burschen mal sein Glück bei Lilly Dunleavy versuchen lassen müssen. Vorausgesetzt, daß er Lilly überreden konnte mitzumachen.

Was nun Laura Wade betraf – über sie hatte er mittlerweile seine Meinung zweimal geändert. Er hatte ihr geglaubt, als er sich ihr Geständnis anhörte. Es war zu vollständig, zu detailliert gewesen, als daß man es ihr nicht hätte glauben können. Aber als sie dann zusammenbrach, hatte er seine Ansicht vollkommen revidiert – sie hatte zwar nicht wirr dahergeredet, aber der Inhalt ihrer Worte war wirres Zeug gewesen. Man konnte sie für beides halten – für eine Mörderin, die nicht ernst genommen wurde, und für eine verrückte Prahltante. Jetzt dachte er noch einmal über die erste Möglichkeit nach.

Betty schlief bereits. Er stand auf, holte das Band aus seiner Tasche, warf seinen abgewetzten Frotteemantel über und ging nach unten.

Jeder Mordfall, an dem er je gearbeitet hatte, war eine Übung in Logik und Beharrlichkeit gewesen. Keiner von ihnen hatte gleich auf den allerersten Anschein einen Sinn gemacht. Es ging darum, die Widersprüche herauszufinden und sie dann schrittweise und logisch vorgehend zu erklären. Die Tatsache, daß es in diesem Fall mehr Widersprüchlichkeiten gab als in den meisten anderen, bedeutete schlicht und einfach, daß er noch logischer vorzugehen hatte. Er mußte in Ruhe über den Fall nachdenken, ohne unterbrochen zu werden, sei es durch das Telefon, das Getrampel von Stiefeln vor seiner Bürotür, Stimmen, neue Fälle. Es war still in Brooklyn um zwei Uhr morgens.

Culligan machte sich einen Becher Milch warm und ging ins Wohnzimmer, wo er das Band in den Videorecorder schob.

Er setzte sich auf die Couch und hörte Laura Wades monotone Stimme. Es ging ihm wieder auf die Nerven, als er nun erneut sah, wie sie ihn angestarrt hatte. Die Leute glaubten immer, Psychopathen hätten einen leeren, gnadenlosen Blick. Bei manchen war das auch so. Andere schienen sich zu amüsieren. Wieder andere sahen einem völlig vernünftig und normal ins Gesicht. Das war ihr Vorteil, einen ansehen zu können, ohne etwas über sich zu verraten.

Laura Wades Augen paßten in keine dieser Kategorien. Sie waren einfach stechend. Braun, sehr dunkel, beinahe schwarz. Und dieses Starren ... so etwas war ihm einfach noch nie begegnet. Die Kamera stand hinter ihm, aber sie hatte nicht hineingesehen, nicht ein einziges Mal. Sie hatte den Blick starr auf ihn gerichtet, was dem gefilmten Geständnis eine gewisse Eigenart verlieh, fast, als wäre sie eine Schauspielerin in einem Fernsehfilm, die immer von der Kamera wegsah, ihre Existenz überhaupt nicht wahrzunehmen schien.

Er sah zu, wie sie auf dem Band noch einmal ihre Geschichte erzählte, wie sie sagte, daß sie Rita Harmon gefolgt war, wie sie sie ins Auto bekommen hätte. »Welches Auto?« Ihren eigenen Mercedes. Sie war mit Rita hinüber auf die andere Seite der Stadt gefahren, sagte sie, hätte ihr gedroht, sie dann aus dem Wagen geworfen. Dann war sie selber ausgestiegen, war von hinten auf sie zugetreten, hatte sie um den Hals gegriffen, ihr den tödlichen Schnitt zugefügt und die Frau dann auf dem Bordstein herumgedreht und ihr Gesicht zerstört. Zehn Einstiche. »Weil sie mit Zach ins Bett ging.«

Simples Motiv. Simpel erzählt.

Was haben Sie mit Ihren Kleidern gemacht? »Ich habe das Messer in den Fluß geworfen.« Wo? »Ich bin mit meinem Wagen an den Fluß gefahren, in der Nähe vom Terminal für die Passagierschiffe, bin ausgestiegen, bin zum Wasser gegangen und habe es hineingeworfen, so weit, wie ich konnte.« Und die Kleider? Da hatte sie einen Moment gezögert.

Culligan erinnerte sich, an einen Fall gedacht zu haben, der nun neun Jahre zurücklag, und bei dem der Täter seine blutigen Kleider in seinem eigenen Kamin verbrannt hatte. Komisch, daß die Leute immer glaubten, man könnte alle Spuren eines Mordes auslöschen, wenn man irgend etwas verbrannte.

Und genau das behauptete Laura Wade getan zu haben. »Ich habe sie in eine Kunststoffplane eingewickelt, die ich mitgebracht hatte, und sie mit nach Hause genommen.« Um welche Uhrzeit war das? »So um elf.« Was haben Sie dann gemacht? »Ich habe bis etwa drei Uhr morgens gewartet, und dann habe ich die Plane aus meinem Auto geholt und in den Garten hinter dem Haus gebracht. Dann habe ich Benzin darübergeschüttet und sie angezündet.« Gleich da, mitten im Garten? »Auf dem Sand.« Dem Sand? »Wir leben am Long Island Sound. Wir haben unseren eigenen Streifen Strand.«

Mochte ja sein. Ein kleines Freudenfeuer am Strand um drei Uhr morgens.

Culligan saß da und sah dem Flimmern zu, während das Band zum Ende lief. Logik: Sie wußte von den zehn Einstichen. Also war sie irgendwie darin verwickelt. Aber hatte sie die Kraft, das selber zu tun? Möglicherweise nicht. Zum Teufel, sie konnte jemanden dafür bezahlt haben.

Culligan machte sich auf seinem Block eine Notiz.

»Komplize?« Jones ging bereits ihre Unterlagen durch, Banküberweisungen, Kreditkartenabrechnungen, ausgestellte Schecks. Es gab schon Möglichkeiten, größere Abhebungen zu kaschieren, aber wenn sie alles nicht schon Monate im voraus geplant und nach und nach immer kleine Summen abgehoben hatte, mochten sie Glück haben.

Culligan stand auf und ließ das Band zurückspulen. Er würde sich Zugang zu ihren Privatkonten verschaffen, selbst, wenn er dazu ein bißchen schummeln mußte.

Die Frage war: Glaubte er, daß sie es gewesen war? Möglich. Es war durchaus möglich, daß sowohl die Mörderin als auch das Opfer Hausfrauen aus der Vorstadt waren, die ihre tödliche Rivalität in einem anderen Revier ausgetragen hatten – in seinem Revier. Es war nicht ganz logisch, aber das bedeutete nicht, daß es nicht möglich war.

New York entzog sich jeder Logik – heute mehr denn je. Es gab jetzt eine ganz neue Sorte Mörder – drogenabhängige Psychopathen, die auf der Suche nach Möglichkeiten, ihre Sucht zu befriedigen, durch die Straßen zogen, brutale, abgefeimte Dreckskerle, denen nichts auf der Welt das Recht gab, auch nur zu existieren. Serienkiller waren rarer, und sie machten sich auch eher an Fremde heran. Aber sie machten auch irgendwann einen Fehler.

Wenn er mit seiner Vermutung recht hatte, war dies jedenfalls kein Teil einer Mordserie. Das war schlicht und einfach Rache. Die Rache einer Frau, deren Mann fremdging. Alte Geschichte mit einer neuen Variante.

Sie hatte es gemacht, Gewissensbisse bekommen, sich gestellt und dann Schiß gekriegt und es sich anders überlegt. Also hatte sie angefangen, davon zu labern, wie sie den wahren Mörder verhext hatte, damit er, Culligan, glaubte, sie wäre verrückt, und nichts mehr davon hören wollte. Eine reife Leistung, das mußte er schon zugeben, wenn es sich tatsächlich so verhielt – vor allem bei dem

Druck, unter dem sie das ausgeheckt und dann vorgespielt hatte.

Die angeblichen Seitensprünge des Ehemannes würde er morgen unter die Lupe nehmen. Bis jetzt hatte er Zachary Wade noch nicht erreichen können. Wades Sekretärin hatte gesagt, er wäre geschäftlich unterwegs. Sauberer Ehemann. Seine Frau hatte entweder einen Mord begangen, oder einen Nervenzusammenbruch erlitten, und er geht keine drei Tage später auf eine Geschäftsreise. Was nicht bedeuten mußte, daß der Knabe Seitensprünge machte, aber bestimmt auch nicht das Gegenteil.

Alles an dem gottverdammten Fall war so, und das störte Culligan daran. Er hatte nichts gegen Laura Wade in der Hand, außer ihrer Kenntnis von den zehn Schnitten und ihrem Geständnis – und das unterminierte sie mit ihrem Geschwafel von der Hexerei. Er würde ja gewiß aussagen müssen, was auf das Geständnis gefolgt war, also zu was war der ganze Mist dann gut? Vor allem, da es keine Indizien dafür gab, daß Laura Wade es getan hatte, von Beweisen ganz zu schweigen.

Culligan selber hatte das Mädchen vernommen, das an diesem Abend im Easterbrook-Kino die Karten abgerissen hatte. Sie konnte weder etwas bestätigen noch etwas verneinen. Compton hatte die ganzen letzten drei Tage damit zugebracht, Ladenbesitzer und Leute auf der Straße um den Tatort herum zu befragen, und niemandem war ein grüner Mercedes aufgefallen.

Niemand von der Nachtschicht am Passagierschiff-Terminal erinnerte sich an eine Frau, die am Rand des Hudson gestanden und etwas hineingeworfen hatte. Am Abend war die »Queen Elizabeth II« eingelaufen, und damit waren sie vollauf beschäftigt gewesen. Was war mit der Schiffsmannschaft? »Sie können sie ja mal fragen«, hatte einer zu ihm gesagt, »von denen hat vielleicht einer was gesehen. Aber die ›Queen‹ ist jetzt natürlich schon fast in Southampton, und außerdem kriegt sowieso der Großteil der Mannschaft frei, wenn das Schiff angelegt hat, vor allem nach der Kreuzfahrt einmal rund um die Welt, also wird von denen kaum einer hier herumgehangen haben.«

Nichts, was einen Beweis hergab. Oder das Gegenteil von etwas bewies.

Ein partieller Fußabdruck im Blut des Opfers, möglicherweise vom Täter, verriet die Schuhgröße 44½, aber das war nur ein Hinweis und sagte nichts über die Statur oder Größe aus. Ein blaues Baumwollfädchen, das man am Kleid des Opfers gefunden hatte, paßte zu dem blauen Hemd, das der Mann trug, der die Leiche gefunden hatte. Ein schwarzes Haar am Ärmel des Opfers stammte von ihrer Tochter.

Die einzigen Indizien, die bisher vorlagen, schienen Laura Wade eher zu entlasten. Der Täter war Rechtshänder gewesen. Hatte hinter dem Opfer gestanden und von links nach rechts geschnitten. Laura Wade war Linkshänderin; sie hatte ihr Geständnis mit der linken Hand unterschrieben.

Culligan gähnte und schrieb noch etwas auf seinen Block: »Linkshänderin?« Er war schon lange bei der Polizei und hatte die Erfahrung gemacht, daß äußere Erscheinungen täuschen konnten – auch wenn er keine Erklärung für den offensichtlichen Widerspruch gesucht hatte. Und dann gab es ja immer noch die Möglichkeit, daß sie sich einen Rechtshänder angeheuert und ihm gesagt hatte, er solle zehnmal zustechen. Aber wieso eine genaue Anzahl? Damit sie das nachher gestehen konnte?

»Henry?«

Betty stand mit verschlafenen Augen in der Tür. Ihr Haar war verklebt und zerzaust. Vor dem Hintergrund der Lampe im Flur sah sie in ihrem hauchdünnen Baumwollnachthemd beinahe aus, als wäre sie nackt.

»Henry, was tust du denn da? Es ist fast vier Uhr morgens.«

Er schaltete das Video aus. »Ich gucke mir Pornos an«, sagte er grinsend.

Schweigend sah sie ihn an. Diesen Blick kannte er. Er würde nicht mit seinem Scherz davonkommen.

»Du willst es wirklich wissen?«

Sie nickte. »Ja, natürlich.«

Er zeigte auf das Sofa und sagte: »Dann setz dich hin und guck dir das an.«

Er spulte das Band ganz zurück, drückte auf PLAY und setzte sich zu seiner Frau auf die Couch. Bei der Geschichte konnte er vielleicht wirklich etwas weibliche Intuition gebrauchen.

8

»Mit meinem Arm stimmt etwas nicht, Dr. Goldman.«

Am nächsten Freitag stand Laura Wade um Punkt drei in Davids Praxis. Sie trug einen weißen Pullover, eine weiße Leinenhose, und ihr rechter Arm baumelte ganz sonderbar an ihrer Seite. Sie erklärte ihm, daß der Arm und ihre rechte Hand plötzlich taub geworden waren – nein, sie hatte sich nicht verletzt –, und daß sie weder die Hand noch die Finger bewegen konnte.

Es sah nach einer Art hysterischer Paralyse aus. Bei einer oberflächlichen Untersuchung des Armes konnte David keine Anzeichen für ein körperliches Leiden feststellen – wie er auch erwartet hatte. Zum ersten Mal fielen ihm ihre Hände auf. Sie hatte schöne Hände, lang und schlank und mit spitzen Fingern, weiche, dunkle Haut ohne den geringsten Makel, zart und doch fest. Die Hände einer Künstlerin.

»Mit den Muskeln und den Knochen scheint alles in Ordnung zu sein«, sagte er. »Körperliche Symptome bringen manchmal etwas zum Vorschein, was bei psychischen Symptomen verborgen bleibt.«

»Zach sagt, daß ich ein Hypochonder bin.«

»Aber das taube Gefühl in Ihrem Arm ist doch wirklich da, oder?«

»Ja.«

»Seit wann?«

»Seit gestern.«

»Können Sie sich auf irgend etwas besinnen, über das Sie sich gestern erregt haben?« (Abgesehen davon, daß sie immer noch glaubte, sie wäre eine Mörderin.)

Sie zögerte einen Augenblick und sagte dann: »Meine Freundin hat letzte Woche einen neuen Job bekommen. Gestern hat sie mit der Arbeit angefangen.«

»Warum hat Sie das aufgeregt?«

Sie ging zur anderen Seite des Zimmers und lehnte sich neben dem Fenster an die Wand. Er konnte Tränen in ihren Augen erkennen. »O Gott«, sagte sie. »Ich habe solche Angst. Ich habe Ihnen doch gesagt, daß ich *einen* Menschen hätte, der mein Freund ist – *sie* ist das.«

»Was ist mit Ihrem Mann? Ist er nicht Ihr Freund?«

»Mit einem Mann ist es was anderes.«

»Wieso das?«

»Oh, vielleicht wegen dem Sex.«

»Wieso schließt Sex Freundschaft aus?«

»Ich möchte nicht darüber reden. Müssen wir davon reden?«

»Sie haben das Thema angeschnitten, Laura.«

»Ja, das hätte ich besser nicht getan.« Sie wich einen Moment lang seinem Blick aus. »Nun, jedenfalls bin ich sehr gerne mit Ellen befreundet. Sie ist Grafikerin. Ich glaube, ich habe Ihnen erzählt, daß ich male, also haben wir darin etwas gemeinsam.«

»Sie haben gesagt, daß das Malen ein Hobby ist.«

»Zach sagt, daß meine Bilder wie kleine groteske Alpträume aussehen.«

Ganz schön herablassend.

»Und was sagen Sie dazu?«

Sie lächelte. »Er hat recht.«

Zach sagt dies, Zach sagt das. David versuchte, sich auf ihre Geschichte zu konzentrieren.

»Also, Ellen wohnt gleich nebenan, und wir haben immer Kaffee zusammen getrunken, sind gemeinsam zum Aerobic gegangen, haben die Kinder zusammen abgeholt, all das Übliche. Aber vor ein paar Monaten hat sie sich entschlossen, wieder arbeiten zu gehen. Sie hat einen Job als Grafikerin bei einer Agentur bekommen, und sie war ganz aus dem Häuschen deswegen.«

»Und wie denken Sie darüber?«

»Nun, für sie bin ich sehr froh. Was mich betrifft, bin ich, glaube ich . . . aufgebracht. Sie wird mir fehlen.«

»Fühlen Sie sich im Stich gelassen?«

»Wie? Ja, ja, irgendwie.«

»Wie? Irgendwie? Wie denn nun?«

Keine Antwort.

»Waren Sie ihr böse?«

Sie sah von ihm weg. »Ja, ich glaube, das war ich. Können Sie sich das vorstellen?«

»Wieso?« fragte er, aber er kannte die Antwort. Die gesamte Persönlichkeit dieser Frau – ihre Vorstellungen, ihre Sicht der Welt, ihre defensive Haltung, alles – hatte sich um ein offenbar tiefverwurzeltes System von Wahnvorstellungen entwickelt. Wie jemand mit einer ernsten psychischen Störung kam sie sich so verabscheuungswürdig vor, daß sie meinte, auf nichts mehr Anspruch zu haben, am allerwenigsten auf eine Freundin, auf die sie zählen konnte.

»Mit welchem Recht dürfte ich auf sie böse sein?« fragte Laura. »Und mit welchem Recht darf ich ihr im Wege stehen bei dem, was sie tun will?«

»Inwiefern könnten Sie ihr denn im Wege stehen?«

Sie seufzte. »Verstehen Sie es denn nicht? Meine Wünsche werden wahr... was nicht einmal so schlimm wäre, wenn...«

»Haben Sie Angst, daß *jedesmal* etwas passiert, wenn Sie böse werden, oder nur manchmal?«

Sie zuckte mit den Schultern und schüttelte den Kopf.

»Warum diesmal?«

»Wegen des Traumes, den ich letzte Nacht gehabt habe. Schauen Sie, Doktor, ich habe Angst, auch nur *irgend etwas* zu empfinden. Hören Sie zu! Ich hatte einen Traum über Tiger. Es waren keine normalen Tiger, sie waren schneeweiß. Ich und Sammy, mein Sohn, und Ellen, wir standen vor einem Tigerkäfig. Ich sah zu, wie einer der Tiger den anderen putzte, ihm das Fell mit der Zunge ableckte. Ich hielt Sammy an der Hand, und dann war Sammy plötzlich zu nahe bei dem Käfig, und ich hatte Angst, daß ihm etwas zustoßen könnte. Ich geriet in Panik, und Ellen wollte Sammy wegreißen, und einer der

Tiger schlug mit der Tatze zu und erwischte ihren Arm, den rechten Arm, sie konnte nicht mehr weg. Sie fing an zu schreien, und er bearbeitete mit den Fängen ihren Arm. Legte die Knochen bloß. Leckte sie sauber ab.«

»Ein furchteinflößender Traum«, sagte David.

»Finden Sie?«

»Sie nicht?«

»Ja«, gab sie zu. »Aber es war doch nur ein Traum, nicht wahr?«

»Richtig.«

»Das sage ich auch zu meinen Kindern, wenn sie schlecht geträumt haben. Schon meine Mutter hat das zu mir gesagt.«

»Hat es Ihnen geholfen?«

»Nein. Meine Träume sind nicht wie die anderer Leute.«

»Weil sie Dinge auslösen können.«

»Meine Träume sind immer schrecklich gewesen. Vor allem, als ich noch ein Kind war. Aber damals war es nicht so schlimm, weil sie nur Dinge voraussagten. Ich hatte immer die Möglichkeit, Leute zu warnen, wenn etwas Schlimmes geschehen würde.«

»Wie konnten Sie die Leute denn warnen, ohne sich zu verraten?«

»Es gibt immer Wege, irgendeinen Gedanken dezent einfließen zu lassen, so daß die Leute denken, sie wären von selber auf die Idee gekommen. Aber, verstehen Sie, wenn die Tatsache, daß ich den Traum habe, der Grund dafür ist, daß etwas geschieht, was bringt es dann noch, jemanden zu warnen?«

David stand auf, ging um seinen Schreibtisch herum und lehnte sich gegen die Kante. Es war nicht leicht, mit dieser Frau irgendwelche Differenzierungen anzustellen. Das »Normale«, wie sie es begriff – bis zu ihrem Zusammenbruch zumindest –, war beinahe so verquer wie das »Abnormale«, das sie jetzt empfand. Weniger bedrohlich vielleicht. Aber hatte sie immer in einer Phantasiewelt gelebt?

»Laura, schauen wir uns doch noch einmal den Traum an. An was erinnert er sie?«

»Wir wollten am Samstag in den Zoo gehen.«

»Wollen Sie das immer noch?«

»Nein. Ich kann es nicht.«

»Na also, dann wissen Sie doch, wo der Traum herkommt, nicht wahr?«

Sie starrte ihn an. Ihr Blick war kalt. »Doktor, ich weiß, wo der Traum *herkommt.* Ich weiß auch Bescheid über Wunscherfüllungen und Phantasien und Todeswünsche und manifeste Inhalte und latente Inhalte und den ganzen Rest. Ich kenne den *Grund* meiner Träume. Den habe ich immer gewußt. Es sind die *Folgen,* die ich nicht kontrollieren kann.«

»Warten Sie«, sagte er. »Lassen Sie uns erst über die Gründe sprechen. Was waren die Gründe für diesen Traum?«

»Meine Wut natürlich.«

Er mußte seufzen. »Laura, Sie können nicht einfach Ihre Gefühle verleugnen.«

»Was bleibt mir denn anderes übrig?«

Wie konnte er bloß an sie herankommen?

»Wenn Sie Ihren Zorn verleugnen, verhindern Sie dann, daß etwas passiert, Laura?«

»Nein.«

»Glauben Sie, daß ein Tiger ...«

»Es muß nicht genau das sein. Begreifen Sie denn nicht? Wenn Ellen ihren Arm verletzt – ihren rechten Arm –, könnte sie nicht arbeiten.«

»Und Sie wären dafür verantwortlich?«

»Mein Zorn wäre dafür verantwortlich.«

Und sie würde sich doppelt schuldig fühlen, einmal, weil sie überhaupt wütend geworden war und dann dafür, daß ihr Wunsch in Erfüllung gegangen war, daß ihre Freundin zu Hause bleiben mußte und ihr Gesellschaft leisten konnte. Herr im Himmel, das mußte das vertrackteste Geflecht von Wahnideen sein, das ihm je untergekommen war, ganz zu schweigen davon, daß es von einer hysterischen Komponente ganz à la Freud begleitet wurde. Sie unterdrückte Gefühle des Zorns und des Verlassenseins, die sich in einer Paralyse ihrer rechten Hand manifestierten, träumte dann, daß ihre Freundin sich den Arm verletzte, mit dem sie zeichnete, und entwickelte daraus die Vorstellung, daß dies tatsächlich geschehen und sie es verursacht haben würde. Ihr Zorn war unangebracht, gleich, wie auch die Umstände waren; und wenn sie zornig wurde, kam die Wahnidee ins Spiel, sehr wahrscheinlich als Bestrafung dafür, daß sie überhaupt Zorn empfunden hatte.

»Sagen Sie mir, Laura«, sagte David, »können Sie sich noch an den genauen Zeitpunkt erinnern, an dem Sie zum ersten Mal das Gefühl hatten, daß Sie mit Ihren Gedanken Geschehnisse auslösen können?«

»Ich weiß nicht ... warten Sie, ich glaube, es war das Feuer.«

»Welches Feuer?«

Sie hielt die Hände in ihrem Schoß umklammert. »Ich bin – ich meine, ich war – in Easterbrook an einem Lese- und Rechtschreibübungsprogramm beteiligt. Ich gab einem kleinen Jungen namens Josh Booker Stunden, in der Schulbücherei, jeden Dienstag. Es machte mir Spaß, und auch ihm schien es zu gefallen. Man hatte mir gesagt, daß er geringfügig zurückgeblieben sei, aber ich habe schon sehr bald gemerkt, daß er eigentlich ein sehr helles Köpfchen war und nur fürchterliche emotionale Probleme hatte. Ich begreife nicht, wieso Leute, die IQ-Tests mit Kindern machen, nicht ...« Sie unterbrach sich. »Also jedenfalls, im letzten Sommer ist Josh nach South Carolina gefahren, um seine Großmutter zu besuchen. Als er zurück war, redete er nur davon, wie toll er es gefunden hatte, auf dem Anleger zu sitzen und zu angeln, also habe ich ihm vor zwei Monaten ein Buch übers Fischen gekauft, es eingepackt und in die Bibliothek mitgebracht. Als er an diesem Tag kam, hatte er den Kopf ganz voll von irgendeinem Menschen namens Rapman – ein Freund seiner Mutter oder so was –, und als ich ihm das Buch gab, drehte er völlig durch. Er schrie, daß er nie ein Fischer werden würde, daß er im Gefängnis sitzen würde, weil er diesen Rapman umgebracht habe und was ich überhaupt über ihn wüßte, ich sei doch bloß so eine reiche weiße Dame, die nichts Besseres zu tun hätte. Und ich versuchte, ihn zu beruhigen, aber das ging nicht. Schließlich griff er sich einfach meine Handtasche, die auf dem Tisch stand, und rannte davon.«

»Haben Sie ihn verfolgt?«

»Nur versuchsweise.«

»Waren Sie ihm böse?«

»Ich denke schon. Ich verstand, was er fühlte; ich wußte, daß es mehr eine Reaktion auf etwas gewesen war, was in seinem eigenen Leben vorging, aber ich hatte ihm doch geholfen und gedacht, wir wären Freunde. Wir hatten zusammen gelernt, seit er acht Jahre alt war. Damals war er elf. Ich habe versucht, ihm zu helfen, wo ich nur konnte. Ich gab ihm Geld.« Sie sah David an. »Ach, Sie glauben, daß es mir nur darum ging, meine Schuldgefühle zu beschwichtigen, weil ich so viel habe, während es andere Menschen gibt, die nichts besitzen?«

»Nein, eigentlich nicht«, sagte David. Es beruhigte ihn, daß sie sich einmal bei seinen Gedanken im Irrtum befunden hatte. »*Ist* das denn so? Zum Teil wenigstens?«

Sie nickte. »Ja.«

Eine Reaktion, die in ihre Vorstellungswelt zu passen schien. Sie war nicht nur so abscheuerregend, daß sie kein Anrecht auf ihre Gefühle hatte, auch ihren Besitz verdiente sie nicht.

»Und außerdem«, sagte sie, »weil ich immer gedacht habe, ein Mensch mit meinen Gaben sollte doch etwas gegen diese Dinge tun können, aber ich habe nie herausgefunden, was.«

»Weiter, Laura. Was ist mit diesem Jungen passiert?«

»In jener Nacht habe ich von ihm geträumt. Wir befanden uns in einem großen Raum, und er lief vor mir davon, ich rannte ihm nach; überall waren solche Funken – sie kamen aus meinen Fingerspitzen – und dann das Feuer.« Sie preßte die Lippen zusammen. »Und in dem Traum habe ich ihn dann angezündet.« Jetzt strömten ihr die Tränen über die Wangen.

David reichte ihr ein Papiertaschentuch. Wohin sollte das führen? Er hoffte, daß sie ihm nicht erzählen wollte, dem Jungen wäre etwas zugestoßen.

Sie wollte.

»Und ein paar Tage später ist das Haus, in dem Josh lebte, durch einen Brand zerstört worden. Er ist mit seiner Mutter nach South Carolina gezogen, und ich habe nie wieder etwas von ihm gesehen oder gehört.«

Großer Gott! Welche der Geschehnisse, von denen sie erzählte, hatten tatsächlich stattgefunden, und welche hatte sie sich bloß zusammengereimt ? Die Geschichte hörte sich natürlich plausibel an. Oder hatte sie den tatsächlichen Begebenheiten ihren Traum nur hinzugefügt, um sich selber für ihre Gefühle bestrafen zu können?

»Begreifen Sie es jetzt, Doktor?« fragte sie.

Er beschloß, auf etwas anderes zu sprechen zu kommen.

»Erzählen Sie mir, Laura – wann haben Sie das erste Mal Ihre Kräfte bemerkt?«

Sie sah ihn an. »Sie versuchen herauszufinden, ob es sich um Einbildung handelt oder eine krankhafte Erscheinung. Stimmt's?«

Guter Gott, sie machte es schon wieder.

Sie erzählte ihm, daß sie es wohl zum ersten Male erlebt hatte, als sie acht war. Sie hatte ihre Schwester Carole planen »gehört«. Sie wollte eine ihrer Lieblingspuppen kaputtmachen, und Laura träumte daraufhin, daß Carole sich das Bein verletzte. Am nächsten Tag brach sich ihre Schwester den Knöchel.

»Kinder glauben oft, daß ihre Gedanken Dinge geschehen lassen können. Wie Sie bestimmt wissen, nennt man das ›magisches Denken‹.« Er ließ unerwähnt, daß dies auch charakteristisch für Psychotiker war.

»Aber daran habe ich *nicht* gedacht. Ich dachte, ich hätte es nur vorhergesehen. Nun aber muß ich alles in meinem Leben neu bewerten. Schließlich war ich ja *wirklich* böse auf meine Schwester. Vielleicht habe ich die ganze Zeit alles einfach falsch wahrgenommen.«

Ihr Gesichtsausdruck ließ ihn sich wünschen, er hätte das mit dem magischen Denken nicht aufgebracht. Er fragte sie, wie sie es ihr ganzes Leben lang geschafft hätte, ihre besonderen Gaben für sich zu behalten.

»Einmal, vor langer Zeit, habe ich meiner Freundin Annie davon erzählt, aber wir haben keinen Kontakt mehr miteinander.«

»Was ist mit Ihrem Mann?«

»Ich glaube, er hatte immer den Verdacht, daß mit mir irgendwas nicht stimmt.«

Tatsächlich? Zu David hatte er das Gegenteil gesagt.

»Wenn er einen Verdacht gehabt hätte, Laura, würde er dann nicht mit Ihnen darüber gesprochen haben?«

»Wir reden nicht über solche Dinge. Ich habe auch nie verstanden, warum er mich geheiratet hat.«

»Und wieso nicht?«

»Sie haben ihn doch gesehen. Er ist der Typ Mann, der jede Frau kriegen könnte, die er haben will. Intelligent, charmant, gutaussehend, ein guter Vater. Ich habe Glück gehabt, daß ich ihn bekommen habe.«

Sie stellte das so lapidar fest, als wäre es alles eine einzige Selbstverständlichkeit. Lange hatte David von keiner Frau mehr eine derart unemanzipierte Äußerung vernommen.

»Und ein glänzender Geschäftsmann«, fuhr sie fort. »Sagt mein Vater. Er hat ihn zum Präsidenten seiner Firma ernannt und nicht seinen eigenen Sohn. Allerdings wollte mein Bruder Greg auch gar nichts von der Firma wissen.«

»Und sind es seine guten Eigenschaften, die Ihnen das Gefühl geben, daß Sie Ihren Ehemann nicht wert sind?«

»Ich bin überhaupt keinen Mann wert – und auch keine Freundin, abgesehen davon. Warum verstehen Sie mich nicht? In mir ist etwas drin, etwas Böses, Giftiges.«

»Laura, daß Sie böse Gedanken haben, heißt noch nicht, daß Sie ein schlechter Mensch sind. Hat Ihnen das jemand gesagt?«

Sie starrte ihn wieder einen Augenblick lang an, dann sagte sie: »Sie haben recht, Doktor. Ich habe Ihnen mal erzählt, daß mein Vater immer darauf bestanden hat, daß wir unseren Zorn im Zaume halten.«

Er sah sie an. Hatte sie wieder geraten, oder hatte er ihr das in den Mund gelegt?

»Ich *weiß*, daß mir nicht wohl dabei ist, wenn ich meinen Ärger zeige«, sagte sie. »Das war noch nie so. Aber jetzt scheint es keine Rolle mehr zu spielen, ob ich ihn zeige oder nicht. Warum darf ich nicht meine privaten Gedanken haben – meine kleinen Eifersüchte, meinen Groll, meine Träume, wie jeder andere auch?«

Manchmal fand David es hilfreich, sich selber in die Situation des Patienten zu versetzen, sich vorzustellen, wie es war, mit so einer Wahnvorstellung zu leben. Dieser Fall zeigte ihm deutlich, daß die Person, die darunter leidet, nicht glaubt, daß es sich um eine Wahnvorstellung handelt. Schizophrene aber *sagten* so etwas nicht. Schizophrene versuchten einem klarzumachen, daß die Stimmen, die sie aus dem Radio hörten, wirklich da waren, daß es wirklich außerirdische Wesen in ihrer Suppe gab, daß sie diese Kraft wirklich besaßen, worin diese »Kräfte« auch immer bestehen mochten. Ihr Kommentar deutete vielleicht nur darauf hin, daß sie auf einer etwas höheren Ebene Überzeugungsarbeit leistete.

»Laura, sagen Sie – gibt es einen Grund dafür, daß Sie denken, daß das gerade jetzt mit Ihnen passiert?«

»Ich weiß es nicht recht. Vielleicht um mich dafür zu bestrafen, daß ich meine Gaben so wenig wert bin, weil ich meine Gefühle nicht im Zaum halten kann.«

Eines hatte sie mit einem Schizophrenen gemeinsam: Angst.

Angst war natürlich eine vollkommen verständliche Reaktion, wenn man feststellte, daß gegen einen eine weltweite Verschwörung im Gange war, daß der KGB einem das Trinkwasser verseucht hatte oder man entdeckte, daß man der wiedergeborene Satan war. Oder, wie Laura es ausgedrückt hätte, daß man eine Art wandernder Zombie war, der die Kraft besaß, durch einen bloßen Gedanken oder einen Traum Leute niederzustrecken, durch einen Traum, wie ihn jeder einmal hat, mit Gedanken, die ein völlig normaler Ausdruck der Gefühle waren und die man einfach nicht zurückdrängen, manipulieren oder verleugnen durfte, die man letzten Endes doch akzeptieren mußte, wenn einem um sein seelisches Gleichgewicht zu tun war.

»Ich habe gestern Ihre ganzen psychologischen Tests gemacht«, sagte sie. »Drüben an der Universität.«

»Hat es Sie aufgeregt, sie zu machen?«

»Nein«, sagte sie. »Aber es hat Dr. Duncan aufgeregt, sie mit mir durchzuziehen.«

9

Das Haus der Wades stand weit nach hinten versetzt hinter einer Reihe von Schierlingstannen, die wie Soldaten entlang des Straßenrandes aufgereiht waren. Detective Henry Culligan warf einen Blick auf seine Uhr, als er in die lange Auffahrt einbog. Er parkte hinter einem mintgrünen Mercedes 500 SEL. Diesen Wagen würden sie Stück für Stück auseinandernehmen.

Es war beinahe halb zehn. Die Fahrt hier rauf nach Connecticut hatte länger gedauert als erwartet.

Eric Jones, der auf dem Beifahrersitz saß, stieß einen gedehnten Pfiff aus. »Das'n Schuppen, was, Henry? Wie würde dir so'n Swimmingpool gefallen?«

Culligan machte den Motor aus. Irgendwo in der Nähe hörte er einen Hund bellen. Es dauerte einen Moment, bis er das alles so recht verdaut hatte.

Es war ein massives weißes schiefergedecktes Haus im Kolonialstil mit schwarzen Fensterläden und zwei spitzen Mansarden. Ein Streifen Sonnenlicht beleuchtete einen penibel gepflegten Garten unmittelbar vor dem Haus, aber der Rest der Rasenfläche lag im Schatten. Eine massive Buche stand da, deren kupferfarbene Blätter in der Sonne schimmerten wie glühende Metalltropfen. Ihr Geäst reichte beinahe zu den Tannen hin. Zwischen dem Haus der Wades und dem etwas bescheideneren Heim daneben konnte Culligan eine ausgedehnte Rasenfläche hinter dem Haus sehen und das Glitzern von Wasser – Long Island Sound.

»Mensch«, sagte Jones. »Wenn wir 'ne Anklage gegen sie erheben, werden sich die Medien auf das hier stürzen. Geld. Sex. Wahnsinn. An der Story ist aber auch alles dran. Wer, sagtest du nochmal, ist ihr Vater?«

»Gardners Department Stores. Samuel Gardner. Aber er ist nicht mehr im Geschäft. Ihr Mann leitet das Unternehmen. Ich klopfe die ganze Familie ab.«

»Und gibt's da was?«

»Der Vater hat die Läden gleich nach dem Krieg aufgemacht. Vom Tellerwäscher zum Millionär, soweit ich das sehe. Scheint aus dem Nirgendwo gekommen zu sein. Ich habe nichts aus der Zeit, bevor er den ersten Laden eröffnet hat, über ihn herausbekommen können.«

»Ist ja komisch.«

»Ich habe Ozzie Allen dran.«

Culligan sah in den Rückspiegel. Wo, zum Teufel, steckten denn Donaldson und LaRue? Sie waren doch die ganze Zeit in LaRues beigem Chrysler hinter ihnen gewesen. Fuhren wahrscheinlich noch herum und glotzten sich die Häuser an. Nicht, daß er es ihnen verdenken konnte. Die Ecke hier war ja das reinste Paradies. Culligan war, wie Jones, in Brooklyn geboren und auf den Straßen dort aufgewachsen. Donaldson kam von irgendwo aus dem Westen, LaRue aus der Bronx. Culligan war in der Tat noch nie zuvor in Connecticut gewesen, höchstens mal durchgefahren. Er hatte gehört, daß hier das Geld steckte, in diesem Teil davon jedenfalls. Aber das konnte ja wohl nicht alles so aussehen wie hier.

Wieder sah Culligan in den Spiegel. Immer noch kein Donaldson. Er warf Jones einen Blick zu, der nickte zurück, und beide Männer überließen sich ihren Gedanken.

Detective Henry R. Culligan wußte nicht mehr so ganz genau, wann er zu glauben angefangen hatte, daß Laura Wade die Täterin war. Vermutlich in der Nacht, als er das Videoband mit ihrem Geständnis mit nach Hause genommen und es sich nochmal angesehen hatte. Betty war sich dessen ganz sicher. Als das Band zu Ende war, hatte sie ihn angeschaut und gesagt: »Also, die war's doch, so sicher wie es in der Hölle heiß ist, Henry.«

Er hatte Betty erzählt, was die Frau nach ihrem Geständnis behauptet hatte, aber sie wollte nichts davon hören. »Ich kann nicht glauben, daß ein alter Profi wie du auf so einen Quatsch hereinfällt. Sie war es, sie hat es zugegeben, und du wirst offenbar langsam alt. Komm jetzt ins Bett, Henry.«

»Da sind sie.«

Culligan sah, wie Donaldson und LaRue hinter ihnen parkten. Er nahm die Papiere von dem Sitz zwischen ihm und Jones auf. Die Hausdurchsuchungsbescheide waren eigentlich mehr eine Einladung zu einer Forschungsexpedition, vollgepackt mit juristischen Fachausdrücken, eine kleine Gefälligkeit von Richter Maxwell Wren. Sie hatten keinen dringenden Tatverdacht gegen Laura Wade im eigentlichen Sinne des Wortes. Es hatte richtig Arbeit gekostet, eine Durchsuchungserlaubnis zu bekommen; Chief Hallahan hatte extra persönlich bei Richter Wren anrufen müssen. Wren hatte sich einverstanden gezeigt, aber erklärt, daß sie das Haus nur nach der Tatwaffe durchsuchen durften.

Es war ihnen weiterhin erlaubt, den Sand nach Spuren eines Feuers abzusuchen. Allmächtiger! Sie bauten so viele Hindernisse auf, daß es fast aussah, als wollten sie den Mörder davonkommen lassen.

Wenigstens der Bescheid für ihren Wagen – den grünen Mercedes – war etwas flexibler. Das brachte keiner zustande, wieder in den Wagen zu steigen und nicht ein Schnipselchen eines Indizes zu hinterlassen, keine Stoffaser, keinen mikroskopisch kleinen Flecken Blut. Und wenn sie einen Wagen gemietet hatte, dann würden sie den auch finden. Irgendwann. Und wenn sie ihn nicht fanden, würde die Überprüfung ihrer Kontoauszüge ganz bestimmt irgendwas ergeben. Eines nach dem anderen.

Culligan machte die Wagentür auf und stieg aus. Er bedeutete den beiden anderen, im Wagen zu warten, bis er ihnen ein Zeichen gab, und ging die Auffahrt hinauf. Jones folgte ihm.

Laura Wade kam selber an die Tür. Sie trug Jeans und

Stoffschuhe sowie eine kurzärmelige weiße Baumwollbluse. Sie sah aus, wie jede beliebige Hausfrau jeden Tag zu Hause aussieht, nur vielleicht etwas schöner als die meisten anderen.

»Oh, Detective Culligan«, sagte sie nur. Sie trug kein Make-up und sah jünger aus, als er sie in Erinnerung hatte. Feine dunkle Ringe um die Augen waren das einzige, was an ihrem ansonsten makellosen Gesicht etwas verriet.

»Wir haben einen Durchsuchungsbefehl für Ihr Haus, Mrs. Wade.« Er hielt ihr die Bögen hin. »Und Ihren Wagen.«

Sie nickte und ließ sich nichts anmerken, trat nur zurück ins Haus.

Culligan gab Donaldson und LaRue das Zeichen anzufangen und trat dann in die Eingangshalle. Es war ein großer Raum mit einer hohen Decke und einem versiegelten Eichenboden, der auf Hochglanz poliert war. An der mit Holzdekorationen verkleideten Wand stand ein Queen-Anne-Tisch und auf ihm eine gewaltige Kristallvase voller frischer Blumen, prachtvollen roten und rosa Rosen und geradezu atemberaubend schönen Schwertlilien. Culligan erkannte die Blumen wieder; sie waren aus dem Vorgarten des Hauses. Er fragte sich, ob sie sie selber geschnitten hatte.

Genau vor ihm konnte er hinter der Eingangshalle das Wohnzimmer sehen, einen weiteren großen Raum, der in Sonnenlicht getaucht war, voll mit kostspieligen Antiquitäten und plüschigen Sofas mit Chintzbezügen, die auf einem Orientteppich standen. Durch das Fenster sah Culligan den grünen Rasen, den Pool und die dazugehörige Badehütte daneben. Dahinter erblickte er die Weite des Long Island Sound, der im Sonnenlicht glitzerte.

Im hinteren Teil des Gartens war ein Hundezwinger mit einer kleinen Hütte. Und ein großer Hund, ein Dobermann. Der Hund hatte aufgehört zu bellen und hockte nur da. Warum hielten sich die Leute bloß solche Hunde als Haustiere? Und noch dazu, wenn sie Kinder hatten.

»Er heißt Darwin«, erklärte Laura Wade. »Er würde jedem Einbrecher die Kehle durchbeißen, aber er ist sehr lieb zu Kindern.«

Woher wußte sie . . .

»Mrs. Wade, ich . . .« Eine junge Frau von etwa zwanzig war plötzlich in der Tür aufgetaucht. Offenbar war es keine Tochter, sondern das Hausmädchen oder sonst jemand, der der vielbeschäftigten Mutter zur Hand ging.

»Alles in Ordnung, Darlene«, sagte Laura Wade. »Gehen Sie nur nach oben in Ihr Zimmer.«

Das Mädchen zog sich über die geschwungene Mahagonitreppe zurück und verschwand im oberen Stockwerk.

»Ihr Hausmädchen?« fragte Culligan.

»Au pair«, sagte sie.

»Ich muß ihr möglicherweise ein paar Fragen stellen.«

Laura Wade stöhnte leise auf. »Sie vergeuden nur Ihre Zeit, Detective.«

Er sah sie an und konnte nicht umhin zu sagen: »Nun, nachdem wir uns die ganze Arbeit gemacht haben, diesen Papierkram zusammenzu . . .«

»Ich habe nicht gesagt, daß ich Sie hindern wollte. Nur, daß Sie Ihre Zeit vergeuden.«

»Und wieso?«

»Weil Sie nach einer Waffe suchen oder nach irgendeinem handfesten Beweis, daß ich an der Stelle gewesen bin, wo Rita Harmon ermordet wurde. Und weil ich nicht dort gewesen bin, werden Sie nicht finden, wonach Sie suchen.«

Culligan zuckte die Achseln. »Aber Sie bleiben dabei, daß Sie sie ermordet haben, ist das richtig?«

»Nicht im üblichen Sinne.«

»Durch einen Fluch oder so was?«

»Ja.«

Culligan lächelte. »Und wann haben Sie sie mit diesem Fluch belegt?«

»Bei der Party, als ich wütend geworden bin. Ich habe Ihnen das erzählt.«

Das stimmte. Sie hatte angefangen, von der Party herumzuschreien, als er ihr gesagt hatte, sie könne gehen.

»Also behaupten Sie jetzt, daß dieser Mord in Wirklichkeit auf der Party stattgefunden hat, und nicht auf die Weise, wie Sie es in Ihrem Geständnis beschrieben haben?«

»Ja.«

»Mrs. Wade, Sie wissen, daß Sie schöne Scherereien bekommen können, wenn Sie vor der Polizei Falschaussagen machen?«

»Ich habe es mir nur ausgedacht, damit Sie mir glauben.«

»Was haben Sie sich nur ausgedacht?«

»Alles.«

»Dann hatte Ihr Gatte also keine Affäre mit Rita Harmon?«

»Nein. Rita ... hat mit ihm auf unserer Party geflirtet. Deswegen bin ich wütend geworden.«

»Ich möchte, daß Sie mir die Namen von allen nennen, die auf der Party gewesen sind.«

»Müssen Sie ihnen sagen, weswegen Sie sie sprechen wollen?«

»Wegen des Mordes an Rita Harmon natürlich.«

»Nein, ich meine – müssen Sie ihnen was sagen ...«

»Über Ihr Geständnis?«

»Nein. Über das, was ich *nach* dem Geständnis gesagt habe.«

Die Frau war offensichtlich wahnsinnig und versuchte das vor ihren Freunden zu verbergen. Sie war sogar vollkommen wahnsinnig. Die Frage war nur, hatte sie in ihrem Wahnsinn jemanden umgebracht oder nicht?

»Sie sind Verdächtige in einem Mordfall, Mrs. Wade.«

Sie machte die Augen zu, schüttelte den Kopf und öffnete die Augen wieder. »Ich mache Ihnen eine Liste.« Damit drehte sie sich um und ging in ein anderes Zimmer.

Culligan begann mit seiner Durchsuchung.

Es dauerte fast zwei Stunden, bis sie das Erdgeschoß und die erste Etage des Hauses durchsucht hatten, und als das oberste Geschoß an der Reihe war, dachte auch Culligan, daß er nur seine Zeit vergeudete. Diese Frau, vorausgesetzt, daß sie es getan hatte, war zu gerissen, um hier irgendwo einen Beweis herumliegen zu lassen. Aber so schlau war sie dann auch wieder nicht, sonst hätte sie sich gar nicht erst in die Geschichte verwickelt.

Während der ersten halben Stunde war Laura Wade ihnen von Zimmer zu Zimmer nachgegangen und hatte, ohne ein Wort zu sagen, zugesehen, wie sie in ihren Sachen wühlten, ihre Schubladen aufmachten, in ihren Kleiderschränken suchten. Sie fanden nichts Brauchbares. Zwar hatten sie ganz oben auf einem Regal in ihrem Schlafzimmer einen versteckten Revolver gefunden – ein 38er Kaliber, doch hatte der Waffenschein gleich daneben gelegen.

»Zum Schutz«, erklärte Laura Wade.

Die Treppe zum zweiten Stock befand sich am hinteren Ende der Halle in der ersten Etage. Culligan stand auf der untersten Stufe.

»Was ist da oben?«

»Der Dachboden«, sagte sie. »Und mein Studio.«

»Was machen Sie in Ihrem Studio?«

»Ich male. Ich bin Künstlerin – so etwas Ähnliches jedenfalls.« Das paßte. Sie wußte nichts mit sich anzufangen. Nichts, außer sich Morde auszudenken. Malte wahrscheinlich schlechte Bilder von Obst.

Culligan folgte ihr über die knarrende Treppe. Jones ging hinterher. Oben kamen sie an einen Treppenabsatz –

Culligan mußte sich bücken, um sich nicht den Kopf zu stoßen – und dann in einen leeren dunklen Raum, dessen Decke kaum hoch genug war, um aufrecht hindurchzugehen. Keine Möbel. Keine Bilder an den Wänden. Nicht einmal ein Läufer.

Laura Wade betätigte einen Schalter neben der Treppe, doch es wurde kaum heller.

Die Rumpelkammer war links von der Treppe. Es dauerte eine weitere Stunde, bis sie damit fertig waren, Kartons über Kartons voller Kleider, Skiern, Rollschuhen, Spielzeug, alten Möbeln (von denen Betty jedes einzelne Stück nur zu gerne in ihrem Wohnzimmer aufgestellt hätte) und ein Zedernschrank, auch voller Kleider.

Als sie wieder im Vorraum standen, sagte sie: »Zu meinem Studio geht es hier entlang.«

Sie führte sie zu einer Tür am anderen Ende des Vorraums und ging hindurch. Culligan blieb kurz in der Tür stehen. Es war ein großer Bodenraum mit niedrigen Dachvorsprüngen, ungewöhnlicher Raumaufteilung und Mansardenfenstern.

Der Detective hörte, wie sein Kollege erschrocken schluckte.

Er trat ein und sah sich um. Sie war Künstlerin, das stimmte. Da waren die Staffelei, die Pinsel, die Farben, die Skizzenblöcke, Tuben. Und überall fertige Bilder. Es sah aus wie der Keller eines Museums. Er betrachtete die Leinwände, wobei seine Augen langsam von der einen zur nächsten wanderten. Es mochten Hunderte davon da sein – jeder Quadratzentimeter Wand war damit behängt, sie lehnten zehnstückweise an den Wänden und an einer alten Badewanne. Aber es gab nicht einen einzigen Rahmen, nur die bloßen Leinwände.

Er tauschte einen Blick mit Jones aus, der ebenso verblüfft wirkte wie er selber. Das waren keine pastoralen Landschaften. Es war vielmehr die schaurigste Sammlung von Bildern, die Culligan je zu Gesicht bekommen hatte. Dämonen mit ausgestreckten Klauen, Blut und wilde

Tiere, die Fleisch verschlangen, und noch mehr Klauen, noch mehr Blut. Und sie waren alle so realistisch gemalt, daß sie praktisch aussahen wie Fotografien – abgesehen davon, was sie darstellten. Er lüftete den Musselin, der über dem Bild auf der Staffelei lag. Das war das grausigste Bild von allen. Ein Dämon, der über eine Frau gebeugt stand. Blut triefte von seinen Krallen. Und das Gesicht der Frau war ... nun, *wie von Krallen zerrissen.* Er blickte sich nach Jones um, der eine Augenbraue hob.

»Haben Sie schon einen Namen dafür?«

Sie sah erst das Bild an und dann ihn. »›Alptraum unter dem Mond‹«.

»Malen Sie gar keine Stilleben?« Jones' Sarkasmus war nicht zu überhören.

Laura Wade gab keine Antwort. Sie starrte aus dem Fenster, den beiden Detectives den Rücken zugewandt. Da draußen waren wahrscheinlich Donaldson und LaRue dabei, Sandproben einzusammeln. Culligan sah wieder Jones an. Er brauchte nicht zu fragen, was der andere dachte. Sie beide dachten dasselbe. Diese Frau war offenbar besessen von gewalttätigen Bildern. Das reichte zwar nicht, um sie wegen Mordes anzuklagen, aber es war doch immerhin schon was.

»Sie haben gesagt, Sie hätten ein Teppichmesser benutzt, Mrs. Wade«, meldete sich Culligan.

Sie blickte immer noch aus dem Fenster. »Da drüben, dritte Schublade.« Sie zeigte auf eine kleine Kommode in einer der Nischen.

Culligan begann, die Schubladen herauszuziehen. Noch mehr Pinsel, Terpentinflaschen, Lappen. In der dritten Schublade von oben lagen neben einem Durcheinander verschiedener Gegenstände – alte Schlüssel, irgendwelche Papiere, ein Notizbuch, leere Farbtuben – drei kleine Messer. Donaldson hatte gesagt, daß es ein kleines Messer gewesen sein mußte, sehr scharf, mit einer etwa zweieinhalb Zentimeter langen Klinge, möglicherweise ein Skalpell. Diese Messer sahen ziemlich stumpf aus, aber die Größe kam in etwa hin.

Mit einer Pinzette hob Culligan sie einzeln aus der Schublade. Zwei waren mit Farbe verschmiert oder auch Kitt; das dritte war sauberer. Vielleicht hatte sie es geputzt. Vielleicht war sie doch nicht so gerissen. Er ließ die drei Messer in einen Plastikbeutel gleiten.

»Ich würde jetzt nicht auf Reisen gehen, Mrs. Wade«, sagte er.

Donaldson und LaRue hatten jeden Winkel des Mercedes in einen Plastikbeutel abgesaugt – die Teppiche, die Polster, die Bodenmatten, selbst die Aschenbecher. Der Inhalt des Beutels würde später genauestens untersucht werden. Culligan gesellte sich an der Auffahrt zu ihnen. In der Hand hielt er die Liste mit Namen und Adressen, die Laura Wade für ihn zusammengestellt hatte.

»Was gefunden?« fragte LaRue.

»Das verdammte Haus ist riesig«, sagte Culligan.

Donaldson lachte. »Ich hab' dir gesagt, daß du nichts finden wirst, Henry. Die Dame ist dir über.«

»Verkehrt, Dan. Schau dir das mal an.« Culligan holte die Plastiktüte mit den drei Messern aus seiner Tasche.

Dan Donaldson studierte den Inhalt einen kurzen Moment lang und sagte: »Mal schauen. Wir nehmen es mit ins Labor und sehen es dann.«

»Und Ihr zwei?«

»Aus dem Wagen haben wir alles raus, Henry«, antwortete Donaldson. »Waren ein paar deutliche Fingerabdrücke auf dem Armaturenbrett und einer an der Scheibe. Für mich sieht es nicht so aus, als hätte es am Strand ein Feuer gegeben. Habe ich auch gar nicht erwartet, daß da was ist. Salzwasser. Frißt doch alles weg. Wir haben aber trotzdem ein paar Proben genommen. Vielleicht haben wir ja Glück.«

»Entschuldigen Sie bitte.« Eine Frau war die Einfahrt hochgekommen. Sie war klein, blond und ganz ansehnlich. »Ist Laura zu Hause?«

»Sind Sie eine Freundin von ihr?«

Die Frau starrte auf das, was Donaldson in der Hand hielt – die Tüte mit den drei Messern. Für jemanden, der in der unmittelbaren Nachbarschaft wohnte, war es kaum möglich, zwei Männer zu übersehen, die vor dem Haus einen Wagen aussaugten und auf einem Privatstrand Sandproben nahmen. Andererseits waren die Grundstücke natürlich deutlich voneinander abgeschirmt: Eisentore, Zäune, Hecken.

»Ja. Ich bin Ellen Lanier. Ich wohne gleich nebenan und bin gerade von der Arbeit nach Hause gekommen. Und wer sind Sie?«

Culligan steckte die Tüte zurück in die Tasche und warf einen Blick auf die Liste, die Laura Wade ihm aufgeschrieben hatte. Ellen und Jason Lanier. Er zog seinen Dienstausweis hervor. »Detective Henry Culligan«, stellte er sich vor. »New York City Police Department. Das sind meine Kollegen LaRue, Jones und Donaldson.«

Die Frau ließ ihren Blick über die anderen drei Männer schweifen und wandte sich dann wieder an Culligan. »New York City ... was machen Sie dann hier?«

»Wir sind hier im Zusammenhang mit dem Mord an Rita Harmon.«

Sie schüttelte den Kopf. »So eine furchtbare Sache. Ich kann einfach nicht glauben, daß so etwas passieren kann.«

»Haben Sie Rita Harmon gekannt?«

»Ja, ich ...«

»Hätten Sie etwas dagegen, wenn wir Ihnen ein paar Fragen stellen?«

Sie warf einen unsicheren Blick auf das Haus. »Nein, ich glaube nicht.«

Culligan nahm seinen Schreibblock zur Hand. »Können Sie mir etwas darüber sagen, wo Laura Wade sich am Abend des zehnten August aufgehalten hat?«

Sie bekam ganz große Augen. »Wo Laura sich aufgehalten hat? Wieso?«

»Es ist in Ordnung, Ellen. Beantworte die Fragen.« Laura Wade war nach draußen gekommen und stand hinter ihnen auf der Terrasse.

»Laura, die können doch nicht ernsthaft ...«

»Antworte einfach, Ellen.« Sie drehte sich um und ging wieder ins Haus.

Ellen Lanier wandte sich wieder Culligan zu. »Nun, ich ... der zehnte August. Ist das nicht der Abend, an dem Rita ... ermordet wurde? Ich glaube, Laura hat mir erzählt, daß sie sich mit Rita treffen wollte, um mit ihr über den Wohltätigkeitsball zu reden.«

»Sonst noch etwas?«

»Nein. Das ist alles.«

»Also haben Sie nicht gewußt, daß die Verabredung abgesagt worden war?«

»Nein. Ich habe am Morgen mit Laura gesprochen und dann den ganzen Tag nicht mehr.«

»Worüber haben Sie gesprochen?«

»Ich weiß es wirklich nicht mehr. Laura und ich telefonieren viel.«

»Wie oft?«

»Jeden Tag. Früher jedenfalls. Aber ich habe vor ein paar Tagen einen neuen Job angetreten, also hatte ich nicht so viel Zeit.«

»Verstehe. Haben Sie am nächsten Tag mit ihr gesprochen?« Das war der Tag, an dem Laura Wade ihr Geständnis abgelegt hatte. Der elfte August.

»Ja, ich habe aus den Frühnachrichten von dem Mord an Rita erfahren und sofort versucht, Laura anzurufen, aber sie war nicht da. Sie hat mich dann erst am Tag darauf zurückgerufen, glaube ich.«

»Haben Sie sie gefragt, wo sie am elften August gewesen ist?«

»Ich glaube, sie sagte, sie wäre einkaufen gewesen.«

Also hatte Laura Wade ihrer Freundin nicht die Wahrheit gesagt. »Mrs. Lanier«, sagte Culligan, »waren Sie auf der Party anwesend, die Mrs. Wade vor ein paar Wochen gegeben hat? Die, zu der auch Rita Harmon gekommen ist?«

»Ja. Das war ich.«

»Ist auf dieser Party etwas Ungewöhnliches passiert?«

Sie zögerte. »Ja ... mal sehen. Es gab die üblichen Gespräche.«

»Ist etwas zwischen Mrs. Wade und Rita Harmon gewesen?«

Erneut warf die Frau einen flüchtigen Blick auf das Haus und sah dann wieder Culligan an. »Also, Rita hat mit Lauras Mann geflirtet.«

»In Gegenwart der übrigen Gäste?«

»Rita hat es nicht böse gemeint. Sie war nun einmal so.«

»Sie meinen, sie hätte mit allen männlichen Gästen geflirtet?«

»Ja, aber hauptsächlich mit Lauras Mann.«

»Und was ist dann passiert?«

Wieder ein Blick auf das Haus. »Nun, Laura hat den ganzen Abend lang zugesehen, wie Rita sich an Zach herangemacht hat, und sie wurde immer stiller. Und dann plötzlich, gleich, nachdem der Nachtisch serviert worden war, ist sie aufgestanden und hat gesagt: ›Nimm deine ... Hände von meinem Mann, Rita.‹«

»Und?«

»Gar nichts und. Es war allen sehr peinlich. Laura verschwand nach oben, und wenig später löste sich die Party auf.«

»Ist Mrs. Wade eine sehr eifersüchtige Person, Mrs. Lanier?«

»Nein, sonst überhaupt nicht. Es paßte ganz und gar nicht zu ihr. Aber ich glaube, wenn Rita meinem Mann so auf den Pelz gekrochen wäre wie sie es bei Zach gemacht hat, hätte ich das gleiche getan. Laura ist ein wundervoller Mensch. Sie ist wahrscheinlich der reizendste Mensch, der mir je begegnet ist.«

»Worin äußert sich das?«

»Sie ist einfach wirklich nett. Sie hat so eine liebe Art. Bestimmt die geduldigste Mutter, die man je gesehen hat. Sie wird fast nie zornig.«

»Wie viele Kinder hat sie?«

»Drei. Detective, Sie können doch nicht im Ernst denken, Laura hätte Rita Harmon umgebracht.«

»Wieso nicht?«

»Sie ... sie könnte so etwas nie im Leben tun. Laura ist ein guter Mensch. Sie könnte nicht einmal gemein zu jemandem sein – und erst recht niemanden umbringen.«

Culligan fragte sich, ob die Frau wirklich glaubte, Laura Wade zu kennen.

»Nach allem, was Sie wissen, Mrs. Lanier – hatten Rita Harmon und Zachary Wade ein Verhältnis?«

»Ich weiß es natürlich nicht.« Sie sah wieder das Haus an. »Aber ich bezweifele es.«

»Warum bezweifeln Sie es?«

»Ich weiß nicht... Mein Mann ist wahrscheinlich Zachs bester Freund. Und ich glaube, Zach hätte ihm davon erzählt.«

»Und Ihr Mann hätte es Ihnen erzählt?«

»Ja. Ich denke, das hätte er getan.«

Culligan musterte sie. Glaubten diese Frauen wirklich, daß ihre Ehemänner ihnen alles erzählten? Andererseits wäre es für zwei Leute, die ein Verhältnis miteinander haben, ziemlich dumm, vor den Augen ihrer Ehepartner miteinander zu flirten. Wenn überhaupt, würden sie doch eher einigermaßen distanziert miteinander umgehen.

»Mrs. Lanier, wie gut sind Sie mit Mrs. Wade befreundet?«

»Ich nehme an, daß ich ihre beste Freundin bin.«

»Hat Mrs. Wade *geglaubt,* daß ihr Mann ein Verhältnis mit Rita Harmon hatte?«

»Sie hat nie etwas dergleichen zu mir gesagt.«

»Hätte sie Ihnen ihre Gefühle anvertraut?«

»Absolut.«

»Mrs. Lanier, nur eine Frage noch. Welche Hand benutzt Laura Wade?«

Sie starrte ihn an. »Was meinen Sie, welche Hand?«

»Ist sie Links- oder Rechtshänderin?«

Sie blickte auf ihre eigenen Hände hinunter. »Links, glaube ich. Sie malt mit der linken Hand. Das weiß ich.«

»Ja, ich habe diese Bilder gesehen.«

»Sie finden sie nicht gut?«

»Gut oder nicht, das weiß ich nicht. Ich bin kein Kunstkritiker. Was mir nicht gefällt, ist das, was die Bilder darstellen.«

Sie zuckte die Achseln. »Aber das ist mit der Grund, weswegen sie so gut sind. Lassen Sie es sich von mir gesagt sein, Detective. Lauras Werk ist phantastisch.«

»Haben Sie je gesehen, daß sie ihre rechte Hand benutzte, sagen wir mal, beim Schreiben oder wenn sie etwas mit der Schere schnitt?«

»Warum wollen Sie das wissen?«

»Ich fürchte, das kann ich Ihnen nicht sagen.«

Sie starrte ihn lange an und sagte endlich: »Nein, Detective. Das habe ich nie. Laura ist Linkshänderin.«

Und sie lächelte.

Nun gut, einen Versuch war es wert gewesen.

Stunden später, als die Sonne im Dunst grau-roter Wolken hinter der Stadt unterging, verließ Culligan den Cross Bronx Expressway und fuhr über die Third Avenue Bridge. Arnie LaRue war nicht mehr dabei. Er hatte den Chrysler genommen und war losgefahren, um noch weitere Gäste der Party zu befragen. Culligan hatte ihm auch gesagt, er solle bei ein paar Nachbarn nachfragen, ob einem von ihnen an jenem Morgen ein Feuer auf dem Privatstrand der Wades aufgefallen war. Noch ein Schuß ins Blaue. Den Landadel von Connecticut, einen Haufen blutleerer Gestalten, ausquetschen zu wollen, war sehr wahrscheinlich reine Zeitverschwendung.

Verdammt. Auf dem Franklin D. Roosevelt Drive war Stau. Der Verkehr war praktisch zum Stillstand gekommen.

»Nun mach schon, Henry. Sieh zu, daß wir weiterkommen«, sagte Donaldson.

Culligan sah ihn von der Seite an. Er wollte, daß Culligan das Blaulicht einschaltete. »Wieso hast du es so eilig?«

»Ich habe eine Frau daheim, Henry«, sagte Donaldson.

Er zuckte die Schultern und wechselte die Spur. Mit einem unüberhörbaren Stöhner ließ sich Donaldson in den Sitz zurücksinken. Culligan bog an der 96th Street ab und nahm die York Avenue. Zwischen den Arbeitertypen, den Frauen in Röcken und Turnschuhen, den Männern in Anzügen fiel Culligan ein Mann auf, der drei Hunde an drei Leinen ausführte. Der Typ war total tuntig angezogen. Hautenge Hosen mit Leopardenmuster, schwarzes Muskelshirt, blondgefärbte Haare und dickes Gold-Make-up um die Augen. Kein alltäglicher Anblick in diesem Teil der Stadt.

»Schau dir das mal an«, sagte Donaldson. Aber Culligan hatte »es« schon gesehen und fuhr weiter. Henry Culligan dachte über Laura Wade nach und fragte sich, wieso sie alles so genau beschrieben, aber einfach unerwähnt gelassen hatte, daß sie als Mann verkleidet gewesen war. Vielleicht gingen sie die Sache verkehrt an. Vielleicht hatte sie überhaupt niemanden angeheuert, damit er Rita Harmon umbrachte. Vielleicht war sie eine von diesen gespaltenen Persönlichkeiten, die es mit einem Teil ihrer Persönlichkeit getan hatte und sich mit dem anderen nicht mehr daran erinnern konnte. Allerdings erklärte das natürlich noch nicht, wo sie die Kraft hergehabt haben sollte, die Tat überhaupt auszuführen, selbst falls sie so fit war wie sie aussah. Aber wenn es eine zweite Persönlichkeit gab – eine männliche –, hatte die vielleicht auch mehr Kraft. Ziemlich bizarre Theorie. Logisch war das nicht. Trotzdem konnte er der Sache morgen nachgehen. Die ganze Geschichte war reichlich abwegig, angefangen mit Laura Wade – Mutter aus der Vorstadt, Ehefrau, geständige Mörderin, sogenannte Malerin, abgedrehte Nudel – und die Hauptverdächtige. Culligan seufzte.

»Ich glaube, mit dem Zeug aus dem Auto kriegen wir sie«, sagte Donaldson.

»So?«

»Paß doch mal auf. Er...«

»Ich dachte, du wärest sicher, daß sie es getan hat.«

»Sagen wir es doch mal so. Wenn sie es getan hat, war sie als Mann verkleidet. Also nennen wir sie ›ihn‹. Also, er ist gerade mit seiner Tat fertig und muß jetzt sehen, daß er wegkommt. Also geht er zurück zu seinem Auto. Aber er muß ja voller Blut sein. Er trägt Plastikhandschuhe, sonst hätte er uns ein paar Fingerabdrücke hinterlassen. Und eine Maske. Wird er sich die Zeit nehmen, die Maske und die Handschuhe abzustreifen und in die Folie einzuwickeln? Kann sein. Wird er sich die Zeit nehmen, sich auszuziehen und seine Sachen einzuwickeln, bevor er losfährt? Das glaube ich nicht.«

»Und wieso nicht?«

»Und nackt in den Wagen steigen? Glaube ich nicht. Was bedeutet, daß er – oder sie – uns irgendwas im Wagen hinterlassen haben muß.«

»Ich denke, er hat irgendwo recht, Henry«, ließ sich Jones vom Rücksitz vernehmen, wo er ihre Notizen durchsah.

»Außer, wenn sie ein anderes Auto benutzt hat.«

»Außer, wenn sie jemanden bezahlt und derjenige einen anderen Wagen benutzt hat«, sagte Donaldson. »Oder sie einen Wagen gemietet hat.«

Es entstand ein Schweigen, das schließlich von Jones unterbrochen wurde: »Also, warum erinnert sich Lilly dann an kein Auto?«

»Genau das habe ich auch gerade gedacht«, sagte Culligan. »Ich habe heute morgen mit Doug Gray gesprochen. Er meint, daß Lilly sich unter Hypnose an einen Wagen erinnern könnte.«

»Macht sie das mit?« fragte Donaldson.

Mit einem Schulterzucken sah Culligan ihn an. »Weiß nicht. Aber ich rufe sie mal an.«

Donaldson mußte lachen: »Außer, der Täter hat ein Taxi genommen.«

Auch vom Rücksitz ein Kichern: »So viel Glück können wir gar nicht haben, was?«

»Schon gut, Ihr Arschgesichter.«

»Was denkst *du* denn nun, Henry?« fragte Donaldson. »Daß sie den Täter behext hat, daß sie eine Art Voodoofluch auf ihn gelegt hat?«

Jones, immer noch kichernd, begann, die Titelmelodie von ›Twilight Zone‹ zu pfeifen.

Jetzt hatte es sie alle erwischt. Culligan machte das Blaulicht an, und wenige Sekunden später begann sich zwischen den im Stau dahinschleichenden Wagen eine freie Fahrspur zu bilden.

»Das einzige, was ich euch bis jetzt mit Bestimmtheit sagen kann, ist, daß die Dame Geld hat.«

Joe Lorenza, der neunte Detective, der von Hallahan mit dem Fall betraut worden war, saß mit Culligan und Jones an einem Tisch bei McKellen's. Es war ein lautes Lokal, und heute abend war es besonders schlimm. Der Antrag auf Einsichtnahme in Laura Wades Kontobewegungen war durchgegangen, und Lorenza hatte den ganzen Nachmittag bei seinen Ermittlungen gesessen.

»Wie reich?« fragte Culligan und steckte sich eine Zigarette an.

»Bis hier oben.« Lorenza gab der Kellnerin einen Wink und sah dann zu, wie sie sich einen Weg durch die Menge bahnte.

»Hey, Joe, wie geht's denn? Was kann ich dir bringen?«

»Bier. Danke, Donna.« Er sah ihr wieder nach und wandte sich dann Culligan und Jones zu. »Ihr gehören achtzehn Prozent von Gardners. Ihr Mann ist bloß ein kleiner Anteilseigner an der Firma, aber mit einem fetten Gehalt und dem Titel ›Präsident‹. Sie hat zwei festverzinsliche Treuhandkonten, deren Guthaben insgesamt beinahe vier Millionen Dollar beträgt, und beide sind in den letzten paar Jahren ganz hübsch angewachsen. Das habe ich von einem gewissen Daniel J. Openwald, Anwalt auf der Park Avenue. ›Gute Investments‹, sagte er.«

»Ja, die Reichen werden immer reicher«, sagte Jones.

»Weißt du irgendwas über Openwald?« fragte Culligan.

»Schicke Büros. Nur eine Handvoll Klienten. Er ist seit Jahren persönlicher Berater von allen Gardners.«

Donna kam mit dem Bier und stellte es auf den Tisch. Lorenza nickte ihr zu und nahm den Krug in die Hand.

»Was ist mit den Zinsen von den Konten? Wo geh'n die hin?« wollte Culligan wissen.

»Soweit ich es sagen kann, werden die Zinsen und das Gehalt des Ehemannes regelmäßig deponiert; die Gelder werden auf mehrere Konten verteilt. Laura Wade hat auch ihr privates Girokonto für die täglichen Ausgaben.«

»Da was Interessantes?«

»Soweit ich es sagen kann, nein. Keine außergewöhnlichen oder besonders hohen Abhebungen. Es sei denn, man zählt eine monatliche Master-Card-Abrechnung von durchschnittlich fast fünftausend Dollar und Hypothekenzahlungen für vier verschiedene Häuser von insgesamt beinahe zwanzigtausend Dollar dazu.«

Jones pfiff durch die Zähne. »Wo befinden sich die Häuser?«

»Da ist einmal das Haus in Connecticut, eines in Florida, eines in Spanien und ein Apartment in New York. An der East Side.«

»Was macht sie bloß mit dem ganzen Geld«, sagte Jones, »außer bei Saks Klamotten zu kaufen?«

»Sie haben letztes Jahr über eine halbe Million Dollar verschiedenen gemeinnützigen Stiftungen zukommen lassen. Und es sieht so aus, als leiste sie selber auch eine Menge karitativer Arbeit. Sitzt in einer ganzen Reihe von Stiftungen. Nicht als passives Mitglied. Sie haut richtig rein.«

»Und was soll das beweisen?« fragte Culligan.

»Gar nichts. Aber sie scheint keine versteckten Einnahmequellen zu haben. Aktiendividenden, eine Beteiligung an einem Weingut in Kalifornien, eine Elektronikfirma in Japan.«

»Mein Gott! Es wird ja Tage brauchen, um das alles auseinanderzupflücken.«

»Selbst dann«, sagte Jones, »gibt es noch Mittel und Wege, etwas zu vertuschen.«

Culligan verspürte ein Druckgefühl in der Brust. »Was heißt, daß die Mordkomplotttheorie sich nie als falsch *oder* richtig erweisen könnte.«

Sie kamen einfach nicht weiter.

»Was hat Lilly Dunleavy gesagt?« fragte Jones.

»Sie sagte, sie will nicht hypnotisiert werden. Sie möchte die ganze Geschichte so schnell wie möglich vergessen.«

Culligan warf einen Blick auf die Uhr. Sein Dienst war um, und Betty hatte gesagt, daß Henry, ihr Sohn, mit seiner Frau Edith zu Besuch käme. Er war vermutlich bereits zu spät dran. Er nahm einen letzten Schluck Bier und stand auf. »Ich muß jetzt los.«

»Henry, um Himmels willen!« sagte Jones.

»Um Himmels willen was?«

»Du machst ein Gesicht, als hätte man dir gerade deinen Hund überfahren.«

Er zog die Stirn in Falten. »Ich habe keinen Hund. Wir kommen mit dieser Sache einfach nicht weiter.«

»Kommen wir je mit einer Sache weiter? So sieht es doch aus.«

»Wir müssen irgend etwas übersehen.«

»Zum Beispiel, daß sie es nicht gewesen ist«, schlug Lorenza vor.

Henry Culligan sah Jones an. »Was ist mit dir, Eric? Glaubst du, daß wir auf der richtigen Spur sind?«

Eric Jones schüttelte den Kopf. »Nach dem, was wir heute in dem Haus gesehen haben, all diese Bilder, muß ich sagen ...«

»Was für Bilder?« fragte Lorenza.

»Sie ist Malerin. Beschissenes Zeug, lauter Blut. Hab' ich noch nie gesehen, so was.«

»Hast du das eine auf der Staffelei bemerkt? Mit dem Tier, das die Frau reißt?«

»Kam mir schrecklich bekannt vor.«

»Aber wir werden es nie gegen sie verwenden können.«

»Vielleicht doch. Ich werde morgen mit dem Bezirksstaatsanwalt reden.«

Jones seufzte. »Schau mal, Henry, entweder können wir ihr etwas nachweisen oder nicht. So wie immer.«

»Kann sein«, sagte er. »Und davor habe ich Angst. Ich glaube nicht, daß dies ein Fall so wie immer ist.«

Zweiter Teil

David: Überzeugung

11

David Goldmans Acht-Uhr-dreißig-Patient an diesem Dienstag war Gerald Natulian. Er war ein verquollener kleiner Hersteller von Haustierzubehör aus Queens, der mit dem Geist seiner verstorbenen Mutter auf seinem Kopf, der im übrigen kahl war, durchs Leben schritt. Dort thronte sie die ganze Zeit wie ein Kobold und sagte ihm, was er essen, wo und wofür er sein Geld ausgeben, wie oft er seine Frau flachlegen, aufs Klo gehen, ihr Grab besuchen sollte. Er war neunundvierzig Jahre alt, und der arme Teufel fühlte sich noch immer verpflichtet, gekochtes Gemüse zu essen – und er haßte gekochtes Gemüse. Es mochte sich ziemlich komisch anhören, aber für Gerald Natulian war das ein großes Problem. Dennoch war David stets erleichtert, wenn Gerald ging – den Geist seiner Mutter hinter sich herschleifend.

Jeder hatte Geister, die einen verfolgten. Laura Gardner Wade zum Beispiel hatte genug davon, um den gesamten Staat New York damit heimzusuchen. Und jeder einzelne ihrer Geister hatte den gleichen Namen: Der »Geist des Sollens«. Sie sollte schön sein, charmant und witzig; sie sollte nett und lieb zu ihrem Mann sein und treu; sie sollte wundervolle Parties geben und stets ein Lächeln auf den Lippen tragen. Sie sollte nie zu spät zu ihrer Aerobic-Übung erscheinen oder die Stimme im Zorn erheben. Oder zornig *werden.* Sie sollte perfekt sein. Perfekte Kinder. Perfektes Heim. Perfektes Leben. Arme Laura. Alle diese Geister, die sich auf ihren Schultern tummelten, mußten ihr ja die Muskeln schmerzen lassen.

Was das geringste ihrer Probleme zu sein schien. Oder lag hier die Wurzel ihrer Probleme?

David zog die Liste hervor, die er zusammengestellt hatte:

PATIENTIN: LAURA GARDNER WADE

- attraktiv, gebildet, intelligent
- ungefestigte Persönlichkeit, schwaches Selbstbewußtsein, ausgeprägter Selbsthaß ruft Wahnvorstellungen hervor – ich habe Macht/ich bin schlecht/ich bin Gift/von mir entströmt Gift in die Welt
- Depressionen (Vorboten einer schlimmeren Krise?)
- körperliche Symptome: Kopfschmerzen, eine nachgewiesene hysterische Paralyse ...

Bedächtig nahm er seinen Stift auf und schrieb: »Gespaltene Persönlichkeit?«

Vielleicht hatte sie den Mord als Mann verkleidet begangen? Ein männlicher Psychopath, eine weibliche Psychopathin. Möglich, aber nicht wahrscheinlich. Gespaltene Persönlichkeiten waren sehr rar.

Eine gespaltene Persönlichkeit würde zumindest erklären, woher Laura von den zehn Einstichen wußte, das erklärte aber noch nicht ihre in zunehmendem Maße beunruhigende Angewohnheit, seine Gedanken zu erraten. Also, was war das? Außersinnliche Wahrnehmung?

Es mußte noch eine andere Erklärung geben.

David Goldman war kein Mensch, der an Hexen oder Dämonen oder Geister oder Verwünschungen glaubte, außer im psychologischen Sinne. Genausowenig glaubte er an Telepathie und Psychokinese, obwohl sein Freund Stan Friedland vor einigen Jahren am Rockham Institute mit ein paar Traumexperimenten mit dem berühmten Niles Martin zu tun gehabt hatte. Aber David war es immer so vorgekommen, daß die Ausbreitung solcher Vorstellungen ebenso vor sich ging wie die Ausbreitung von Religiosität. In Zeiten von Druck, Angst, Unsicherheit und Desillusionierung stieg sie gewaltig an. Und der Grad der Verunsicherungen war in dieser Zeit beträchtlich hoch – eigentlich schon gar nicht mehr meßbar –, und zwar aus einer unendlichen Reihe von Gründen, von denen der

Umstand, daß das Menschengeschlecht sich schon übermorgen selber vom Planeten pusten konnte, nicht der geringste war.

Was wiederum zum Teil dazu beigetragen haben mochte, daß Psychotherapeuten so glänzende Geschäfte machten.

Er hatte noch ein paar Minuten Zeit, ehe der nächste Patient dran war. Ihm kam der Gedanke, daß man ihm am Ende vielleicht einen Streich spielen wollte. Er lachte. Wahrscheinlich hatte er zu viele Filme im Fernsehen gesehen. Noelle Duncan hatte auf seinem Anrufbeantworter eine Nachricht hinterlassen, während er mit Gerald beschäftigt gewesen war. Er wählte ihre Nummer an der New York University.

Sie hatte angerufen, um David die Ergebnisse von Lauras Untersuchungen durchzugeben.

David schickte oft Patienten zu psychologischen Tests zu Noelle. Sie war eine gute Freundin, seit langem seine Kollegin, und äußerst erfolgreich, besonders im Umgang mit gestörten Patienten. Und Noelle war auch *wirklich* charmant. Vor etwa zwei Monaten hatte David sie gefragt, ob sie nicht einmal zusammen ausgehen wollten, aber als der Abend seinem Ende zuging und sie wieder in ihrem Apartment waren, spürten beide, daß es mit ihnen niemals laufen würde. Es war ein recht unangenehmer Augenblick gewesen.

Er lauschte Noelles Stimme. »Oh, hallo, David. Laura Wades Werte sind einfach unglaublich. Die höchste Stanford-Binet-Quote, die mir persönlich je untergekommen ist, 171 Punkte, so weit im Bereich des Genies, daß es beinahe nicht mehr in der Wertung vorkommt. Die Werte auf der Paranoia- und der Depressionsskala lagen bei zwei Abweichungen über dem Mittelwert.«

»Ich bin der Meinung, daß sie schizophren sein könnte«, sagte David. »Auf jeden Fall hat sie Wahnvorstellungen.«

»Wahnvorstellungen?« Noelle hörte sich höchst verblüfft an. »Bist du dir da sicher?«

»Sie glaubt, daß von ihr ein Gift ausgeht, das Menschen töten kann. Hört sich das für dich nicht nach einer Wahnvorstellung an?«

»Aber David – wenn ich beim IQ-Test aufgehört hätte … dann hätte ich gesagt, daß sie extrem hochbegabt ist, aber völlig normal. Meine Güte, sie wirkte überhaupt nicht schizophren. Solche Wahnvorstellungen beeinträchtigen für gewöhnlich den IQ-Wert.«

In der Tat. »Schickst du mir deinen Bericht?«

»Klar. Sag mal, was tut diese Frau? Beschäftigt sie sich mit theoretischer Mathematik? Teilchenphysik? Womit sonst?«

»Hausfrau.«

Noelle Duncan lachte. »He, laß uns mal zusammen zu Abend essen.«

»Jederzeit«, sagte er. »Wann du möchtest.«

Sie sagte, sie würde ihn in der nächsten Woche anrufen, aber er wußte, daß sie das nicht tun würde. Und auch er nicht.

Er legte auf. Nun hatte er alle Testresultate. Blut- und Urinanalyse: völlig normale Werte, keine Drogen. Die Ultraschalluntersuchung: alles o. k. Überfunktion der Schilddrüse, Leberschäden, Hirnschäden konnte er ausschließen. Und was konnte er nicht ausschließen? DSM-III-schizoaffektive Störung mit psychotischen Effekten. Mit Einschränkungen. Worin genau diese Einschränkungen bestanden, konnte er nicht mit Gewißheit sagen, aber es war schon besser, behutsam vorzugehen. Als Laura zu ihrer Sitzung gekommen war, hatte er sie auf eine zweiwöchige Behandlung mit Thioridazin gesetzt. Eine geringe Dosis zum Anfang. Wenn sie darauf ansprach, würde er mit einem trizyklischen Antidepressivum fortfahren.

»Goldman? Hier spricht Detective Henry Culligan.«

Der Detective, den Ammonetti erwähnt hatte, der, der

für den Fall zuständig war. »Ja, Detective, womit kann ich Ihnen dienen?«

»Ich wäre Ihnen dankbar, wenn Sie zu einem Gespräch herkommen könnten. Zehntes Revier, Ecke 20th und 8th. Geht das?«

»Aber gerne. Wann?«

»Möglichst heute noch.«

War das eine Vorladung? David wußte nicht so recht, was er dem Detective erzählen konnte; er hatte Laura genau fünfmal gesehen – und war keinen Schritt weitergekommen. Sie beharrte auf der Vorstellung, daß sie Gift war. Sie schien sich von dem Mord an Rita Harmon gelöst zu haben und war jetzt besessen von einem imaginären Unheil, das ihrer Freundin Ellen zustoßen könnte.

»Ich habe zwischen zwei Terminen zwei Stunden frei«, sagte David. »Ich bin in zwanzig Minuten bei Ihnen.«

»Ich denke, Sie wissen, warum ich Sie herbestellt habe, Doktor«, sagte der Detective, als David vor seinem Schreibtisch Platz genommen hatte.

Umgeben von den gläsernen Wänden von Culligans Büro kam David sich vor wie ein Fisch im Aquarium. »Ich nehme an, Sie wollen über Laura Wade sprechen.« Der Schreibtisch war bemerkenswert aufgeräumt. In der Mitte lag ein einziger Ordner, ein Tonbandgerät an der einen Ecke, ein sauber gestapelter Haufen Akten an der anderen. Auf einem Aktenschrank standen ein Videogerät und ein Bildschirm.

»Worin besteht Mrs. Wades Krankheit?« begann Culligan das Gespräch.

»Ärztliche Schweigepflicht.«

»Dies ist eine Untersuchung in einem Mordfall, *Doktor.* Ich habe drüben in der Leichenhalle eine Tote im Eisfach. Vielleicht einer der kaltblütigsten Morde, die ich je gesehen habe. Wollen Sie mal einen Blick riskieren? Ich kann Ihnen auch ihr hübsches grünes Seidenkleid zeigen, über und über mit Blut besudelt. Sie werden graue Haare davon bekommen.«

»Danke, Detective. Das möchte ich lieber nicht«, rutschte es David heraus.

Detective Henry Culligan war ganz offensichtlich nicht angetan von Davids Versuch, das Gespräch auf eine lockere Ebene zu bringen.

»Also, ich weiß nicht viel von Ihrer Arbeit«, sagte er. »Wie das Gehirn funktioniert. Aber wenn das Gehirn *so* funktioniert, daß Mord dabei herauskommt, dann möchte ich noch mehr darüber wissen. Und wissen Sie, was ich weiß? Ich weiß, daß ein Wahnsinniger frei herumläuft. Und wissen Sie, was ich noch weiß? Ich weiß, daß ich einen Chief am Hals habe. Und wollen Sie wissen, was er meint? Er meint, daß wir noch einen solchen Mord haben werden. Genau das gleiche noch einmal. Sehr bald schon. Und das gefällt uns nicht. Serienkiller sind schlechte Nachrichten für die Polizei. Also wollen Sie wissen, was der Chief, den ich am Hals habe, gemacht hat? Er hat mir einen ganzen Haufen Beamte zugeteilt, damit sie herumlaufen und nach Hinweisen suchen. Das tun wir jetzt, Doc. Aber jetzt sind beinahe zwei Wochen verstrichen, und ich muß dem Chief die Wahrheit sagen. Wir haben nichts in der Hand. Absolut nichts. Außer einer Zeugin. Das ist nun schon mal was in einem Fall wie diesem. Wir wissen, daß es ein Mann war. Unglücklicherweise wissen wir sonst nicht viel. Sie sagte, er wäre groß gewesen. Ihre Patientin ist doch groß, oder nicht?«

»Für eine Frau ist meine Patientin ziemlich groß.«

»Aber überlegen Sie mal, wenn man von einem Fenster auf die Straße hinunterschaut, auch wenn es nur ein paar Stockwerke sind, das verzerrt doch einiges. Groß für eine Frau könnte auch aussehen wie ein großer Mann. Besonders, wenn sie Männersachen getragen hat. Schwarze Herrenschuhe. Dunkle Jacke. Jeans. Und eine Maske. Eine Frau könnte solche Klamotten tragen. Eine

Frau in diesen Sachen könnte vom ersten Stock aus wie ein Mann aussehen.«

»Nun kommen Sie schon, Detective. Meine Patientin ist ganz zweifelsfrei eine Frau. Eine schöne Frau.«

»Oder eine Frau unter einer Maske, Doktor.« Er steckte sich eine Zigarette an und blies den Rauch in dicken Wolken aus. »Aber gut, lassen wir das für einen Moment. Lassen Sie uns darüber reden, daß wir eine Zeugin haben, was sehr schön ist, sie uns aber nichts erzählt, womit wir etwas anfangen können. Es gibt eine Menge schwarzer Jacken auf der Welt und eine Menge Masken. Also haben wir immer noch nichts. Aber das stimmt doch nicht ganz, oder doch? Weil Ihre Patientin nämlich etwas über den Mord *gewußt* hat, *Doktor,* etwas, was wir keiner Menschenseele gesagt haben. Etwas ganz Spezifisches. Und deshalb möchte ich ganz *exakt* wissen, weswegen Sie diese Frau in Behandlung haben.«

»Sie leidet an einer erheblichen schizoaffektiven Störung.«

»Was ist das?«

»Das ist so ähnlich wie eine Schizophrenie, aber die Anzeichen der Krankheit und das klinische Bild sind anders. Ihre Krankheit trägt gewisse depressive Züge. Vor dieser Sache habe ich sie nur einmal gesehen. Jetzt habe ich sie als Patientin in Behandlung genommen.«

»Könnten Sie mir genau sagen, was diese Schizophrenie mit gewissen depressiven Zügen ist?« Er zog noch einmal an seiner Zigarette und behielt den Rauch lange im Mund.

»Nun, in diesem Fall besteht das primäre klinische Symptom in einem paranoiden System von Zwangsvorstellungen, in dem sich die Patientin schlecht, unwürdig, verabscheuenswert vorkommt. Noch genauer gesagt, fühlt sie sich so unwohl, wenn sie wütend wird, daß sie, als eine Art Bestrafung, glaubt, ihre wütenden Gedanken manifestieren sich ...«

»Ja, ich weiß. Sie hat den Mann, der das gemacht hat, verhext.«

»Etwa so.«

»Glauben Sie an Hexerei, Doc?«

»Nein, Detective. Das tue ich nicht.«

»Eben. Ich auch nicht. Gut, meine Tochter hat sich einmal ihre Zukunft voraussagen lassen. Und meine Frau liest jeden Tag das Horoskop in der Zeitung. Und mein Sohn – naja, wer weiß schon, was der macht? Aber ich für meinen Teil habe nie an Hexerei geglaubt. Also sage ich mir, da wir Hexerei streichen können, wie kommt es dann, daß Ihre Patientin hierherkommt, und wenn wir sie bitten, den Tathergang zu beschreiben, sie über die zehn Wunden Bescheid weiß?«

»Hat die Zeugin gesagt, daß sie gesehen hat, wie er zehnmal zustach?«

»Was tut es zur Sache, was die Zeugin sagt? Abgesehen davon hat sie nicht mitgezählt. Sie stand oben an einem Fenster im zweiten Stock und hat zugesehen, geschrien, mit den Fäusten an die Scheibe getrommelt, und dann soll sie noch *zählen*? Sie hat gesagt, daß es ein kleines Messer gewesen ist, möglicherweise ein Skalpell. Und sie hat gesagt, daß er sich Zeit gelassen hat, es ganz ruhig und langsam angegangen ist. Eins. Zwei. Drei. Vier... als ob er Linien zeichnete. Könnte seine Visitenkarte sein. Aber es hört sich nach einem Psychopathen an, ganz klar. Würden Sie das nicht auch sagen?«

»Würde ich.« Es war offensichtlich, worauf er hinauswollte. »Aber er mußte doch ziemlich kräftig sein, um sie da am Boden zu halten?«

»Ja, das schon. Haben Sie gewußt, Doktor, daß Ihre Patientin Laura Wade fünfmal in der Woche Muskeltraining macht? Tägliches Muskeltraining, da kann man ganz schön kräftig werden. Und das Opfer war ziemlich klein, vielleicht einssechzig. Und Ihre Laura Wade, was ist die, einsfünfundsiebzig oder so?«

David versuchte, sich etwas einfallen zu lassen, womit

er den Mann davon abbringen konnte. »Und wiegt fünfundsechzig Kilo.«

Culligan runzelte die Stirn, schwieg einen Augenblick und fragte dann: »Was muß eigentlich passieren, daß man so ein Psychopath wird, Doktor?«

Das war eine gute Frage. Noch schwerer zu beantworten als die andere Frage: Warum wird man schizophren? Aber es lagen Welten dazwischen. Die meisten Schizophrenen waren harmlos, abgesehen vielleicht von jemandem, der gewalttätig wurde, weil er unter der Zwangsvorstellung litt, man wollte ihm etwas tun, was bei Laura nun ganz und gar nicht zutraf. Und es gab Behandlungsmethoden gegen Schizophrenie, sogar welche, die bestimmten Patienten halfen. Ein wahrer Psychopath war andererseits wohl kaum zu behandeln. Wie sollte man fehlende moralische Wertvorstellungen, pure Gewalttätigkeit behandeln?

»Doktor?«

»Im wesentlichen«, sagte David, »hat ein Psychopath kein Moralbewußtsein entwickelt.«

»Das weiß ich, Doc. Sie sollen mir sagen, was einen Psychopathen psychopathisch macht, warum hat er kein Moralbewußtsein?«

»Ich würde sagen, daß es jemand sein könnte, der sich dessen, was er tut, vielleicht gar nicht bewußt ist, sei es durch irgendein frühes Trauma, möglicherweise so früh, daß er sich gar nicht daran erinnert. Oder emotionale Defizite in der Kindheit. Es ist wirklich schwer zu sagen.«

»Und Ihre Patientin, hat sie ein ›frühes Trauma‹ gehabt?«

»Ich habe nichts dergleichen in Erfahrung bringen können. Und selbst, wenn es so gewesen wäre, würde das bestimmt noch lange nicht die Entwicklung einer psychopathischen Persönlichkeit erklären.«

»Ihr Seelenklempner bringt mich zum Lachen«, sagte Culligan. »Erst sagt ihr die eine Sache, dann relativiert ihr sie, aber erst später. Dann kommt ein Kollege von Ihnen hier rein, und er wird genau das Gegenteil von dem behaupten, was Sie gesagt haben. Warum, zum Teufel, kann nicht einer von euch Burschen zugeben, daß ihr es die Hälfte der Zeit einfach *nicht wißt?*«

»Großer Gott, es ist nicht, als wollte man ein leckes Wasserrohr diagnostizieren, Detective. Menschliche Wesen sind äußerst kompliziert.«

»Geben Sie mir einen Tip«, sagte Culligan. »Bitte.«

»Schauen Sie, Detective«, sagte David. »Sowie ich etwas herausfinde, was einen Hinweis darauf gibt, daß meine Patientin zur Verantwortung zu ziehen ist, werde ich es Ihnen sofort mitteilen. Wenn Laura Wade eine Mörderin wäre, würde ich sie sowenig wie Sie frei auf der Straße herumlaufen lassen wollen.«

»Faires Angebot. Ich habe Mrs. Wade neulich gefragt, ob ...«

»Wann haben Sie sie denn gesprochen?«

»Wir haben ihr Haus durchsucht.«

David sah ihn intensiv an. »Haben Sie etwas gefunden?«

Der Detective schwieg.

»Ich nehme an, nicht. Sonst hätten Sie mich nicht herbestellt«, sagte David. »Also was hat sie gesagt?«

»Sie sagte, daß es ein Fluch gewesen wäre. Also welche Story, meinen Sie, soll ich jetzt glauben?«

»Ich würde sagen, daß sie das Geständnis bewußt fabriziert hat und daß die Geschichte von dem Fluch die Wahrheit ist.«

»Wessen Wahrheit?«

»Ihre. Natürlich ist das auch ein Produkt ihrer Phantasie. Aber ein unbewußtes. Auf der Bewußtseinsebene glaubt sie tatsächlich daran.«

»Hmmm.« Culligan stand auf und ging langsam durch den Raum, drehte sich um und lehnte sich mit dem Rükken gegen die Wand. »Also, wir haben das nachgeprüft, und wir wissen, daß es eine Party gegeben *hat.* Und die tote Frau *hat* mit Laura Wades Ehemann geflirtet. Es gibt acht Zeugen dafür, mit dem Ehemann neun. Ihre Patientin war wütend deswegen.«

»Sie hat überreagiert, würde ich sagen.«

»Das ist ja sehr interessant, Doc. Könnte eine Überreaktion in so einer Situation nicht ein Motiv sein, jemanden umzubringen – ich meine, Motiv genug für eine Psychopathin?«

»Sie ist keine Psychopathin, Detective. Ihr System von Zwangsvorstellungen paßt nicht in dieses Raster. Außerdem sagt ihr Mann, er hätte nichts mit der Toten gehabt.«

»Ich weiß. Das hat er auch mir heute morgen gesagt. Aber wir reden darüber, was *sie denkt.* Und vielleicht denkt sie, daß er etwas mit ihr gehabt hat.«

»Sie hat das nur gesagt, weil sie wollte, daß Sie ihr glauben, Detective, weil sie bestraft werden wollte. Sie hat sich ein glaubwürdiges Motiv ausgedacht.«

»Oder es *war* ihr Motiv.«

»Sie hat es nicht getan.«

»Und woher wußte sie dann von den zehn Schnitten?«

Das führte zu nichts. David dachte einen Augenblick daran, Culligan etwas von den eventuellen übersinnlichen Aspekten des Falles zu erzählen, verwarf die Idee aber sogleich wieder.

Culligan war wieder an seinen Schreibtisch getreten, steckte sich eine weitere Zigarette an der ersten an und drückte diese in dem vollen Aschenbecher aus.

»Ist sie nicht eine von diesen gespaltenen Persönlichkeiten, Doc? Vielleicht ist eine davon psychopathisch. Und *die* hat es dann getan. Und dann hat die andere sich die Geschichte von dem Fluch ausgedacht, weil sie nicht ertragen konnte, was die psychopathische Hälfte getan hat.«

»Und welche hat gestanden?«

Der Detective starrte David einen Augenblick lang an. »Sagen Sie es mir, Doctor. Wie verschieden sind diese sogenannten gespaltenen Persönlichkeiten innerhalb einer Person?«

»Sie können sehr verschieden sein. Bei Tests sind sogar unterschiedliche Gehirnströme festgestellt worden.«

»Könnte eine Persönlichkeit denken, sie wäre ein Mann, oder sich zumindest so kleiden wie ein Mann, und die andere eine Frau sein?«

»Möglich. Die Geschlechterrolle ist eine Schlüsselfrage der Persönlichkeit.«

»Könnte eine Persönlichkeit Linkshänder sein und die andere Rechtshänder?«

»Kann sein.« Davon hatte er noch nie gehört, aber möglich war es schon. So viel konnte er gerade dazu sagen, da fuhr Culligan bereits fort.

»Okay, wie wäre es also damit? Wir haben es hier vielleicht mit einer Frau zu tun, die die Wahrheit gestanden hat, und dann, als ihr klar wurde, daß wir sie jetzt festnehmen würden, hat sie Angst gekriegt und versucht, da wieder rauszukommen, indem sie eine Geschichte erfand, die uns denken lassen würde, sie hätte nicht alle Tassen im Schrank.«

Der Detective, dachte David, glaubte, seinen Besucher soeben auf die Matte gelegt zu haben. Oder hatte er das wirklich? Konnte es sein, daß Laura das tatsächlich alles nur vorspielte, weil sie Angst bekommen und ihre Meinung geändert hatte – vielleicht baute sie ihn als denjenigen auf, hinter dem sie sich verstecken konnte. Glaubte er das? Guter Gott. David war jetzt seit beinahe zehn Jahren Psychiater, und wenn sie ihn so aufs Kreuz legte, mußte sie die beste Schauspielerin auf der ganzen Welt sein und nach einem der besten Drehbücher spielen, das je geschrieben worden war. Nein. Kein Drehbuch. Eine Improvisation!

»Doktor. Haben Sie vor, auf meine Frage zu antworten?«

David sah ihn an. Er glaubte nicht, konnte nicht glauben, daß Laura das alles nur vorspielte.

»Doktor?«

»Na gut, und was ist hiermit?« sagte David. »Wie sehen Sie die Tatsache, daß sie erst zusammengebrochen ist, nachdem Sie ihr gesagt hatten, daß Sie sie *nicht* festnehmen würden, sie also nicht plötzlich Angst bekommen und es sich mit ihrem Geständnis anders überlegt hat?«

Schweigen. Schließlich sagte Culligan: »Ja, das stört mich auch irgendwie. Sie hätten vielleicht bei der Polizei anfangen sollen.«

»So eine Art Ermittlungsbeamter bin ich ja auch.«

Culligan sah seine halbgerauchte Zigarette an, zog die Stirn in Falten und drückte sie im Aschenbecher aus. »Und doch können wir niemanden finden, der sie an diesem Abend oben in Easterbrook im Kino gesehen hat. Sie hatte nämlich ihrer Familie gesagt, daß sie dort hingehen wollte.«

»Wer achtet auf die anderen Leute im Kino?«

»Was ich wissen möchte, Doc – warum versuchen Sie, sie in Schutz zu nehmen?«

»Weil meine Patientin keine psychopathische Mörderin ist. Ich weiß nicht, was sie ist, aber ich weiß, daß sie *das* nicht ist.«

»Was soll das heißen, Sie wissen nicht, was sie ist?«

Das mußte mit das Dümmste gewesen sein, was er je gesagt hatte. »Es heißt ... es heißt, daß ich noch keine genaue Diagnose aufgestellt habe.«

»Dauert das immer so lange?«

»Es ist ein sehr komplizierter Fall.«

»Woher wissen Sie dann, daß sie keine Mörderin ist?«

»Ich weiß es eben.« Wieso wußte er das?

»Wie kommt es dann, daß ihr Alibi, wenn ich den Ausdruck einmal so locker verwenden darf, nicht bestätigt werden kann? Miss Judy Wenct. Nettes Mädchen, habe selber mit ihr gesprochen. Sie ist die Frau, die an dem Mordabend im Kino von Easterbrook die Karten eingesammelt hat. Vergißt nie ein Gesicht, sagt sie. Und sie sagt, daß sie sich nicht an Laura Wade erinnert.«

»Wie könnte sie auch? Kennt sie sie denn?«

Culligan öffnete den Aktenordner auf dem Tisch und nahm ein Foto von Laura in ihrem rosa Hosenanzug heraus, eine Polaroidaufnahme.

»Ich habe dieses Bild hier bei ihrem Geständnis gemacht, genau hier, Doktor.«

»Ich würde mir dieses Geständnis gerne einmal anhören.«

»Sie können es sich sogar ansehen, Doktor«, sagte Culligan. Er zog ein Videoband aus einer Tasche neben dem Aktenschrank und legte es in den Videorecorder ein. Dann setzte er sich wieder in seinen Schreibtischstuhl und beobachtete, die Finger gespreizt gegeneinandergehalten, David, während das Band vorspulte. Die Aufzeichnung begann mit codierten Zahlen, Daten, Namenslisten von Polizeibeamten. Nach einem Schnitt wurde Laura eingeblendet. Sie saß an dem Tisch in dem kleinen Zimmer, wo er sie auch gesehen hatte. Im Hintergrund stand ein uniformierter Beamter.

Die Kamera schwenkte zurück, um Culligan zu zeigen, der ihr gegenüber am Tisch saß. Er identifizierte sich, klärte sie über ihre Rechte auf und fragte sie, ob sie ihn verstanden hätte. Sie nickte und begann zu sprechen, ruhig und zusammenhängend. Zu zusammenhängend.

Am Ende der Aufnahme stellte Culligan den Apparat ab, ließ die Kassette herausschnellen, blickte David an und sagte: »Ziemlich überzeugend, nicht?«

Das war es in der Tat gewesen.

David holte tief Luft.

»Wo ist die Stelle, an der sie zusammengebrochen ist und gesagt hat, sie hätte den Mörder verhext?«

»Das haben wir nicht aufgenommen, Doktor. Es gehört nicht zu unseren Gewohnheiten, verrückte Frauen zu filmen. Das ist Ihr Job.« Er schüttelte den Kopf. »Es mag ein Fehler gewesen sein, es nicht aufzunehmen.«

Auch David wünschte, daß sie das getan hätten. Es hätte nützlich sein können, einmal zu sehen, wie Laura Wade aussah, wenn sie hysterisch wurde.

»Warum meinen Sie, daß es ein Fehler war, es nicht aufzunehmen?«

Der Detective sah ihn an und kraulte seinen Schnurrbart. »Weil sie es getan haben könnte, natürlich. Wir wissen ja nun, daß sie verrückt ist.«

»Sie ist nicht so eine . . .«

»Verrückt ist verrückt, Doc.«

»Sie ist das Gegenteil davon, Detective. Sie kann Zorn nicht ertragen, Gewalt noch weniger.«

»Und vielleicht kann sie das alles so wenig ertragen, daß sie sich selber nicht mehr in der Gewalt hat?«

»Sie hat es nicht getan«, sagte David mit quietschender Stimme.

»Woher wollen Sie das wissen, Doktor?« sagte Culligan. »Woher wollen Sie das wissen?«

Während er am Freitagabend das Nötigste für seine Fahrt nach Philadelphia am nächsten Morgen zusammenpackte, mußte David schon wieder an Laura denken.

Vielleicht wollte sie ihn *wirklich* zu ihrer Verteidigung aufbauen. Aber dann würde sie versuchen, ihm weiszumachen, sie *wäre* geistesgestört, und nicht das Gegenteil. Und was wollte sie ihm denn nun eigentlich weismachen? Daß sie eine Mutation war, die Kräfte besaß, die sogar weit über Präkognition hinausgingen? Daß sie in ihren Händen – nein, ihren Gedanken – Macht über Leben und Tod besaß?

David zog den Reißverschluß seines Koffers zu und ließ ihn auf dem Stuhl in seinem Schlafzimmer stehen. Er ging in die Küche, um sich einen Becher Tee aufzugießen. Er wollte versuchen, das Ganze logisch zu durchdenken.

Ein Mensch, der einen Traum oder einen Gedanken hatte, der sich zu einem späteren Zeitpunkt bewahrheitete, konnte daraus einen von drei Schlüssen ziehen. Die meisten würden es als puren Zufall abtun. Wenn es aber immer wieder passierte, mochte die bewußte Person schon zu denken beginnen, in ihren Träumen und Gedanken befände sich ein präkognitives Element. Und dann gab es noch den dritten Schluß, den *Kausalschluß*. Den psychotischen Schluß. An einem gewissen Punkt hatte Laura es wahrscheinlich nicht länger kompensieren können und war von der eher passiven Feststellung, mit ihren Träumen und Gedanken könne sie die Zukunft vorhersagen, zu dem mehr aktiven Ergebnis gekommen, daß sie damit die Zukunft *bestimmte*. Und das bedeutete?

Während er das Wasser auf dem Herd zum Kochen aufsetzte, erinnerte sich David daran, daß er ein Psychiater war, dessen Tagesablauf mit Patientenbesuchen ausgefüllt war, und viele dieser Patienten glaubten, daß er ihnen helfen könnte. Er glaubte an die Psychiatrie. Er glaubte daran, daß es Gründe für das gab, woran die Menschen glaubten und dafür, wie sie sich verhielten, auch wenn diese Gründe nicht immer gleich auf der Hand lagen: Kindheitserlebnisse, unterdrückte Wünsche, das gestrige Abendessen. Er glaubte an natürliche, nicht an übernatürliche Erklärungen für Geschehnisse. Und als Laura ihm von der Macht ihrer Gedanken erzählte, einer Macht, die sie für unkontrollierbar und immer stärker werdend hielt, hatte er ihr deshalb gesagt, daß es auch andere Erklärungen für diese Ereignisse gab; und er hatte Worte gefunden, ihr dies nahezubringen: selektive Wahrnehmung, lückenhaftes Gedächtnis, Schuldgefühle, Fehlinterpretationen, Zufall.

Was sollte er noch zu ihr sagen? Seine Patienten erwähnten oft zufällige Geschehnisse in der realen Welt, um damit ein System von zwanghaften Vorstellungen zu bekräftigen.

Der Kessel pfiff auf dem Herd. Er goß sich einen Becher ein und stellte ihn auf den Küchentisch. Während er an seinem Tee nippte, fiel ihm ein Mann ein, den er während seiner Assistenzzeit behandelt hatte. Dieser Mann hatte geglaubt, alle Flugzeuge am Himmel seien in Wirklichkeit Raumschiffe von fremden Planeten, die nur so zurechtgemacht waren, damit sie aussahen wie Flugzeuge. Aber wenn ein Patient in seine Praxis käme und berichtete, die Außerirdischen wären hinter ihm her, würde er ja auch nicht die Augenbrauen hochziehen und sagen: »Ist das wahr? Um wieviel Uhr soll das Raumschiff denn landen?« Das würde bedeuten, eine fälschliche, irreale oder destruktive Annahme und das daraus resultierende Verhalten zu akzeptieren, die Zwangsvorstellungen des Patienten für bare Münze zu nehmen.

Gegen elf ging er schließlich zu Bett. Er hatte sich entschlossen, bei der Party seiner Eltern am Wochenende Stan Friedland zu einem privaten Gespräch beiseite zu nehmen.

Er träumte.

Er stand mit Ivan, seinem älteren Bruder, am Rande einer Klippe. Rings um sie herum ragten Berge empor, und es war auch ein See da – das Sommercamp, wo sie früher zusammen hingefahren waren. Sie waren beide noch jung, so wie damals. In der Ferne konnte er den Speisesaal erkennen. Plötzlich prügelten sie sich, rauften, schubsten, schlugen einander. Es gelang ihm, Ivan zu Boden zu ringen. Er sagte: »Gibst du auf?« Ivan sagte: »Nein.« David wiederholte: »Gibst du auf?« »Nein.« Also versetzte er ihm einen Stoß, und Ivan stürzte von der Kante der Klippe. Er lief zum Rand, um seinen Bruder fallen zu sehen, wollte, daß er stürzte. Aber dann sah David mit einem Male, daß sein Bruder Flügel ausgebreitet hatte. Voller Entsetzen trat er einen Schritt zurück, drehte sich um, und da war Laura. Sie war eine der Aufsichtspersonen des Camps und hatte das Ganze beobachtet.

Er erwachte, und ihm fiel wieder ein, daß er diesen Traum lange nicht mehr gehabt hatte. Es war ein sehr alter Traum – ein immer wiederkehrender Alpdruck, ein ungebetener nächtlicher Besucher, mit dem er sich eingerichtet hatte und der ihn stets gemahnte, wie stark unbewußte Wünsche sein konnten.

Er lag im Dunkeln wach. Es war offensichtlich, wieso er diesen Traum geträumt hatte – er würde auf der Feier seinen Bruder treffen, seine ganze Familie. Aber was machte Laura in dem Traum? Sie war ein neues Element.

Gelegentlich träumte er schon von Patienten. Und das war es auch nicht, was ihn störte, sondern das Gefühl, das er in dem Traum gehabt hatte, ebenfalls ein neues Element. Er hatte sich erniedrigt, bloßgestellt gefühlt.

Er schloß die Augen, mußte aber feststellen, daß er keinen Schlaf mehr finden konnte. Als es endlich Morgen wurde, rief er Stan an, um ihn zu fragen, ob sie zusammen runterfahren könnten, aber Stan sagte, er hätte noch einen Termin und käme so früh nicht los.

Der Volvo stand in einer Garage an der 81st Street. David hatte diesen Stellplatz nun schon seit beinahe fünf Jahren gemietet. Es gefiel ihm nicht, monatlich über 200 Dollar für die Unterstellung eines Wagens zu bezahlen, den er kaum benutzte, aber es gab nun mal keine Alternative. Er stieg ein und fuhr aus der Garage hinaus.

Es war ein herrlicher Spätsommertag, milder als in den vergangenen Wochen, und sogar über der City war der Himmel blau und wolkenlos. Er wollte die Fahrt genießen, ließ die Seitenfenster herunter, als er den Lincoln-Tunnel hinter sich hatte, und glitt die New Jersey Turnpike entlang.

Er schaltete das Radio ein. Sie spielten einen alten Hit, ›Born to be Wild‹. Lauthals sang er mit, dann mußte er lachen. Zweimal hatte er Marihuana probiert, und er war mit insgesamt fünf verschiedenen Frauen im Bett gewesen, einschließlich seiner Frau. Nicht gerade viel.

Gegen halb zwölf war er in der Nähe des Hauses seiner Eltern angelangt. Die Siedlung nannte sich Sherwood Oaks; sie war eines der allgegenwärtigen Vorstädtchen, die nach dem Krieg überall aus dem Boden geschossen waren. Eine Straße voller anderthalbstöckiger Häuser, und alle Häuser sahen gleich aus, bis auf den Umstand, daß manche drei Schlafzimmer besaßen und andere vier. Und jedes Haus war in der bevorzugten Farbe seiner Besitzer gestrichen und geschmückt; das Haus der Goldmans in der Robin Hood Lane war in Rosa gehalten, weil Davids Mutter meinte, rosa würde dem Anwesen etwas Besonderes verleihen. Das tat es übrigens auch.

Davids Vater war im Garten und rupfte Unkraut aus. Jedesmal, wenn er ihn sah, mußte David sich sagen, daß er vollkommen vergessen hatte, wie alt sein Vater mittlerweile aussah. Alt, aber zufrieden. Obwohl er sein ganzes Erwerbsleben lang nichts anderes getan hatte, war es ihm immer verhaßt gewesen, Bilderrahmen zu verkaufen. Davids Vater war so etwas wie ein Intellektueller, und daß er nicht hatte aufs College gehen können, war für ihn vermutlich die größte Enttäuschung seines Lebens gewesen. Es blieb seinen Söhnen überlassen, diesen Traum für ihn zu erfüllen. Nun jedoch, da er seine Firma verkauft hatte, las er Bücher, diskutierte mit jedem, der zuhören mochte, über Politik, ackerte im Garten, betätigte sich sogar ein wenig schriftstellerisch und konnte die Trauer über seine Onkel und Kusinen, die von den Nazis umgebracht worden waren, nicht verwinden.

Abraham Goldman begrüßte seinen Sohn wie immer mit einer herzlichen Umarmung und berichtete ihm dann sogleich von den Abendkursen, die er an der Villanova University belegt hatte: eine Einführung in den Marxismus und einen Kursus in Vergleichender Religionswissenschaft. Er vertraute ihm an, daß er mehr Ahnung davon hätte als die Dozenten, die Teilnahme ihm aber dennoch Spaß machte.

Lena Goldman war in der Küche und kochte wie eine Besessene. Sie bereitete Essen für sechzig Leute vor, wahrscheinlich 35 mehr, als überhaupt kommen würden. In der Küche roch es nach Dill und Zwiebeln, die sie für den Kartoffelsalat kleinschnitt.

»Ich habe schon ein Bruststück in Alufolie für dich im Ofen«, sagte sie, als sie ihn sah. Und dann lachte sie.

David gab ihr einen Kuß. Sie sah wundervoll aus, wie immer. Groß und schlank, mit silberglänzendem Haar. Sie war sehr rechthaberisch und konnte einen in Stücke reißen, wenn ihr der Sinn danach stand, aber sie tat es dann mit Finesse, und ihre ungewöhnliche Mischung aus Wärme und Autorität machte sie zu einem Menschen, den man gerne um sich hatte. Abraham Goldman verehrte seine Frau wie eine Heilige; David fand, daß sie ihn ausnutzte.

Die drei saßen am Küchentisch, während Lena Goldman Gemüse schnitt. Sie fragte David, wieso er denn nicht zurück nach Philadelphia ziehen könnte, wo doch Allison jetzt fort war. Es gab keinen Grund, der dagegen sprach, außer, daß er in New York eine gutgehende Praxis betrieb. Er erzählte ihnen, daß er im letzten Monat Allison in die Arme gelaufen war.

Abraham Goldman lächelte. »Warum suchst du dir keine neue Frau, David?«

Seine Mutter sah ihn an, als bedürfte er sofortiger Erster Hilfe.

Wenigstens hatten sie aufgehört zu fragen, wann er denn Kinder haben würde. Nicht, daß er keine Kinder hätte haben wollen – es war nur, daß Allison und er es einfach nicht auf die Reihe bekommen hatten, welche zu zeugen.

Ivan und Maggie trafen um sechs ein. David drückte seinen Bruder, der sich einen Bart hatte wachsen lassen, an die Brust, gab seiner Schwägerin, deren Mop von flammendrotem Haar noch wuseliger aussah als sonst, einen Kuß auf die Wange und gratulierte beiden zu Ivans Forschungsstipendium.

»Ich hätte nicht gedacht, daß es durchkommt, bei all den Budgetkürzungen in der letzten Zeit«, sagte Ivan.

»Von den Hunderttausend sollten wir unsere beiden Teenager eine ganze Weile lang in zerrissene Designerjeans kleiden können«, sagte Maggie mit einem Lächeln.

Er fragte sie, wo Joan und Molly denn steckten. David liebte seine beiden Nichten über alles, vor allem Molly, die ihn immer ihren Lieblingsonkel nannte. Allerdings war er auch ihr einziger Onkel.

»Teenager«, erinnerte Maggie ihn. »Joan kann jetzt Auto fahren, und den beiden ist es äußerst peinlich, sich in Begleitung ihrer Eltern in der Öffentlichkeit blicken zu lassen. Sie kommen später nach.« Dann ging sie in die Küche, um ihrer Schwiegermutter zur Hand zu gehen.

»Ich bin wirklich froh für dich«, sagte David, nachdem sie fort war. Trotz all ihrer Unterschiede und aller Gefühle der Unzulänglichkeit, die diese Unterschiede hervorriefen, mochte und bewunderte David doch seinen älteren Bruder.

Ivan legte ihm den Arm um die Schulter. »Danke. So,

David, wirst du mir jetzt erzählen, wieso du aussiehst, als hättest du eine dreitägige chinesische Wasserfolter hinter dir?«

David mußte zugeben, kaum geschlafen zu haben.

»Wieder ein Patient, der dir Sorgen macht?«

David zuckte mit den Schultern.

Ivan zog seine Pfeife aus der Tasche, hielt ein Streichholz daran und sog den Rauch ein.

»Tja, wenn du dir ein vernünftiges Fachgebiet ausgesucht hättest – sagen wir mal, plastische Chirurgie –, müßtest du dir nicht andauernd so viele Sorgen machen. Nimm es nicht so schwer, David.«

David sah ihn an. Ivan nahm bestimmt nichts schwer. Trotz seiner brillanten Fähigkeiten war er eher ein lässiger Typ, aber doch nachdenklich, ein typischer Professor mit Pfeife, lederbesetzten Jackettärmeln und Bart. Maggie dagegen war wieder eine ganz andere Geschichte, ein lebendes Beispiel dafür, daß Gegensätze einander anziehen. Sie war ein aufgedrehter Rotschopf, kreativ, hektisch und wußte sich mit explosionsartiger Macht zu jedem beliebigen Thema spontan zu artikulieren. David mochte sie, fand aber, daß auch eine nur halb so aufgekratzte Maggie manchmal schon mehr als genug wäre.

Nach und nach waren die Gäste eingetroffen, und die beiden Brüder mußten ihr Gespräch unterbrechen, setzten es aber fort, als sie sich am Büffet einfanden und Ivan David nach seiner Scheidung fragte.

»So, wann wirst du denn nun ein freier Mann sein?« sagte Ivan, paffte seine Pfeife und blies eine Rauchwolke mit Kirscharoma in die Luft.

»Aus irgendeinem Grund versucht Allison, die Sache hinauszuzögern.«

»Warum ziehst du es dann nicht selber schnell durch?«

»Sie hat mich verlassen. Das soll sie mal machen.«

»Weißt du, was dein Problem ist, David? Du bist zu träge.« Er hielt erneut ein Streichholz an die Pfeife und tat einen tiefen Zug. »Mom hat gesagt, daß Stan auch kommt.«

David nickte. »Er wollte nach einem Termin, den er heute noch hat, herkommen.«

»Wie geht es ihm?«

»Er arrangiert sich gerade mal wieder mit seiner Situation als Exmann. Sonst ziemlich wie immer, außer vielleicht ein paar zusätzlichen Pfunden.«

»Habe ich da vielleicht jemanden abfällige Bemerkungen über meine ständig zunehmende Korpulenz machen hören?«

Die beiden drehten sich um und sahen, wie Stan Friedland auf die Ecke, in der sie standen, zuschritt. Stan war ein wuchtiger Mann mit Vollbart, einer lukrativen psychiatrischen Praxis an der Park Avenue und drei verflossenen Ehefrauen. Er war in der Tat wieder ein wenig massiger geworden.

»Wenn man vom Teufel spricht«, sagte Ivan. »Das ist ja beinahe wie Gedankenübertragung.«

Stan lachte und tätschelte seine Wampe.

»Wie ist dein Termin gelaufen?« fragte David.

»Dieser Fleming ist ein engstirniges Arschloch« antwortete er und machte sich über die Cocktailhappen her.

Davids Nichten kamen, als die Feier schon in vollem Gange war. Joanie, die von mehreren Universitäten angenommen worden war, steckte voller freudiger Zuversicht. Molly, die Fünfzehnjährige, fragte David, ob er wieder mit Allison zusammenziehen würde. Er sagte, daß er das nicht glaube.

»Allison«, sagte Molly, »ist verrückt, einen so wundervollen Mann wie dich zu verlassen. Ich würde dich nie verlassen, wenn *ich* Allison wäre.«

»Glaub' auch nicht, daß ich das zuließe.«

Sie lächelte, dann fielen ihr ihre Zahnspangen ein, und sie hörte auf zu lächeln. David drückte sie an sich. Sie war schon ein tolles Mädchen.

Die Partygesellschaft wurde langsam laut, Grüppchen

verteilten sich hierhin und dorthin übers Haus, schwatzend, lachend, trinkend, kauend. Stan riß sich endlich vom Büffet los und gesellte sich wieder zu ihnen.

»Mom sagt, daß du dich jetzt mit ASW beschäftigst«, sagte Joanie. »*Womit* beschäftigst du dich?«

»Heidnische Hexenkunst«, sagte er.

Joanie machte große Augen. »Du machst doch Witze.«

»Eigentlich bin ich Psychiater, Joanie«, sagte Stan. »Genau wie dein Onkel. Ich interessiere mich aber auch für Parapsychologie. Ich habe gelegentlich ein paar Testversuche am Rockham Institute unternommen. Dort werden entsprechende Studien betrieben.«

»Wenn du mich fragst, stehen die da alle um einen großen Kessel mit Hexengebräu herum und rühren darin«, ließ sich Ivan vernehmen.

»Aber Daddy!« Joan wandte sich wieder Stan zu. »Was studiert man denn da? Außersinnliche Wahrnehmung? Telepathie?«

Es überraschte David, daß sich seine Nichte für solcherlei Dinge interessierte, ja auch nur darüber Bescheid wußte.

»Forschungen in allen Bereichen, die unter dem Begriff PSI zusammengefaßt werden, was die Wissenschaft von allen paranormalen Phänomenen ist«, erklärte Stan. »Telepathie, Träume, ASW, Psychokinese, Hellseherei, psychische Energien aller Art. Aber die Arbeit ist nicht so, wie die meisten Leute sie sich vorstellen. Sie ist höchst wissenschaftlich und systematisch.«

»Also keine spiritistischen Sitzungen oder Zigeuner mit Kristallkugeln?« sagte Molly und versuchte, nicht dabei zu grinsen.

»Man findet dann und wann auch Menschen, die diese Fähigkeiten wirklich haben – wir nennen sie ›medial veranlagt‹. Aber erst muß man die Spreu vom Weizen trennen – die meisten sind Schwindler.«

»Die meisten?« fragte Ivan.

Stan rieb sich den Nasenrücken, als hätte er sein ganz spezielles Steckenpferd schon allzuoft verteidigen müssen. In Gesprächen mit David jedenfalls hatte er das schon häufig getan.

»Wahre Medien sind äußerst rar. Psychokinetische Energien sind noch seltener anzutreffen. Mit den Forschungsarbeiten am Rockham Institute wird versucht, diesen Phänomenen unter Anwendung der üblichen wissenschaftlichen Vorgehensweise zu begegnen – objektive, wiederholbare Experimente. In der wissenschaftlichen Arbeit müssen alle alternativen Erklärungen – suggestive Kräfte, sich selbst erfüllende Prophezeiungen, Gedächtnislücken und Schauspielerei ausgeschlossen werden.«

»Ich hab' mal einen Film gesehen, wo ein Typ die Köpfe der Leute explodieren lassen konnte. War ganz nett.«

»Bestimmt lustig, Molly. Aber das ist Science-fiction. Der derzeitige Stand der PSI-Forschung ist sehr viel zahmer, praktisch langweilig.«

»Du meinst, wie Vorhersagen mit diesen Karten, die Symbole darauf haben?« fragte Joan.

»Tarotkarten? Nun, mittlerweile ist es ein wenig komplizierter geworden, aber, ja, die Richtung stimmt schon.«

»Ich würde sagen, daß sie versuchen, etwas zu finden, was nicht existiert, außer in der Phantasie«, sagte Ivan.

»Für mich stellt sich ein anderes Problem«, sagte Maggie. »Ich kann einfach nicht begreifen, wie es möglich sein soll, wissenschaftliche Prinzipien auf etwas anzuwenden, das doch von Natur aus unwissenschaftlich ist. Solche Phänomene sind schwer faßbar, mysteriös, und so sind sie doch auch gedacht. Für mich versuchst du, das Unerklärliche zu erklären.«

Stan lachte. »Und was ist mit Ivans Forschungen? Die Natur des Unendlichen ist erklärbar?«

»Alles, was existiert, muß nach wissenschaftlichen Gesetzen funktionieren, Maggie«, sagte David.

»Außer, wenn es *nicht existiert*«, sagte Ivan.

Maggie zog ihrem Mann eine Schnute. »Hör nicht auf ihn, Stan. Diese Goldmanbrüder sind so langweilig mit ihrer ewigen Logik. Professor Ivan glaubt nicht einmal an sich selber, bevor er morgens in den Spiegel gesehen hat. Ich glaube, mit dem Übernatürlichen ist es wie mit Freuds Es. Wir wissen, daß es existiert, aber es gibt, verdammt nochmal, keine Möglichkeit, es objektiv zu beweisen.«

»Ich bin nicht ganz sicher, ob ich dich richtig verstanden habe, David«, sagte Stan. »Deine neue Patientin ist schizophren. Also wo liegt das Problem?«

Die beiden hatten sich aus dem Haus geschlichen und saßen draußen auf der Veranda. Es war ein warmer Sommerabend, der klare, dunkelblaue Himmel hing voller Sterne, und es war beinahe Vollmond. Um die gelbe Verandalampe tummelten sich Schwärme von Insekten. David konnte die Geräusche der Party aus dem Haus hören: Gelächter, Unterhaltungen und eine Platte, die jemand aufgelegt hatte.

»Du glaubst doch nicht, daß sie diese Frau getötet hat, oder?«

In der Hoffnung, daß die Insekten sich verziehen würden, schaltete David die Verandabeleuchtung aus. »Nein. Das glaube ich wirklich nicht.«

»Du willst doch nicht andeuten, daß an ihren Behauptungen etwas Wahres ist, oder? Glaubst du, daß sie mit ihren Träumen und Gedanken Ereignisse auslösen kann?«

»Ich will gar nichts andeuten.«

»David, eine solche Kraft, mit der ein Gedanke jemanden zum Mord treiben kann, wäre etwas vollkommen Unbekanntes. Dazu würden Telepathie, das Zweite Gesicht, Psychokinese plus eine Art Gehirnwäsche mittels Gedankenübertragung gehören – und alles über eine größere Entfernung, von den zeitlichen Aspekten ganz zu schweigen. Sie müßte ja wie ein Radiosender sein, der

Signale aussendet. Sie sendet am Tag X ihr Signal aus, und zwei Wochen später erreicht es seinen ›Empfänger‹, und der geht los und begeht einen Mord. Ich würde mehr auf eine Form von Vorahnung tippen.«

»Von welcher Art?«

»Von keiner besonderen Art, denn das Gesetz von Ursache und Wirkung wäre verletzt. Im Idealfall müßte A, die Ursache, also der Mordgedanke, einem Dritten mitgeteilt worden sein, bevor B, die Wirkung eintritt. Aber deine Laura erzählt es anders. Es sieht mehr so aus, als hätte sie nachträglich diese spezifische Vision mit ihrer Wut verknüpft, quasi als Bestrafung ihrer selbst – ich kann mir vorstellen, daß ihr ihre Zorngefühle ganz besonders zu schaffen machen.«

»Ja. Aber davon einmal abgesehen ...«

»Es ist schwierig, davon abzusehen, David. Die Fakten müßten sehr viel überzeugender sein, wenn jemand wie Niles Martin sie akzeptieren soll.«

»Okay, aber mal rein hypothetisch – was für eine Art von Vorahnung wäre das?«

»Nun«, sagte er und steckte sich eine Zigarette an, »so etwa wie Lincolns berühmter Traum von seiner Ermordung. Man kann es auf zweierlei Weise betrachten. Beweist die Tatsache, daß die Ermordung drei Tage nach dem Traum tatsächlich stattgefunden hat, daß der Traum eine Vorahnung war, oder hat der Traum die Ermordung ausgelöst?«

»Auf dreierlei Weise. Hat er den Traum wirklich gehabt?«

»Viererlei. Wenn es so war, war es dann nicht nur ein Zufall? Todesträume sind ziemlich verbreitet.«

David erzählte ihm, wie hochintelligent Laura zu sein schien. »Was bei Schizophrenen oft vorkommt«, sagte Stan.

»Gut, aber das ist noch nicht alles. Zum einen taucht sie immer wieder in meinen Träumen auf. Sie ist nicht der wesentliche Bestandteil des Traumes, aber sie scheint immer da zu sein. Sie schaut oder hört nur zu, aber sie ist da.«

»Nicht allzu bemerkenswert, wenn sie ungewöhnlich attraktiv oder einfach bloß ungewöhnlich ist.«

»Sie ist beides. Aber wie gesagt, das ist noch lange nicht alles. Sie hat ein starkes Einfühlungsvermögen. Sie äußert nie etwas Negatives über jemanden, Stan, außer, wenn sie es mit einer psychologischen Einsicht in das Verhalten des Betreffenden unterlegt. Sie hat für alles und jeden immer eine Entschuldigung, so, als würde sie verstehen, was in ihren Herzen vorgeht. Aber auf sich selber erstrecken sich ihre Entschuldigungen natürlich nicht. Sie hat unglaublich hohe Ansprüche an sich selber, was ihr Verhalten, die Kontrolle ihrer Wut, ihrer ganzen Gefühle betrifft.«

»Und sonst noch?«

»Ja ... sie hat eine komische Angewohnheit. Sie versucht immer zu erraten, was ich gerade denke.«

Stan warf den Zigarettenstummel auf den Rasen, wo er in der Dunkelheit einen Augenblick lang glühend liegenblieb.

»Und ihre Vermutungen stimmen, wie ich annehme?«

»Es ist erstaunlich, wie sehr sie stimmen. Oft drückt sie nicht nur meinen Gedanken aus, sondern auch die Worte, mit denen ich ihn formulieren wollte.«

Stan sah ihn an. »Du weißt ja wohl, daß Schizophrene supertelepathisch begabt sind.«

»Also glaubst du, daß es möglich ist, daß sie etwas auslöst.«

»Auslöst? Nein. Aber wir könnten es hier schon mit etwas Paranormalem zu tun haben. Sie wußte von den zehn Einstichen. Warum läßt du sie nicht einmal testen?«

»Ich glaube, das sollte ich wohl tun.«

»Soll ich Niles Martin anrufen, damit er alles vorbereitet?«

»Nein. Laß mir noch ein oder zwei Wochen Zeit.«

»Wozu?«

»Ich weiß nicht. Ich habe das Gefühl, daß ich irgend etwas übersehe.«

»Ich sage, paranoide Schizophrenie Variante B. Sie kommt sich so böse vor, daß sie nur durch Vorstellungskraft Katastrophen über andere bringt. Irgendwas von Variante A – Mißtrauen, oder das Gefühl, daß jemand etwas gegen sie im Schilde führt?«

»Soweit ich bisher weiß, nicht.«

»Gibst du ihr Medikamente?«

»Thioridazin. Sonst bisher nichts.«

»Aber trotzdem«, sagte Stan. »Paranoide Psychose Variante B. Schizophrenie, oder zumindest eine schizoaffektive Störung. Ich hatte mal eine Patientin, die sagte, sie hätte sich in giftigen blauen Qualm verwandelt. Sie zog immer einen Kreis von vier Fuß Durchmesser um sich herum und sagte, wenn ich näher käme, müßte ich sterben. Das hört sich für mich alles sehr ähnlich an.«

13

Der Mann ging inmitten der Bilder der Todeshexe umher; sie waren alle in Rot gehalten, der Farbe der Macht, der Farbe des Todes. Es gab so viele davon. Wie sollte er da eine Wahl treffen? Er berührte sie mit der Fingerspitze, mußte an IHR Gesicht denken.

War da nicht ein Geräusch? Schnell jetzt, schnell handeln. Er hielt in seinem Gang zwischen den Bildern der Todeshexe inne. Er sah ein wildes Tier, sauber abgenagte Knochen. War es nicht aufmerksam von IHR gewesen, es so plastisch zu malen? So präzise!

Perfekt.

Davids Patienten brachten ihm zu den Sitzungen oft ein kleines »Geschenk« mit, irgendeine Einsicht oder Erkenntnis, zu der sie sich mühevoll durchgerungen hatten und die sie ihm nun dringend mitteilen wollten: »Doktor, ich weiß es jetzt ganz genau – ich habe Angst vor Männern« oder »Können Sie das glauben? Ich habe meine Mutter schon immer gehaßt.«

Laura Wade begann ihre dritte Therapiewoche wie folgt:

»Ellen mußte mit fünfundzwanzig Stichen an der Hand und am Gelenk genäht werden. Der Hund hat sie angefallen.«

David sah sie lange an, bevor er etwas sagen konnte. Ihm schien etwas im Hals zu stecken. Er konnte nur mit Mühe Luft holen und hatte das Gefühl zu ersticken. Aus der Karaffe, die auf dem Bücherschrank stand, goß er sich ein Glas Wasser ein und stürzte es in einem Zug hinunter. Sie sah ihm dabei zu. Er stellte das Glas auf den Schreibtisch.

»Es hätte auch noch schlimmer kommen können«, sagte sie leise, mehr zu sich selber als zu ihm. Dann bedeckte sie die Augen mit den Händen und atmete tief durch. Als sie wieder aufsah, schien sie sich voll und ganz gefangen zu haben.

»Erzählen Sie mir, was passiert ist, Laura.«

»Das Schlimmste daran ist, daß es unser Hund war. Ich habe Zach gesagt, daß wir uns keinen Dobermann anschaffen sollten.«

»Ein Dobermann?«

»Ja. Darwin heißt er.«

Darwin? Nach Charles Darwin?

»Zach sagt immer, daß wir unser Haus schützen müssen, aber mit meinen drei Kindern . . .«

»Sind es nicht auch die Kinder Ihres Mannes, Laura?«

»Ja, natürlich. Aber ich bin ihre Mutter, und ich hatte immer Angst wegen Darwin, wenn ihre Freunde zu Besuch waren, und außerdem haben wir eine Alarmanlage. Aber Zach wollte den Hund unbedingt, also habe ich ihn immer im Zwinger gehalten. Ich habe ihn fast nie herausgelassen, und das war grausam – ich weiß es –, aber ich konnte nicht anders.« Sie weinte.

»Und gestern waren wir alle am Swimmingpool, und Darwin ist irgendwie herausgekommen. Ellen stand in ihrem Badeanzug neben dem Sprungbrett. Und dann hat der Hund sie aus heiterem Himmel angefallen.«

Meine Güte! Sollte er das glauben? Dies konnte er nun gewiß nicht einer fehlerhaften Erinnerung oder der Tatsache zuschreiben, daß sie ihren Traum zwanghaft mit ihrem Zorn verknüpfte. Denn der Traum war dem Ereignis vorausgegangen. Schon letzte Woche hatte sie ihm von dem Tiger erzählt.

Mit einem Male taten David die Augen weh. Er nahm die Brille ab und knipste die Schreibtischlampe an. In dem Licht sah Laura verschwommen aus, irgendwie unfertig. Vielleicht *war* sie eine gespaltene Persönlichkeit, so selten es das auch gab. Die eine Hälfte tat vielleicht Dinge, an die die andere sich nicht erinnerte. Etwa, den Hund aus seinem Zwinger lassen. Etwa, Rita Harmon umbringen.

Er stand auf und ging langsam zum Fenster. In seinem Rücken spürte er ihren Blick. Der wolkenverhangene Morgen hatte sich in einen leichten Sprühregen verwandelt. Draußen auf dem Gehsteig stand Mrs. Frangipani und unterhielt sich mit einer Frau, die ein rotes Tuch umhatte. Die beiden schienen sich über irgend etwas zu zanken. Mrs. Frangipani fuchtelte mit den Händen und wollte der anderen unbedingt etwas klarmachen. Laura sah ihn immer noch an, als er sich vom Fenster abwandte. Sie hatte die Hände im Schoß gefaltet. Die Hände einer Mörderin?

Er sah sie an. Er selber hatte nie etwas mit gespaltenen

Persönlichkeiten zu tun gehabt, doch aus der einschlägigen Literatur wußte er, daß es so was durchaus gab.

»Laura«, fragte er, »haben Sie je Blackouts gehabt?«

»Nein. Warum?«

Eliminierte das automatisch die Möglichkeit mehrerer Persönlichkeiten? Wohl nicht ganz.

»Die Ähnlichkeit zwischen Ihrem Tigertraum und der Sache mit dem Hund *könnte* ein Zufall sein«, sagte er.

»Wie oft muß so etwas noch passieren, bevor Sie endlich eine andere Erklärung akzeptieren als Zufall?«

»Gut, Laura, lassen Sie uns nur einfach mal annehmen, daß es in Ihren Träumen ein präkognitives Element gibt.«

»Nicht nur in meinen Träumen.«

»Schön, also in Ihren Träumen und Wünschen oder Visionen. Etwas auszulösen ist doch eine völlig andere Sache, als etwas vorauszuahnen, meinen Sie nicht auch?«

»Absolut. Deswegen fürchte ich mich ja auch so. Wenn es anders wäre, hätte ich mein Leben wohl auch so wie bisher weiterführen können.«

»Lassen Sie es uns doch einmal logisch betrachten. Wenn wir einen Kausalzusammenhang annehmen, gehört dazu Telepathie, Hellseherei, Psychokinese über einen größeren räumlichen Abstand und noch irgendeine Art Verzögerungsfaktor. Am Tag eins senden Sie das Signal aus, und der Hund empfängt es eine Woche später. Denken Sie darüber nach. Ergibt das für Sie einen Sinn?«

»Wieso nicht? Ich habe immer telepathische und hellseherische Kräfte besessen, ich bin damit geboren worden. Es muß meine innere Veranlagung sein, die mir diese Fähigkeiten verleiht, nicht wahr? Und jetzt verändern sich meine inneren Anlagen auf irgendeine Weise. Als hätte ich eine Krankheit, als geriete plötzlich alles total durcheinander. Warum sollte ich diese Dinge nicht zu tun vermögen, wenn meine Kräfte mit einem Male außer Kontrolle gerieten?«

»Laura, ich kann keinerlei körperliche Ungereimtheiten an Ihnen entdecken. Ihre Ultraschalluntersuchung war normal, Ihr Blutbild . . .«

Sie lachte. »Ich muß dann wohl mit elektrischen Fingern oder einem zweiten Paar Augen hier reinkommen, damit Sie mir glauben.«

»Wenn ich die Funken fliegen sehe, lasse ich es Sie wissen.«

Sie *war* anders als die meisten Psychotiker. Sie machte Witze. David lehnte sich in seinem Stuhl zurück und sah sie an. Es schien in der Tat eine Veränderung mit ihr vorzugehen. Ihr Gesicht sah sehr müde und gezeichnet aus; ihre Haut hatte eine fahle, teigige Farbe. Sie sah aus, als hätte sie sehr lange nicht geschlafen. Ihre Finger waren fest ineinander verschlungen – ihre Hände! Die Lähmung war weg. Er mußte an Anna O., Freuds berühmte Patientin, denken.

»Laura, sind Sie sich sicher, daß Sie nie Blackouts haben? Gibt es Zeiten in Ihrem Leben, zu denen Sie sich an nichts mehr erinnern können? Sind Sie mal aufgewacht und haben nicht gewußt, was für ein Tag es ist oder was Sie am Tag davor gemacht haben?«

»Völlig sicher. Warum fragen Sie mich immer wieder danach?«

»Ich dachte, Sie könnten meine Gedanken lesen?«

Ein langes Schweigen.

»Ist Darwin ein aggressiver Hund, Laura?«

»Eigentlich war er immer sehr zutraulich, sogar Fremden gegenüber. Aber man liest so viel, und mir war es sowieso nicht angenehm, daß er da war.«

»War? Was ist denn mit dem Hund passiert?«

»Zach hat ihn erschossen.«

»Er hat ihn *erschossen*?«

Sie nickte.

»Was meinen Sie genau? Wann hat er ihn erschossen?«

»Nun, Darwin hatte Ellens Hand gepackt, sie schrie,

und die Kinder schrien ...« Sie begann wieder zu weinen, so heftig, daß sie nicht weitersprechen konnte.

Er wartete einen Augenblick und versuchte, sich so eine furchtbare Szene vorzustellen.

»Und was passierte dann, Laura?«

»Plötzlich ließ Darwin sie los. Dann kam Zach heraus. Als er sah, was geschehen war, rannte er wieder ins Haus und holte die Pistole – er hat zu unserem Schutz eine Pistole im Haus und dann ... dann befahl er dem Hund, hinter die Badehütte zu kommen, und da hat er ihn erschossen.«

»Gleich dort?«

»Ja.«

Wieder ein Schweigen.

David stand auf, trat auf die andere Seite des Schreibtisches und setzte sich auf die Kante. Das war eine der scheußlichsten Geschichten, die ihm je ein Patient erzählt hatte. Wie konnte ein Mann nur so etwas tun, wo doch die Kinder zusahen und zuhörten?

»Wie fühlten Sie sich, als er das getan hat?« fragte er schließlich.

»Die Kinder ... sind noch sehr aufgeregt, vor allem Sammy. Ich war die ganze Nacht bei ihm.«

»Wie haben *Sie* sich gefühlt, Laura?«

»Ich war auch sehr aufgebracht. Natürlich wäre ich den Hund die ganze Zeit schon am liebsten losgeworden, aber ich ... nun, ich hätte es besser gefunden, wenn Zach den Hund einfach fortgeschafft hätte.«

»Natürlich hätte er das tun sollen. Waren Sie nicht wütend auf ihn?«

Sie zögerte einen Augenblick. »Ja ... das war ich, glaube ich.«

»Wissen Sie es nicht, wann Sie wütend sind, Laura?«

Sie rieb sich mit den Fingerspitzen die Schläfen und stöhnte leise.

»Ich weiß.«

»Haben Sie Ihren Zorn gezeigt?«

Sie sah ihn an, als hätte er den Verstand verloren. »Selbstverständlich nicht.«

Nach einer kurzen Pause stand sie auf, ging zum Fenster und sah hinaus. »Bitte helfen Sie mir.«

Ihr war offensichtlich klar, wie verkehrt sich ihr Mann verhalten hatte – und ebenso offensichtlich fürchtete sie, ihre Gefühle zu zeigen.

Unvermittelt sagte sie: »Wissen Sie, woran mich all das erinnert? Kennen Sie Freuds berühmten Fall, Anna O.? Die, die all diese hysterischen Symptome entwikkelt hat, einschließlich einer Armlähmung?«

David rieb sich die Augen und setzte seine Brille wieder auf.

»Ja«, sagte er. »Den kenne ich.«

Er konnte die Uhr ticken hören. Laura lag mit offenen Augen auf dem Sofa. Sie atmete gleichmäßig. Er sah sie an. Konnte er vielleicht mit einer anderen Persönlichkeit Kontakt aufnehmen, vorausgesetzt, daß es eine gab?

Obwohl sie zunächst Angst gehabt hatte, war sie dann doch sehr empfänglich für die Hypnose gewesen. Es waren kaum zehn Minuten vergangen, als sie sich bereits tief in Trance befand.

»Fühlen Sie sich entspannt, Laura?«

»Ja.« Ihre Stimme war ruhig, gelassen.

Nur um sicherzugehen, versetzte er sie noch tiefer in ihren schlafähnlichen Zustand.

»Also, Laura, wie fühlen Sie sich?«

Sie lächelte. »Gut.«

»Okay. Wo sind Sie?«

»In Ihrer Praxis.«

»Sehr schön. Ich möchte, daß Sie sich in den Tag zurückversetzen, an dem Rita Harmon ermordet wurde. Wenn Sie soweit sind, möchte ich, daß Sie in der Gegenwart sprechen, so, als geschähe es jetzt.«

»Ich habe meinen Kindern gesagt ...«

»Stellen Sie sich vor, daß es jetzt passiert, Laura. Erzählen Sie mir, was Sie sehen. In der Gegenwart.«

Ihr Blick blieb leer.

»Es geschieht jetzt. Sie telefonieren mit Rita. Wieviel Uhr ist es?«

»Drei.«

»Wo befinden Sie sich?«

»In der Küche. Ich sitze an meinem Platz in der Küche. Ich nehme den Hörer vom Telefon an der Wand ab. ›Hallo.‹«

»Was sagt sie?«

»›Hi, Laura. Es tut mir leid, aber ich muß für heute abend leider absagen. George möchte, daß ich ihn am St. Germain treffe, in Manhattan. Um halb acht. Wollen wir es auf nächste Woche verschieben?‹ Ich sage, daß es mir in der nächsten Woche gut paßt. Rita denkt, daß sie ihr grünes Seidenkostüm mit dem tiefen Ausschnitt und dem Plisseerock anziehen will.«

David sah sie erstaunt an. Nein. Das war nicht möglich. Sie erzählte ihm, daß sie die Gedanken anderer las. *Unter Hypnose*? Oder war sie nicht hypnotisiert?

»Wie fühlen Sie sich, Laura?«

»Gut. Entspannt.«

Er sah sie an, lauschte auf ihr Atmen, sah ihre glasigen Augen. Sie konnte das doch nicht – nur spielen?

»Okay, Laura, gehen wir mal ein paar Stunden weiter. Es ist fünf Uhr. Was tun Sie gerade?«

Sie zögerte und begann dann, ganz langsam zu sprechen. »Ich sage Melissa, daß ich ins Kino gehe. Sie sagt: ›In welchen Film, Mom?‹ Ich sage ihr: ›Tut mir leid, Honey, nächstes Mal nehme ich dich mit.‹ Sie zieht ein Gesicht, ich gehe nach oben . . . und . . .«

»Und was tun Sie da?«

»Ich lege mich aufs Bett und schlafe ein.«

Das war es vielleicht. »Und dann?«

»Ich wache auf. Und ich sehe auf die Uhr. Es ist jetzt Viertel nach sechs. Ich stehe auf und ziehe eine andere

Bluse an, die rote aus Baumwolle. Ich gehe nach unten, nehme im Flur meine Handtasche und meine Schlüssel an mich, sage ›auf Wiedersehen‹ zu den Mädchen – sie sind in der Küche – und zu Sammy, er ist im Kinderzimmer, und ich sage Darlene, daß ich so um zehn herum zurück sein werde und daß sie schauen möchte, daß die Kinder nicht bis in die Puppen aufbleiben. Melissa sagt: ›Susan hat mich und Courtney für heute abend zu sich eingeladen.‹ Ich sage: ›Schön. Viel Spaß. Soll ich euch hinfahren?‹ Sie sagt: ›Nein, wir gehen zu Fuß.‹ Ich trete vor die Haustür. Es ist immer noch ein wenig kühl und windig ... also gehe ich wieder hinein und hole mir einen Pulli, und dann komme ich wieder nach draußen und mache die Autotür auf und steige ein und stecke den Schlüssel in die Zündung ...«

Wenn sie das alles nur spielte, war es eine Meisterleistung.

»Wo sind Sie jetzt?«

»Ich fahre rückwärts aus der Einfahrt ... am Derwin Place biege ich nach links ab, fahre an Ellens Haus vorbei, und ich denke, daß ich sie hätte einladen sollen mitzukommen, aber ich möchte lieber alleine sein nach dem, was auf der Party passiert ist. Ich habe wirklich kaum Lust, jemanden zu sehen.«

»Wo sind Sie jetzt?«

»Ich biege rechts in die Easterbrook Road ab. Ich fahre unter dem Highway hindurch, über die Marwell Avenue und die 3rd Street auf die Main Street. Da finde ich eine Parklücke, steige aus und gehe los. Ich gucke ins Schaufenster, da steht ein kleiner Spielzeugweihnachtsmann, und ich denke, wie komisch, weil wir doch Sommer haben, und gehe dann zum nächsten Geschäft. Es ist ein Herrenausstatter ...«

David hörte zu, wie sie die Dinge beschrieb, die sie in den Schaufenstern, an denen sie vorüberkam, sah. Dann erzählte sie, daß sie um zehn vor sieben ins Kino ging und dort saß, ohne mit jemandem zu sprechen, bis der Film anfing. Als sie begann, die laute Rockmusik zu beschreiben, mit der der Film begann, fand David, daß er genug gehört hatte. Sie war ganz bestimmt nicht am Tatort gewesen, außer, sie war zusätzlich zu allem, was sie sonst noch konnte, auch der Astralprojektion fähig.

Sie konnte keine mehrfach gespaltene Persönlichkeit sein – es sei denn, sie existierten auf einer tieferen Ebene, einer Ebene, die er noch nicht erreicht hatte.

Und wenn es sich doch so verhielt, würde das natürlich noch nicht erklären, wieso der Hund ihre Freundin angefallen hatte. Als er sie aus der Hypnose zurückzuholen begann, sagte sie: »Ich habe im Kino mit niemandem gesprochen. Nur mit der Kartenabreißerin. Aber sie hat mich nicht angesehen. Das ist gut.«

»Wieso?«

»Weil ich kein Alibi haben will. Weil ich will, daß man mich verurteilt. Weil ich zum Tode verurteilt werden will.«

Nachdem sie gegangen war, nahm David den Hörer auf, um Henry Culligan anzurufen, aber noch ehe er zu Ende gewählt hatte, hatte er es sich schon anders überlegt. Wenn er den Detective fragte, was Rita Harmon angehabt hatte, als sie starb, müßte er ihm erklären, wozu er das wissen wollte. Er müßte ihm sagen, daß Laura zu wissen glaubte, was Rita getragen hatte. Und wenn sie recht hatte, würde Culligan das als klaren Beweis dafür auffassen, daß Laura schuldig war, daß sie am Tatort gewesen war.

Und es gab auch die Möglichkeit, daß Rita Harmon sich später, als Laura außer »Hörweite« war, umentschlossen und etwas anderes angezogen hatte.

Dann fiel es ihm wieder ein. Er mußte Henry Culligan gar nicht anrufen. Henry Culligan hatte ihm bereits von den Kleidern erzählt, die man an der Leiche gefunden hatte. »Ich habe unten im Eisfach eine Tote ... Ich zeige Ihnen ihr hübsches Seidenkleid, ganz voller Blut.«

David legte den Hörer auf und vergrub den Kopf in den Händen.

Am Donnerstag abend fuhr gegen halb acht Zachary Wades Limousine vor Davids Praxis vor. David, der den überwiegenden Teil des Tages damit zugebracht hatte, sich auf das Treffen vorzubereiten, wußte immer noch nicht so recht, wie er das Gespräch anfangen sollte.

Er bot dem Mann einen Drink an, was dieser ablehnte. Er setzte sich genauso hin wie beim erstenmal. Diesmal war sein Anzug ein Dreiteiler, dunkelblau, gleicher Schnitt, aus demselben hochwertigen Stoff. Er sah David an und zog leicht die Brauen in die Höhe.

»Nun, wie macht sie sich?«

»Sie ist etwas ruhiger, aber die Krise ist noch lange nicht vorüber. Es kann sein, daß Ihre Frau zum Selbstmord neigt, Mr. Wade.«

»Selbstmord?«

»Nun, sie sieht für sich selber keinen Ausweg. Sie glaubt, daß ihr Zorn die Kraft zur Zerstörung hat, und weil es ja niemandem auf Dauer gelingen kann, seine Gefühle zu kontrollieren oder zu unterdrücken – ich denke, Sie verstehen, was ich meine. Mein Rat an Sie ist, sehr gut auf sie aufzupassen. Sie sollten besser auch die Pistole verstecken.«

»Woher wissen Sie, daß ich eine Pistole habe?«

»Laura hat es mir erzählt.«

»Aha.«

»Ich habe ihr ein paar Medikamente verschrieben, die ihr helfen könnten, aber es wird mindestens eine Woche dauern, bis wir eine Wirkung sehen können. Vorausgesetzt, daß wir eine Wirkung sehen *werden.*«

»Was hat das zu bedeuten?«

»Mr. Wade, für manche Patienten sind diese Medikamente wie ein Geschenk des Himmels. Aber man muß auch die richtige Zusammenstellung und die richtige Dosis finden, und das ist oft ein Glücksspiel. Und leider gibt es auch Menschen, die überhaupt nicht darauf ansprechen.« David erwähnte nicht, daß diese Patienten diejenigen waren, die geistig immer mehr verfielen, bis sie letzten Endes so gut wie gar nicht mehr ansprechbar waren – das waren die Fälle von Wahnsinn, wie er gemeinhin verstanden wird. »Ich fürchte, es wird sehr lange dauern, Mr. Wade.«

Er klopfte mit dem Fuß auf den Boden. »Worüber reden Sie beide eigentlich?« wollte er nach einer kurzen Pause wissen.

»Wir reden über Lauras Gefühle, darüber, wie sie die Dinge sieht. Sie hat mir zum Beispiel erzählt, was mit Ihrem Hund passiert ist.«

Er hörte auf zu klopfen. »Was ist damit?«

David erzählte ihm von dem Traum mit den Tigern.

»Sie hat geträumt, daß ein Tiger Ellens Arm zerrissen hat, und sie glaubt, *das* hätte Darwin dazu gebracht? Sie müssen scherzen.«

»Hat sie den Traum Ihnen gegenüber erwähnt?«

»Laura erzählt mir nie von ihren Träumen. Die Träume anderer Leute haben mich noch nie sonderlich interessiert.«

»Wacht sie je mitten in der Nacht schreiend auf?«

»Häufig.«

»Und was tun Sie dann?«

»Ich halte sie fest und sage ihr, daß alles gut wird.«

»Als ich Sie fragte, ob Ihnen in letzter Zeit irgend etwas aufgefallen ist, haben Sie das verneint. Finden Sie es nicht auffallend, wenn Ihre Frau nachts dauernd schreiend aufwacht, Mr. Wade?«

»Sie hat schon immer Alpträume gehabt. Immer.«

»Haben sie in jüngster Zeit an Häufigkeit zugenommen?«

»Kann schon sein.«

Er begann David wirklich auf die Nerven zu gehen. Kümmerte er sich denn *überhaupt* nicht um Laura? Er sagte, er liebe sie, und zur Liebe gehörte doch wohl ein wenig Fürsorge, ein wenig Aufmerksamkeit. Er legte ihm nahe, auf die Gefühle seiner Frau etwas mehr einzugehen.

»Und sie war sehr aufgebracht darüber, daß Sie den

Hund einfach erschossen haben, Mr. Wade«, fuhr David fort. »Und das ist ja wohl verständlich.«

»Du lieber Himmel, der Hund hat eine Nachbarin angegriffen. Was hätte ich denn sonst tun sollen?«

»Es wäre sicher besser gewesen, den Hund wegzuschaffen.«

»Das hat sie mir nicht gesagt. Wie, zum Teufel, soll ich denn wissen, was sie denkt?«

»Sie hat Angst davor, wütend auf Sie zu werden, Mr. Wade. Sie hat Angst, daß Ihnen dann etwas zustoßen könnte.«

»Durch ihre bösen Kräfte?«

»Genau.«

Er stand auf. »Das ist die unglaublichste Geschichte, die ich je gehört habe. Wie sollte sie auf so etwas kommen? Das ist doch absurd ...«

Heute abend schien er nervöser zu sein als beim letzten Mal. Er ging dauernd in dem Raum hin und her, lief hierhin, lief dorthin. David entschloß sich, einen Schuß ins Blaue abzugeben. Er erwartete eigentlich keine ehrliche Antwort, aber der Versuch konnte nicht schaden.

»Möchten Sie Ihrer Frau eigentlich helfen, Mr. Wade?«

»Natürlich möchte ich das.«

»Nun gut. Dann werde ich Sie jetzt etwas fragen, was Sie vielleicht für unangebracht halten, aber damit ich Ihrer Frau helfen kann, wäre es schon besser, wenn ich gewisse Dinge über Ihre Partnerschaft weiß.«

»Ich habe nichts zu verbergen.«

»Nun denn ... unterhalten Sie außereheliche Beziehungen, Mr. Wade?«

Der Mann starrte ihn zunächst nur an, dann aber sagte er: »Wenn Sie es unbedingt wissen müssen, ich unterhalte keine außerehelichen Beziehungen. Ich nehme gelegentlich die Dienste von Prostituierten in Anspruch.«

Meine Güte, war der Kerl arrogant. David schaute ihm ins Gesicht. Er klopfte wieder mit dem Fuß. Und doch hatte er gerade gesagt, daß er zu Prostituierten ging, einfach so, ganz nebenbei, als würde er sagen, er führe nach Boston.

»Weiß Laura davon, Mr. Wade?«

»Ich habe es ihr nie erzählt. Gelegentlich, nicht oft, brauche ich ein wenig Abwechslung. Die Frauen, die ich bezahle, sind jung und schön. Sie tun, was ich von ihnen verlange, und dann verschwinden sie wieder. Geliebte und Affären werden immer kompliziert.«

»Haben Sie ausgefallene Bedürfnisse?«

»Eigentlich nicht. Aber meine Frau ist nie sehr sinnlich gewesen.«

»Was bedeutet das?«

»Wenn Sie es wissen müssen, sie ist frigide.«

»Mangelndes Verlangen nach Sex kann bei beiden Partnern seine Ursache haben, Mr. Wade.«

»Ich habe mir schon gedacht, daß Sie das sagen würden. Ich kann Ihnen versichern, Doktor, daß es nichts mit meinen Fähigkeiten als Liebhaber zu tun hat. Meine Frau hat einfach keinen Spaß am Sex. Solche Leute gibt es. Asexuell. Nicht, daß sie mich abweist. Sie hat einfach keinen Spaß daran. Hat sie noch nie gehabt. Sex ist nur ein ganz kleiner Teil des Lebens. Laura hat viele andere Vorzüge.«

»Zum Beispiel?«

»Nun ... zum einen ist sie doch sehr schön, finden Sie nicht? Sie natürlich hat die abwegige Vorstellung, daß sie eigenartig aussieht. Und sie hält sich immer bestens in Form. Ich natürlich auch. Man lebt dann länger – ist das nicht die derzeit gängige ärztliche Meinung? In jedem Fall halte ich meine Lösung für ihr Problem im Bett für gut. Ich lasse mir Frauen kommen, die mich bedienen, wenn Sie es so wollen. Ich bin nicht naiv. Natürlich weiß ich, daß für diese Frauen alles nur ein einstudierter Akt ist, jedenfalls die meiste Zeit. Aber es gibt keine Bindungen, keine Verpflichtungen, keine Komplikationen. Ich meine, daß das besser ist als eine außereheliche Affäre, Sie nicht? Ich könnte Affären haben oder mir eine Geliebte nehmen, das denke ich schon. Bei meiner Arbeit, auf meinen Reisen. Ich treffe viele Frauen. Wie ich schon gesagt habe, die Frauen finden mich attraktiv.«

»Inwiefern?«

»Für die Verhältnisse in unserer Gesellschaft bin ich ein attraktiver Mann, sowohl, was meine äußere Erscheinung betrifft als auch meine Position. Ich leite eine große Firma. Bestimmte Frauen, oft sehr schöne Frauen, fühlen sich durch Macht und Autorität angezogen.« Er sah David an. »Sie können mir jetzt erzählen, daß bei Ihrer Arbeit, in *Ihrer* Position, mit Ihrer Autorität noch nie Frauen versucht haben, Sie zu verführen.«

»Natürlich ist das vorgekommen. In der Psychotherapie ist das geradezu endemisch, und es muß nicht unbedingt etwas damit zu tun haben, wer oder was ich bin.«

»Ja. Ich dachte mir, daß Sie das sagen würden.«

»Ich entnehme dem, daß Sie keine hohe Meinung von der Psychotherapie haben.«

Eine Spur von Amüsiertheit huschte über sein Gesicht.

»Nicht besonders.«

»Warum nicht?«

»Sagt man nicht, ›wer selber etwas nicht kann, bringt es anderen bei?‹ Wer sein Leben nicht in den Griff kriegt, analysiert andere.«

David starrte ihn an. Das war beinahe ein persönlicher Angriff und gewiß keine Antwort auf seine Frage.

»Und Sie sehen keinen Sinn und Zweck in einer solchen Analyse?«

»Für mich ist die Welt leicht zu erklären, Doktor. Ich bin kein Mann wie Sie, der im Leben nach irgendwelchen verborgenen Bedeutungen sucht, nach verwickelten psychologischen Erklärungen für das Verhalten der Menschen. Das Leben ist, was es ist. Wozu soll es denn führen, das alles aufzudröseln, sich im Kreis zu drehen, zu nutzlosen psychologischen Erkenntnissen zu gelangen, wie Laura das tut – und wie Sie es zweifellos auch tun? Das führt doch nur zu Kopfzerbrechen – glauben Sie mir,

Laura zerbricht sich über mehr Dinge den Kopf, als Sie sich jemals würden vorstellen können. Das betrifft auch diesen Zusammenbruch, den sie Ihrer Meinung nach erlitten haben soll.«

»Mr. Wade, es würde vielleicht schon helfen, wenn Sie nur mehr Verständnis dafür zeigten, *worüber* sich Ihre Frau den Kopf zerbricht, was für Gefühle sie hat. Es würde vielleicht helfen, wenn Sie sie mit weniger Herablassung betrachten würden.«

»Ich betrachte Laura nicht mit Herablassung. Sie selber betrachtet sich mit Herablassung.«

David würde mit ihm nie weiterkommen. Oh, wie unausstehlich er diesen Kerl fand! Natürlich hatte David kein Recht, seine Abneigung gegen diesen Mann an Laura auszulassen, außer vielleicht, indem er ihr zu erkennen half, daß sie es nicht nötig hatte, sich mit einem Mann abzugeben, der sie so offensichtlich dominieren wollte. Aber leider hatte David in seiner Praxis schon viele Patientinnen mit solchen Ehemännern gesehen.

Schließlich sagte Wade: »Ja, in einem Punkt haben Sie recht, Doktor. Ich liebe Laura wirklich, und ich möchte, daß sie wieder gesund wird.«

Er sah David an, ganz das Bild von ehrlich gemeinter Sorge und Mitgefühl. Aber wenn er doch nur aufhören würde, mit seinem gottverdammten Fuß zu klopfen.

Ende 4.1.

15

»Wir glauben, mitten im Leben zu stehen, da ereilt uns der Tod . . .«

Henry Culligan stand unter einer Ulme in diskretem Abstand von der Schar der Trauernden auf dem Fairlawn Hills Cemetery und hörte dem Pfarrer zu, der gerade Rita Harmons Seele dem Himmel empfahl und ihren Körper der Erde. Der Gerichtliche Leichenbeschauer hatte ihre sterblichen Reste endlich zur Beerdigung freigegeben; und die Familie war zusammengekommen, sie zu beweinen.

»Du, o Gott, dessen Gnade unermeßlich ist, erhöre unsere Gebete für Deine Dienerin Rita und gewähre ihr Eingang in Dein Reich des Lichtes und der Freude . . .«

Hundemüde, unausgeschlafen und geplagt von einer Ehefrau, deren Verständnis für ihn gerade wieder erschöpft zu sein schien, dazu noch von den Symptomen einer tierischen Erkältung, verstopfter Nase, tränenden Augen und einem quälenden Husten, sah Culligan zu, wie der Sarg in die Erde gelassen wurde. Davon, daß er hier draußen im Regen stehen mußte, wurde ihm auch nicht besser. Früh und unerwartet war der Herbst in den Nordosten geweht gekommen, und mit sich brachte er eine Kaltfront von Kanada, die sowohl das Fleisch als auch den Geist erzittern ließ.

»Laß uns, so bitten wir Dich, erkennen die Kürze und die Flüchtigkeit des Lebens . . .«

Culligan ließ seinen Blick über die große Menge schweifen. Mußten wohl an die hundert Leute sein. Zunächst nahm er die gesamte Szene in sich auf, das Dach aus schwarzen Schirmen, die entlang der Straße geparkten teuren Karossen, die Reihen der Grabsteine, die Hinterbliebenen, die schweigend vor dem Grab standen. Dann wandte er seine Konzentration einzelnen Gesichtern zu. Jedes von ihnen zeigte mehr oder weniger deutliche Gefühle: Schock, Trauer, Entsetzen, Furcht, Unverständnis.

Außer Laura Wade. Sie stand ziemlich weit vorne in der Menge, trug ein schwarzes Wollkleid und einen kleinen Hut mit Krempe und Schleier. Neben ihr stand ihr Mann. Waren ein gutaussehendes Paar, die beiden. Aber das waren einige von diesen Leuten. Zachary Wade hielt seine Frau am Ellenbogen, als müsse er sie stützen. Es sah aber nicht so aus, als bräuchte sie seine Hilfe. Sie erinnerte Culligan an eine steinerne Skulptur inmitten der hin- und herschwankenden Menge. Sie achtete nicht auf das, was sich vor ihren Augen abspielte. Sie starrte irgendwo in die Ferne. Ihr Gesicht war nur teilweise durch den Schleier verdeckt. Es lag ein völlig leerer Ausdruck darauf. Drei verdammte Wochen, und er hatte noch immer nichts gegen sie in der Hand. Die Mordwaffe war nicht unter Laura Wades drei Messern gewesen. Die Klingen waren mindestens einen Viertelzentimeter zu lang, und mit den abgenutzten Spitzen – und selbst dann, wenn die Messer neu gewesen wären, was keineswegs der Fall war – konnten unmöglich Verletzungen herbeigeführt worden sein, wie man sie an dem Opfer gefunden hatte. Sie waren zum Schneiden von Leinwand benutzt worden und zu nichts anderem, Schluß, aus. Die Fingerabdrücke auf dem Armaturenbrett stammten nicht von Rita Harmon. Keine der Stoffasern paßte zu ihrer Kleidung. Auch die spektroskopische Analyse der Sandproben hatte nichts ergeben. Noch eine Durchsuchungserlaubnis würde er nicht bekommen. Nicht, bis – falls – er etwas Spezifisches vorweisen konnte.

An diesem Morgen hatte Culligan mit Jonathan Beatty gesprochen, dem Chef der Gerichtspsychiatrie des Departments. Beatty hatte im großen und ganzen bestätigt, was schon Goldman Culligan über den möglichen Background des Killers gesagt hatte. Er hatte auch gemeint, daß sich Laura Wade nach Culligans Beschreibung ganz nach der klassischen paranoiden Bekennerin von Straftaten anhörte. Irgendeine schizophrene Anwandlung wahrscheinlich, hatte Beatty gesagt, und irgendwas über eine Überproduktion irgendeiner chemischen Substanz namens Dopamin oder so in ihrem Gehirn.

»Dem Anschein nach hat sie so etwas noch nie gehabt«, sagte Culligan. »Jedenfalls behaupten das ihr Mann und ihre Freundinnen.«

»Eine plötzliche, so heftige Attacke, und das mit fünfunddreißig Jahren?« sagte Beatty. »Ich wette, du findest irgend 'ne Vorgeschichte von Geisteskrankheiten in ihrer Familie. Aber ich müßte sie schon persönlich untersuchen, um dir meine professionelle Meinung sagen zu können.«

Nicht machbar, solange Hallahan nicht jemanden überreden konnte, eine gerichtliche Vorführung in die Wege zu leiten, kaum machbar, solange er, Culligan, nicht mit einem schwerwiegenden Grund aufwarten konnte. Das Gemälde würde nie ausreichen, das konnte er sich denken. Er hatte fünf Mann darangesetzt zu überprüfen, ob sie möglicherweise einen Wagen gemietet hatte, und die fünf hatten alle Autovermieter von Manhattan bis rauf nach Easterbrook abgeklappert. Zwei Mann hatten sich mit den Kleidern befaßt. Jeder einzelne der acht übrigen Gäste auf Laura Wades Party war vernommen worden.

Keiner der Gäste hatte viel mitzuteilen gehabt, abgesehen davon, daß Laura Wades Auseinandersetzung mit Rita Harmon ihnen allen peinlich gewesen war, aber dennoch verständlich, wenn man an Ritas Neigung zum Flirten dachte, eine unschöne Angewohnheit, die an diesem Abend besonders deutlich zum Vorschein gekommen war. Alle bezweifelten, daß an der Spekulation, Zach Wade hätte eine Affäre mit ihr gehabt, etwas dran war. Rita Harmon war als »geschwätzig« bekannt, sagten sie. Und Zachary Wade schien seine Frau zu lieben. Und wer wollte es ihm verdenken? Sie war eine schöne Frau; sie schienen gut zueinander zu passen, ja, sie waren geradezu das ideale Paar. Aber herausgekommen war bei all dem gar nichts.

David Goldman hatte angerufen. Laura Wade hatte unter Hypnose beschrieben, was sie an dem Abend des Mordes gemacht hatte. Und sie hatte alles *genauestens* beschrieben. Unter Hypnose lügt man nicht, hatte Goldman gesagt. Es schien, daß er ein fähiger Psychiater war – soweit man Psychiatern etwas zutrauen wollte.

Obwohl die Haushälterin der Wades nicht bestätigen konnte, wann Laura Wade am Tatabend nach Hause gekommen war, ergaben die Fakten in diesem Fall einfach keinen Sinn – weder, was Laura Wade betraf, noch sonst jemand.

Culligan versuchte, sich darüber klarzuwerden, was er in diesem ganzen Morast nun eigentlich in Händen *hatte.* Zum einen seitenweise Aussagen. In den letzten Wochen hatten er und seine Leute beinahe sechzig Personen befragt. Viele davon waren hier bei der Beerdigung gewesen. Rita Harmons Kinder? Kamen nicht in Frage. Ihr Mann? Seine Geschäftsfreunde aus Omaha, der Ober vom St. Germain und zwei weitere Gäste hatten bestätigt, daß er bis zehn Uhr, also bis man ihn ins Leichenschauhaus bestellt hatte, im Restaurant gewesen war. Nachbarn. Freunde. Niemand hatte etwas gesehen. Niemand wußte etwas.

Culligan überblickte noch einmal die Menge und konzentrierte seinen Blick nun auf Zachary Wade. Eine Möglichkeit, wenn auch eine sehr vage. Was könnte sein Motiv gewesen sein? Culligan hatte ihn nun zweimal im Hauptquartier von Gardners Inc. in Manhattan vernommen. Beim ersten Mal war er ziemlich früh morgens dorthin gekommen, noch vor neun, und war von einer resoluten, aber freundlichen Sekretärin mittleren Alters in Zachary Wades Büro geführt worden. Wade saß an einem eleganten schwarzen Schreibtisch aus Marmor und telefonierte. Hinter seinem Rücken waren drei große Rundbogenfenster, durch die man einen atemberaubenden Blick auf das Empire State Building hatte.

Wade hatte genickt und Culligan ein Zeichen gegeben, Platz zu nehmen. Dann hatte er, die Füße auf dem Tisch, weitertelefoniert.

»Aber um Himmels willen, Daniel, ich dachte, du würdest diesen Lieferanten kennen. Was, zum Kuckuck, soll ich Anfang September mit so vielen Schaumgummibällen anfangen?«

Schaumgummibälle?

Wade schwieg einen Augenblick, während er sich Daniels Erklärung anhörte – wer immer auch Daniel sein mochte.

Culligan nutzte die Gelegenheit, sich ein wenig umzusehen.

Dieses Büro war Ausdruck maskuliner Modernität, alles in schwarz, silber oder grau, spärlich, aber sehr teuer eingerichtet. Die einzigen wirklich persönlichen Gegenstände waren ein Bild von Laura in einem silbernen Rahmen auf dem Schreibtisch und drei kleine Bilder von jedem einzelnen seiner Kinder neben einem Computer.

»Sag ihm, er kann es vergessen, Daniel«, sagte Wade. Dann hielt er sich den Hörer vor das Gesicht, warf ihm einen Blick zu, als könne er sprechen, und knallte ihn schließlich auf die Gabel.

Er schüttelte den Kopf.

»Mein Gott, wenn der Kerl nicht der Mann von Lauras Schwester wäre, würde ich ihn auf der Stelle feuern.«

»Ist Gardners ein Familienunternehmen, Mr. Wade?«

»Kommen Sie schon, Detective. Sie wissen vermutlich mehr über meine Finanzen als ich.« Er schwang die Füße vom Schreibtisch. »Sam – Lauras Vater – wollte die Firma vor ungefähr acht Jahren in eine Aktiengesellschaft umwandeln, hat es sich dann aber anders überlegt.«

»Soweit ich weiß, ist er ja jetzt im Ruhestand.«

»Ja. Endgültig.«

»Und hat alles Ihnen überlassen?«

Er lachte. »Nicht ganz, aber es stimmt, praktisch hat er mir das Geschäft übergeben. Ich habe den Titel des Präsidenten, einen kleinen Anteil am Geschäftsvermögen und die ganze Arbeit, aber die Firma gehört den Gardners, Detective. Sam Gardner und seiner Frau und Laura und ihrer Schwester und ihrem Bruder.«

Culligan sah ihn an.

»Denken Sie nicht, daß ich mich beklage. Als ich Laura geheiratet habe, besaß ich nichts. Überhaupt nichts. Ich habe wirklich kaum Grund, mich zu beklagen, finden Sie nicht auch?« Den letzten Kommentar hatte er mit einer weit ausladenden Armbewegung begleitet.

Nun, er konnte sich darüber beklagen, eine abgedrehte Nudel zur Frau zu haben.

Zachary Wade drückte einen Knopf auf der Konsole des Telefons, und einen Augenblick später kam seine Sekretärin herein. »Jane«, sagte er, »ich brauche eine Tasse Kaffee.« Er wandte sich Culligan zu. »Und wie ist es mit Ihnen?«

»Nein, vielen Dank.«

Nachdem die Sekretärin das Büro verlassen hatte, fragte Culligan: »Warum hat Sam Gardner nicht seinen eigenen Sohn eingesetzt?«

Wades Gesichtsausdruck ging in ein breites Grinsen über. »Greg Gardner? Du meine Güte! Der Kerl ist zu nichts nütze gewesen, seit er geboren wurde. Seit den sechziger Jahren treibt er sich mit einem Rucksack in der Weltgeschichte herum. Im Moment ist er wahrscheinlich in Nepal oder sonstwo am Arsch der Welt ... Danke, Jane.« Er nahm die Tasse mit dampfend heißem Kaffee entgegen und stellte sie auf den Schreibtisch. »Nun, womit kann ich Ihnen behilflich sein, Detective?«

Er konnte ebensogut auch gleich damit herausrücken. »Wo waren Sie am Abend des zehnten August?«

»Ich habe hier noch sehr lange gearbeitet. Wir eröffnen nächste Woche eine neue Filiale in Boston. Ich bin ziemlich spät gegangen und habe in unserem Apartment in der City übernachtet.«

»Wann sind Sie dorthin gefahren?«

»Gegen zehn. Warum?«

»Hat Sie jemand im Büro gesehen?«

»Eigentlich nicht. Alle gehen um fünf oder so. Jane hat mir gegen halb sieben ein Sandwich bestellt, und dann habe ich sie nach Hause geschickt. Danach habe ich bis zehn durchgearbeitet.«

»Haben Sie irgendwelche Telefongespräche geführt?«

»Ein paar.«

»Und Sie haben das Gebäude nicht verlassen?«

»Nein. Warum sollte ich weggehen, wenn ich noch zu arbeiten habe? Bin ich ein Verdächtiger?«

»Ihre Frau hat gesagt, daß Sie mit der Ermordeten ein Verhältnis hatten.«

»Wenn ich ein Verhältnis mit ihr gehabt hätte, warum hätte ich sie dann umbringen sollen?«

»Vielleicht hat sie gedroht, es Ihrer Frau zu erzählen.«

»Nun, nun, Detective«, sagte er. »Dann hätte ich damit drohen können, es ihrem Mann zu sagen, und damit wäre es eins zu eins gewesen, nicht wahr?«

Das stimmte. Das führte also zu nichts.

»Können Sie bestätigen, was Ihre Frau darüber ausgesagt hat, wo sie sich am zehnten August aufgehalten hat?« fragte Culligan.

»Ich kann mir nicht vorstellen, daß unsere Haushälterin nicht gehört hat, wie Lauras Wagen an dem Abend nach dem Kinobesuch in die Einfahrt gefahren kam.«

»Sie sagt, sie wäre schon früh zu Bett gegangen und hätte nichts gehört. Ihre beiden älteren Töchter waren ausgegangen. Und Ihr Sohn hat schon geschlafen.«

Er stand auf, ging zum Fenster, sah hinaus, wandte sich wieder Culligan zu. »Das ist lächerlich, Detective. Meine Frau ist sehr verstört, was ganz offensichtlich ist. Mir war nicht bewußt, wie ernst ihre . . . Krankheit ist, nicht einmal, daß sie überhaupt krank ist, und sie ist nun in ärztlicher Behandlung – aber ich weiß, daß sie keine Mörderin ist. Und ich schätze es auch nicht, daß Sie mein Haus durchsuchen, als wäre ich ein gewöhnlicher Krimineller.«

Und so war es weitergegangen. Beim ersten und auch beim zweiten Mal. Laura würde so etwas nie tun, sie litt nicht unter Gedächtnisschwund, soweit er es wußte; er hatte kein Verhältnis mit Rita Harmon gehabt und auch sonst mit niemandem; er hatte keine Erklärung dafür, warum seine Frau auf ihrer »fixen Idee« bestand.

Seine eigene Geschichte war auch nicht ganz wasserdicht, wurde durch die Nachprüfungen jedoch im großen und ganzen bestätigt. Der Präsident einer Spielzeugfirma namens Panda mit Hauptsitz in Boston hatte Culligan mitgeteilt, daß er so um halb sieben herum mit Wade ein längeres Telefongespräch geführt hatte. Was bedeutete, daß er immer noch genügend Zeit gehabt hätte, aber ohne ein einleuchtendes Motiv schien es unnütz, diese Spur weiter zu verfolgen.

Die Beerdigungszeremonie war vorüber; still zerstreute sich die Menge, die Wagen stellten sich zur Abfahrt in einer Reihe auf. Zachary Wade stand bei dem Mann des Opfers und sprach leise auf ihn ein. Wahrscheinlich betete er noch einmal seine Beileidsbekundungen herunter. Laura Wade hatte sich schon auf den Weg zu ihrem Wagen gemacht, einer schwarzen Cadillac-Limousine.

Auch Culligan ging zurück zu seinem Wagen und stieg ein. Einen Augenblick lang blieb er einfach sitzen. Ein Streifen Sonne lugte jetzt durch die Wolkendecke und ließ die Regentröpfchen auf den sauber angeordneten Reihen von Grabsteinen wie Diamanten glitzern. Die Trauergäste zogen vorüber.

Culligan startete und reihte sich als letzter Wagen beim Verlassen des Friedhofs ein; es war eine geordnete Prozession, immer schön einer hinter dem anderen.

Die Rückfahrt verbrachte er damit zu erwägen, ob er

den ganzen Fall nicht verkehrt anpackte. Vielleicht *war* es ein Überfall, eine Zufallsbegegnung mit tödlichem Ausgang.

Es war fast sechs, als er nach Hause kam. Betty war pikiert, wollte es aber nicht zeigen. Culligan war schon lange mit ihr verheiratet, und für gewöhnlich konnte er genau sagen, wann und warum Betty sauer auf ihn war. Diesmal brauchte er nicht lange zu raten. Es war Samstag, und er hatte versprochen, mit ihren Enkeln ins Museum für Naturgeschichte zu gehen. Statt dessen hatte er ihr am Morgen gesagt, daß er auf eine Beerdigung gehen wollte – mußte.

Sie hatte ihn angesehen und gefragt: »Du gehst zu der Beerdigung dieser Frau?«

»Ich muß«, hatte er gesagt.

»Wieso?«

»Ich weiß nicht, wieso.«

Die beiden setzten sich zum Abendessen hin, währenddessen erzählte sie ihm beiläufig von ihrem Besuch im Museum und von ihren Enkeln. Als sie ihm schließlich ein Stück Blaubeerkuchen auf den Teller schob, sagte sie: »Ozzie Allen hat dich heute morgen angerufen, gleich nachdem du fort warst.«

»Warum hast du mir das nicht gleich gesagt?«

»Ich wollte dich wohl ein paar Minuten ganz für mich alleine haben. Seit du an diesem verdammten Fall arbeitest, habe ich das Gefühl, daß du in einer anderen Welt lebst, Henry. Du stehst mitten in der Nacht auf, du arbeitest fünfzehn Stunden am Tag ...«

»Betty, ich habe vierundzwanzig Männer, die seit beinahe drei Wochen rund um die Uhr arbeiten, und wir sind immer noch nicht weitergekommen. Die Zeitungen schreien sich heiser, wieviel Gewalt wir auf den Straßen haben.«

»Es gab Gewalt auf den Straßen, bevor dieser Mord passiert ist, und es wird sie auch weiterhin geben. Die Zeitungen machen bloß eine große Sache daraus, weil das Opfer aus so einem schicken Vorort stammte.«

»Mag schon sein, aber Hallahan sitzt mir jeden Tag im Nacken.«

Sie lächelte. »Dann sag ihm doch, er soll sich verpissen.«

»Ich sage ihm, er soll sich verpissen und bin meinen Job los. Willst du mir nun bitte sagen, was Ozzie wollte.«

»Er hat nicht gesagt, was er wollte, Henry. Er sagte nur, daß es wichtig wäre.«

Culligan warf einen Blick auf seine Uhr, schob seinen halbgegessenen Kuchen zur Seite und ging ins Wohnzimmer, um zu telefonieren.

Ozzie war beim ersten Läuten dran.

»Weißt du, warum ich mich nicht wieder bei dir gemeldet habe, Henry?« sagte er.

»Warum?«

»Weil ich überhaupt nichts herausbekommen habe. Es scheint, als wäre Samuel Gardner aus dem Nichts gekommen. Also habe ich angefangen nachzudenken. Wie kommt ein Kerl von nirgendwo her und macht so ein Geschäft auf? Und weißt du, was ich dann erfahren habe? Ich habe mit einem Kerl geredet, der sagt, er hätte Gardner gekannt, als er ein Kind war.«

»Na und?«

»Und mein Informant sagt, sein Name wäre gar nicht Samuel Gardner. Jedenfalls nicht sein ursprünglicher Name.«

»Er hat seinen Namen geändert?«

»Du sagst es. Sein Familienname war Zophlick.«

»Bist du sicher?« Selbst *wenn* er sicher war, was sollte das schon beweisen? Ein Mann macht ein Geschäft unter einem anderen Namen auf. Vielleicht meinte er, die amerikanische Öffentlichkeit würde in Läden, die sich »Zophlicks« nannten, nicht einkaufen.

»Ja, ich bin mir sicher«, sagte Ozzie. »Aber möchtest du wissen, *warum* Samuel Gardner seinen Namen geändert hat?«

»Und warum?«

»Weil im Frühjahr 1935 Samuel Zophlicks Schwester in eine Anstalt eingewiesen worden ist, das Darlington-Heim für Geisteskranke. Das ist einer von den Läden, wo sie früher die wirklich Bedepperten hineingepackt haben. Erinnerst du dich noch an den Film mit Olivia De Havilland? Schlangengruben wurden sie genannt. Und der Schuppen hatte die Bezeichnung offensichtlich verdient. Wurde vom Bundesstaat mit einem Minimum an Personal betrieben. Leute lagen in Ketten herum, schrien, überall Schmutz und Exkremente auf den Korridoren, die ganze Chose. Und Sophie Zophlick wurde Teil eines Riesenskandals – und das war ein gefundenes Fressen, wenn du so willst, für eine Gruppe von Leuten, die sich ›Komitee zur Erlangung der Gerechtigkeit für Geisteskranke‹ nannten und die für humanere Bedingungen in solchen Anstalten kämpften. Das war damals *die* Schlagzeile.«

»*Was* war die Schlagzeile?«

Ozzie Allen zögerte einen Augenblick und sagte dann: »Während ihres Aufenthalts in der Anstalt hat Sophie Zophlick einen brutalen Mord begangen. Wenn man dem Artikel auf der Titelseite des ›Philadelphia Inquirer‹ vom 3. Juni 1937 glauben will, hat es Sophie Zophlick eines Abends irgendwie geschafft, aus der geschlossenen Abteilung herauszukommen, sich ein Messer zu schnappen und einen der Psychiater, die dort arbeiteten, abzustechen. Du hättest auch deinen Namen geändert, wenn Sophie Zophlick deine Schwester gewesen wäre.«

Die Todeshexe hatte um Hilfe nachgesucht, als könne es Hilfe für SIE geben, als könne Hilfe SIE retten. Das störte den Plan, machte Modifikation erforderlich, wenn auch nur geringfügige, keine, die allzuviel Kopfzerbrechen bereiten würden. Ein kleines Ärgernis, aber am Ende würde SIE doch besiegt werden, vernichtet, vergessen, denn er war der Stärkere. Er hatte den Plan. Maurant hat gesagt, um zu siegen, muß man bereit sein, das Spiel zu spielen, ohne Rücksicht, ohne Gnade. Opfer mußten gebracht werden. Man mußte den nächsten Zug des Gegners im voraus berechnen und diesen Zug dann unterminieren. Opfer um des letzten Spieles willen. Dem Mann gefiel dieser Gedanke.

Die Todeshexe war alterslos. SIE hatte lange gelebt. Bald nicht mehr. Der Mann kannte SIE, aber SIE wußte nichts von ihm. Darin lag sein Vorteil.

Sie hatten ein Gesellschaftsspiel gespielt, das Spiel um die Macht der Todeshexe. Setz dich dorthin, Kleine. Setz dich und schau zu. Sieh, wie SIE weiß, was du denkst. Schau, wie SIE dich testet. Vertrau IHR.

Er lachte, als er sich auf IHR Kommen vorbereitete.

So etwas wie Wahnsinn gab es nicht; das war etwas, was sich Dummköpfe ausgedacht hatten – eine Illusion, eine Ausrede. Es gab nur das Fehlen von Disziplin, was eine Schwäche war und nicht vergeben werden konnte. Aber unter den Menschen gab es solche, die Schwäche entschuldigten, die vorgaben, die Funktionen im Gehirn eines anderen erklären zu können, die ihr Leben mit dieser Suche zubrachten; sie waren die Schwächsten.

Schwäche, das wußte der Mann, war ein Virus, der sich im Körper des Menschen ausbreitete, auch von einem Menschen zum anderen. Diejenigen, die der Schwäche nachgaben, mußten vernichtet werden wie tollwütige Hunde.

Er war Zeuge – und Teil – des Schlimmsten davon. Beschmutztes Blut floß durch seine Adern; er war von Schwäche umgeben, blieb aber stark. Er vergab nichts. Weder seine Vergangenheit noch seine Gegenwart. Die Vergangenheit war niedergeschrieben, konnte nicht geändert werden. Nur die Zukunft gehörte ihm. Das Schwache würde mit IHR vergehen.

Alles im Leben stand miteinander in Beziehung, das eine war mit dem anderen verknüpft, alles dehnte sich in konzentrischen Kreisen von einem zentralen Punkt aus. Leben, wie auch Wahnsinn, existierte nicht in einem Vakuum. Man konnte seine Geschichte nicht verleugnen.

17

David befand sich auf einem kleinen Motorboot inmitten eines weiten, stillen Meeres. Der Kompaß wies brav nach Norden; doch in welche Richtung er auch blickte, nirgendwo konnte er Land entdecken. Endlos dehnte sich das Meer um ihn herum aus. Er wußte, daß es bald dunkel werden würde. Plötzlich schwebte eine Möwe über seinem Kopf, hielt für einen Augenblick mitten im Flug inne. Er sah wieder auf den Kompaß; diesmal zeigte er nach Süden. Jetzt konnte er in der Ferne Land sehen, ein weißes Haus, eine Frau.

Als er näher herankam, sah er, daß es Laura war. Sie trug ein blaues Seidenkleid, und um ihre Hüfte baumelte lose ein breiter Ledergürtel. »Nein! Nein! Kehr um!« rief sie. Aber er konnte nur daran denken, sie zu erreichen, sie zu halten, zu berühren.

David erwachte in kaltem Schweiß gebadet. Auf der Uhr an seinem Bett war es halb acht. Einen Augenblick lang begriff er nicht, was los war, dann ging ihm auf, daß der Wecker läutete, ein drängendes, unvertrautes Summen. Für gewöhnlich erwachte er kurz vor dem Läuten.

Himmel! Er hatte wieder von ihr geträumt. Der Traum war nicht sehr explizit gewesen, aber er hatte deutliche sexuelle Untertöne gehabt. Es war lange her, daß er zuletzt einen sexuellen Traum von einer Patientin gehabt hatte. Vielleicht war der Traum dadurch ausgelöst worden, daß er vor ein paar Wochen Allison in die Arme gelaufen war. Oder war es erst letzte Woche gewesen? Er begann, alles Gefühl für die Zeit zu verlieren. Er wußte nur noch, daß Allison die letzte Frau war, mit der er im Bett gewesen war. Ein Psychiater hatte wenig Gelegenheit, sich mit Frauen zu treffen – außer mit seinen Patientinnen, aber die zählten nicht.

Er machte den Wecker aus und ging ins Bad. Seine Haut fühlte sich schweißig, überhitzt an, als hätte er gleichzeitig Fieber und eine defekte Klimaanlage. Wie konnte er den verdammten Hausmeister bloß dazu kriegen, das Ding in Ordnung zu bringen? Aber eigentlich war das schon gar nicht mehr nötig, denn draußen war es kühler geworden. Er drehte den Kaltwasserhahn voll auf und stand da – ganz benommen, ganz wackelig auf den Beinen, das Gesicht in den Strahl gehalten. Seine Haut prickelte von dem eiskalten Wasser. War heute Donnerstag? Nein, Freitag. Heute würde Laura kommen. Konnte man schon hoffen, daß die Medikamente Wirkung zeigten, oder war es dafür noch zu früh?

Sie kam in die Praxis, setzte sich hin und fragte, ob sie das Fenster öffnen könnte. Als sie durch den Raum schritt, fiel ihm auf, daß sie besonders schön aussah. Sie hatte sich das Haar aus dem Gesicht gekämmt. Nein, es war nicht ihr *Haar.* Es war das Kleid. *Das blaue Seidenkleid.*

Er versuchte, sich daran zu erinnern, was sie beim ersten Besuch angehabt hatte. Es konnte etwas Weißes gewesen sein, weiße Wolle vielleicht. Dann kam das rosa Leinending, danach weiße Hose, gefolgt von einem hellbraunen Strickkleid ... nein, dieses blaue Kleid hatte er noch nie zuvor gesehen – nur in seinem Traum.

»Ich habe letzte Nacht von Ihnen geträumt«, sagte sie.

Ach herrje! War es nicht noch etwas zu früh in der Therapie für Traumübertragung?

»In diesem Traum«, fuhr sie fort, »war ich in meinem Haus – wir leben am Long Island Sound, wissen Sie.« (Er hatte es nicht gewußt.) »Ich bin hinters Haus gegangen und habe Sie in einem Boot auf mich zukommen sehen, und ich habe Ihnen zugerufen, daß Sie umkehren sollen. Aber Sie sind trotzdem an Land gekommen, und ich habe Sie mit in mein Haus genommen und ... Geht es Ihnen gut, Dr. Goldman?«

Nein. Es ging ihm nicht gut. Er saß da, ließ den Unterkiefer hängen und erinnerte sich selber daran, wie häufig Menschen von Booten und Wasser träumen, gängige Symbole für den Mutterleib.

»Erzählen Sie weiter, Laura.«

»Nachdem wir im Haus waren, habe ich aus dem Fenster gesehen, und auf einem hohen Ast saß ein riesiger roter Vogel. Er hatte die Flügel angelegt – er war wie ein Papagei, aber riesig, monströs, mit einem krummen Schnabel. Ich nahm den Hörer auf, um alle zu warnen, ich wählte und wählte, aber alles, was ich zu hören bekam, war ein klickerndes Geräusch. Ich sah den Hörer an, und er war gar nicht mit dem Telefon verbunden, sondern mit einer langen Schnur, an deren anderem Ende wieder ein Hörer war, und Sie waren dran. Plötzlich sah ich aus dem Fenster zu dem Baum hin, wo der Vogel gewesen war, und er war fort. Ich bin hinausgerannt, und da lag er tot auf dem Boden.«

Was machte sein Papagei in ihrem Traum? Ein Traum verarbeitete Erlebnisse, nahm alles in sich auf, was man zu irgendeiner Zeit gehört, gesehen, gedacht oder gelesen hatte: die Erfahrungen des *Träumers.* Wie also kamen *ihre* Erfahrungen, *ihr* Garten, *ihre* Kleider in *seinen* Traum und *seine* Erlebnisse – *sein* Papagei, verdammt noch mal! – in *ihren*?

»Dr. Goldman?«

David sah sie an. Er war ein rational denkender Mensch. Er war davon überzeugt, daß es Gründe dafür gab, was man glaubte, wußte und wie man sich verhielt. Er glaubte an natürliche kausale Auslöser für Träume, und er glaubte nicht an Mutationen. Gut. Es mochte mal ein dreibeiniges Kücken vorkommen und vielleicht auch ein blauer Krebs. Aber dies hier? Eine Frau mit derartigen telepathischen Fähigkeiten, daß sie eine Erfahrung aus *seinem* Gehirn nehmen und sie in *ihrem* verarbeiten konnte?

Während sie also dasaß und ihm ihren Traum – *ihrer beider Traum* – erzählte, versuchte er, zu einer rationalen

Erklärung zu gelangen. Er kam lediglich auf die Jungsche Theorie, nach der bestimmte Träume im kollektiven Unbewußten verankert und damit allen Menschen zugänglich waren – was für das Wasser und das Boot in dem Traum zutreffen mochte. Oder eine Schlange, wenn in dem Traum eine vorgekommen sein sollte. Aber ein *Papagei*? Mehr wollte ihm dazu nicht einfallen. Es war nicht viel, und es war auch nicht besonders gut.

David bat sie, ihm ihr Haus zu beschreiben.

»Weiß, im Kolonialstil, mit schwarzen Fensterläden und einer großen Veranda, die sich über die gesamte Rückfront hinzieht und auf den Sound hinausgeht.«

Natürlich war das das Haus in dem Traum gewesen. Aber eine Menge Häuser sahen so aus ...

»Woran erinnert Sie der Traum?« fragte er.

»Es war mein Privatstrand. Mein Haus. Die Sache mit dem Telefon und den Schnüren war merkwürdig. Der Vogel – ich weiß nicht, er muß von irgendwo anders herrühren. Ich weiß nicht, warum er so groß war.«

Sie schwieg einen Augenblick.

»Laura, warum haben Sie mir in dem Traum etwas zugerufen? Was hatten Sie gerade gemacht?«

Sie starrte ihn mit ihren tiefbraunen Augen an. Kein verärgerter Blick, eher ein wenig furchterfüllt.

»Ich habe Sie warnen wollen«, sagte sie. »Aber Sie wollten nicht hören.«

Beinahe jeder Psychotiker, den er je behandelt hatte, wollte ihn vor der einen oder anderen Sache warnen. Man gewöhnte sich daran. Aber *daran* konnte er sich nicht gewöhnen.

Konnte das alles ein abgekartetes Spiel sein? Konnte sie in sein Apartment eingebrochen sein, sich umgeschaut haben und brachte jetzt den Papagei aufs Tapet, um ihn zu überzeugen? Nein. Das war nicht richtig. Sie würde wieder nur versuchen, ihn davon zu überzeugen, daß sie verrückt *war,* nicht, daß sie *nicht* verrückt war. Der ganze Gedankengang war zumindest so verwickelt wie der verrückteste Gedanke, den der verrückteste Psychopath, mit dem er je gesprochen hatte, je entwickeln könnte.

Sie blickte im Raum umher, änderte ihre Sitzposition, schlug die Beine übereinander. Plötzlich fielen ihm die Umrisse ihrer Brüste unter der blauen Seide auf, glaubte er, ihre Brustwarzen erkennen zu können.

Was war bloß mit ihm los?

Sie starrte ihn schon wieder an. Mein Gott. Was wäre, wenn sie wüßte, welchen Gedanken er gerade gehabt hatte, es fühlte, spürte, spürte, wie ... was? Die Tatsache, daß er an ihre Brüste gedacht hatte?

Er nahm seinen Bleistift auf, steckte ihn in den elektrischen Anspitzer, der auf seinem Schreibtisch stand, und ließ ihn kreisen, bis die Spitze tödlich scharf war.

»Wovor wollten Sie mich warnen?« fragte er endlich.

»Ich bin ein Gift«, sagte sie. »Ich vernichte Menschen. Ich werde auch Sie vernichten.«

Am Sonntagmorgen rief David Stan an, um ihn zu fragen, ob er am Rockham Institute irgend etwas für Laura arrangieren könnte. Vom Auftragsdienst erfuhr er, daß Dr. Friedland übers Wochenende nach Baltimore gefahren war und nicht hinterlassen hatte, wann er zurück sein würde. Vermutlich besuchte er seine Mutter.

An diesem Nachmittag ging David in die Bibliothek, um ein wenig über Parapsychologie nachzulesen. Die Filiale an der West 72nd Street führte mindestens fünfzig Bücher zu dem Thema. Sie ließen sich offenbar in vier Kategorien unterteilen. Da waren zunächst die persönlichen Berichte der Leute zu lesen, die sich als Medien betrachteten – Edgar Cayce, Uri Geller, Eileen Garrett und so weiter. Dann gab es die Nachschlagewerke und die aufklärerischen, kritischen Schriften. Und schließlich die detaillierten Berichte über psychische Phänomene in der klinischen Psychotherapie, darunter eine Anzahl von ernsthaften experimentellen Untersuchungen durch Parapsychologen, unter ihnen auch Niles Martin.

Er hatte sich eigentlich eher auf die mehr »wissenschaftlichen« Schriften konzentrieren wollen, statt dessen jedoch blieb er bei den spektakuläreren, aber empirisch nicht unterlegten Geschichten von Hexen und Verfluchungen und blutenden Wundmalen hängen. Er blätterte bei Jung, las ein Kapitel in einem Buch von Nandor Fodor, zwei Artikel im ›International Journal of Parapsychology‹. Es schien, daß es ein paar Fälle gegeben hatte – die allerdings nicht bezeugt werden konnten –, in denen Personen behauptet hatten, durch eine Art telepathischer Kraft wissentlich geschadet zu haben. Einen Fall wie den von Laura, in dem diese Effekte ungewollt einzutreten schienen, konnte er allerdings nicht entdecken.

Er blieb beinahe den ganzen Nachmittag in der Bibliothek und las. Normalerweise genoß er es, in Büchern zu schmökern, doch als er wieder in seinem Apartment war, umgab ihn ein Wirbel von Geistern, äußerlich wie auch innerlich.

Tapfer versuchte David, seinem Zwei-Uhr-Patienten zuzuhören. Darryl Clancy war von Marilyn Reinhold überwiesen worden – über Donald Grayson und über Rose Sumner. Es warf kein gutes Licht auf seine Kollegen, daß sie den Mann so herumreichten, aber irgendwie konnte er sie auch verstehen. Clancy war einfach so verdammt langweilig. Vielleicht dachten seine Psychiaterkollegen, daß es so viele interessante Leute in der Stadt gab, die zu einer Therapie kamen – bisexuelle TV-Produzenten, süchtige Schauspielerinnen, arbeitswütige Werbemenschen, manisch-depressive Wall-Street-Dynamos –, daß man sich nicht unbedingt mit einem Patienten wie Clancy abquälen mußte.

Clancy war Buchhalter in einem kleinen Betrieb in Queens, ein schüchterner Mann mit einer nasalen Stimme, der so weitschweifig sprach, daß er seine Zuhörer geradezu einlud einzudösen. Seine Worte galten für gewöhnlich seinem Arbeitgeber, bei dem er seit zehn Jahren beschäftigt war, der ihm 22000 Dollar im Jahr zahlte, unbezahlte Überstunden erwartete und aus irgendwelchen Gründen Clancys absolute Loyalität besaß. Darryl Clancy war wirklich ein netter Bursche, aber seine Probleme waren sehr geringfügig.

Er redete davon, daß er sich offenbar in eine der Sekretärinnen in seinem Büro verknallt hatte und jetzt bemüht war, den Mut aufzubringen, sie zu fragen, ob sie mit ihm ausgehen wollte. David versuchte es mit Rollenspielen, was Clancys Selbstbewußtsein aufzubessern schien, und geleitete ihn nach fünfzig Minuten, die ihm wie drei Stunden vorgekommen waren, zur Tür.

»Ich bin Ihnen so dankbar, Dr. Goldman.« Dann, mit einem Augenzwinkern: »Ich sage Ihnen dann, wie es gelaufen ist.«

Das Telefon läutete. Es war der Auftragsdienst von Stan Friedland: »Dr. Friedland hat Ihre Nachricht erhalten; es tut ihm leid, daß er Sie nicht hat zurückrufen können, aber er ist in Baltimore gewesen und meldet sich, sobald er wieder in Manhattan ist.«

»Hat er gesagt, wann das sein wird?«

»Tut mir leid, Sir, leider nicht. Er hat mir nur gesagt, daß ich Sie anrufen soll.«

»Danke. Wenn Sie wieder mit ihm sprechen, sagen Sie ihm bitte, daß es dringend ist.«

Er legte den Hörer auf und sah auf die Uhr. Laura war nie unpünktlich. Er holte ihre Akte hervor und wollte gerade das Band einlegen, das er bei ihrer Sitzung am Dienstag aufgenommen hatte, als der Türsummer ertönte.

Es war Laura. Ihr Gesicht war ganz mit Wimperntusche verschmiert. Und, was noch schlimmer war, sie schien einen Erstickungsanfall zu haben.

Er führte sie zur Couch und half ihr aus der Jacke.

»In meinem Hals ist etwas«, stieß sie hervor, »ich kriege keine Luft.«

Er sah ihr in den Hals, drückte ihre Zunge herunter. Alles in Ordnung, wie er es sich schon gedacht hatte.

Sie rang keuchend nach Atem.

Er sagte ihr, sie solle die Luft einatmen, zählen, Luft einatmen, zählen, und er zählte mit ihr.

»Es ist alles in Ordnung, Laura. Erzählen Sie mir, was passiert ist.«

Es dauerte eine Weile, bis er die Geschichte aus ihr herausbekommen hatte. In jüngster Zeit hatte sie Probleme mit dem Autofahren, bog links ab, wenn sie eigentlich nach rechts wollte, vergaß, wo sie eigentlich hinfuhr. Also hatte sie sich entschlossen, heute mit dem Zug in die Stadt zu fahren. Sie hatte ihren Wagen abgestellt und war auf den Bahnsteig gegangen, wo sie von einem Mann angesprochen wurde. Er fragte nach der Uhrzeit, erzählte ihr, er müsse in einer Stunde zu einem Termin in Manhattan sein und wollte wissen, ob der Zug in der Regel pünktlich war. Sie sagte ihm, daß sie das nicht wüßte und wandte sich ab. Er aber wollte ihr nicht von der Pelle rücken. Sie dachte, daß er sie anmachen wollte und sagte ihm, er solle sie in Ruhe lassen, was er dann auch tat, offenbar beleidigt.

Dann hatte sie beobachtet, wie er zur Treppe ging, eine andere Frau ansprach, auf dem Bahnsteig hin- und herrannte. Sie wußte, daß er zu dicht am Rand stand, daß er auf die Geleise stürzen könnte. Und was noch schlimmer war, ihr kam der Gedanke, daß ihm das recht geschehen würde. Da hatte sie gewußt, sagte sie, daß sie ihn infiziert hatte.

Denn er fiel vom Bahnsteig, als der Zug gerade einlief.

»Ich habe ihn ermordet.« Diese Worte hatte sie sich mit Mühe abgerungen. David hatte sie kaum hören können. Es hatte sich mehr wie ein merkwürdiges Rasseln angehört, was da aus ihrem Munde kam.

Er brachte ihr ein Glas Wasser, sagte ihr, sie solle noch einmal einatmen und zählen und machte solange Atemübungen mit ihr, bis das Keuchen und Rasseln aufgehört hatte.

»In Ihrem Hals ist nichts, Laura. Ich weiß, daß es sich so anfühlt, als wäre da etwas, aber Sie haben keinen Erstickungsanfall, sondern einen Anfall von Panik.«

Er gab ihr ein Valium. »Laura, das wird Ihnen helfen, sich zu beruhigen.«

Sie schluckte die Pille hinunter und flüsterte: »Jetzt sind es zwei. Zwei Tote. Und es werden noch mehr. Oh, mein Gott, was soll ich bloß tun?«

Er seufzte. »Wir müssen darüber sprechen. Also, als der Zug einfuhr, ist wirklich ein Mann auf die Schienen gefallen?«

»Ja. Ja. Ja.«

»Also gut. Er ist vom Bahnsteig gestürzt, nachdem Sie den Gedanken hatten, daß er fallen könnte, daß . . .«

»Nicht nachdem. *Weil.* Der Mann ist heruntergestürzt,

weil ich mich über ihn geärgert habe. Er stand so nahe bei mir. Mein Gott, ich habe ihm doch nie im Leben etwas tun wollen.«

»Haben Sie ihn auf die Schienen gestoßen?«

Sie starrte ihn an. »Natürlich nicht. Ich habe ihn infiziert. Ich habe ihm den bösen Blick gegeben. Den Laura-Fluch. Es ist nicht, was Sie denken.«

»Was denke ich?«

»Selektive Wahrnehmung. Ich habe *nicht* nur beiläufig gedacht, daß er zu nahe am Rande steht und fallen könnte und mich dann voll auf diesen Gedanken versteift, nachdem er gefallen war.«

David hatte das Gefühl, daß auch er ein Valium vertragen könnte. »Nun gut, Laura, lassen Sie uns über Ihre Gefühle reden. Waren Sie wütend?«

»Nein. Ich war *wirklich* nicht wütend, nur ein bißchen verärgert. Oder vielleicht war ich das doch.«

»Bringen Sie nicht nachträglich Wut in die Situation hinein, Laura. Ich möchte wissen, ob Sie auf dem Bahnhof wütend waren.«

»Nicht richtig.«

Er zögerte. »Vielleicht hat Ihnen der Mann gefallen.«

»Absolut nicht.« Sie war aufgestanden und zur anderen Seite des Zimmers gegangen. Die Jalousien waren heruntergezogen. Das Licht von außen warf helle Streifen in den Raum, auf die Wände und auf ihr Gesicht.

»Laura, sagen Sie mir, *wenn* Sie sich von einem Mann angezogen fühlten, außer Ihrem Ehemann – würde Sie das stören?«

»Natürlich würde es das.«

Du liebe Güte. Die Frau ärgerte sich, wenn sie sich von einem anderen Mann *angezogen* fühlte, war aber selber mit einem Mann verheiratet, der sich so voll und ganz dazu berechtigt fühlte, Prostituierte in Anspruch zu nehmen, damit sie ihn »bedienten«, daß er es ganz frank und frei einem völlig Fremden gegenüber erwähnte.

»Laura, Gedanken und Taten sind zwei verschiedene Dinge.«

»Nicht für mich, David.«

»Könnte es nicht vielleicht doch so sein, daß Sie Schuldgefühle hatten, weil Ihnen der Mann gefiel, und sich dann selber bestrafen wollten, indem Sie die Schuld für das, was passiert ist, auf sich nahmen?«

Sie warf ihm einen stechenden Blick zu.

»Sind Sie wütend auf mich, Laura?«

»Nur Hunde werden wütig.« Das hatte sie mit sehr verhaltener Stimme gesagt, beinahe wie ein Knurren.

»Wo haben Sie denn diesen Ausspruch her, Laura?«

»Von meinem Vater. Er hat das immer gesagt.«

»Warum?«

»Da müßten Sie ihn schon selber fragen.«

»Warum, glauben Sie, hat er das gesagt, Laura?«

»Ich weiß es nicht. Ich *kenne* meinen Vater nicht.« Sie blickte zur Seite. »Mein Vater hat alle möglichen Dinge im Kopf, die ich nie habe verstehen können. Besonders . . .«

»Besonders was?«

Ein längeres Schweigen. »Er hat ein Bild im Kopf. Das Bild einer Frau. Und sie schreit immerzu, immer und immerzu.« Sie vergrub ihr Gesicht in den Händen.

War dies ein Bild von ihr selber? Genug der Vorgeschichte. Er mußte ihr helfen, und zwar jetzt.

»Laura«, sagte er ganz ruhig, »erzählen Sie mir, wie der Mann ausgesehen hat.«

Sie starrte auf das Fenster. »Er hatte blaue Augen.«

David spürte einen fast unwiderstehlichen Drang, seine Brille aufzusetzen, ließ sie dann aber doch auf dem Tisch liegen. Er bat sie, ihre Gefühle zu beschreiben, als der Mann so dicht neben ihr gestanden hatte.

»Ich war verärgert, vielleicht sogar eingeschüchtert. Ich lebe in einer sehr abgeschlossenen Welt. Ich rede so gut wie nie mit Fremden. Also war ich wohl eingeschüchtert, ärgerlich. Meinetwegen, vielleicht fühlte ich mich auch von ihm angezogen. Er hat nett ausgesehen.«

»Sah er jemandem ähnlich? Jemandem, den Sie kennen?«

»Ich glaube nicht.«

»Hat er ausgesehen wie ich?«

»Er war kleiner. Ich meine, er war ein rundum nett aussehender Mann. Ein Geschäftsmann in einem Anzug.«

»Wie ich?«

»Nein.«

An diesem Punkt wäre es vielleicht hilfreich gewesen, sie dazu zu bewegen, ihre Zuneigung zu ihm einzugestehen, über ihren gemeinsamen Traum zu sprechen, aber David konnte sich einfach nicht dazu durchringen.

Er wollte das Thema wechseln.

»Mögen Sie gerne Sex, Laura?«

Sie sah ihn erstaunt an. »Nicht besonders.«

»Jegliche Art von Sex?«

»Also, die Wahrheit ist, daß ich nie mit jemandem außer Zach Sex gehabt habe.«

»Hat er ausgefallene Wünsche?«

»Eigentlich nicht.«

Das war genau, was *er* auch gesagt hatte. David fragte sich, ob er sie zu sehr drängte, zu heftig war, oder ...

»Was soll ›eigentlich nicht‹ bedeuten, Laura? Sie sind eine erwachsene Frau. Hat Ihr Mann beim Sex ausgefallene Wünsche?«

»Sie meinen perverse Wünsche, nicht wahr?«

»Wenn Sie so wollen, perverse Wünsche.«

Sie zuckte mit den Schultern. »Nein. Nichts dergleichen.«

»Was ist es dann, was Sie am Sex nicht mögen?«

»Ich weiß nicht ... vielleicht das Gefühl, mich nicht unter Kontrolle zu haben.«

»Ich verstehe. Sonst noch etwas?«

Leise: »Es erinnert mich an eine Maschine.«

»Was für eine Maschine?«

»Eine pumpende Maschine.«

»Und das mögen Sie nicht?«

»Nein.«

»Laura«, sagte David, »wissen Sie, daß Sex schön sein kann, zärtlich ... und liebevoll?«

»Das kann wohl sein; jedenfalls sagen die Leute das. Für mich wird es wohl nie so sein.«

»Warum nicht?«

»Weil ... Zach weiß nicht, wie man es so macht.«

»Ist er grob mit Ihnen?«

»Nein, nicht eigentlich grob.« Sie seufzte. »Ich glaube, er macht schon alles richtig. Ach, ich weiß doch gar nichts darüber. Was weiß ich denn schon?«

»Haben Sie je eine Liebesszene in einem Film gesehen?«

»Ja.«

»Manchmal ist es doch liebevoll und zärtlich, nicht wahr?«

»Ja.«

»Also kennen Sie den Unterschied doch?«

Sie schloß die Augen. »Ja. Ich glaube schon. Und was habe ich jetzt davon?«

»Nun, Sie könnten Ihrem Mann sagen, wie Sie sich Ihren Sex wünschen.«

»Das habe ich.«

»Und?«

»Er nennt mich frigide.«

Wie eine Sackgasse.

»Und er hat nie versucht, es einmal anders zu machen?«

»Er weiß ja nicht, wovon ich rede.«

Wieso nicht? Zachary Wade war ja offensichtlich kein Dummkopf. Aber andererseits taten sich ja viele Männer schwer damit, ihre Probleme in diesem Bereich auch nur zuzugeben, ganz zu schweigen davon, sie zu diskutieren.

»Vielleicht sollten Sie ihn mitbringen, damit wir uns zu dritt darüber unterhalten können.«

»Er würde niemals mitkommen.«

»Wieso nicht?«

»Weil er nicht glaubt, daß es da ein Problem gibt.«

»Sie meinen, er glaubt nicht, daß *er* da ein Problem hat?«

»Ja.«

Zumindest hatte sie, wenn auch zögernd, zugegeben, daß es nicht allein an ihr lag.

Sie sah auf die Uhr. »Ich glaube, meine Zeit ist um.«

»Kommen Sie zurecht, Laura?«

Sie zuckte die Schultern, stand auf, nahm ihre Jacke und wandte sich zum Gehen. »Vielen Dank, David.«

»Ich sehe Sie am Freitag«, sagte er und sah zu, wie sie behutsam die Tür hinter sich schloß. Er fragte sich, seit wann sie ihn mit seinem Vornamen ansprach.

19

»Dr. Goldman, Detective Culligan hat wieder angerufen.«

Der Auftragsdienst hatte schon zwei Nachrichten von Henry Culligan für ihn weitergeleitet. Und es war erst Montag morgen. Er konnte es ebensogut auch gleich hinter sich bringen. Er wählte die Nummer.

»David Goldman. Ich sollte Sie zurückrufen.«

»Ja, Goldman. Warum haben Sie mir nichts von der Geisteskrankheit in der Familie Ihrer Patientin erzählt?«

»Wie bitte?«

»Sie haben doch gehört, was ich gesagt habe.«

»Ja, aber ich weiß nicht, wovon Sie sprechen, Detective.«

»Tja, ich habe mich mal ein bißchen mit der Gardner-Familie beschäftigt, *Doktor.* Meinen Sie, daß ich jetzt glauben soll, Ihre Patientin hätte Ihnen nichts davon gesagt?«

»*Wovon* soll sie mir etwas gesagt haben?«

»Daß ihre Tante, die Schwester ihres Vaters, genauso war wie *sie.* Total übergeschnappt. Gewalttätig. Damals, es war in den Dreißigern, hat diese Frau – diese Tante – jemanden umgebracht. Auch ziemlich brutal, wie bei Rita Harmon. Also in meinen Notizen hier...«

»Detective Culligan, wie – woher wissen Sie das?«

Es entstand ein kurzes Schweigen. David hörte das Rascheln von Papier. »Ich habe hier eine Zeitung vom 3. Juni 1937. Den ›Philadelphia Inquirer‹, Doktor. Hier steht, daß in den Abendstunden des ersten Juni dieses Jahres eine Insassin des Darlington-Heimes für Geisteskranke, eine gewisse Sophie Zophlick – das war der ursprüngliche Name der Familie Gardner – einen Mord begangen hat. Und wissen Sie, was hier noch steht, Doktor? Hier steht, daß der Mann, den sie umgebracht hat, ein Arzt war, ein Psychiater, der zum Personal dieser Anstalt gehörte.«

Guter Gott. Laura hätte ihm doch etwas davon gesagt, wenn sie es wüßte. Möglicherweise hatte ihr Vater es all die Jahre vor ihr geheimgehalten. Vielleicht erklärte das seinen Unwillen, wenn jemand in seiner Familie Wut oder exzessive Gefühlsregungen zeigte.

»Goldman?«

»Okay«, sagte David gedehnt, »wenn das, was Sie da sagen, wahr ist, und ich habe keinen Grund, daran zu zweifeln . . .«

»Überhaupt keinen.«

»Gut. Aber selbst, wenn es wahr ist, hat es nicht unbedingt etwas mit Lauras Fall zu tun.«

»Ach nein? Auf welche Schule sind *Sie* denn gegangen? Ich habe mit Dr. Jonathan Beatty gesprochen – Sie werden vielleicht von ihm gehört haben –, und er hat bestätigt, daß es bei solchen Dingen eine erhebliche erbliche Komponente gibt.«

David hatte in der Tat von Beatty gehört, der häufig in Strafprozeßberichten zitiert wurde. Aber er würde doch gewiß keine ärztliche Stellungnahme in diesem Fall . . .

»Ja, ich stimme dem zu, daß es eine erbliche Komponente gibt, aber sie funktioniert nicht genauso, wie Sie es andeuten, Detective. Die Tatsache, daß es in der Familie Geisteskrankheiten gegeben hat . . .«

»Geisteskrankheiten, die zu *Gewaltanwendung* geführt haben, Doktor. Gewalttätiges Verhalten. *Psychopathisches* Verhalten. Ich denke, der Schuh paßt, Sie nicht?«

Der Türsummer ertönte. David warf einen Blick auf die Uhr. Gleich fünf vor drei. Laura. »Ich muß auflegen«, sagte er. »Mein nächster Patient ist gekommen. Aber ich finde *nicht*, daß der Schuh paßt.«

»Na gut, Doc«, sagte Culligan. »Lassen Sie uns halt sagen, daß das *Stück* paßt. Nur ein weiteres Teil des Puzzles.«

Dieser Culligan hatte sich tatsächlich in sie verbissen.

Er ließ sich nichts entgehen. Vielleicht sollte er selber sich auch nichts mehr entgehen lassen. Er drückte auf den Knopf und ließ Laura herein.

Sie trug einen weichen, hellbeigen Ledermantel, den sie auf den Haken an der Tür hängte, bevor sie sich setzte. Er überlegte, ob er ihr das von ihrer Tante erzählen sollte. Hierbei mußte er äußerst behutsam vorgehen. Der Schock könnte einen totalen Zusammenbruch auslösen.

Laura sah ihn wieder mit ihrem intensiven Blick an.

»Culligan hat Sie heute angerufen, nicht wahr?« sagte sie.

»Ja.«

»Er spioniert hinter mir her.«

Verdammt.

Über ihr Gesicht huschte eine Gemütsregung, die David nicht genau zu deuten vermochte. Zufriedenheit? Großer Gott! Wenn sie über ihre Tante Bescheid wußte und die Information absichtlich zurückgehalten hatte, weil ...«

»Vielleicht denkt Culligan, daß ich es getan habe«, sagte sie. »Aber es ist schwer zu sagen, was er denkt.«

»Wieso?«

»Ich weiß es nicht recht.« Sie zündete eine Zigarette an. »Mit bestimmten Leuten in meinem Leben stehe ich sehr in Kontakt, da sind meine Sinne sehr geschärft. Beinahe Wort für Wort, Gedanke für Gedanke. Bei anderen bekomme ich fast überhaupt nichts mit. Ich weiß den Grund auch nicht.«

»Wieso nicht?«

»Weil es kein Buch gibt, in dem ich das nachschlagen könnte.«

»Was *glauben* Sie denn?«

Sie rauchte mit kurzen hektischen Zügen.

»Ich kann es Ihnen nur erklären, indem ich Ihnen beschreibe, wie Hirne mir vorkommen. Wie ein Klumpen Katzengold. Durchscheinende Schichten über weiteren durchscheinenden Schichten. Aber wenn man alles zusammenpackt, wird es beinahe fest. Man kann nur die oberste Schicht erkennen, vielleicht ein paar von denen unmittelbar darunter ahnen. Bei manchen Leuten kann ich nur die oberste Schicht spüren. Bei anderen bekomme ich bisweilen etwas von den Lagen darunter mit. Verstehen Sie, je tiefer ich in den Klumpen eindringe, um so weniger lesbar werden die Bilder. Dort unten gibt es keine Struktur, die alles zusammenhält, keine Sprache, anhand der ich es interpretieren könnte, nur Bilder, Gefühle, ein Durcheinander von Emotionen und Erinnerungen, die nur immer unzusammenhängender werden, je weiter man in sie eindringt. Bei bestimmten Leuten, wie Culligan, spüre ich fast nichts. Bei anderen kann ich beinahe durch die Schichten hindurchblicken.«

David kam der Gedanke, daß es einer enormen Willensstärke bedurfte, nicht durchzudrehen, wenn es eine solche Kraft gab, die Kraft, Gefühle und Gedanken anderer Menschen zu lesen.

»Ich denke, es liegt wohl daran, daß die Gedanken der Leute auf unterschiedliche Art und Weise organisiert sind«, fuhr sie fort, »auf verschiedene Weise ins gesamte psychologische Gerüst integriert sind. Und auch daran, daß mein Verhältnis zu den verschiedenen Menschen variiert. Ich habe noch bei niemandem die tiefsten Schichten erreichen können.« Sie sah ihn an. »Bis jetzt nicht.«

David spürte, wie das Blut in seinen Schläfen pochte. »Sie meinen, bei mir?«

Wieder starrte sie ihn einen Augenblick nur an, dann sagte sie: »Wollen Sie das wirklich wissen?«

David nickte.

Sie stand auf, ging zum Sofa, setzte sich wieder hin und sah ihn an. Der Ausdruck auf ihrem Gesicht war eine verwirrende Mischung aus Klarheit und Furcht. Lange wurde kein Wort gesprochen.

Wollte sie es ihm jetzt sagen?

Leise, ganz leise: »Sie offenbaren mir Ihre Seele.«

Sie offenbaren mir Ihre Seele. Die ganze Woche über unterliefen David unverzeihliche Schnitzer: Er hörte nur mit halbem Ohr zu, stellte die verkehrten Fragen, unterbrach seine Patienten sogar, was ein besonders schwerwiegender Patzer war, denn er konnte damit eine wertvolle Erkenntnis auf Seiten des Patienten abwürgen. Und wie um die Sache noch schlimmer zu machen, mußte er jeden Abend feststellen, daß er sich Notizen gemacht hatte wie ein Anfänger. Vage, skizzenhaft, so konfus wie er selber. Jeden Abend nahm David sich vor, sich zusammenzunehmen, nur um es am nächsten Tag wieder genauso zu machen. Und er wußte immer noch nicht, was er aus seinem Wissen um Lauras Tante machen sollte.

Am Freitag abend konnte er im wahrsten Sinne des Wortes sämtliche Nervenenden spüren. Und das machte es auch nicht leichter, sein erstes Rendezvous mit einer ihm noch nicht bekannten Frau durchzustehen. Die Verabredung war schon mehrere Wochen zuvor von einer von Stan Friedlands Exfrauen arrangiert worden. Wenn er sich vor Augen führte, was das für Frauen waren, konnte sich David jetzt kaum vorstellen, wie er je angenommen haben konnte, eine Freundin von ihnen könne angenehme Gesellschaft darstellen.

Der Name der Frau war Marissa Norell. Sie war klein, dicklich und einigermaßen hübsch; ihr gehörte eine dieser zugigen Kunstgalerien in Soho, und sie wohnte irgendwo in den Sechziger Straßen östlich vom Central Park. Sie gingen in ein italienisches Restaurant, und ehe sie noch mit der *Zuppa* fertig waren, hatte sie David schon darüber ins Bild gesetzt, daß eine Geisteskrankheit essentieller Bestandteil des künstlerischen Schaffensprozesses war. Beim Eintreffen der Tortellini verkündete sie, daß die Psychiatrie dazu führe, daß die Leute sich zu sehr mit sich selber beschäftigen.

»Die Leute sollten mit ihren Problemen selber zurechtkommen, sich mit dem Strom treiben lassen«, sagte sie und betupfte ihre Lippen mit der Serviette.

»Und was ist, wenn der Strom sie nicht aufnimmt?«

»Es ist besser, sich gegen die Strömung zu stemmen, als sich bloß mit sich selber zu befassen, oder etwa nicht?«

»Moment mal. Habe ich das nun richtig verstanden?« sagte David. »Sie verwerfen den ganzen Berufsstand – *meinen* Berufsstand, weil wir bei unserem Versuch, den Menschen zu helfen, das Risiko eingehen, daß diese Menschen sich dabei zu sehr mit sich selber beschäftigen?«

»Jeder hat seine Probleme. Ich nenne die Dinge nur beim Namen.« Und dabei lachte sie ganz aufgesetzt, als hätte sie gerade etwas Brillantes von sich gegeben.

Als David sich vor der Tür ihres Hauses von ihr verabschiedete, tat er das in der inbrünstigen Hoffnung, daß er sie nie wieder zu Gesicht bekommen würde.

»David, ich wollte mich dafür entschuldigen, wie ich mich neulich dir gegenüber benommen habe.«

Es war Allison. Inzwischen war seit ihrem zufälligen Zusammentreffen allerdings bereits über ein Monat vergangen. Er sagte ihr, daß es auch ihm leid täte, und fragte sich dabei, aus welchem Grunde sie wohl wirklich angerufen hatte. Bestimmt nicht, um sich zu entschuldigen.

Es stellte sich heraus, daß sie ihn zu einem Geschäftsessen anläßlich einer Wohltätigkeitsveranstaltung am Donnerstag abend mitnehmen wollte. Es täte ihr leid, ihn so in letzter Minute einzuladen, aber sie und ihr Bekannter hätten Krach gehabt, und sie wüßte, daß David sie doch nicht im Stich lassen würde.

»Was ist denn das für ein Wohltätigkeitsessen?« fragte David. Hatte sie die Geschichte mit dem anderen Mann nur erfunden?

»Krebsforschung. Jemand, der den phantastischen Einfall gehabt hat, daß die Werbebranche nicht genug soziale Leistungen erbringt, hat eine Organisation ins Leben gerufen, die sich *Advertising Community Council* nennt. Jedes Jahr ernennen sie jemanden zum Ehrenvorsitzenden. Und am Donnerstag wird diese Ehre dem Präsidenten von Sherman Bates zuteil, dem Konzern, der die Holdinggesellschaft meines Spielzeugkunden ist.«

»Ist er besonders mildtätig?«

»Schon möglich. Ich habe ihn noch nie getroffen. Ich würde eher schätzen, daß sie den Knaben herausgepickt haben, weil es eine Menge Leute gibt, die ihm auf irgendeine Weise verpflichtet sind. Bei 2000 Dollar pro Tisch sollte man schon darauf schauen, daß auch viele Gäste kommen.«

»Aber zu so etwas brauchst du doch keine Begleitung, Allison.«

»Ach, nun komm schon, David. Geh mit mir dahin. Du bist der einzige ungebundene vorzeigbare Mann, den ich sonst noch kenne.«

»Ich hatte immer den Eindruck, ich wäre alles andere als vorzeigbar.«

»Ich habe *nie* gesagt, daß du nicht vorzeigbar bist, David.«

Was stimmte. »Aber du hast mir noch immer nicht gesagt, warum du mich mitnehmen willst.«

»Kein bestimmter Grund. Einfach so. Komm doch mit. Es wird Gummihähnchen geben und nervtötende Reden, aber es ist doch für einen guten Zweck.«

David sagte, daß er käme.

»Toll«, sagte sie. »Ich hole dich um sieben in deiner Praxis ab.«

»Halb acht.«

»Dann verpassen wir die Cocktails.«

»Allison«, sagte David in dem Ton, mit dem er so oft zu ihr gesprochen hatte, »du weißt, daß ich vor halb acht nicht fertig bin. Und selbst dann muß ich mich noch in der Praxis umziehen.«

»Gut«, sagte sie. »Also dann um halb acht. Danke, David.«

Die Schatten der Nacht.

An Schlaf war kaum zu denken.

Das Wochenende verbrachte David alleine, er las, ging in seiner Gegend spazieren, gestattete sich den Luxus, sich einsam zu fühlen. Am Sonntag fuhr er zum Strand nach Long Island hinaus, verbrachte ein paar Stunden damit, zu beobachten, wie sich über dem Sound ein Sturm zusammenbraute, und fuhr dann im Sprühregen nach Manhattan zurück. Als er sich der West Side näherte, hatte sich der Regen in einen Guß verwandelt. In seinem Apartment versuchte er, an einem Artikel zu arbeiten, mit dem er schon vor Monaten angefangen hatte, mußte aber feststellen, daß er sich nicht darauf konzentrieren konnte. Und auch auf nichts anderes. Er saß an seinem Schreibtisch beim Fenster und überließ seine Gedanken den Fallstricken der Psychiatrie, der Notwendigkeit, Distanz zu wahren, der potentiellen Verführbarkeit durch Psychosen und Patienten mit Gedankenübertragung.

Nichts davon half ihm auch nur im geringsten weiter.

Am Montag morgen fühlte er sich so zerschlagen, daß er den Wecker überhörte und zu spät in seine Praxis kam. Seine erste Patientin, Diane Sagori, wartete schon auf ihn.

Er entschuldigte sich, ließ sie eintreten und schloß die Tür. Sogleich entsprudelte ihr eine Schimpfkanonade über den Bastard, den sie letzte Nacht im Bett gehabt hatte. Die eigentliche Ursache ihres Problems war so offensichtlich, daß David am liebsten selber sofort losgepoltert hätte. Bei Diane, einer Patientin, die vom Intellekt her nur zu gut wußte, warum sie sich so und so verhielt, aber emotional nicht imstande war, etwas daran zu ändern, ohne Schritt für Schritt an sich zu arbeiten, kam es ihm oft vor, als bestünde sein Beruf nur darin, Beharrlichkeit und Geduld aufzubringen. Dazwischen mußte er sich Tiraden gehässiger Projektionen anhören.

Als seine Sprechstunde mit Diane ihrem Ende zuging, war David überzeugt davon, einen verheerenden Fehler begangen zu haben, als er Allisons Einladung angenommen hatte. Den ganzen Tag über entfernten sich seine Gedanken immer wieder von seinen Patienten. Sein Notizblock füllte sich mit Kringeln und Kreisen anstatt mit Aufzeichnungen. Wenn er das nicht in den Griff bekam, würde er alle seine Patienten verlieren, und recht geschähe es ihm.

Am Donnerstag morgen zerrte David seinen Smoking aus dem Schrank und schleppte ihn dann auf einem Kleiderbügel in seine Praxis.

Als er am Abend seine letzte Patientin zur Tür begleitete, saß Allison im Vorzimmer und blätterte in einer Ausgabe der ›New Woman‹. Sie war exquisit angezogen in einem hellpfirsichfarbenen Abendkleid mit Hemdkragen, das ihr blondes Haar betonte. Sie hatte über die Jahre so oft an dieser Stelle gesessen, daß es David für einen Augenblick vorkam, als hätte sie ihn nie verlassen.

Sie sah von der Zeitschrift auf. »Hier steht, daß sechzig Prozent aller verheirateten Frauen in Amerika nicht noch einmal denselben Mann heiraten würden, wenn sie sich neu entscheiden müßten.«

»Steht da auch, wie die Männer darüber denken?«

Sie lachte. »Mach dich nicht lächerlich, David. Das ist die ›New Woman‹. Was die Männer denken, tut nichts zur Sache.« Sie packte das Magazin auf den Stapel, der auf dem Tischchen lag, und stand auf.

»Du siehst toll aus, höchst elegant. Karrierefrau«, sagte er zu ihr, und dann erinnerte er sich an ein Minikleid, das sie einmal gehabt und das überhaupt nicht nach Karrierefrau ausgesehen hatte. Schwarze Seide mit Spaghettiträgern und so kurz, daß sie es ihr »Wie-wär's-Kleid« genannt hatte.

Sie hatte darauf bestanden, es – ohne Büstenhalter – zu Mollys Bar Mizwa in Philadelphia anzuziehen; die Damen von der Synagoge redeten wahrscheinlich heute noch von Davids kleiner blonder *Schickse* in ihrem nichtvorhandenen Kleid.

»Vielen Dank.«

»Dann ziehe ich jetzt wohl besser meinen Smoking an.« David ging in sein Behandlungszimmer zurück und schlüpfte in den Pinguindress, den er den ganzen Tag an der Toilettentür hatte hängenlassen. Er band und richtete die Fliege, die Allison sofort zurechtrückte, als er wieder nach vorne kam.

Auf der Fahrt zum »Pierre« erzählte sie ihm im Taxi von ihrem neuen Boss, Matt Lawson, einer »richtigen Kanone« mit einer Menge Sinn für Humor und lauter guten Ideen. David schoß der Gedanke durch den Kopf, ob Lawson der geheimnisvolle Dritte war, mit dem sie sich gerade gezankt hatte.

Er fragte sich auch, wie sie ihn wohl vorstellen würde. Vielleicht würde sie ihn auch einfach stehenlassen, wie sie es so häufig getan hatte, als sie noch ein Paar waren. Sobald sie sich den Weg in den überfüllten Raum gebahnt hatten und an der Bar Platz nahmen, sollte David es erfahren.

»Hi, Matt«, rief sie und begrüßte ein Paar, das etwa drei Meter entfernt stand. Er war kleinwüchsig, kahl und etwa fünfundfünfzig; sie war plump, hatte aber ein sympathisches Gesicht und trug ein bauschiges Cocktailkleid, das zu jedem Abtanzball gepaßt hätte.

»Matt Lawson, David Goldman, mein Mann.«

Lawson nahm seine Zigarette in die linke Hand und streckte die rechte aus.

»Nett, Sie kennenzulernen. Ich dachte, Sie beide wären getrennt.«

Allison lächelte ihr strahlendstes Lächeln. »Sind wir auch. Aber manchmal, bei besonderen Gelegenheiten, hole ich ihn aus dem Wald.« Und sie zwinkerte David zu.

»Was sind wir doch aufgeschlossen, daß wir den Exmann mitbringen«, sagte die Frau. »Ich bin Margaret Lawson, Matts Frau – derzeitige.«

Alle lachten.

»Sie sind Psychiater, nicht wahr?« fragte Lawson. »Sie müssen denken, daß wir Werbefritzen fürchterlich flach und berechnend sind.«

»Ach, ich weiß nicht«, sagte David. »Es gibt auch viele flache und berechnende Ärzte.«

»Es kann nicht leicht sein, den ganzen Tag dazusitzen und sich anderer Leute Probleme anzuhören«, sagte Margaret Lawson. »Wie machen Sie das bloß – daß Sie die ganzen Antworten wissen, meine ich?«

»In der Psychotherapie«, sagte David, »wird nicht von einem erwartet, daß man alle Antworten kennt. Jedenfalls nicht so wie, sagen wir mal, in der inneren Medizin. Die meisten Psychoanalytiker verbringen den überwiegenden Teil der Zeit damit, daß sie versuchen, den Menschen zu helfen, ihre eigenen Antworten zu finden.«

»Aber wollen sie denn nicht Ihren Rat hören?«

»Manchmal. Das ist von Patient zu Patient verschieden.« Der Lärmpegel in dem Raum war so angestiegen, daß David das Gefühl hatte, er würde schreien. »So, um was geht es hier denn eigentlich?« sagte er, um die Unterhaltung von seiner Person abzulenken.

»Wir sind hier zu Ehren von Patrick Leary, Philanthrop, Aufsichtsratsvorsitzender eines bedeutenden Unternehmens«, sagte Matt Lawson.

»Das müssen ja an die achthundert Gäste sein«, bemerkte David. »Wer ist denn alles hier?«

»Jeder, der jemals etwas an eine der Firmen der Sherman-Bates-Gruppe verkauft hat. Jeder, dem eingeredet werden konnte, daß er ein schlechtes Gewissen haben müßte, wenn er nicht käme. Alle Dienstleistungsbetriebe, die Vorstände aller großen Spielzeuggeschäfte, Ladenketten, Kaufhäuser.«

»So wie Bloomingdales?«

»Bloomingdales, A & S, Caldors, Sears, Gardners.«

»Gardners?«

»Sicher«, sagte er. »Alles Eckpfeiler des Wirtschaftslebens.«

Stufenweise wurde die Beleuchtung abgedunkelt. David und Allison schoben sich mit den Lawsons in den Ballsaal. Davids Augen wanderten von dem einen Paar zum nächsten. Der Ballraum war ein weites Meer von weißem Leinen und glitzerndem Silber. Kellner flitzten hierhin und dorthin, als bewegten sie sich zu der unerbittlich stampfenden Musik, die von einer ansehnlichen Band auf einer Bühne produziert wurde. Jeder Stuhl an ihrem Tisch, ausgenommen die von David und von einem weiteren mitgebrachten Ehepartner, war mit jemandem von Allisons Agentur besetzt.

David tanzte ein paarmal mit Allison; sie machte sich, wie üblich, über seine unsicheren Bewegungen lustig, worauf er sich weigerte, vorerst, das hieß, bis die Hähnchen serviert wurden (die sich überraschenderweise als sehr gut zubereitet herausstellten), noch einmal mit ihr zu tanzen. Später bat sie ihn um einen langsamen Tanz.

Die Band spielte ein Potpourri aus Schlagern der fünfziger Jahre. Der Sänger hatte einen ruhigen, einschmeichelnden Bariton, und die meisten Lichter gingen aus, als sich das Tempo von ›Since I Fell for You‹ verlangsamte. Allison rückte näher an ihn heran und spielte mit dem Haar an seinem Nacken. Plötzlich gab sie ihm einen dikken Kuß mitten auf den Mund. Er sah sie an. Was sollte das alles? Was für ein Idiot er doch war.

Sie lächelte ihn an.

Ja, es wäre toll, mit ihr zu schlafen. Das war gewiß nie ein Problem gewesen – bis ganz am Schluß jedenfalls, als keiner von beiden es mehr ertragen konnte, sich im selben Zimmer aufzuhalten wie der andere.

Sie setzten sich, als die Band mit einer schnelleren Nummer weitermachte. Und dann, als die Lichter wieder angingen, entdeckte er Laura. Sie saß nur wenige Tische weiter. Er konnte ihr Profil erkennen, eine ihrer Schultern, ihren nackten Arm. Sie trug ein schulterfreies Abendkleid ohne Träger aus dunkelbrauner Seide und hatte das Haar hochgesteckt. Zachary Wade, der seinen Arm um sie gelegt hatte, schien in eine lebhafte Diskussion mit jemandem zu seiner Linken verstrickt zu sein.

David konnte kein Wort davon verstehen, was an Lauras Tisch gesprochen wurde, aber er konnte sie beobachten. Wie sie da so ganz still saß. Das Spiel der Muskeln unter ihrer Haut. Die Art, wie er ihr die Zigaretten anzündete, gelegentlich zu reden aufhörte und sich zu ihr umdrehte, als wollte er ihre Meinung dazu hören, was immer dort auch diskutiert wurde.

Während des ganzen Desserts, einem leckeren Himbeersorbet, von dem Laura nur einen Happen nahm, bevor sie ihren Löffel zur Seite schob, sah David zum anderen Tisch hinüber. Es wurde Kaffee serviert. Laura nahm Sahne. Sie trank in kleinen Schlucken, wirkte dabei sehr ernst. David schaute zu. Er hatte sich vorgestellt, wie sie diese alltäglichen Dinge tat – Sahne in den Kaffee tun, sich unterhalten, essen –, aber sie das jetzt wirklich machen zu sehen, brachte ihn auf eine merkwürdige Weise durcheinander, vielleicht, weil er sie ohne ihr Wissen beobachtete. Eine Frau in einem kurzen rosa Kleid kam an ihren Tisch, bückte sich, um Laura auf die Wange zu küssen und sprach einen Augenblick lang mit ihr. Laura wandte den Blick der Frau zu, sah in Davids Richtung, und dann sah sie, daß er sie beobachtete.

»David? Was ist denn los?« Das war Allison. Ihre Lippen waren feucht und dunkel von den Himbeeren.

»Nichts.« Er spürte Lauras Blick.

»Du hast zehn Minuten lang kein Wort gesagt.«

Nun sah Laura Allison an.

»David?«

Laura war aufgestanden, entschuldigte sich und verließ den Ballsaal.

»Ich bin gleich zurück«, sagte er und stand ebenfalls auf.

Als er durch die Tür trat, sah er, wie Laura durch die Vorhalle auf die Damentoilette zueilte. Er ging ihr nach, stand dann wie ein Idiot ein paar Minuten lang vor der Tür, bis sie endlich wieder herauskam.

Er hatte Tränen erwartet. Er bekam sie zu sehen, und noch etwas, etwas Ernsteres, Tieferes. Angst.

»*Was machen Sie denn hier, David?* Um Gottes willen, das ist doch der letzte Ort, an dem man Sie erwartet.«

»Es tut mir leid, Laura.« Was denn eigentlich? »Ich bin hier mit meiner...«

»Nein! Sagen Sie mir nicht, wer sie ist.« Sie massierte sich mit den Fingerspitzen die Schläfen, preßte die Handballen auf die Augen. »Oh, mein Gott. Ich habe es nicht gewollt. Ich konnte nicht anders.«

»Was haben Sie nicht gewollt, Laura? Wovon sprechen Sie? Es gibt doch nichts, wovor Sie sich fürchten müßten.«

»*Nichts?*«

Sie starrten einander lange an. O nein. Wenn sie ...

»Was machen *Sie* denn hier, Goldman?«

Es war Zachary Wade. Er war plötzlich hinter seiner Frau aufgetaucht. Laura richtete sich auf und wandte ihm das Gesicht zu. Mit einem Male war sie wieder sehr gefaßt.

»Ich habe Dr. Goldman zufällig hier getroffen, Zach.«

Wade preßte seine Lippen zusammen, so daß sie eine gerade Linie bildeten, sah sie dann an und sagte: »Wollen wir wieder hineingehen, Laura?« Er nahm sie beim Arm. Mit seiner Hand umschloß er die nackte, dunkle Haut. David sah ihnen nach, wie er sie durch die nächste Tür in den Ballsaal zurückführte, blieb dann einen Augenblick stehen und versuchte, sich zu sammeln.

Dann kam Allison. »David! Wer war diese Frau?«

»Eine Patientin.«

»Ist die Welt nicht klein?« Sie nahm ihn beim Arm. »Komm, wir können uns jetzt verziehen. Ich habe meinen Auftritt gehabt. Wir verschwinden, bevor sie mit den Reden anfangen.«

Er legte ihr den Arm um die Schultern und kämpfte gegen den schwachsinnigen Gedanken, daß sie Schutz brauchte.

Allisons Apartment war auf der East Side. Gegen elf kamen sie dort an.

»Möchtest du noch mitkommen?«

»Ich könnte eine Tasse Kaffee gebrauchen.«

Nun, da er so viele ihrer alten Sachen in einer neuen Umgebung sah, fühlte er sich desorientiert und doch gleichzeitig irgendwie ganz zu Hause. Sie verschwand in der Küche. Er nahm die Fliege ab und legte sie auf den Wohnzimmertisch, während er die ganze Zeit versuchte, so normal wie möglich Konversation zu machen. »Ist die Vase hier neu?« »Wo ist denn der alte braune Stuhl?« Er konnte sie in der Küche hantieren hören, ihre gerufenen Antworten, wie sie die Kaffeekanne herausnahm, das Wasser aufdrehte.

»Was macht der Vogel?« rief sie.

»Dem geht's gut.«

Sie stand nun in der Tür. Ihre Haut war blaß und schien in dem schwachen Licht zu leuchten. Sie trat auf ihn zu, streckte die Arme aus, um sie ihm um den Hals zu legen, und küßte ihn zärtlich. Er erinnerte sich, wie sie sich immer an ihn gekuschelt hatte, wenn sie Lust verspürte, ihn erst auf die Lippen küßte, dann auf den Hals, dann auf jedes Ohr...

»Allison.«

»Wir sind doch beide erwachsene Menschen, David«, wisperte sie, »und ich bin im Moment ungebunden. Warum nicht, nur für eine Weile?«

Kühle.

»Komm schon, David. Es wird bestimmt lustig.«

Sie standen da, starrten vor sich hin, als befänden sie sich in verschiedenen Ecken des Zimmers. Schließlich ließ sie die Arme von seinem Hals gleiten und ging wieder in die Küche. Er folgte ihr und sah ihr zu, ohne ein Wort zu sagen. Ihm den Rücken zugewandt, sagte sie: »Das ist doch keine große Sache, David.«

»Natürlich ist es das.«

Sie wandte sich um, stand da, schön, wie sie war, und sah ihn an.

Ein langes Schweigen.

»Ich gehe jetzt besser, Allison.«

»Du gehst mir auf die Nerven. Meine Güte, David, das war doch kein Ultimatum, bloß ein Vorschlag. Wenn du nicht mit mir...«

Was er mit ihr wollte, war, ihr zu sagen, sie möge verschwinden, ihre Sachen packen und verschwinden, doch statt dessen sagte er: »Es tut mir leid, Allison. Das war alles ein Riesenfehler.«

Er beeilte sich, ins Wohnzimmer zu kommen, griff sich seinen Mantel und trat aus der Wohnungstür.

»Du kannst doch wenigstens noch einen Kaffee trinken«, hörte er sie rufen, als er die Tür hinter sich zuzog.

21

Um Mitternacht war David wieder in seinem Apartment. Er hängte den Smoking weg und stopfte die Fliege in eine Schublade, wo sie wohl für die nächsten zwei Jahre auch bleiben würde.

Er wollte gerade zu Bett gehen, als er das Gefühl hatte, daß irgendwas nicht stimmte, und sogleich fiel ihm auch ein, was es war. Die Stille. Wo war das unvermeidliche Kreischen und Quietschen, das sonst immer seine Heimkehr begleitete?

Zögernd ging er zum Papageienkäfig, blieb einen Augenblick stehen und schielte durch die Metallstäbe. Der Ara lag am Boden seines Käfigs, die Füße nach oben, den Schnabel geöffnet, als wäre ein schießfreudiger Einbrecher in die Wohnung eingedrungen und hätte ihn – peng – von seiner Stange heruntergepustet. Überall lagen Häufchen von roten und blauen Federn.

David berührte die Haut an den kahlen Stellen. Blaß, steif. Es hatte keinen Zweck, nach einem Herzschlag zu tasten. Das Vieh war absolut tot.

O nein! *Das* konnte doch kein Zufall sein. Aber wenn es kein Zufall war, was, zum Teufel, war es dann? Hatte Lauras Traum diesen Vogel sterben lassen oder sein Ableben nur vorhergesagt? Gewiß war ihr nicht bewußt, daß sein Papagei tot war, noch nicht einmal, daß er einen besaß – besessen hatte. Warum sollte er ihr je davon erzählt haben? Er hatte nicht einmal mit ihr über seine Frau gesprochen, Ex- oder auch nicht, und erst recht nicht über ihr Haustier.

Wovon auch nichts die geringste Rolle spielte, denn sie hatte diesen Traum vor mindestens zwei Wochen gehabt. Was bedeutete, daß man bei der Erforschung der Ursachen wieder einen Verzögerungsfaktor berücksichtigen mußte.

So funktionierte die Welt nicht.

Er wühlte nach ihrer Patientenakte, blätterte sie durch, als würde es ihm helfen, alles schriftlich vor sich zu sehen. Da war's. 2. September: Das blaue Seidenkleid. Das weiße Haus mit den schwarzen Läden. Das Telefon. Und der Vogel.

Ich habe Sie warnen wollen, hatte sie gesagt, *aber Sie wollten ja nicht hören.*

Er könnte es sich in seiner Praxis sogar noch einmal vom Band anhören.

War denn dann alles, wie sie gesagt hatte? War jede gottverdammte Einzelheit, die er, mit seinen ganzen Diplomen und Auszeichnungen, als psychotische Zwangsvorstellung behandelte, wahr? Konnte Laura mit einem bloßen Gedanken, einem Wunsch, einem Traum seinen Papagei getötet haben?

Nein. Es mußte eine andere, logische Erklärung für den Tod des Vogels geben, eine Erklärung, bei der er sich nicht vorkam wie einer seiner gestörten Patienten. Eine seltene ornithologische Krankheit, die unvermittelt ausbrach und sehr rasch zum Ende führte? Eine Tüte verdorbenes Vogelfutter?

Nicht, daß es ihm um den Papagei besonders leid tat. Der Vogel gehörte Allison; er hatte ihn nie gemocht. Es war sogar möglich, daß er unbewußt seinen Tod herbeigesehnt hatte. Zufällig vergessen, ihn zu füttern? Nein. Er wußte, daß er ihm am Morgen etwas gegeben hatte. Und er war wohlauf gewesen, als David zur Arbeit gegangen war. Er hatte ihm noch hinterhergegackert.

Ein gewisses präkognitives Element mochte er schon akzeptieren, vielleicht sogar ein wenig Telepathie – das würde man im Rockham Institute schon feststellen, wenn sie sie dort untersuchten –, aber das? Übernatürlicher Vogelmord, einschließlich zeitlicher Verzögerung aus achtzig Meilen Entfernung? Nein. Das konnte er nicht glauben.

Und wenn Laura den Vogel vergiftet hatte, damit er

glaubte, daß sie die Kräfte, von denen sie sprach, auch wirklich besaß? Schluß damit! Jetzt benahm er sich, als wäre bei ihm eine Schraube locker.

Er blickte wieder zum Käfig hin. Abgesehen von all dem mußte er auch noch etwas mit dem verflixten Vogel anstellen.

Er ging in die Küche und holte die ›Times‹. Er legte mehrere Doppelseiten auf den Tisch im Wohnzimmer, packte den Kadaver darauf und faltete die Seiten zusammen, bis er ein nettes Päckchen in den Händen hielt.

David hatte einmal ein Buch gelesen, dessen Hauptfigur nur durch seinen Willen und ohne ein Streichholz Feuer entzünden konnte. Aber Laura Wades »Kräfte« traten nicht durch freien »Willen« in Aktion. Was hatte sie doch noch zu ihm gesagt, bei ihrem dritten oder vierten Besuch? Er konnte sie da sitzen sehen, den ärmellosen weißen Pulli, den sie an dem Tag getragen hatte, die Tränen auf ihrem Gesicht. »Dr. Goldman, warum habe ich kein Anrecht auf meine privaten Gedanken – meine kleinen Eifersüchte und meinen Groll, meine Träume – wie jeder andere auch?«

Und was hatte er darauf geantwortet? Irgendwas davon, daß sie herausbekommen mußten, warum sie kein Recht auf ihre Gefühle hatte.

Es hatte keinen Sinn, die Schuld bei sich selber zu suchen. Es war die richtige Antwort gewesen. Sie *bildete sich ein,* nicht zu ihren Gefühlen berechtigt zu sein.

Nur war sein Papagei jetzt tot.

David öffnete die Tür und ging über den Hausflur zum Müllschlucker, steckte das Paket mit dem Vogel hinein und blieb dann stehen, um auf das gedämpfte Plumpsen zu lauschen, mit dem das Päckchen zwanzig Stockwerke tiefer landete.

Und was war mit ihm?

Ich vernichte Menschen, David. Ich werde auch Sie vernichten.

Das Telefon läutete, als David in seine Wohnung zurückkam.

»Hallo?«

»David, hier ist Stan. Tut mir leid, daß ich noch so spät anrufe, aber der Auftragsdienst sagte, du hättest schon wieder angerufen und es sei dringend. Ich war bei meiner Mutter und bin eben gerade aus Baltimore zurückgekommen. Erzähl mal, was los ist.«

David erzählte es ihm, so knapp und klar er konnte. Er begann mit Lauras Traum – *seinem* Traum – und endete damit, daß er den Papagei in den Müll geworfen hatte.

»Der Vogel ist *tot*?«

»Korrekt. Der Vogel ist tot.«

Schweigen. »Du weißt, alles, was du mir auf der Party deiner Eltern erzählt hast, läßt sich erklären, ohne daß man dabei auf übernatürliche Phänomene zurückgreifen müßte. Zufälle, Fehlinterpretationen. Aber das mit dem Vogel? Ich weiß nicht ... es *könnte* durchaus auch ein Zufall sein.«

»Ziemlich sonderbarer Zufall, findest du nicht, wenn man sich die genauen Umstände betrachtet?«

»Trotzdem. Ich habe dir gesagt, daß Schizophrene außerordentliche telepathische Kräfte entwickeln können.«

»Also glaubst du, daß es möglich ist, daß sie den Tod des Vogels verursacht hat?«

»Du hast vielleicht Anzeichen für Vorhersehung bei ihr beobachten können, David, aber nicht so was. Auf jeden Fall habe ich so etwas noch nie gehört. Sie müßte ja geradezu wie ein Radiosender funktionieren – sie sendet an einem Tag ihren Gedanken aus, er schwebt zwei Wochen lang in der Atmosphäre, dann erreicht er deinen Vogel am fünfzehnten Tag, und der kippt von der Stange. Genau wie bei diesem Mord. Ganz zu schweigen davon, daß es so aussieht, als hätte sie in dein Gehirn geguckt und da etwas ausgegraben, das ... nun, ich für mein Teil wußte ja, wie du zu dem Vogel gestanden hast.«

»Ganz schöne Gedankenübertragung, was?«

»Sie hätte deine Gedanken lesen müssen – und nicht einmal nur deine bewußten, sondern auch deine *unbewußten* –, um zu wissen, daß du den Papagei gehaßt hast. Dann hätte sie in *ihrem* Unbewußten den Traum produzieren müssen, der wiederum den Tod des Vogels hervorgerufen hat. Ich weiß nicht. Das ist eine ziemlich wüste Geschichte.«

David lachte, aber es klang mehr wie ein verzerrtes Krächzen.

»Nein, warte«, sagte Stan. »Ich habe es verkehrt ausgedrückt. Ihr Unbewußtes hätte dein Unbewußtes lesen müssen.«

»Machst du dich über mich lustig?«

»Keineswegs. Es hört sich beinahe so an, als wolltest du andeuten, sie könne *deine* unbewußten Wünsche in Erfüllung gehen lassen – abgesehen von ihren eigenen. Ich denke, daß du sie auf jeden Fall untersuchen lassen solltest.«

»Deshalb habe ich dich ja angerufen. Meinst du, daß du mit Niles Martin reden und ihn fragen könntest, ob er Laura in der nächsten Woche oder so untersuchen könnte?«

»Nur zu gerne. Wo ist sie jetzt?«

»In Connecticut.«

»Und geht's ihr gut?«

»Im Augenblick schon. Ich weiß nicht, wie es ihr gehen würde, wenn sie von all dem wüßte.«

»Hältst du sie für selbstmordgefährdet?«

»Sie weiß für sich keinen anderen Ausweg. Stan, ihre Erklärung für das alles ist die übliche psychotische Kiste. Wie ich dir gesagt habe, sie hält sich für eine wandernde Infektionskrankheit, ein Gas, das bisweilen ausströmt und die Atmosphäre vergiftet.«

»Hast *du* denn eine Theorie?«

»Du meinst eine, mit der man all dies in psychologischen Termini erklären könnte?«

»Egal in welchen Termini.«

»Ich habe keine Theorie, nur eine instinktive Ahnung. Wenn man all die spezifischen Geschehnisse, die in der Welt außerhalb ihres Denkens ihre Gefühle zu bestätigen scheinen, auslöschte, würde sich die Vorstellung von dem Gift geben. Denk doch einmal darüber nach, Stan. Wenn es dir so vorkäme, als würden deine privatesten Gedanken und Gefühle Ereignisse auslösen, ganz schreckliche Ereignisse – Morde und Unfälle und so –, an welchem Punkt würdest du dann mit Fug und Recht einen Kausalzusammenhang sehen? Die psychotische Erklärung?«

Einen kurzen Moment lang schwieg Stan, dann sagte er: »Ich würde ihr nichts von deinem Papagei erzählen, David. Man sollte es doch nicht noch schlimmer machen.«

»So einfach ist es nicht, Stan. Sie will, daß das alles nicht wahr ist, und doch sucht sie verzweifelt nach jemandem, der ihr glaubt.«

»Aber es ist dir bewußt, daß diese Sache nicht einfach aufhört, wenn wir herausfinden, daß sie medial veranlagt ist. Was ist, wenn sie die Tests glänzend besteht – Karten lesen kann, Würfel Purzelbäume schlagen läßt, Wasser in Wein verwandelt meinetwegen –, was ist dann?«

»Ich weiß nicht. Ich weiß es wirklich nicht.«

»Na schön, David. Ich setze mich mit Niles Martin in Verbindung.«

»Danke. Nur eines noch. Ich habe einen Polizeidetective am Hals. Er glaubt, daß Laura diese Frau vielleicht doch ermordet haben könnte.«

»Warum?«

David berichtete ihm von der Familiengeschichte Lauras.

»Also denkt dieser Detective, daß es ›angeboren‹ ist«, sagte Stan. »Es gab mal eine Zeit, da hätte ich darüber gelacht, aber bei dem jüngsten Stand der Forschung ...«

»Ich weiß. Altweibergeschwätz enthält manchmal doch ein Körnchen Wahrheit. Aber ich glaube trotzdem nicht, daß sie es getan hat, Stan.«

»Aber du könntest dich irren.«

»Natürlich könnte ich mich irren.«

»Warum sonst glaubt der Detective, daß sie es gewesen ist?«

»Weil sie von den zehn Einstichen gewußt hat.« David hielt inne; er konnte hören, wie Stan einen Zug an einer Zigarette nahm.

»Hast du auch schon über eine andere Erklärung dafür nachgedacht?« fragte Stan.

»Sie könnte eine gespaltene Persönlichkeit sein. Eine Seite tut Dinge, von denen die andere nichts weiß. Und manchmal sickern bestimmte Informationen durch. Aber eigentlich glaube ich nicht daran.«

»Nun, dann mußt du einfach beweisen, daß sie es gewußt hat, weil ... ja, eben auf eine andere Weise.«

»Ich weiß. Und das macht mir angst.«

»Was ist mit ihren Versuchen, deine Gedanken zu lesen? Macht sie das immer noch?«

»Oh, ja. Neulich habe ich mir ein paar Stunden lang ihre Bänder angehört. Entweder hat sie eine unheimliche Begabung oder sie *kennt* sie.«

»Wie viele Stunden lang hast du dir ihre Bänder angehört, David?«

»Vier. Vielleicht fünf. Warum?«

»Du erinnerst dich doch noch an die Patientin, die ich im vorigen Jahr hatte, die Schriftstellerin.«

»Ja. Du hast sie an Darnell überwiesen.«

»Weil du damals einen vollen Terminplan hattest. Warum überweist du sie nicht an mich?«

»Weil ich ein paarmal von ihr geträumt habe. Weil sie mir leid tut.« Davids Stimme klang feindselig. Auch er selber merkte das. Und er würde Stan nicht sagen, daß er in dieser Woche jede Nacht von ihr geträumt hatte. Noch würde er auch nur andeuten, was bei dem Essen an jenem Abend passiert war.

»Aber du weißt, daß es besser wäre«, sagte Stan.

Schweigen.

»Wie schön ist diese Frau denn bloß?«

»Laß es gut sein, Stan. Ich bin kein blutiger Anfänger von einem Internisten, der eine kleine Erleuchtung in bezug auf die Fallstricke der gegenseitigen Gedankenübertragung nötig hat.«

»Aber laß dich nicht zu sehr auf sie ein, mein Freund. Ihre Fähigkeiten mögen faszinierend sein, aber laß dich davon nicht verleiten, ihre Zwangsvorstellungen zu glauben.«

»Ich brauche auch keine Vorlesung über Objektivität, Stan. Höre ich mich so an, als glaubte ich ihr total?«

»Nein«, sagte er. »Du hörst dich besessen an.«

Im Schein des Mondes war ihre Haut blaß, hell wie der Sand, wie das Mondlicht, das sich im Meer spiegelte. Sie hatte ihm den Rücken zugewandt. Er konnte ihr Gesicht nicht sehen; er sah ihre zwei Pobacken, ihre Hüftlinie, ihren Rücken. Gleich oberhalb des Gesäßes hatte sie einen kleinen braunen Fleck, ein Muttermal. Er berührte es mit dem Finger. Die Oberfläche war weich und ganz leicht vertieft. Er fuhr ihr mit der einen Hand über den Rücken, berührte nacheinander jeden Rückenwirbel. Sie veränderte leicht ihre Haltung. Er berührte ihre Brust. Seine Hand zitterte. Sie wandte ihm das Gesicht zu. Es lag im Schatten. Eine Wolke zog am Mond vorbei, und sie lächelte. Ihre Zähne waren glänzend weiß und sahen gefährlich aus. Von ihren Augen war nur das Weiße zu sehen. Er öffnete den Mund, um zu schreien.

David erwachte mit dem Gedanken, daß ein Teil des Traumes wahr war. Welcher?

Den ganzen Tag über ging ihm der Traum nicht aus dem Kopf, mußte er daran denken, daß die tiefsten, die innersten Begierden in Träumen vorkamen –, und daß er sie an einen anderen Psychiater überweisen mußte, wenn er nicht aufhörte, so an sie zu denken. Noch schlimmer – was wäre, wenn seine Besessenheit von ihr eine Folge ihrer Fähigkeiten war? Wenn ihre Wünsche in Erfüllung gingen, war er dann einer ihrer Wünsche? Er konnte sie richtig vor sich sehen, die Schlagzeilen in der Zeitung. PSYCHIATER BEHAUPTET, MITTELS TELEPATHIE VON VORSTADTHEXE VERFÜHRT WORDEN ZU SEIN. OPFER VON LIEBESTRANK? Sie würden ihn hinter Schloß und Riegel pakken und den Schlüssel wegschmeißen.

»Dr. Goldman!« Das war die Stimme seines Patienten Albert Stern, ein verbitterter kleiner Mann, der sich schwer dadurch erniedrigt fühlte, daß er psychiatrischer Hilfe bedurfte, und seiner Betroffenheit Ausdruck verlieh, indem er Davids berufliche Qualifikation in Frage stellte. Stern, der vor Laura an der Reihe war, sagte: »Glauben Sie, daß Sie es schaffen, Ihre Aufmerksamkeit mir zu schenken anstatt dem, was vor Ihrem Fenster passiert?«

»Sie haben mir gesagt, daß Ihre Frau ständig an Ihnen herummäkelt, Albert. Deshalb können Sie Ihr Temperament nicht im Zaume halten.«

»Ich habe noch viel mehr gesagt. Sie haben wieder nicht zugehört.«

David seufzte. »Albert, ich habe gehört, daß Sie gesagt haben, daß Ihr Boß ständig an Ihnen herumnörgelt. Aber Sie haben recht. Ich bin nicht ganz so bei der Sache, wie ich es sonst bin, und das tut mir leid. Nächste Woche werde ich ganz genau zuhören, und nächste Woche wollen wir über Sie sprechen, nicht über Ihre Frau, nicht über Ihren Boß. Okay?«

Nachdem Stern die Tür hinter sich zugeschlagen hatte und fort war, machte David einen Spaziergang. Heute morgen war er kein guter Analytiker gewesen. Nicht einmal kompetent. Am Eingang des Central Park führte jemand eine Pantomime auf. David sah dem Mann eine Weile zu und kaufte sich dann einen Hot dog, bevor er in seine Praxis zurückging.

Laura kam auf die Minute pünktlich um drei.

»Es tut mir leid, wenn es Sie aufgeregt hat, daß wir uns gestern abend begegnet sind«, sagte er.

Sie antwortete nicht.

»Laura?«

»Zach und ich sind gestern abend zu einem Wohltätigkeitsball gegangen.«

»Als wir uns da getroffen haben, haben Sie da vielleicht gedacht . . .«

»Ich habe mir überhaupt nichts gedacht.«

Verleugnete sie es mit Absicht? Gestern abend schien

sie sich ihrer Reaktion auf Allison vollkommen bewußt gewesen zu sein. Eine eifersüchtige Reaktion, ganz offensichtlich. Aber für Laura bedeutete Eifersucht mangelnde Loyalität und bewies damit erneut, wie verabscheuungswürdig sie war. Hoffte sie, daß Allison unbeschadet davonkäme, wenn sie ihre Gefühle verleugnete? Und was in aller Welt sollte er jetzt zu ihr sagen? Wenn es wirklich in ihrer Macht stand, die Realität mit ihren Gefühlen zu beeinflussen, mußte er da nicht die übliche therapeutische Vorgehensweise ins Gegenteil verkehren? Sollte er ihr sagen, daß es Unsinn sei, ein solches Bild von sich zu haben, anstatt ihr ihre psychotischen Vorstellungen auszureden, sie zu ermutigen, zu ihren natürlichen emotionalen Reaktionen zu stehen?

Er sah sie an. Kein Arzt konnte das tun.

»Laura«, sagte er freundlich, »hatten Sie Angst, daß der Frau, mit der Sie mich gesehen haben, etwas zustoßen könnte?«

»Nein. Ich habe vor nichts Angst gehabt. Sie müssen mich mißverstanden haben.«

Vielleicht erinnerte sie sich *wirklich* nicht. Könnte die Frau, die ihm gestern abend begegnet war, eine *andere* Laura gewesen sein? Eine andere Seite ihrer Persönlichkeit? Eine Mörderin?

»Erinnern Sie sich bestimmt nicht, Laura?«

Sie sagte einen Augenblick lang gar nichts, dann flüsterte sie: »Doch, ich erinnere mich. Ihre Frau ist sehr schön. Ich habe mein Haar einmal blond gefärbt. Es sah schauderhaft aus.«

»Laura, es ist Ihnen doch klar, daß ich neben meiner Arbeit auch noch ein Privatleben habe, nicht wahr?«

»Selbstverständlich. Warum denn auch nicht? Sie sind ein wundervoller Mensch.«

»Mir liegt viel an Ihnen, Laura. Und Sie mögen finden, daß ich ein wundervoller Mensch bin, und vielleicht *bin* ich auch wundervoll, aber Sie kennen mich nicht. Sie wissen nicht einmal, daß das meine Exfrau, nicht meine

Frau war.« Er wollte nicht nachlassen. »Laura, Ihre Reaktion darauf, daß Sie mich mit einer Frau gesehen haben, war durch und durch normal. Sie sind mir dankbar, weil ich Ihnen zu helfen versuche; es kann sogar Augenblicke geben, in denen Sie glauben, in mich verliebt zu sein.«

»Ich liebe meinen Mann.«

»Das weiß ich. Aber im analytischen Prozeß neigen wir bisweilen dazu, unsere Gefühle auf denjenigen zu übertragen, von dem wir das Gefühl haben, daß er sich am stärksten um uns kümmert, den Therapeuten. Diese übertragenen Gefühle mögen fürsorglicher Art sein, vielleicht sogar Liebe, Gefühle, von denen wir glauben, daß sie uns von den Menschen in unserem Leben nicht entgegengebracht werden.« So. Jetzt hatte er seine kleine Rede gehalten, Lektion A in Gefühlsübertragung. Er wünschte, sie hätte sich nicht so hohl angehört.

»Ich weiß, daß Zach um mich besorgt ist«, sagte sie. »Er ist nur einfach nicht der Mensch, der all die Gedanken und Sorgen, die ich mir mache, nachvollziehen kann. Er ist sehr zugeknöpft. Einer, der immer den direkten Weg geht, sagt mein Vater von ihm.«

»Ihr Vater ist ein kalter Mensch. Das haben Sie mir damals im Januar gesagt. Ist Zach auch ein kalter Mensch?«

»Nein. Er ist ein wunderbarer Mann, ein guter Vater. Er ist verläßlich, intelligent. Und manchmal ist er wirklich großartig. Gelegentlich kann er etwas brüsk sein, aber nur, wenn ich etwas verkehrt gemacht habe.«

»Das hört sich an wie ›mein Mann schlägt mich, aber nur, wenn ich es verdient habe‹.«

»Zach schlägt mich nicht. Er liebt mich. Er ... «

»Nicht noch mehr von seinen guten Eigenschaften. Sagen Sie mir, ob er für Sie da ist, ob er sich immer um Sie kümmert, sagen Sie mir, ob er Ihnen das Gefühl gibt, geliebt zu werden. Wenn Sie immer gleich alle Schuld bei sich selber suchen, können Sie ja gar nicht erkennen, daß auch andere Menschen ziemlich deutliche Schwächen haben.«

Sie antwortete nicht, sah ihn nur an. An ihrem Gesicht konnte man Verzweiflung ablesen.

»Für mich hört es sich so an«, nahm David den Faden wieder auf, »als dächten Sie, daß er sie lieben sollte und daß Sie ihn lieben sollten, ganz gleich, wie es sich in Wirklichkeit verhält. Nein, ich sage nicht, daß er Sie nicht liebt. Aber wie können Sie das beurteilen, wenn Sie davon überzeugt sind, daß Ihre Reaktionen und Gefühle und Emotionen verkehrt sind und die aller anderen Leute *richtig?*«

»Ich habe wohl immer gedacht, daß ich darüber erhaben sein sollte.«

Er sah sie genau an. »Haben Sie mir nicht einmal gesagt, daß Ihr Vater darauf bestand, daß Sie Ihre Gefühle im Zaum halten?«

»Ja. Mein Vater schien immer ... ich weiß nicht ... mir immer irgendwie aus dem Weg zu gehen. Ich erinnere mich an ein Mal, da war ich so um die elf, als er von einer längeren Reise zurückkam und wir uns alle aufstellten, um ihm einen Kuß zu geben, und er hat meinem Bruder und meiner Schwester einen Kuß gegeben und dann mir – und als ich ihn auch küssen wollte, hat er seine Wange abgewandt. Ich habe mich damals gefühlt ... ich weiß nicht, als ob ich eine ansteckende Krankheit hätte.«

»Und Ihrem Bruder und Ihrer Schwester gegenüber hat er sich anders verhalten?« Hatte es etwas mit *ihr* zu tun?

»Nein. Eigentlich nicht. Nur das eine Mal. Oder vielleicht doch. Er schien mich ständig zu beobachten, wissen Sie, und ich habe immer gefühlt, daß da etwas war. Furcht, oder so was. Und dann war da dieses Bild.«

»Was war das für ein Bild?«

»Ich. Ein Bild von mir, wie ich schreie.«

Plötzlich hatte David das Gefühl, daß die Zeit davonraste. Er mußte sie stoppen, diesen Augenblick festhalten, wie man bei einem Videogerät die Pausentaste drückt. Er mußte Zeit gewinnen, darüber nachzudenken, alle Möglichkeiten in Betracht zu ziehen, ihr von ihrer Tante erzählen – oder besser nicht?

»Wissen Sie, was dieses Bild zu bedeuten hatte, Laura?«

»Nein. Ich habe nie gewußt, was ich davon halten sollte. Ich werfe meinem Vater nicht vor, wie er zu mir gewesen ist, als ich klein war. Er hatte Angst um mich, oder vielleicht *vor mir.* Ich denke, er hat alles getan, was er konnte. Ich war ein ziemlich merkwürdiges Kind. Ich wußte nicht, wie ich mit meinen Gaben umgehen sollte.«

»Aber Sie haben über diese Gaben nie mit ihm gesprochen?«

»Nein. Und erst in jüngster Zeit – als Erwachsene – habe ich gelernt, mich zu verhalten wie jeder andere auch. Ich kann meinem Vater nichts vorwerfen. Mit einem Kind wie mir wäre ich genauso gewesen.«

»Nein, das wären Sie nicht, Laura. Denken Sie doch mal daran, wie Sie sich um Ihren Sohn kümmern. Sie haben mir gesagt, daß Sie sich ein Bein ausreißen würden, damit er das Gefühl hat, geliebt zu werden.«

»Ich schätze, daß ich bei ihm ein paar von den gleichen Ängsten habe wie mein Vater bei mir. Aber ich bezweifele, daß er sich so geliebt fühlen würde, wenn er meine Gedanken lesen könnte wie ich die meines Vaters.«

»Haben Sie je einen Hinweis darauf bemerkt, daß er es könnte?«

»Nein. Aber ich mache mir dennoch Sorgen darum. Und heutzutage ist es sowieso schwierig. Die Menschen sind sich des Schadens bewußt, den Eltern anrichten können.«

»*Sie* sind sich dessen bewußt, Laura, *Sie,* nicht die Leute. Warum können Sie nicht ein einziges Mal etwas Gutes an sich sehen?«

»Weil es nie genug ist.«

»Etwas, was wir als Erwachsene akzeptieren müssen, ist, daß unsere Eltern so sind, wie sie sind, Laura. Das bedeutet nicht, daß das kleine Kind in uns nicht will, daß sie anders sein sollen. Ihr Vater ist ein kalter, distanzierter Mann. Vielleicht hat er seine eigenen Gründe dafür. Aber diese Gründe haben nichts damit zu tun, wie Sie sind. Oder nicht sind. Noch verbieten sie Ihnen Ihre Gefühle.«

»Ich liebe meinen Vater.«

»Natürlich tun Sie das. Und Sie hassen ihn auch. Lieben Sie ihn für die guten Dinge, die er für Sie getan hat, seien Sie böse mit ihm für die schlechten – oder die guten, die er Ihnen vorenthalten hat. Reden Sie vielleicht mit ihm darüber. Und halten Sie sich nicht zurück.«

Sie starrte ihn an. »Großartig. Sie erlauben mir, meinem Vater gegenüber meinen Groll auszudrücken?«

David hatte sich auf solch dünnes Eis begeben, daß er es förmlich unter seinem Stuhl knacken hören konnte. Er beschloß, das Thema zu wechseln.

»Wie fühlen Sie sich heute, Laura?«

Sie zog die Stirn in Falten. »Wenn Sie meinen, ob Ihre Medizin schon gewirkt hat, ist die Antwort nein. Sie macht mich nur müde.«

»Und?«

»Was erwarten Sie denn von den Pillen?«

»Daß sie Ihnen helfen, hoffe ich.«

»Sie können mir nur helfen, wenn sie meine Gefühle unterbinden. Ich denke Dinge, David ...«

»Laura, nennen Sie mich bitte nicht bei meinem Vornamen.« Er hätte es etwas neutraler ausdrücken sollen, etwa: »Ich fände es besser, wenn Sie mich nicht bei meinem Vornamen nennen würden« oder so ähnlich.

Sie sah ihn an, als hätte sie einen Schlag ins Gesicht bekommen. »Ich dachte, Sie wären mein Freund.«

»Aber das bin ich doch.«

»Du bist so gut zu mir gewesen ...«

Sie würde anfangen zu weinen. Nein, doch nicht. Und ob sie weinte oder nicht, er wollte nichts anderes tun, als sie in seine Arme nehmen, sie beschützen, sie trösten. Diesen Gedanken hatte er noch nie bei einer Patientin gehabt, zumindest nicht mit dieser Intensität. Er zwang seinen Verstand, wieder professionell zu denken. Er ließ sich zu sehr auf sie ein.

»Ich versuche, Ihnen zu helfen«, sagte er. »Ich nehme Sie mit ins Rockham Institute. Man wird Sie dort testen und ...«

»Mich *testen*? Wozu soll das gut sein?«

Sie war auf seinen Schreibtisch zugetreten und stand über ihn gebeugt. Er sah Tausende von Spiegelungen in ihren Augen. (Ihre Augen waren ganz weiß.)

»Ich habe furchtbare Gedanken in mir, *Doktor.*«

»Laura –«

»Kann eine Tablette sie mir austreiben? Kann ein Testergebnis sie verschwinden lassen?«

Sie schwebte über seinem Schreibtisch, stand über ihm, bestimmte den Verlauf des Gesprächs, als wäre sie die Ärztin und er der Patient. Er hatte sich die Fäden aus der Hand nehmen lassen.

Er stand auf und sah ihr unmittelbar in die Augen. Ihr Gesichtsausdruck veränderte sich, und sie trat einen Schritt zurück.

»Oh, gütiger Herr im Himmel, du fühlst es auch.« Noch ein Schritt nach hinten. »Es tut mir leid, daß ich dich da mit hineingezogen habe, David. Es tut mir so leid.« Sie ging rückwärts aus der Tür. *»Du fühlst es auch.«*

Sollte das bedeuten, daß sie wußte, daß sie ihn in ihrem Bann hatte? Oder wollte sie sagen, daß sie unter seinem stand?

Und dann war sie fort. Sowohl die Tür zum Behandlungszimmer als auch die Eingangstür blieben weit offen stehen.

»Dr. Goldman?« Da stand Mrs. Frangipani. Sie sah erschrocken aus. »Alles in Ordnung?«

Eine verständliche Frage. Laura war aus seiner Praxis gerannt, und er stand da und gaffte.

Er stellte sich vor, daß er hinter Laura herrannte.

Konnte er sie davon überzeugen, daß alles gut würde? Sollte er durch die Tür seiner Praxis rennen, an seiner Nachbarin vorbei, die mit offenem Mund davor stand, und auf die Straße hinaus, um gerade noch zu sehen, wie sie um die Ecke in die Amsterdam Avenue bog? Und wenn er sie dann eingeholt hatte, konnte er nach ihrer Hand greifen, sie herumwirbeln, an sich drücken und ihr sagen: »Ruhig, ganz ruhig, du bildest dir das alles doch nur ein – nun, vielleicht nicht alles . . .«

Nein. Das konnte er nicht. Aber was würde sie tun, wenn er es nicht tat?

Er rannte los.

Auf der Straße waren noch mehr Leute unterwegs als sonst – der Feierabendbetrieb. Einen halben Häuserblock weiter sah er sie neben einem mickerigen Großstadtbäumchen stehen. Er wollte ihren Namen rufen, dann erkannte er, daß sie nicht alleine war. Sie stand dort mit einem Mann. Mit Detective Culligan.

»Pflegen Sie Ihren Patientinnen immer auf die Straße nachzulaufen, Dr. Goldman?«

»Nein, ich . . . was machen Sie denn hier?«

»Ich wollte zu Ihnen, was sonst?« sagte Culligan. »Ich wollte Ihre Meinung zu etwas hören.«

David keuchte vom Laufen. »Laura, ist alles in Ordnung?«

Sie sah Culligan an, dann ihn. »Ich möchte hören, was er Sie fragen will.«

Culligan zuckte mit den Schultern. »Von mir aus«, sagte er.

David blickte zwischen Culligan und Laura hin und her. Sollte er das zulassen? Hatte er überhaupt eine Wahl?

»Na schön, aber wir können das nicht hier diskutieren.« Er führte die beiden zurück in seine Praxis. Laura setzte sich auf das Sofa und sagte: »Wozu möchten Sie seine Meinung hören, Detective Culligan?«

»Ihre Familiengeschichte da«, sagte Culligan.

»Detective«, sagte David, »sie ist meine Patientin. Und es gibt ein paar Dinge, die ...«

»Zum Kuckuck noch mal, Goldman. Ich bin Ermittlungsbeamter. Und Ihre Patientin ist eine Hauptverdächtige in einem *Mordfall.*«

»Dann nehmen Sie sie fest. Oder warten, bis wir zwei das unter uns bereden können.«

»Sie wollen mir jetzt erzählen, daß Sie *es nicht weiß*, Doktor?«

»*Was nicht weiß?*« Laura stand auf und holte tief Luft. »Wenn es irgend etwas in der Geschichte meiner Familie gibt, was Sie wissen, ich aber nicht«, sagte sie, »dann ist es Zeit, daß ich es erfahre.«

David – erschöpft, besiegt – nickte.

»Na schön«, begann Culligan, »die Schwester Ihres Vaters ...«

»Mein Vater hat keine Schwester gehabt. Alle seine Verwandten sind gestorben, als er noch sehr jung war.«

»Mrs. Wade, wollen Sie das nun hören oder nicht?«

»Ja.«

Culligan räusperte sich. »Die Schwester Ihres Vaters – Sophie Zophlick ...«

»Zophlick?«

»Ja, Zophlick. Ihr Vater hat seinen Namen ändern lassen. Und es scheint, daß der Grund dafür war, daß Miß Zophlick in eine Anstalt gesteckt wurde, die sich das Darlington-Heim für Geisteskranke nannte.«

»*Was meinen Sie mit Geisteskranke?*«

»Geisteskrank genug, um einen Menschen zu töten, Mrs. Wade.«

David kam ihr Gesichtsausdruck vor wie eine groteske Parodie einer der Figuren an dem Gebäude. Nach einer kurzen Pause wandte sie sich ihm zu. »Du hast das *gewußt?*«

David nickte. »Er hat es mir kürzlich erzählt.«

Sie stand auf und sagte ganz ruhig: »Ich muß mit meinem Vater sprechen.«

Dann ging sie zur Tür.

David wollte ihr nacheilen. »Ist alles klar?«

»Das weiß ich nicht«, sagte sie. »Aber klar ist, daß du nichts mehr für mich tun kannst.«

Mit diesen Worten drehte sie sich um und trat aus der Tür.

»Okay, Culligan«, sagte David. »Was wollen Sie?«

»Ich möchte Ihre Meinung über den Mord hören – den alten Mord. Wissen Sie, die beiden – Sophie Zophlick und der Arzt, sein Name war Elias DeMane, sind in seinem Haus gefunden worden. Also habe ich . . .«

»Einen Augenblick bitte«, unterbrach ihn David. »Sie haben mir erzählt, daß sich das alles einige Jahre nach ihrer Einlieferung abgespielt hat. Wenn man die Leute in solche Anstalten gesteckt hat – ich fürchte, ich kann nicht viel tun, um meinen Berufsstand in jener Zeit zu verteidigen –, war das üblicherweise für immer. Wie ist sie in das Haus dieses Arztes gekommen?«

»Tja«, sagte Culligan, »es sieht so aus, als ob die beiden ein – na, wie hat man das früher noch genannt? – ein Stelldichein gehabt haben. Heute würde man das natürlich beim Namen nennen.«

»Woher *wissen* Sie das, Detective?«

»Ich habe mit einem alten Mann gesprochen, einem Doktor, der zum Pflegepersonal vom Darlington gehört hat, als es passierte. Emmanuel Kassand ist sein Name. Er lebt heute im St.-Francis-Altersheim. Er konnte sich zwar nicht mehr erinnern, was er an dem Tag gerade zu Mittag gegessen hatte, aber auf das, was vor fünfzig Jahren gewesen war, konnte er sich noch klar und deutlich besinnen. Und warum auch nicht? Es hatte ja einen ganz tüchtigen Skandal gegeben. Ein Mann, ein Arzt, der wegen einer Frau seine Karriere ruinierte – eine schöne Frau, allerdings. Eine Frau, die von jedem, der sie kannte, als vollkommen übergeschnappt beschrieben wurde. Kassand hat gesagt, daß sie eine Schwachsinnige gewesen ist. Erinnert Sie irgendwas davon an etwas?«

David seufzte resigniert. »Eine Symptomatologie setzt sich so nicht fort, Detective. Lauras Tante mag eine Mörderin gewesen sein, aber Laura ist keine. Ganz bestimmt nicht in dem Sinne, wie Sie es meinen – in dem Sinne, wie es ihre Tante war.« Tat es etwas zur Sache, *wie* genau sie mordete, falls sie es tat?

»Sie werden niemals den Beweis erbringen können, daß sie am Tatort gewesen ist«, fuhr David fort.

»Und woher wußte sie dann von den zehn Einstichen?«

»Schauen Sie, es ist doch möglich, daß es ein präkognitives Element . . .«

»Präkognitiv?« Culligan blickte grimmig drein. »Ich habe Ihnen gesagt, daß ich an diesen Mist nicht glaube. Wissen Sie, woran ich auch nicht glaube? An Zufälle. Ein Zufall ist wie eine kleine Glocke in meinem Kopf. Sie läutet, wenn etwas nicht sauber ist, und sie läutet so lange, bis ich herausgefunden habe, was daran nicht stimmt. Und hier sind es jetzt *zwei* Zufälle. Die Tante war eine Mörderin. Und die Nichte wußte von den zehn Schnitten.«

»Das reicht im Leben nicht aus, um Anklage zu erheben, und erst recht nicht zu einer Verurteilung.«

»Kann sein. Aber an diesem Punkt schlägt in meinem Kopf eine Alarmglocke an. Und ich bin ein sehr beharrlicher Mensch, Doktor. Sehr beharrlich, wenn es um Zufälle geht. Und wo es sich um *zwei* Zufälle handelt, kann ich eine ganz schöne Nervensäge werden.«

Dritter Teil

Laura: Vision

Das Haus ihres Vaters war eine Tudor-Reproduktion aus Stuck und Holz. Es war in den fünfziger Jahren erbaut worden und lag hinter einer Gruppe von mächtigen Eichen am Ende einer langen Privatstraße, umgeben von zwei Hektar perfekt gepflegter Rasenfläche. Laura stellte ihren Wagen vor dem Vogelbecken auf der ringförmigen Zufahrt ab, stand vor der massiven Doppeltür aus Mahagoni und überlegte, was sie zu ihm sagen sollte. Ihr Vater war mittlerweile alt geworden. In den vergangenen drei Jahren hatte er zwei Herzinfarkte gehabt. Während der zweistündigen Fahrt, die ihr erheblich länger vorgekommen war, war sie zweimal drauf und dran gewesen, zu wenden und zurückzufahren.

Marie Tate, die Haushälterin der Gardners, öffnete die Tür.

»Laura. Wie geht es dir, meine Liebe? Deine Eltern sind im Wohnzimmer. Ich habe nicht gewußt, daß sie dich erwarteten.«

Nein. Das hatten sie gewiß nicht getan.

Das Wohnzimmer der Gardners war vollkommen in weiß gehalten: plüschige weiße Seidensofas, weiße Brokatvorhänge, ein auf Hochglanz polierter weißer Flügel, weiße Webkissen. Selbst die Teppiche waren weiß und so dick, daß man einen Fußabdruck hinterließ, wenn man darauftrat.

Laura blieb einen Augenblick in der Tür stehen und sah über dieses weiße Meer. Samuel Gardner las ein Buch. Marla klimperte Chopin auf dem Flügel. Sie bemerkten sie zunächst überhaupt nicht.

Einmal hatte Laura ihre Mutter gefragt, warum sie das Zimmer so eingerichtet hatte, als wollte sie jedem damit sagen, Hände weg, nichts anfassen, nicht laut werden, keinen Schmutz hinterlassen, nicht so rumflegeln, setz dich gerade hin, sei still. Marla Gardner, die die Bemerkung zweifellos zu altklug für eine Achtjährige gefunden hatte, war eine einfache, schlichte Antwort eingefallen. Sie fand es schön so. Und das war es tatsächlich auch.

Laura erinnerte sich noch daran, wie die Innendekorateurin mit den Armen gerudert und ausgerufen hatte: »Weiß wird zauberhaft hier drin aussehen, Mrs. Gardner, mit diesen herrlichen Verandatüren da drüben und diesem schönen Stuck. Nur die feinsten Stoffe, keiner wie der andere, alles weiß. Es wird eine Flut von Weiß!«

In das Wohnzimmer der Gardners zu treten, war, als stiege man in eine Wolke oder in einen Traum.

Der Walzer wurde unterbrochen. »Laura, Liebste, wie geht es dir?«

Ihr Vater blickte auf und erhob sich langsam. Er schien noch kleiner, noch zerbrechlicher geworden zu sein, seit sie ihn vor ein paar Monaten zuletzt zu Gesicht bekommen hatte.

Sie erduldete die Umarmungen. Dann wurde vorerst nichts gesprochen.

»Stimmt irgendwas nicht, Laura?« fragte ihr Vater schließlich.

»Ich. Ich mußte euch sehen.«

»Ach, ist das nicht eine schöne Überraschung?« sagte Marla Gardner. »Wo hast du die Kinder gelassen?«

»Zu Hause. Sie sind seit voriger Woche wieder in der Schule.«

»Und Zach? Wie geht es ihm?« Sam Gardners Stimme hatte einen leicht mißtrauischen Klang, als wüßte er, daß dies kein Höflichkeitsbesuch war.

Laura nickte, und wieder verfielen sie in Schweigen.

»Ach, ist das nicht schön«, unterbrach Marla Gardner die Stille.

»Ich habe es herausgefunden, Vater«, sagte Laura.

Er sah ihre Mutter an, als bitte er sie um Hilfe, um Rettung. Warum? Marla Gardner konnte keine Maus aus den Krallen einer Katze befreien. Sie war eine etwas schlichte Frau.

»Was hast du herausgefunden, Liebes?« fragte ihre Mutter.

»Das mit Sophie Zophlick.«

Ihr Vater machte ein Gesicht, als hätte Laura ihm eine geknallt.

»Ich kenne die ganze Geschichte, Vater. Alles.«

»Was ... wie hast du es denn herausgefunden?«

»Was spielt das schon für eine Rolle? Ich weiß es eben.« Laura merkte, daß sie Tränen in den Augen hatte. Sie hatte sich vorgenommen, nicht zu weinen.

»Laura«, sagte ihre Mutter leise, »dein Vater möchte nicht über Sophie sprechen.«

»Nein, Marla.« Er berührte seine Frau am Arm. »Ich hätte es ihr wahrscheinlich erzählen sollen, ich hätte es allen Kindern erzählen sollen, sobald sie alt genug waren, um es zu begreifen.« Er trat von einem Fuß auf den anderen und fuhr sich mit den Fingern durch das, was von seinem Haar noch übriggeblieben war.

»Jetzt hast du es begriffen?«

»Ich habe dir nie davon erzählt, Laura, weil ... weil ich wollte, daß dein Leben schön ist, voller schöner Dinge.«

»Sie war eine *Mörderin*, Vater! Warum hast du mir nie etwas davon gesagt?«

»Weil das doch auch nichts daran geändert hätte«, sagte er. »Sie ist tot. Sie sind alle tot. Es hat doch nichts mit dir zu tun. Du hast einen großartigen Ehemann und drei prächtige Kinder.«

Sie spürte, wie der Schmerz in ihrem Vater aufwallte – unausgesprochen, unreflektiert. Sie konnte ihm seine Schuldgefühle ansehen. Nach so langer Zeit machte er sich immer noch Vorwürfe. Und sie machte es noch schlimmer, indem sie längst vergrabene Erinnerungen aufwühlte. Sie preßte die Hände auf die Ohren, eine instinktive Reaktion, deren Nutzlosigkeit sie schon als

Kind erfahren hatte, aber sie tat es trotzdem. Sie wollte seinen Schmerz nicht spüren. Sie wollte ihren eigenen.

»Ich möchte wissen, warum«, sagte sie nur.

»Wer kann schon sagen, warum solche Dinge geschehen?« sagte er. »Warum jemand plötzlich gewalttätig wird, anfängt zu glauben, die Leute würden über ihn reden ...«

»Das hat sie gedacht?«

»Sie sagte, daß sie sie denken hören könnte.«

»Oh, mein Gott.«

Ihre Tante hatte es auch gehabt. Es war in ihren Genen, von Generation zu Generation weitervererbt wie ein Fluch. Aber Laura hatte es geschafft, damit zu leben. Warum nicht auch Sophie?

»Die Ärzte haben auch keine Erklärung gefunden, Laura«, sagte ihr Vater. »Was hätte ich dir schon erzählen sollen? Sophie war schwer geistesgestört. Es war 1935, mein Vater war tot. Meine Mutter wußte nicht, was sie tun sollte. Nach einer Weile mußte sie sie kommen lassen, damit sie Sophie abholten. Ich war damals noch ein Junge. Sie hatte auch versucht, mir weh zu tun. Und nachdem sie sie dort hingebracht hatten, habe ich sie nie wieder gesehen.«

»Du hast sie nicht besucht?«

»Ich war nur ein Junge, Laura. In solchen Heimen gab es keine Besuchszeiten. Wenn jemand dort hineinkam, war es für immer. Niemand ist je nach Darlington gefahren. Dort fuhr man einfach nicht hin.«

»Es hat sie nie jemand besucht?«

»Ein Ungeheuer besucht man nicht, Laura.«

Ungeheuer?

»Laura«, sagte er, »ich weiß nicht, wie du davon erfahren hast, aber du mußt versuchen, es zu vergessen. Es spielt doch jetzt keine Rolle mehr.«

Mit einem Male ging es Laura auf, daß Sophie immer in ihrem Leben präsent gewesen war, still, aber ständig. Sie hatte sie immer gespürt, wie einen Geist, aber nie gewagt, nach ihr zu suchen. Ihr Vater hatte wieder das Bild vor Augen, das Bild der schreienden Frau. War das Sophie? Nein, es war Laura. Dunkles Haar, dunkle Augen ...

»Wie hat Sophie ausgesehen, Vater?«

»Ich erinnere mich nicht mehr.«

Nein, er sollte sie nicht anlügen. Diesmal nicht.

»Du lügst!« hörte sie sich schreien. Es tat ihr beinahe körperlich weh, ihn anzuschreien. Sie war immer das gute Mädchen gewesen. Nimm dich zusammen, Laura.

Er starrte sie an, drehte sich um und schlich langsam aus dem Raum. Sie lauschte dem Geräusch seiner Schritte auf der Treppe. Ihre Mutter war endlich einmal still geblieben.

Sie trat ans Verandafenster, das auf die Rasenfläche hinter dem Haus hinausging. Es war dunkel, aber sie konnte den Swimmingpool sehen, abgedeckt für den Winter, darum herum alles leergeräumt, dahinter nur der Rasen.

Einige Minuten später kam ihr Vater wieder die Treppe herunter und drückte ihr ohne große Erläuterung ein kleines Bild in die Hand.

Es war, als sähe sie ein Bild von sich selber an: das gleiche dunkle Haar, die gleiche Gesichtsform, die Nase ... Alles genau wie bei ihr.

»Ich«, sagte sie.

»Nein, Laura. Ihr Gesicht war voller. Und ihre Nase ...«

Ihre Wut überschüttete ihren Vater wie Lava aus einem lang erloschen geglaubten Vulkan, kam den Bergrücken hinuntergebrodelt, wabernd, zischend, Kaskaden von glühendem Regen um sich sprühend. Sie war nun Pompeji, begraben unter Schichten von schwarzer Asche, Lüge um Lüge um Lüge.

»Ich hatte eine Operation an meiner Nase, Vater!« schrie sie. »Weißt du das noch?« Sie sah wieder das Foto an, hielt es an seinen gezackten Rändern zwischen ihren Fingerspitzen, als würde es zerkrümeln und für immer verloren sein, wenn sie es zu fest anfaßte. Die Frau auf dem Bild war jünger, als sie selber jetzt war, zehn Jahre jünger vielleicht, saß auf einem Hocker, beugte sich in Richtung der Linse, ein Lächeln auf den Lippen, doch nicht in den Augen. Zwischen Daumen und Zeigefinger hielt sie das eine Ende einer langen Perlenkette. Das Foto eines Ungeheuers. All die Jahre hatte er es aufbewahrt.

Sie sah wieder ihren Vater an, dann drehte sie das Foto langsam um. In kleinen Druckbuchstaben stand auf der Rückseite: »Mitovich Studio, Philadelphia, 1937.«

Mit dem Bild in der Hand, als wäre es etwas Kostbares, stürmte Laura aus dem Haus, in dem sie erwachsen geworden war, dem Haus mit dem blendend weißen Wohnzimmer, dem Haus, in dem sie dreimal versucht hatte, sich das Leben zu nehmen – mit dem Messer (rotes Blut auf weißen Schenkeln), durch Ertrinken (eine dumme Idee) und durch einen Sprung aus dem Fenster (zweiter Stock), der in den Büschen endete und bei dem sie mit ein paar Kratzern davonkam). Ihren fünfundsechzigjährigen Vater ließ sie in der Tür stehen, als wäre er nur eine Wachsfigur.

Sie hatte nur normal sein wollen. Normal denken, fühlen, sehen, berühren. Ein guter Mensch sein, heiraten, Kinder bekommen, sie liebevoll aufziehen, Freude an ihnen haben. Vielleicht wünschte sich jeder, was er doch nicht haben konnte. Normal zu sein, das war Lauras Wunschtraum.

An ihren Lebensumständen war nichts Außergewöhnliches. Viele würden ihre Familie als reich bezeichnet haben, doch ihr Vater hatte sein Vermögen nach dem Krieg gemacht, indem er ganz alltägliche Dinge verkaufte – Eisenwaren, Haushaltsgeräte, Kosmetik – sterile Massenprodukte einer neuen Generation.

Er besaß erst einen Laden, dann drei, dann zehn. Sie glaubte, daß er selber auch über seine Erfolge erstaunt war.

In ihrem Heim ging es sehr förmlich zu – angefangen damit, wie es eingerichtet war, bis zu den Kleidern, mit denen sie ausstaffiert wurde, wenn Geschäftsfreunde ihres Vaters zum Essen kamen.

Sie ging zur Schule. Sie hatte einen Bruder und eine Schwester, die sich miteinander stritten und mit ihren Eltern. Sie aß Cornflakes zum Frühstück. Ihre Mutter hatte mit ihren Kindern und mit ihrer Mitarbeit in Wohlfahrtsverbänden alle Hände voll zu tun; ihr Vater mit seinem Geschäft.

Es hatte angefangen, als sie noch sehr jung gewesen war, mit Stimmen und Bildern. Sie hatte eine vage Erinnerung an sich selber, wie sie als kleines Kind mit den Händen ihre Ohren und Augen bedeckte, damit die komischen Gedanken und Bilder verschwanden. Ihre Mutter hatte sie dann immer gefragt, warum sie das tat, aber Laura hatte ihr keine Antwort geben können. Sie war damals erst drei oder vielleicht doch schon fünf und konnte sich noch nicht so artikulieren, daß ihre Mutter sie verstanden hätte. Sie verstand sich selber nicht. Es waren keine Bilder, die sie mit den Augen sehen, oder Worte, die sie mit den Ohren hören konnte; es war wie etwas, das in ihrem Kopf war. Sie wunderte sich, warum sie ihrer Mutter das erklären sollte.

Selbst nachdem sie begriffen hatte, daß sie Dinge vernahm, die andere einfach nicht hören konnten, Dinge wußte, die andere nicht wußten, wunderte sie sich immer noch. *Was* waren das für Worte, die sie immer hörte, wenn jemand redete, Worte, die manchmal das Gegenteil von dem bedeuteten, was derjenige gerade laut aussprach? Und was waren das für Bilder, die sich in ihre Vorstellung drängten? Und wieso schienen ihre Träume, ihre Gedanken vorauszusagen, was geschehen würde? Sie hörte, wie jemand daran dachte, etwas Bestimmtes zu tun, hatte einen Traum oder eine Vorstellung, und dann – zwei Tage später oder zwei Wochen oder einen Monat – trat genau das ein.

Es ging ihr so nicht nur bei *Menschen*, die sie kannte. Sie konnte das Piepsen eines verlassenen Spatzenjungen im Gewittersturm wahrnehmen, konnte in einem Feld mit hohem Gras eine unterirdische Quelle ausmachen. Sie wußte immer schon im voraus, wann es zu schneien beginnen würde. Und als man an der Schule die IQ-Tests mit ihr machte, wußte sie alle Antworten, selbst wenn die Fragen für eine weit höhere Klassenstufe als die ihre vorgesehen waren. 180 Punkte. Sie hörte den Schulpsychologen denken, daß ihm so etwas noch nie untergekommen war.

Wie konnte sie auch normal sein, wenn das erste Bild, das sie aus dem Kindergarten mit nach Hause brachte, eine perfekt ausgeführte Bleistiftzeichnung eines galoppierenden Pferdes war, so exakt und naturgetreu, daß es aussah, als würde es im nächsten Augenblick vom Blatt herunterpreschen? Sie wußte schon über Schattierungen, Schatten und Perspektive Bescheid, während alle anderen in der ersten Klasse noch Strichmännchen kritzelten. Niemand hatte ihr das beigebracht. Sie schien sich die Bilder einfach im Kopf vorzustellen und sie dann ganz akkurat abzuzeichnen.

Sie hörte, was die Leute über ihre zeichnerische Begabung dachten: »Erstaunlich!« »Unheimlich.« »Fabelhaft.« »Ein Wunderkind.« »Nicht zu glauben.«

Aber sie wußten ja längst nicht alles.

Dann, in dem Sommer, als sie acht war, geschah das, wodurch sie begriff. Wie gewöhnlich fuhr ihre Mutter auch in diesem Sommer mit ihnen allen – Laura und ihrer Schwester Carole und ihrem Bruder Greg und Marie, der Haushälterin – für drei Monate in das Haus in Barnegat Light an der Küste von New Jersey. Es war ein altes, viktorianisches Gebäude voller versteckter Winkel, die man erforschen, mit Spalieren, hinter denen man Versteck spielen konnte, und einer riesigen Veranda, die auf die hohen Dünen hinausging. Es war wundervoll dort. Ihre Mutter lockerte einige Maßregeln, und hier standen die alten, vertrauten Möbel, die von der neuen Einrichtung, die mit wachsendem Wohlstand angeschafft wurde, verdrängt worden waren.

Es war das Jahr gewesen, in dem Laura ihre neue Puppe bekommen hatte, die aus Frankreich mit dem honigfarbenen Haar; ihr Vater hatte sie ihr zum Geburtstag mitgebracht. (Sie nannte sie Gretchen, nach einer Figur in einem Märchen, das sie gelesen hatte.) Und das war das Jahr, in dem sie sich mit Annie Spellman anfreundete.

Mit Annie ging sie Muscheln sammeln, Rad fahren, sie spielten mit ihren Hula-Hoop-Reifen, Tretrollern. Und am Strand. Das war das Jahr, als ihr das ganze Haus gehörte und die Stadt gleich mit. Die Bucht. Der alte Mr. MacGuire, die Fischer. Der Leuchtturm. Sie konnte tun, was sie wollte. Es war wie im siebten Himmel.

Es geschah an einem Samstag im Hochsommer. Lauras Vater war übers Wochenende zu Besuch gekommen. An diesem Nachmittag waren sie und Annie (und Gretchen) zum Strand gegangen, um Muscheln zu suchen. Sie brauchten nur am Wasser entlangzugehen und die Austern, Venusmuschelschalen und den Bernstein in ihre Plastikeimer zu tun. Carole spielte vor dem Haus am Strand, als sie zurückkamen. Sie baute wieder an einer ihrer Sandburgen mit Türmen und Wassergräben. »Ist das nicht die tollste Burg, die du je gesehen hast, Laura?« Und dann: »Ach, was weißt du schon? Du und dein Baby!«

Sie machte sich über Gretchen lustig.

Laura trampelte auf die Sandburg.

»Nicht, Laura!« Carole grabschte nach Lauras Knöcheln, sie fiel hin, Carole warf sich auf sie, und die beiden Schwestern wälzten sich im Sand. Laura war die jüngere, aber sie war damals schon größer, und sie setzte sich gegen ihre Schwester zur Wehr. Die beiden rollten hin und her, spuckten und kreischten. Wie zwei Katzen. Carole schrie: »Du hast meine Burg kaputtgemacht!«

Aber Laura hörte noch etwas anderes, einen Untertext zu ihren gesprochenen Worten: »Ich mache dich fertig, Laura. Und Gretchen.«

Sie sah vor sich ein Bild, wie ihre Schwester eine Schere nahm und ihrer geliebten Puppe das Haar abschnitt. Und dann sah sie sich selber. Sie stieg aus dem Bett und spürte etwas Weiches zwischen ihren Zehen. Honigfarbene Locken, Korkenzieherlöckchen, die zu einem traurigen Häuflein auf ihrem rosa Teppich zusammengekehrt waren. Sie sah, wie sie ein paar von den abgeschnittenen

Locken aufnahm, durchs Haus rannte und ihre Puppe suchte – oder was davon noch übrig sein würde. Die Treppe hinunter, zur Tür hinaus, um das Haus herum, zum Schuppen, durch das hohe Gras, das ihr ins Gesicht schlug, während sie hindurchstürmte. Schließlich fand sie die Puppe auf dem Dachboden, auf das alte Bett mit den vier hohen Beinen geworfen, ihr einmal so schönes Haar bis auf kurze Stoppeln, die in alle Richtungen aus dem Kopf ragten, abgeschoren.

Laura merkte plötzlich, daß sie hören konnte, was Carole dachte. Und die Bilder? *Die Bilder zeigten das, was passieren würde.*

»Faß meine Puppe nicht an!« schrie sie. Carole hörte auf zu raufen und entwand sich Lauras Griff. »Ich habe doch gar nichts mit deiner doofen Puppe gemacht.«

»Aber du willst!«

»Gar nicht wahr!«

Natürlich wollte sie. Das war genau das, woran Carole jetzt dachte. Warum stritt sie es ab? Wußte sie nicht, daß Laura es hören konnte?

»*Was gibt es hier?*« Plötzlich stand ihr Vater über ihnen. Sein Gesicht wirkte riesengroß vor dem Hintergrund des klaren blauen Himmels. Auch ihre Mutter war aus dem Haus gekommen. Dann sprach er in einer tiefen Stimme, die von ganz tief unten aus seiner Kehle zu kommen schien. »Kleine Damen prügeln sich nicht.«

»Sie hat meine Puppe kaputtgemacht!«

»Ich habe die Puppe gar nicht angefaßt.«

»Aber sie *wollte* das!« schrie Laura. »Du mußt sie bestrafen, weil sie meine Puppe kaputtgemacht hat!«

»Laura«, sagte ihr Vater, »deine Puppe liegt doch da.« Er zeigte auf Gretchen, die im Sand lag, wo Laura sie fallengelassen hatte.

»Du mußt sie bestrafen!«

»Carole hat gesagt, daß sie der Puppe nichts tun will, Laura.« Wie konnte sie es ihm nur klarmachen? »Aber sie *will* es doch.« »Warum sagt sie das immer?« kreischte

Carole. »Ich habe nichts mit ihrer blöden Puppe gemacht! Da ist sie doch, gleich da! Und außerdem würde es ihr ganz recht geschehen.

»Siehst du! Siehst du! Sie will Gretchen die Haare ganz abschneiden!«

Die elfjährige Carole sah ihre Schwester an, dann sagte sie zu ihrem Vater: »Die spinnt ja«, drehte sich um und ging weg.

Laura heulte. Sie wußte, daß ihre Schwester log, aber sie konnte es nicht beweisen. Sie weinte, bedeckte ihr Gesicht mit den Händen und sagte immer wieder, daß sie gehört hatte, wie Carole es dachte, *gesehen* hatte, wie sie es machte.

Als sie wieder ihren Vater ansah, war sein Gesicht ganz fahl geworden. Es sah aus wie halbgares Fleisch. Laura konnte ihm seinen Schrecken und seinen Kummer am Gesicht ablesen, sogar spüren. War es schlecht, Gedanken anderer zu hören?

Leise sagte er: »Du hast Carole denken gehört, Laura?«

Sie nickte.

Er warf seiner Frau einen Blick zu, und die beiden starrten sich lange an. Ihre Augen fochten einen jener schweigenden Kämpfe aus, die Laura immer so komisch fand und die für ihre Eltern scheinbar so wichtig waren.

Ihre Mutter sagte zu Lauras Vater: »Das hat sie sich nur eingebildet, Sam. Nur eingebildet.« Laura konnte sehen, daß ihre Mutter mit ihm böse war. Sie war sogar wütend, was sie selten wurde.

Sie erinnerte sich, daß sie geglaubt hatte, ihre Mutter wolle sie verteidigen. Aber das stimmte nicht. Sie leugnete es ab. Immer leugnete sie alles ab.

Ihr Vater sagte, sie solle auf ihr Zimmer gehen.

Sie gehorchte, aber als sie zum Haus ging, sah sie in seinem Gehirn ein klares, deutliches Bild, das Bild einer schreienden Frau. Ja. Das war es! Sie sah dieses Bild oft, wenn er in der Nähe war. Das Bild mußte von ihm kommen. Es mußte das sein, woran er gerade dachte.

Sie zog sich ganz alleine in ihr Zimmer zurück, ihre kleine rosa Welt. Sie schlüpfte in ihren Pyjama, nahm ihre Puppe mit ins Bett und verbarg sich mit ihr unter der Decke. Sie schwor, daß sie Gretchen vor Carole beschützen würde. Natürlich hatte Carole niemals *tatsächlich* Gretchens Haare abgeschnitten, was Laura sehr verwirrte. Doch bald merkte sie, daß sie, wenn sie in den natürlichen Verlauf der Dinge eingriff, den Fluß unterbrach, was bedeutete, daß sie auch die Möglichkeit besaß, den Verlauf des Lebens der Leute zu verändern. Sie hatte ihre Schwester davon abgebracht, ihre Puppe kaputtzumachen, indem sie zugab, gewußt zu haben, was Carole dachte; dabei hatte sie auch sich selber verraten, was sie zuvor kaum je getan hatte.

Später an diesem Abend kam ihr Vater und setzte sich an das Fußende ihres Bettes. Sie wollte, daß er sie in die Arme nahm und ihr sagte, alles wäre gut. Er sah sehr traurig aus. Damals hatte er noch rotes Haar, und er war immer noch jung und sah wunderschön aus – für sie jedenfalls.

»Ich möchte nicht noch einmal erleben, daß du dich so mit deiner Schwester prügelst, Laura.«

»Aber ich war so wütend.«

»Nur Hunde werden wütig.« Er stand auf, wollte gehen, blieb dann aber stehen und sah sie noch einmal an. »Nur ein sehr böses Mädchen versucht, die Gedanken anderer zu belauschen.«

Sie schwor sich, nie wieder ein böses Mädchen sein zu wollen, aber sie blieb in ihrem Zimmer, die ganze Nacht, dachte sich tausend Möglichkeiten aus, ihrer Schwester etwas anzutun, zählte die Möglichkeiten, fügte weitere hinzu, arrangierte sie aufs neue, diese Visionen der Gewalt, bis sie einschlief. Später wachte sie von einem Alptraum auf. Ihre Schwester würde sich selber weh tun – sie würde stürzen. Sie überlegte sich, ob sie Carole warnen, ihr sagen sollte, sie möge vorsichtig sein, entschied aber dann, daß es das beste wäre, sich nichts anmerken zu lassen.

Am nächsten Morgen war sie in der Küche und wollte sich gerade über die Pfannkuchen hermachen, als sie den Plumps hörte. Als sie nach oben gelaufen kamen, war Caroles Knöchel schon so dick angeschwollen wie ein Luftballon. Sie wälzte sich auf dem Boden, schrie vor Schmerzen. Der Arzt im Krankenhaus sagte, daß sie sich den Knöchel zweimal gebrochen hatte.

Mit zehn stürzte sich Laura mächtig aufs Malen. Ihre Eltern richteten ihr in ihrem Zimmer ein Atelier ein, um sie darin zu unterstützen, aber dann beklagten sie sich wieder, weil alles, was sie malte, dunkel war. Mit elf fertigte sie eine Wasserfarbenzeichnung von einem Ungeheuer an, das sie im Traum gesehen hatte. Sie fand, daß es das beste war, was sie je gemalt hatte, aber als ihr Vater und ihre Mutter es sahen, waren sie höchst bestürzt. Also wollte sie ihnen eine Freude machen. Sie brachte mehr Licht und Farbe in ihre Bilder – rot und grün und blau und gelb. Und danach waren sie nicht mehr bestürzt und lobten sie. Sie versuchte sich an Öl- und Pastellmalerei. Die Bilder häuften sich, bis ihr Zimmer voll war und sie einen Teil ihrer Bilder auf dem Dachboden auslagern mußte. Sie verbrachte Stunden um Stunden ganz mit sich alleine, las, malte oder hockte nur in ihrem Zimmer und erging sich in weitschweifigen Grübeleien darüber, wie sie ihre Kräfte zum Wohle anderer nutzen könnte. Manchmal ging sie am Fluß spazieren, der sich an der Rückfront des Grundstücks entlangzog, folgte dem Pfad eines Rehs in den Wald, wandte den Blick gen Himmel, fragte sich dann, warum sie mit diesen Kräften gesegnet – mit diesen Kräften verflucht war.

Einmal war ihr Bruder mit seinem Motorrad auf feuchtem Laub ins Rutschen geraten und gestürzt. Sie hatte die ganze Zeit gewußt, daß es geschehen würde. Sie hatte es in einem Traum gesehen, und sie quälte sich damit, daß sie ihn vor dem Humpeln, das bis heute von dem Sturz zurückgeblieben war, hätte bewahren können.

Sie fragte sich, warum sie immer diese Entscheidungen treffen mußte, wann sie anderen erzählen sollte, was sie gesehen hatte, und wann nicht? Und was hatte das alles zu bedeuten? Wieso sah sie ihren Vater als einen jungen Baum in einem heranziehenden Ungewitter, der sich gegen das Losbrechen des Sturmes stemmte? Warum sagte er immer, »nur Hunde werden wütig« und dachte es noch häufiger als er es aussprach?

Bisweilen glaubte sie, daß *sie* tollwütig würde, wie diese Hunde, von denen ihr Vater sprach.

Warum? Warum gerade sie? Es war unnatürlich, von Dingen zu wissen, die noch gar nicht geschehen waren, die Gefühle anderer Menschen zu kennen, ihre Gedanken lesen zu können. Das hatte ihr Vater gesagt.

Manchmal tat es ihr weh zu wissen, was andere über sie dachten, aber sie lernte, damit zu leben, es zu entschuldigen, es sogar zu ignorieren. Ja, das *war* ein Geschenk – es ignorieren zu können. Gewiß war sie es nicht wert, Dinge zu wissen, die andere nicht wußten.

Gab es einen Sinn in ihrem Leben, den sie nicht begriff? Sie ging in die Bücherei und las in wissenschaftlichen Büchern über Genealogie, Biologie, Archäologie. War sie ein Mutant? Eine neue Art von Wesen? Wenn das so war, warum merkte dann nie ein Arzt, zu dem sie ging, ihr etwas an? War sie eine Hexe, ein Monstrum, eine Göttin?

Sie besorgte sich Bücher über Hexerei und zelebrierte in ihrem Zimmer einsame Zeremonien. Wie erbärmlich war sie doch, mit ihren Zauberstäben und ihren Kräuteressenzen und ihren Karten, wie sie da verzweifelt versuchte, zu einer kosmischen Kraft Zugang zu finden, die Vermessenheit besaß zu glauben, sie könne sie unter ihre Kontrolle bringen! Sie las von Präkognition. Ja! Das war es. Sie wußte Dinge, bevor sie geschahen. Das stille, verschüchterte Kind wurde zu einer düsteren, angsterfüllten Erwachsenen.

Eines Wintermorgens, sie war dreizehn, rief sie die Schulleiterin in ihr Büro, um ihr zu sagen, daß der Kunstlehrer eine Ausstellung ihrer Bilder arrangieren wollte. Sie sagte der Schulleiterin, daß ihr das nicht recht wäre, daß sie es sich nicht gestatten wollte, so vorgezeigt zu werden, aber es war schon alles vorbereitet. Ihre Eltern hatten ihr Einverständnis gegeben.

An diesem Nachmittag versuchte sie sich zum ersten Male umzubringen. Etwa eine Viertelmeile vom Haus entfernt war eine Stelle, wo der Fluß, der hinter dem Grundstück entlanglief, breit und tief war und die Uferböschung besonders steil abfiel. Ein kleines, natürliches Becken.

Das Wasser war kälter und tiefer, als sie erwartet hatte. Doch von dem eiskalten Strom ging auch eine gewisse Wärme aus. Sie schien ein Teil davon zu werden, ihn zu verstehen, sie wußte, wo zwischen dem Moos am Grund Steine lagen, wo die Fische ihre Eier abgelegt hatten und wo ein Unterwasserstrudel vor langer, langer Zeit einmal jemanden in die Tiefe gezogen hatte. Sie ließ sich treiben, sah zu dem sich verdunkelnden Himmel hinauf, lauschte dem Plätschern des dahinfließenden Stromes, dem Rascheln in den kahlen Winterbäumen, den Geräuschen in ihrem Kopf. Sie versuchte, unter Wasser zu bleiben, aber ihre Beine bewegten sich wie von selber, paddelten, zogen sie an die Oberfläche zurück. Sie mußte sich eingestehen, daß sie nicht den Mut hatte, sich umzubringen, und schleppte sich wieder die Böschung hinauf.

Als sie, triefend naß und zitternd, wieder im Haus ankam, veranstaltete ihre Mutter einen Riesenzirkus, half ihr aus den nassen Sachen, und Carole lachte über sie und sagte, sie sähe aus wie eine abgesoffene Ratte. Ihr Vater aber starrte sie nur an. In seinem Kopf war wieder dieses Bild. Sie wollte das Bild hervorziehen, es untersuchen, erklären. Wer war die schreiende Frau?

Sie sagte ihm, daß sie versucht hatte, sich umzubringen.

»Das meinst du doch nicht im Ernst, Laura«, sagte er.

Ihre Mutter erklärte ihm, daß sie die Ausstellung nicht wollte.

»Aber warum denn nicht, Laura«, ermahnte sie ihr Vater. »Du hast großes Talent, und es ist eine Ehre. Warum willst du das denn nicht?«

»Du wirst schon sehen, Laura«, sagte ihre Mutter mit ihrer beruhigenden Stimme. »Es wird dir Spaß machen. Du wirst schon sehen.«

»Es wird furchtbar!« schrie sie. »Meine Bilder sind schrecklich!«

»Nein, Laura. Deine Bilder sind wundervoll.«

O ja. Sie konnte einen Baum malen, der nach einem Baum aussah. Ihre Dämonen sahen nach Dämonen aus.

Sie begann, sie anzuschreien, versuchte, ihnen verständlich zu machen, warum sie sich nicht so vorführen lassen konnte.

»Laura!« sagte ihr Vater. »Nimm dich zusammen. Deine Nerven gehen dir wohl durch, was?«

Sie standen da und beobachteten sie, ließen einen ganzen Kanon von Gedanken auf sie niederprasseln. Beide dachten, wie lächerlich es von ihr war, wegen einer solch simplen Angelegenheit so hysterisch zu werden.

»Geht weg! Geht doch einfach weg!«

Sie rannte fort vor ihnen, vor dem Bild im Kopf ihres Vaters, hinauf in ihr Zimmer, zunächst quer durch das Wohnzimmer, wo sie eine matschige Fußspur hinterließ, viele dicke große Tropfen auf dem perlweißen Läufer ihrer Mutter.

Sie verriegelte die Tür, riß sich ihre Sachen vom Leib und warf sich aufs Bett. Ihre Mutter war unten vermutlich damit beschäftigt, den Schmutz aus dem Teppich zu schrubben.

Am Ende mußte sie ihre Bilder dann doch nicht ausstellen. Sie hörte ganz zu malen auf, und ihre Eltern bedauerten sie. Außerdem hatte sie sich sowieso eine Lungenentzündung geholt und mußte fast einen Monat lang das Bett hüten.

25

Sie war im Bad. Das Foto lag umgedreht auf dem Schränkchen neben der Spüle. Daneben waren die Accessoires ihrer täglichen Verrichtungen aufgereiht: die Parfüms, die Lotionen, der Nagellack, der Puder. Sie tat drei Deckelfüllungen Badeöl in die Wanne; nun glitt sie zurück in den Mutterschoß. Mit dem Waschlappen ließ sie das Wasser an ihrem Arm herunterlaufen, sah zu, wie es über ihre Haut perlte. Sobald sie ihr Bad beendet hatte, würde sie wieder die wandelnde, sprechende Aufziehpuppe namens Laura sein, parfümiert und geschminkt und den Anschein erweckend, als lebte sie richtig.

Wie genau sie sich an Annies bewundernde Worte erinnerte, damals, als sie noch acht Jahre alt war: »Du hast gehört, wie Carole daran gedacht hat, deiner Puppe die Haare abzuschneiden? Du hast Carole im Traum hinfallen gesehen?«

Annie hatte auch gesagt, daß es schön für Laura war, die Leute denken hören zu können, und daß es fast so wäre, als würde ihr ein Wunsch in Erfüllung gegangen sein. »So, als wenn du dich an Carole gerächt hättest«, sagte sie.

Die beiden hatten den ganzen Sommer darüber gekichert, sich darüber unterhalten, wie toll das doch wäre, sich rächen zu können, indem man sich bloß etwas wünschte, und der Wunsch dann in Erfüllung ging. Drei Sommer nacheinander amüsierten sie sich damit, geheime Listen von allen, die sie haßten, aufzustellen. Fast jeder, den sie kannten, kam darin vor: ihre Eltern, Lauras Schwester, Annies Bruder, die alte Frau, der der Gemüseladen gehörte. Sie schrieben sich auch all die Dinge auf, die mit ihnen passieren sollten. Annie wollte, daß ein riesiger Topf voller Rosenkohl vom Himmel fiel und ihre Mutter alles aufessen mußte.

Eines Sommers aber kamen die Spellmans nicht mehr an den Strand, was vielleicht auch nicht so schlimm war, denn indem sie älter wurde, kam Laura das alles gar nicht mehr so witzig vor.

»Laura.«

Ein Geräusch. Es klopfte.

Sie strich über die Narbe auf ihrem Schenkel, dachte daran, wie sie die Haut mit einem Rasiermesser aufgeschlitzt hatte, als sie fünfzehn war, und dann beobachtete, wie das Blut herauslief. Ihrer Mutter hatte sie erzählt, daß es ein Unfall gewesen war, daß sie sich geschnitten hatte, als sie sich die Beine rasieren wollte.

»Laura!«

Sie stieg aus der Wanne, legte sich ein Handtuch um und versuchte, ihre Stimme normal klingen zu lassen.

»Komm rein, Zach.«

Er machte die Tür auf und blieb davor stehen, während er ihr zusah, wie sie sich zurechtmachte. In letzter Zeit schien er sie dauernd zu beobachten. Konnte sie es ihm verdenken? Wie konnte er je verstehen, was sie getan hatte? So ein Geständnis abzulegen? Er hatte Angst vor einem Skandal.

Glaubte er, daß sie Rita Harmon umgebracht hatte? Sie lauschte, aber in ihren Ohren war ein Rauschen, als wäre sie plötzlich wieder unter Wasser getaucht worden. Sie hörte das tosende Geräusch, fühlte, wie es sich unter ihrer Haut ausbreitete. Sie konnte ihre Knochen auf dem Wasser schaukeln fühlen. Sie ertrank von innen.

»Laura«, sagte er, »wo bist du gewesen?«

Seine Gedanken hatte sie nie lesen können. Hatte sie ihn je geliebt? Sie war so glücklich, als er sie geheiratet hatte. Hatte sie geglaubt, daß die Ehe mit ihm sie normal werden lassen würde?

Nein. Sie konnte *überhaupt nicht* hören, was jemand dachte. Nur Wahnsinnige konnten anderer Leute Gedanken lesen. Es war in ihren Genen.

»Wo bist du gewesen?«

Zach stand hinter ihr, während sie Hautcreme in ihre Hände rieb. Sie konnte ihn im Spiegel sehen. Er hatte die Arme vor der Brust verschränkt. Er sah beinahe genauso aus wie an ihrem dritten Tag an der Universität von Pennsylvania, als sie ihn zum ersten Male getroffen hatte. Sie war in der Bibliothek gewesen und hatte in einem streckenweise verständlichen Wälzer mit dem Titel ›Einführung in die moderne Philosophie‹ gelesen. Ihr war aufgetragen worden, ein Kapitel über Existentialismus durchzuarbeiten. Sie hatte sich so sehr mit dem Thema identifiziert, daß sie stundenlang völlig versunken dasaß. Sie wußte, besser als jeder andere, wie isoliert der einzelne war. Plötzlich wurde sie in ihrer nüchternen, wenn auch naiven Selbsterkenntnis durch ein Paar Augen unterbrochen, die sie so intensiv ansahen, daß die Buchstaben vor ihr zu verschwimmen schienen.

Sie hatte aufgesehen, und da war er gewesen, die Arme vor der Brust verschränkt, die Augen –

»Ich habe dich gerade gefragt, wo du gewesen bist, Laura. Was zum Kuckuck ist denn mit dir los?«

»Ich war bei meinen Eltern.« Was war das für ein krächzendes Geräusch, das sie da in ihrer Stimme hörte? »Habe ich Rita umgebracht, Zach?«

Er sah sie nur an. Schließlich sagte er: »Ich weiß es nicht, Laura. Nur du weißt das.«

»Ich kann mich nicht daran erinnern, sie umgebracht zu haben.«

»Dann hast du es auch nicht getan«, sagte er, »es sei denn, du besitzt magische Kräfte, mit denen du töten kannst. Hast du solche Kräfte?«

Da war das Tosen. Wußte er nicht, daß sie ein Ungeheuer war? Sie konnte mit ihren Gedanken töten.

»Du bist runter bis nach Philadelphia gefahren?« fragte er.

Sie nannte ihm den Grund und gab ihm das Foto.

Er hielt es in der Hand. »Sie sieht fast aus wie dein Ebenbild, nicht wahr?«

Ja. Wie ein Ebenbild.

Sie lag im Bett und versuchte, in der Steppdecke zu versinken. Sie hörte das gleichmäßige Geräusch von Zachs Atem, seinen ungestörten Schlaf, das Rauschen des Windes, die Wellen, die leise auf den Strand spülten.

Ganz leise und vorsichtig stieg sie aus dem Bett und tapste nach oben auf den Dachboden. In der Dunkelheit bewegte sie sich wie eine Blinde. Sie blieb einen Augenblick stehen, dann schaltete sie eine einzelne Lampe an und nahm das Tuch von dem Bild auf der Staffelei herunter, dem ›Alptraum unter dem Mond‹. Die Gewitterwolken waren fast fertig. Sie würden mächtig und drohend sein, wenn sie soweit war, über einen blaßen gelben Mond hinwegrollen.

Sie mußte noch ein wenig an den Fleischtönen der Frau arbeiten, die nackt auf dem prunkvollen Sofa lag, an den Klauenabdrücken auf ihrem Gesicht. Aber der Dämon im Vordergrund war schon fertig. Die untere Hälfte seines Körpers bestand aus den Hüften und Beinen einer Frau, gemalt in warmen Rosa- und Ockertönen, die obere war eine Kreatur mit Fell, Klauen und Zähnen, die sich über die andere Gestalt beugte und sich das Blut von den Tatzen leckte. Sie nahm einen Pinsel, hielt inne, legte ihn wieder weg.

Sie kniff die Augen zu und versuchte, sich zu erinnern, ob sie Rita getötet hatte. Rita hatte angerufen, um ihre Verabredung abzusagen. Laura war ins Kino gegangen und dann nach Hause ins Bett. Sie war aufgewacht und hatte die Meldung über Rita in der Zeitung gesehen. Über jede Minute konnte sie Rechenschaft ablegen.

Aber sie erinnerte sich auch an jede Minute der Dinnerparty. Wie sie mit dem Mann vom Partyservice das Gemüse geschnitten, den ganzen Nachmittag versucht hatte, die Kinder irgendwie zu beschäftigen, damit sie ihr nicht dauernd im Wege waren, dann der Anruf von Bob Grandville, der nicht kommen konnte, Zach, der noch mit ihr ins Bett wollte, als jeden Moment die ersten Gäste kommen konnten. Sie erinnerte sich, wie danach ihre Haut gebrannt hatte. Und wie Rita sich praktisch auf Zachs Schoß niederließ (sie hatte doch nicht wirklich geglaubt, daß die beiden was miteinander hatten, oder?). Wie sie ein- und dasselbe Stück Kalbfleisch immer wieder durchgekaut hatte, ihre Kopfschmerzen, den Lärm in ihrem Kopf (manchmal so heftig, daß sie kaum etwas anderes hören konnte). Und sie erinnerte sich, wie sie auf ihre Hände heruntergesehen hatte, die da auf der weißen Tischdecke lagen, die Nägel rotlackiert. Sie konnte Rita weh tun. Zehn Finger, zehn Schlitze, zehn Kratzer, die sie mit ihren Nägeln auf diesem Gesicht hinterlassen konnte, zehn dünne, dunkle Ströme von Blut, die aus dem blassen gepuderten Fleisch sickern würden.

Sie machte die Augen wieder auf. Natürlich hatte sie Rita getötet. Sie hatte kein Messer und keine Pistole dazu gebraucht. Sie hatte es mit ihrer Wut gemacht. Es war alles irgendwie anders geworden.

Nur Hunde werden wütig.

Hatte sie gewußt, daß eine Zeit kommen sollte, in der sie wie in einer Spirale nach unten gezogen würde, immer schneller fiele, den Mund weit aufgerissen, während sie abwärts sauste, bis sie endlich in der Tiefe aufschlug, eine einzige Masse von Gewebe, Knochen und Fleisch?

Sie fürchtete sich nicht davor, auf dem Boden aufzuschlagen, sondern vor dem freien Fall. Und nun fiel sie, so schnell, daß sie den Fallwind auf ihrem Gesicht spüren konnte. Sie suchte nach einer Kante, einem Felsvorsprung, an dem sie sich festhalten konnte.

David, bitte: Sag mir, daß du weißt, was zu tun ist, hilf mir, eine Möglichkeit zu finden, mein Gehirn abzuschalten. Mein Gehirn rutscht über Eis, es findet keinen Halt, es ist völlig außer Kontrolle. Leg deine Arme um mich, schütze mich, halt mich fest, bis es mir wieder gutgeht.

Nur die Berührung deiner Fingerspitzen, und es geht mir gut ...

Sie träumte.

Sie war wieder ein Kind, lief durch einen langen Gang, in dem auf beiden Seiten vollgestopfte Regale standen und an dessen Ende nur Dunkel wartete. Geschirrtücher mit Abbildungen von Keksdosen darauf, Süßigkeiten, Sinatra-Platten, Toaster, Spielzeug. Eine Halloween-Maske, ein Sortiment Schraubenzieher, Flaschen mit Shampoo.

Es war der Laden ihres Vaters, wohin er sie an jedem Sonntag mitnahm – aber die Waren in den Regalen standen ganz durcheinander.

Am Ende des Ganges sah sie ihn auf einer Pritsche liegen, ein weißer Fleck vor dem schwarzen Hintergrund. Seine Haut war bleich, brüchig. Er lächelte und zog den Arm unter der Decke hervor. Sein Arm war sehr dünn, die Fingernägel lang und abgebrochen oder über seine Fingerspitzen gekrümmt.

Sie stand zwischen den Regalen und beobachtete ihn. Und sie war so wütend auf ihn, die Wut schäumte geradezu aus ihr heraus, wie schwarze Milch, die überkochte und sich über den Fußboden ergoß. Sie tobte, wütete. Aber sie sagte kein Wort. Sie tat nur das eine: Sie legte ihre Handfläche auf seine Brust, um das Schlagen seines Herzens zu fühlen – rhythmisch, schwach, aber gleichmäßig.

Und mit der Berührung ihrer Hand hörte das Geräusch plötzlich auf.

Sein Herz stand still.

Sie schrie, bevor sie auch nur die Augen geöffnet hatte.

26

Der Mann hörte das Heulen des Düsentriebwerks, das dumpfe Geräusch, mit dem das Fahrwerk am Boden aufsetzte. Er konnte fühlen, wie die Todeshexe jetzt versagte, wie IHRE Stärke nachließ, IHR Wille. Er war der Stärkere, und SIE würde die Hilfe, die SIE gesucht hatte, nie bekommen.

Irgendwer sprach zu ihm.

»Schnallen Sie sich bitte an.« Er erkannte die Stewardess. Sie war auf ihrer Runde durchs Flugzeug. Das machte nichts. Er war gut getarnt.

Er erwiderte ihr Lächeln.

»Ja, vielen Dank auch, Miss.«

Die Miss lächelte. Er sah ihr nach, als sie den Gang hinunterschritt.

Schnell, mit einer Berührung, hatte er die Perücke erfaßt, seine Kleider geglättet. Alles an seinem Platz. So war es schon einmal gewesen.

Er hatte die Stelle mit Bedacht gewählt, das Land gerodet und die kleine Hütte mit seinen eigenen Händen gebaut, dort am Flußufer, wo das Wasser schmutzig und rot war und das Rebengewächs so dicht, daß kein Sonnenlicht den Erdboden erreichte. An manchen Stellen war der Fluß beinahe einhundert Meilen breit, und überall tümmelte sich das Leben in ihm. Wesen, die nirgendwo sonst auf der Welt existierten, alle eingeschlossen in diesem vorbestimmten Lebenskreislauf.

Er holte tief Luft, sog den Odem von Geburt und Sterben ein, von Beute und Jäger. Die Todeshexe, das Raubtier, der Jäger. Er wußte noch, wie er aufgestanden war, ganz langsam, im Dunkeln den langen Flur hinuntergegangen war, das Geräusch der nackten Füße – Kinderfüße – auf dem hölzernen Boden, das Knacken der Dielenbretter, der Glasknauf, der sich drehte …

Das Blut. Der Vater, der Geliebte der Todeshexe, hatte sein Schicksal verdient. Der Vater war an seiner eigenen Schwäche gestorben. Dem Vater konnte der Mann am allerwenigsten vergeben.

Er hatte zu tun. Er machte sich daran, das Holz, das er so sorgsam gelagert und hatte trocknen lassen, in die Lichtung zu schleppen und es ordentlich aufzuschichten. Er nahm ein Bündel und packte es oben auf den Stapel, riß ein Streichholz an und hielt es an das Holz. Dann blieb er einen Augenblick lang stehen und sah zu, wie sich die Flammen um das Tuch schlossen.

Er erinnerte sich noch, wie er einmal unvorsichtig gewesen war. Es schüttelte ihn. Obwohl er alles geplant – sein ganzes Leben dem Plan gewidmet hatte –, alle Hindernisse überwunden und sich mit manchen Idioten herumgeplagt hatte, hatte er sich doch diesen einen Augenblick der Schwäche geleistet. Und obwohl sein Leichtsinn nichts am Gelingen des Planes ändern würde, konnte er Schwäche doch nicht vergeben – vor allem sich selber nicht. Es mußte eine Bestrafung erfolgen. Vielleicht sollte er seine Hand ins Feuer halten, sie dort lassen, bis sie ein verkohlter Stumpf war.

Langsam führte er seine Hand in die Flammen, spürte die sengende Hitze, als das Feuer begann, an seinem Fleisch zu lecken. Ja. Das würde gut sein. Aber später, jetzt noch nicht. Noch durfte er nicht mit einem so deutlichen Erkennungszeichen herumlaufen. Er zog die Hand zurück und wandte sich zum Gehen.

Die zweite Phase des Planes würde bald anlaufen, leicht abgeändert, den Umständen angepaßt. Es war Zeit zurückzukehren, diese zweite Phase in die Wege zu leiten, in der die Todeshexe zu Fall gebracht werden würde.

27

Stan Friedland rief an, um von den Vorbereitungen zu berichten, die er für Lauras Testprogramm an diesem Wochenende getroffen hatte, und um David kurz über das Rockham Institute und Niles Martin ins Bild zu setzen.

Das Hauptgebäude des Instituts und die dazugehörigen zweiunddreißig Hektar Weideland hatten dem verstorbenen E. Marley Rockham gehört, einem exzentrischen Milliardär, der die Erforschung des Okkulten als ein Steckenpferd betrieb, dem er beinahe sein ganzes Leben gewidmet hatte. Er umgab sich mit denen, die seine Interessen teilten, während seine Familie mit jedem erdenklichen juristischen Winkelzug versuchte, ihn für unmündig erklären zu lassen und Zugriff auf sein Finanzimperium zu erlangen. Ungeachtet der Tatsache, daß Rockham gegen Ende seines Lebens zu der Überzeugung gelangt war, er sei die Reinkarnation irgendeines obskuren babylonischen Königs, schlugen ihre Bemühungen fehl. Niles Martin, der sich Rockham in seinen späten Lebensjahren angeschlossen hatte, wurde als Universalerbe eingesetzt, um mit dem Vermögen ein Institut aufzubauen, das sich mit der Erforschung des Übernatürlichen befaßte.

»Martin kommt aus akademischen Kreisen«, erklärte Stan. »Reiche Familie, wenn auch nicht so gewaltig wie Rockham. Abschlüsse in Psychologie an der Columbia und in Oxford, Forschungsauftrag in Berkeley. Da hat er angefangen, sich mit Parapsychologie zu beschäftigen. Ich sollte dich vielleicht warnen, David. Der Knabe ist spitze, aber er kann einem auch ganz hübsch auf den Wecker gehen.«

»Wie das?«

Stan lachte. »Man könnte sagen, er wäre recht eigen, wichtigtuerisch und arrogant, aber das würde ihm nicht gerecht werden.«

Das Urteil bestätigte sich, als David am nächsten Tag mit Martin telefonierte. Er bekam das Gefühl, Laura und er würden zu einer Audienz beim Papst vorgelassen.

»Sie werden etwa zweieinhalb Stunden unterwegs sein. Seien Sie bitte so pünktlich wie möglich am Freitag gegen acht Uhr abends hier, Dr. Goldman.«

»Ich werde mich bemühen.«

»Übrigens, seien Sie vorsichtig wegen der Gärten.«

»Gärten?«

»Ja. Wir haben ein paar äußerst seltene Pflanzen in unseren Institutsgärten.«

David hatte seit ihrem Zusammenstoß mit Culligan auf der Straße nur einmal etwas von Laura gehört. Er hatte Nachrichten für sie bei ihr zu Hause hinterlassen, vor allem, nachdem sie am Mittwoch nicht zu ihrem Termin erschienen war, und am Donnerstagnachmittag hatte sie ihn dann endlich angerufen. Sie hatte sich am Telefon furchtbar angehört, als könnte sie nur mit Mühe sprechen, doch als er sie fragte, was mit ihr wäre, weigerte sie sich, ihm etwas zu erzählen, außer, daß sie bei ihrem Vater gewesen wäre. David berichtete ihr von dem Termin, den er für sie ausgemacht hatte. Sie fragte, ob er mitkäme. »Aber sicher. Wir werden drei Tage im Institut verbringen. Niles Martin sagt, so lange brauchen sie für gewöhnlich, bis alle Tests gemacht sind.«

»Na schön«, sagte sie. »Zach ist bis Freitagabend wieder einmal geschäftlich unterwegs. Ich werde ihm einen Zettel dalassen, daß ich übers Wochende zu Annie gefahren bin.«

»Warum können Sie ihm nicht die Wahrheit sagen?«

Schweigen. »Das würde er nie begreifen.«

Zum ersten Male konnte David sich mit dem Mann identifizieren. Auch er begriff nichts, noch wußte er, ob er das Richtige tat. »Laura«, sagte er so freundlich wie er konnte, »der Sinn der Therapie ist nicht, Ihnen besser das Lügen beizubringen.«

»Mein ganzes Leben ist eine Lüge.«

Am Freitag kam Laura um halb fünf in Davids Praxis. Sie trug eine Art Matrosenanzug und hatte einen kleinen Koffer dabei. Über dem Arm hatte sie einen schweren Regenmantel. Die Tage wurden jetzt kühler, und Feuchtigkeit lag in der Luft.

Er sah sie genau an. Irgend etwas war offenbar passiert. Ihr Gesicht war blaß und eingefallen, und sie hatte sich auch nicht geschminkt. Er wollte aber nicht darauf eingehen, sondern lieber losfahren, doch nicht nur, weil Niles Martin sie um acht erwartete. Er war sich nämlich auch nicht ganz sicher, ob er überhaupt wissen wollte, was mit Laura geschehen war.

Schweigend fuhren sie dahin, bis David sie fragte, ob sie Musik hören wolle. Sie nickte. Er legte eine Mozart-Kassette ein, die sie sogleich als Sinfonie Nr. 25 in g-moll identifizierte.

Sie gaben sich ganz dem Genuß der Musik hin. Laura schloß die Augen, und David warf ihr gelegentlich einen verstohlenen Blick zu. Ihre Züge kamen ihm nicht mehr so scharf geschnitten wie früher vor; ihre kräftigen Backenknochen wirkten beinahe hager, und auch ihr Haar schien etwas von seinem Glanz verloren zu haben. Es war, als verfiele sie, hier unmittelbar vor seinen Augen. Er wußte, daß er nichts dagegen tun konnte, es mit dieser kleinen Reise am Ende noch verschlimmerte, indem er ihren Zwangsvorstellungen auch noch Vorschub leistete.

Er versuchte, sich auf die Landschaft zu konzentrieren, die an ihnen vorüberhuschte, das Licht des Nachmittags, das in die Dämmerung überging, die orangerote Sonne, die hinter dem Horizont versank.

»Haben Sie Hunger, Laura?«

»Nein. Aber wenn Sie eine Pause machen wollen, bitte.«

Er fuhr an der nächsten Ausfahrt ab und ging mit ihr in ein Restaurant, wo sie an einem Tisch in einer abgelegenen Ecke Platz nahmen. Er bestellte Nr. 5, das gebratene

Hähnchen. Laura wollte einen Salat, in dem sie dann nur lustlos herumpickte.

»Erzählen Sie mir«, begann er, »erzählen Sie mir, was geschehen ist.«

Sie sah ihn an, legte ihre Gabel hin und suchte etwas in ihrer Handtasche.

»Möchten Sie mal ein Bild von Sophie Zophlick sehen? Mein Vater hat es mir gegeben.«

Sie holte ein kleines Foto aus der Tasche und gab es ihm. Es war ganz offensichtlich schon sehr alt, aber die Frau darauf sah Laura atemberaubend ähnlich! Kein Wunder, daß Sam Gardner... »Ganz schöne Ähnlichkeit, nicht wahr?«

David nickte.

»Sie ist 1935 nach Darlington eingewiesen worden, hat mein Vater gesagt. Und dann hat er nie wieder von ihr gehört. Bis zu dem Mord. Dann hat jeder von ihr gehört.«

David drehte das Foto um und sah das Datum auf der Rückseite: 1937. Aber was machte diese Frau denn mit Perlen behängt, als wollte sie zu einem Rendezvous gehen, in einem Fotostudio – zwei Jahre nach ihrer lebenslänglichen Einweisung in ein Heim für Geisteskranke? Wollte sie zu einem Stelldichein, wie Culligan es ausdrücken würde?

»Das erklärt einiges«, sagte Laura. »Wieso sich mein Vater mir gegenüber so verhalten hat. Es muß furchtbar für ihn gewesen sein, mich so aufwachsen zu sehen, seiner Schwester immer ähnlicher werdend. Und jetzt habe ich...«

»Was haben Sie, Laura?«

»Ihn umgebracht.« Sie erzählte ihm, was geschehen war, als sie ins Haus ihrer Eltern kam, um ihren Vater mit ihrem Wissen um Sophie Zophlick zu konfrontieren. Sie erzählte ihm auch von ihrem Traum in der Nacht darauf.

»Unter diesen Umständen ist es völlig natürlich, daß

Sie träumen, Ihr Vater würde sterben«, sagte David. »Sie waren wütend auf ihn, weil er Ihnen etwas vorenthalten hat, und das wissen Sie, Laura. Machen Sie sich keine Vorwürfe, weil Sie das geträumt haben.«

»Soll ich mir auch keine Vorwürfe machen, wenn er jetzt wirklich stirbt?«

Konnte er ihr mit Gewißheit sagen, daß ihr Vater nicht sterben würde? Der Mann war immerhin schon in den Sechzigern.

»Er ist nicht gestorben, Laura.«

»Er hat schon zwei Herzinfarkte gehabt.«

»Also schön. Der Inhalt des Traumes ist vollkommen erklärbar. Er ist in Ihrem Unbewußten entstanden und nährt sich aus Ereignissen und Umständen, die bereits zuvor in Ihrem Gedächtnis gespeichert waren, also zum Beispiel der Herzschwäche Ihres Vaters.«

Sie weinte. »Ich hätte gar nicht erst hinfahren sollen. Er ist ein alter Mann. Ich hätte ihm seine Ruhe lassen sollen.«

Als sie wieder im Wagen saßen, sagte er: »Laura, ich möchte Sie etwas fragen. Wenn Sie alles hätten haben können, was Sie sich wünschten, was hätten Sie sich gewünscht?«

»Ich wollte immer gut sein, aber wie ich es auch angestellt habe, ich bin es nie gewesen.«

»Wer hat gesagt, daß Sie nicht gut wären?«

»Ich habe Ihnen gesagt, daß die Menschen nichts zu mir *sagen* müssen. Ich weiß doch, was sie denken.«

Er versuchte sich vorzustellen, wieviel dadurch bei einem Kind, ja, bei jedem, zerstört werden konnte. Sollte er ihr glauben?

»Wenn mir Einsicht zuteil geworden ist«, sagte sie sinnierend, »warum dann nicht auch Weisheit?«

Ja.

»Wenn doch alles wieder nur so wäre, wie es vorher war.«

»Vor was?«

»Bevor alles anders geworden ist.«

»War es vorher so viel besser?«

Sie verkrampfte die Hände. »Ich habe nie so viel vom Leben erwartet.«

»Haben Sie nie glücklich sein wollen, Laura?«

»Glücklich?«

Er erwiderte nichts. Er war sich nicht einmal sicher, ob sie wußte, was das Wort bedeutete.

Sie verließen den Interstate, fuhren weiter über einige Nebenstraßen und fanden dann den Orientierungspunkt, eine Reihe Kiefern, die stattlich aus einem dichten Dunst hervorragten, von dem das Schild mit der Aufschrift »Dapplewood Road« fast völlig verschluckt wurde.

Etwa eine Meile weiter kamen sie zu den Ziegelsteinsäulen mit der unauffälligen Tafel »Rockham Institute« und fuhren zwischen zwei Reihen von Eichen hindurch, deren Spitzen sich trafen und einen grünen Tunnel bildeten. Dann erreichten sie eine Lichtung.

Nun sah David, warum Martin ihn auf die Gärten aufmerksam gemacht hatte. Die lange Auffahrt war auf beiden Seiten von gewaltigen Figuren umgeben, Tierfiguren, reale und mythologische. Ein Löwe setzte zum Sprung an, da gab es eine Giraffe, einen Zentaur, einen Bären, etwas, was ein riesiger Seehund mit Pferdehufen sein mochte . . . und alle waren aus *Hecken* geschnitten.

»Das müssen ja Hunderte sein«, sagte Laura.

Langsam fuhren sie durch den sonderbaren, stillen Zoo auf das mächtige Haus zu, das vor ihnen lag.

»In der Nähe von Philadelphia, in den Longwood Gardens, hat es mal einen Garten mit solchen beschnittenen Sträuchern gegeben«, sagte Laura. »Aber das war nichts im Vergleich zu dem hier.« Sie sah ihn an und lachte. »Wissen Sie eigentlich, wie schwierig es ist, eine Hecke auch nur rundzutrimmen?«

Auch er mußte lachen. »Keine Ahnung. Das einzige,

was ich je getrimmt habe, war der Schnurrbart, den ich früher mal getragen habe.«

Niles Martin begrüßte sie in einem riesigen Foyer mit Marmorfußboden, das von einer eindrucksvollen, gewundenen Treppe dominiert wurde. Auf der oberen Etage konnte David eine Porträtgalerie erkennen. Und überall waren *Dinge* – Kunstwerke, Antiquitäten, Kuriositäten, die unterschiedlichsten Sammlungen.

»Ich hoffe, daß Sie der erste Anblick unseres kleinen Schlosses nicht verschreckt hat«, sagte Martin. »Eines der wenigen Herrenhäuser aus der Normandie, die es in Amerika gibt. Rockham war ein Originalitätsfetischist.«

Martin entsprach weitgehend der Vorstellung, die sich David von ihm gemacht hatte: groß, schlank, mit leiser Stimme und vollem Bart. Er trug einen abgewetzten olivgrünen Pullover und eine altväterliche Nickelbrille.

»Das ist vielleicht ein Garten«, sagte David.

»Nicht gerade der erste Eindruck, den *wir* gerne erwecken möchten, aber Mr. Rockham hat eindeutig bestimmt, daß die Gärten und das Haus nicht verändert werden dürfen.«

»Es wäre aber doch zu schade, wenn man die Gärten entfernen würde«, sagte Laura. »Es muß ja Jahre gekostet haben, das zu erschaffen.«

»Zwölf Jahre, um es genau zu sagen. Mr. Rockham hatte einen Künstler aus Kyoto mitgebracht.« Er lächelte. »E. M. Rockham war so eine Art Abenteuerreisender, sowohl in der spirituellen Welt als auch in der realen. Haben Sie schon zu Abend gegessen?«

»Wir haben unterwegs eine Pause gemacht.«

»Dann zeige ich Ihnen jetzt Ihre Zimmer, und danach führe ich Sie ein wenig herum.«

Er nahm Lauras Koffer und ging ihnen auf der Treppe voraus. Oben angekommen, fiel Davids Blick auf das zentrale Porträt, ein großes, in Gold gerahmtes Gemälde, das einen distinguierten jungen Mann mit grauem Haar, einem eindrucksvollen Schnurrbart und einem Monokel darstellte.

»Darf ich vorstellen? E. Marley Rockham«, sagte Martin und trat unter das Bild. »Unser Wohltäter und Hausgeist. Sie werden bemerken, wie inkongruent die Arbeit ist. Er hat es in seiner Jugend anfertigen lassen und den Maler dann über die Jahre mit dem Älterwerden mehrere Male wiederkommen lassen, um die Haarfarbe anzupassen und das Monokel hinzuzufügen.« Die Zimmer, in die er sie führte, waren klein, aber komfortabel eingerichtet.

»Machen Sie sich doch erst einmal frisch, und ich koche uns inzwischen Kaffee. Glauben Sie, daß Sie den Weg nach unten wiederfinden?«

Laura sagte ja, aber David war sich nicht so sicher.

»Schön. Ich erwarte Sie dann in der Bibliothek. Sie befindet sich gleich neben der Eingangshalle.«

Davids Zimmer war voller teurer Möbel, obwohl jedes einzelne Stück deutliche Gebrauchsspuren aufwies. Das einzige Fenster erlaubte einen Blick auf den Skulpturengarten. Der Garten war so angelegt, daß ein äußerer Kreis von kleinen Tieren nach und nach immer größer und weniger realistisch werdende Kreaturen umgab – einen Elefanten mit fünf Stoßzähnen, den Zentauren, den Seelöwen mit den Pferdehufen – und sie alle blickten zu der Figur in der Mitte hin, die einen riesigen Greif darstellen mochte, obwohl David näher hätte herantreten müssen, um es genau zu sehen.

Es klopfte an der Tür. Er machte auf und trat zu Laura auf den Korridor hinaus, die eine weiße Stoffhose und einen schwarzen Pullover angezogen hatte. Sie machten sich auf den Weg nach unten und fanden schließlich auch die Bibliothek, wo Martin vor einem lodernden Kaminfeuer in einem bequemen Lehnstuhl saß und las.

Martin führte sie durch die »wissenschaftliche Abteilung« des Hauses – die Traumkammern, die Computer, diverse Instrumente, mit denen man galvanische Hautveränderungen messen konnte, Elektroenzephalographen, audiovisuelle Systeme, mit denen Entspannungsübungen durchgeführt wurden – und dann zurück in die Bibliothek zum Kaffee.

David hatte den Eindruck, daß sich auch Martin bewußt war, daß dieses riesengroße Haus eher eine Frankensteinsche Schreckenskammer beherbergen sollte als ein wissenschaftliches Forschungszentrum – und es vorgezogen hätte, wenn die unermeßlichen Gaben seines Wohltäters ein wenig bescheidener und weniger protzig ausgefallen wären.

Beim Kaffee bekamen sie einen kurzen Abriß der Geschichte des Institutes zu hören, einschließlich aller Hindernisse, die Martin bis zu seiner Etablierung hatte überwinden müssen. Mehr als einmal sprach er von den »Nichtsnutzen«, womit er all diejenigen verunglimpfte, die nicht an sein Werk glauben mochten, darunter auch Mitglieder seiner eigenen Familie und seine eher konservativ eingestellten Kollegen. Eiderman, ein skeptischer Professor aus Oxford, war »ein guter Mann, aber ohne eine wahre, umfassende Vision, ohne Originalität«. Der war auch so ein »Nichtsnutz«. Selbst E. M. Rockham stellte sich in der abschließenden Analyse als »Nichtsnutz« heraus.

Martin lehnte sich in seinem mit plüschigem Brokat bezogenen Sessel zurück und paffte seine Pfeife. »Rockham«, fuhr er fort, »hatte seinen Ruf, ein Exzentriker zu sein, wohlverdient. Er glaubte an etwas, aber aus den verkehrten Gründen. Er suchte, aber nicht auf die richtige Art und Weise. Der Mann war ständig mit dem Versuch beschäftigt, mit verstorbenen Angehörigen und Vorfahren Kontakt aufzunehmen. Manchmal ist er hier im Haus in seinem Pyjama herumgerannt und hat mit den Geistern der Toten geredet.« Paff, paff. »Es war alles schon ziemlich grotesk«, schloß er ohne eine Spur Amüsiertheit.

David konnte sich nur schwer die Frage verkneifen,

wieso dieser stümpernde Nichtsnutz dann eigentlich Martins Wohltäter geworden war. Trotz seiner merkwürdigen Art war er doch von Martin fasziniert und gleichzeitig erleichtert, daß er in einem fort redete.

Nachdem er seine Zusammenfassung der Geschichte des Instituts beendet hatte, sagte Martin zu Laura, daß er so wenig wie möglich über sie wissen wollte – »um unvoreingenommen an die Versuche gehen zu können«, erklärte er.

Als sie ihn nach dem Grund fragte, ließ er einen längeren esoterischen Vortrag über Fehlerquellen in Statistiken und den Aufbau parapsychologischer Versuche vom Stapel. David beobachtete Laura im Schein des Kaminfeuers, sah dem Spiel von Licht und Schatten auf ihrem Gesicht zu. Sie wirkte ruhig und gefaßt. Gewiß konnte Martin nicht die Verzweiflung ahnen, die unter dieser sorgsam aufgesetzten Maske steckte.

»Mein wesentliches Ziel beim Aufbau dieses Institutes«, sagte Martin gerade, »ist es gewesen, das parapsychologische Forschungsgebiet in das gängige psychologische Denken einzuführen. PSI ist ein existierendes Phänomen und kann ebenso wissenschaftlich untersucht werden wie jedes andere Phänomen. Es gibt natürlich Fälle spontanen Auftretens parapsychologischer Fähigkeiten, die im Laborversuch nicht wiederholt werden können. Ich würde sagen, daß neunzig Prozent der Bücher in dieser Bibliothek solche Fälle beschreiben. Ich aber interessiere mich vornehmlich für solche Effekte, die reproduzierbar, meßbar, erfaßbar sind.«

Mit dem Fortschreiten des Abends beschlich David das vage Gefühl, daß Martin zwar die überwiegende Zeit redete, durch die wenigen Fragen aber, die er unmittelbar an David richtete – über Psychiatrie, über gemeinsame Bekannte, über seine Zusammenarbeit mit Stan vor einigen Jahren –, Laura sehr viel mehr über Davids Privatleben erfuhr, als sie eigentlich sollte. Obwohl er sich bemühte, so wenig wie er konnte über sich zu enthüllen, ohne

Martin vor den Kopf zu stoßen oder es zu offensichtlich werden zu lassen, daß er sich mit Informationen zurückhielt, war er bei dem Gespräch doch oft gezwungen, zuviel auszuplaudern. Er wußte natürlich, daß er in seinen Gedanken *ohnehin* schon viel zu weit gegangen war. Es erleichterte ihn ungemein, als Martin endlich vorschlug, man solle nun zu Bett gehen.

Als sie oben vor Lauras Tür standen, sagte sie: »Er glaubt nicht, daß ich ein geeignetes Medium abgeben werde.«

»Vielleicht beweisen Sie ihm das Gegenteil.«

»Und was dann?«

Sie schloß die Tür hinter sich. David trat in sein eigenes Zimmer, zog sich aus, nahm ein dampfend heißes Duschbad und fiel danach ins Bett, um dann, wie es ihm vorkam, stundenlang wachzuliegen. Lauras Anwesenheit im Nebenzimmer war ihm auf unangenehme Weise bewußt. Einmal hörte er sie leise weinen. Er wäre am liebsten zu ihr gegangen. Weinte sie im Schlaf oder lag sie wach wie er und starrte im Dunkeln die Umrisse des Zimmers an?

Er durfte nicht lauschen, und er durfte auch nicht zu ihr gehen. Selbst wenn er diesen gefährlichen Schritt unternahm, hatte er doch keine Ahnung, was er tun konnte, um sie zu trösten. Und wenn er aufstand, in seinem Zimmer umherging oder auf den Flur hinaustrat, würde sie ihn hören. Also blieb er liegen, erstickte unter der Last ihrer Traurigkeit, gezwungen, sich ihren Kummer anzuhören, ihn sich vorzustellen, zu spüren, bis er endlich, lange nach Mitternacht, in einen ruhelosen, immer wieder unterbrochenen Schlaf fiel.

Nach dem Frühstück begleitete David Niles Martin, Laura und Martha Ivery, die Assistentin des Institutsdirektors in den Ostflügel und stand dabei, als Martin Laura in einen Behandlungsstuhl setzte, an ihren Händen, über ihrem Herzen, an den Schläfen und hinter ihrem rechten Ohr Elektroden befestigte. Die Drähte führten alle in ein Kästchen hinter dem Stuhl, das seinerseits mittels Leitungen an einen Elektrokardiographen angeschlossen war, dessen Aufzeichnungen von einem Apple-II-Mikrocomputer im Nebenraum ausgedruckt wurden. Dann nahm Martin Lauras Körpermaße, während er die ganze Zeit erklärte, was er da so machte.

»Damit messen wir Augenbewegungen, Hautreaktionen, Pulsschlag und so weiter. Wir müssen genau feststellen, was für physiologische Veränderungen auftreten.«

Der erste Test sollte damit beginnen, daß Laura sich auf einer großen weißen Projektionswand, die vor dem Stuhl aufgebaut war, zu ihrer Entspannung einen Film ansah. »Versuchen Sie, sich zu entspannen«, sagte Martin. »Aber schlafen Sie bitte nicht ein.«

»Ist das wie meditieren?«

Er lächelte, drückte ihr einen Satz ASW-Karten in die Hand – die übliche Kombination von fünf Zeichen, Stern, Kreis, Quadrat, Kreuz und drei parallel verlaufenden Wellenlinien. »Martha hat im Nebenzimmer einen ganzen Stapel davon vorbereitet. Während des ersten Tests wird sie Ihnen gegenübersitzen und die Karten nach und nach umdrehen. Ihre Aufgabe wird darin bestehen, sich auf die Karten zu konzentrieren und zu versuchen, in Ihrer Vorstellung ein Bild davon zu entwickeln, welche Karte sie gerade hochhält.«

David gab Laura einen beruhigenden Händedruck und ging dann in den anderen Gebäudeteil zurück. Vor einer offenstehenden Konferenztür hielt er einen Augenblick lang inne, um einer Diskussion darüber zuzuhören, ob bei der Erfassung statistischer Daten Zufallsquotienten oder eine zugrundeliegende Gesetzmäßigkeit zu berücksichtigen waren. Es ging dabei um einen Pearson-Koeffizienten bei der statistischen Analyse irgendwelcher vorliegenden Daten. Dann machte er sich zu einem Spaziergang über das Gelände auf. Es war ein wunderschöner Oktobertag, der Himmel war blau und wolkenlos, die Luft klar und frisch, und die goldenen Blätter spielten im Licht der Herbstsonne. Als er durch den Skulpturengarten schritt, vernahm er das aufdringliche laute Kreischen einer Maschine und entdeckte schließlich auch den Ursprung des Geräusches – einen Mann, der auf einer sehr hohen Leiter, die gegen die Bärenskulptur gelehnt war, stand und mit einem elektrischen Heckenschneider operierte. David blieb einen Augenblick unterhalb der Leiter stehen, sah dem Mann bei seiner Arbeit zu und wandte sich dann zu einem dichter bewaldeten Teil des Grundstücks einige hundert Meter weiter.

Ihm, der in der Großstadt lebte, wo ihm nur gelegentlich ein inmitten Beton eingepflanztes ärmliches Bäumchen begegnete, fiel jetzt auf, daß er vollkommen vergessen hatte, wie spektakulär die ganze Pracht der Herbstblätter sein konnte – rote und gelbe und orangene Blätter, die so strahlend leuchteten, daß man meinen konnte, sie wären angemalt. Er fühlte sich an seine Kindheit erinnert, an die Tage, die er damit zugebracht hatte, nach Schulschluß im Garten hinter dem Haus zu spielen, die Lunge voller frischer, klarer Luft, und sich durch Haufen von trockenen, knackenden Blättern zu wühlen; ein spontan einberufenes Footballspiel; die hektische Jagd nach Süßigkeiten an Halloween; der angenehm beißende Rauch brennenden Laubes; der Anblick all der Väter, die entlang der Straße wachten, jeder neben seinem eigenen kleinen Scheiterhaufen. Er fragte sich, ob Laura auch so schöne Erinnerungen hatte – oder ob ihr Schmerz sie sämtlich ausgelöscht hatte?

Es war Sonntag, der dritte Abend. Durch die Glasscheibe konnte David Laura sehen, die auf der Pritsche in Traumkammer Nr. 1 lag. Kleine Saugnäpfe mit Elektroden an ihrer Stirn und an ihren Schläfen waren mit Drähten verbunden, die wiederum an einen Computer am Kopfende der Liege angeklemmt waren. Vom Computer führte ein schwarzes Kabel in den Raum, in dem er und Martin standen. Der Ostflügel war wie ein Wagenrad aufgeteilt, eine Runde von Untersuchungskammern mit Spiegelscheiben, die um den mittleren, schallgedämpften Beobachtungsraum gruppiert waren.

In einer weiteren Kammer konnte er Martha Ivery sehen. Während der vergangenen Tage hatten sie und eine andere Frau ständig mit Laura gearbeitet. In zahlreichen Versuchen hatte Laura die Abfolge von Karten, mit Computern erzeugte Bilder, Nummern, Würfelergebnisse erraten, vorhersagen, beeinflussen oder verändern sollen. Auch eine Maschine, die zufällige Zahlenfolgen produzierte, war dabei im Spiel gewesen, und Gott weiß was noch alles. David hatte keine Vorstellung, ob Laura bei all dem zufriedenstellende Ergebnisse lieferte, ja nicht einmal, worin ein Erfolg überhaupt bestehen würde. Martin vertröstete ihn immer wieder, indem er erklärte, er wolle zunächst sämtliche Resultate beisammen haben, bevor er sich dazu äußerte.

Aber David wußte, wie schwer das alles für sie sein mußte, zu versuchen, ihre Kräfte zu beweisen und gleichzeitig den Wunsch zu haben, es nicht zu tun, die Entwürdigung durch all die Elektroden, die an ihren Körper angeschlossen waren. Und natürlich die ständig gegenwärtige Angst um ihren Vater. Sie so zu sehen, an Apparate gefesselt, erinnerte David an den immer wiederkehrenden Traum, von dem sie ihm damals im Januar erzählt hatte, den Traum aus ihrer Kindheit: die Schocktherapie, der Fall.

David konnte das Summen des Elektroenzephalographen hören, der die Linien ausdruckte, die Lauras Gehirnströme und ihre Augenbewegungen wiedergaben.

Martin nahm ein Blatt von einem Tisch und gab es ihm. Darauf waren Felder für Versuchsperson, Zielvorgabe, Traumprotokoll, Versuchsleiter, Datum, Nummer und Bemerkungen vorgedruckt. Daneben sollte der Versuchsleiter die Zahl einkreisen, die am ehesten zum Ausdruck brachte, wie nahe der Traum der Versuchsperson der Zielvorgabe gekommen war. Die Skala ging von eins für sehr große Übereinstimmung bis zwanzig für völlig fehlende Übereinstimmung.

David konnte nicht umhin, beeindruckt zu sein. »Sind alle Ihre Versuche so exakt?« fragte er Martin.

»Wir versuchen sie so objektiv wie möglich zu halten. Die Sache ist nämlich die, daß Parapsychologie sich in einem ganz entscheidenden Punkt von jeder anderen Wissenschaft unterscheidet. Die Leute bejubeln jeden unserer Mißerfolge anstatt unsere Fortschritte.«

»Das wundert mich, wenn ich daran denke, welches Interesse diesen Dingen zur Zeit überall entgegengebracht wird.«

»Ein paar Filmstars lassen sich darüber aus und plötzlich hat jeder eine Wiedergeburt erlebt. Ich bin Wissenschaftler, kein Voodoomedizinmann. Ich baue meine Experimente so auf, daß meine *Kollegen* keine Fehler ins Feld führen können, um meine Ergebnisse in Zweifel zu ziehen.«

»Wie sind Sie überhaupt auf diese Forschungen gekommen?«

Er lächelte. »Ich wünschte, ich könnte von mir sagen, ich hätte selber eine außersinnliche Wahrnehmung gehabt, aber das Glück ist mir nicht zuteil geworden.«

»Laura würde nicht sagen, daß ihr damit ein Glück zuteil geworden ist.«

»Wahrscheinlich nicht.« Er sah David an. »Na, jedenfalls bin ich vermutlich auf demselben Wege darauf gekommen, wie Sie Psychiater geworden sind. Sie haben jemanden getroffen, den Sie bewunderten, und derjenige ist dann Ihr Mentor geworden, Sie haben irgend etwas gelesen, was Sie fasziniert hat, Sie sind durch Zufall auf eine Aufgabe gestoßen, die Ihnen bedeutsam erschien. Sie interessieren sich für die Geheimnisse des Lebens. So wie ich. Es gibt da wirklich keine großen Unterschiede.«

Martin ging hinüber zu dem Apparat, auf dem nun eine Reihe von winzigen Leuchtpunkten zu sehen war. »Das sind die Schwachstrom-Thetawellen ihres Enzephalogrammes. Sie tritt jetzt in die erste Phase des Tiefschlafes ein, bei dem wir ihre Augenbewegungen messen wollen.« Er drückte auf einen Knopf, beugte sich über das Mikrofon und sagte: »Bitte anfangen.«

Martha Ivery zog aus einem der braunen DIN-A4-Umschläge, die vor ihr auf dem Tisch lagen, eine große Zeichnung hervor, schloß die Augen, öffnete sie wieder und starrte das Bild an. Es war eine Reproduktion von Edouard Manets ›Flötenspieler‹.

»Wir haben etwa zwanzig Minuten, bevor wir sie aufwecken müssen, um sie zu fragen, was sie geträumt hat«, sagte Martin und nahm eine Tonbandkassette aus einem der Schränke. »Warum erzählen Sie mir nicht solange, womit wir es Ihrer Meinung nach hier ganz konkret zu tun haben?« Er ließ die Kassette ins Tapedeck gleiten, schob David das Mikrofon hin und drückte die Aufnahmetaste.

David war dieser Überheblichkeit müde. »Warum erzählen *Sie* mir nicht, was Ihre Meinung ist?«

Er sah David an, trat an die Scheibe, wo er eine Weile stehenblieb und die schlafende Laura beobachtete. Endlich wandte er sich wieder David zu.

»Ich würde mal sagen, daß wir hier das begabteste Medium vor uns haben, das ich je gesehen habe. Wahrscheinlich auch das begabteste Medium, das überhaupt je untersucht worden ist.«

David fiel keine Antwort ein.

Martin ging zu einem Tisch, nahm einen Stapel Computerausdrucke in die Hand und blätterte darin herum.

»Telepathie. Präkognition. Hellseherei. Die Werte sind absolut unglaublich. Meine Güte, es ist ja fast, als könne sie die Vorgaben *sehen.* Als ob ...«

»Sie ein zweites Paar Augen hätte?«

»Beschreibt sie das so?«

David seufzte. »Sie glaubt ein Mutant zu sein.«

»Ein Mutant?«

»Meine erste Diagnose war natürlich, daß sie schizophren ist. Ihre Reaktionen deuteten voll und ganz auf eine Psychose.«

»Aber das stimmt doch nicht, oder?«

»Keineswegs.«

David setzte ihn knapp und kurz über ihre Vorgeschichte in Kenntnis, ihre lebenslangen Zwangsvorstellungen, ihre hauptsächliche derzeitige Wahnvorstellung (konnte er es immer noch eine Wahnvorstellung nennen?), derzufolge ihre Gefühle in der realen Welt Konsequenzen nach sich zogen. Er beschrieb ihm auch die Umstände des Mordes, erzählte von ihrem Geständnis, von seiner ursprünglichen Behandlung einer depressiven Psychose.

»Und Sie sagen, sie hätte von den Einzelheiten des Verbrechens gewußt?«

»Nicht nur das, sie glaubt, daß sie das Verbrechen *ausgelöst* hat. Und dann ist da noch dieser Detective ...«

»Der glaubt, daß sie es gewesen ist?«

»Genau.«

»Sie könnte den Mord einfach vorhergesehen haben. Für eine Frau mit ihren Fähigkeiten ...«

»Nein. Sehen Sie, genau das ist es. In ihrer Vision hat *sie* der Frau mit ihren Nägeln das Gesicht zerkratzt.«

Martin wollte wissen, was David dazu gebracht hatte, seine Meinung über Laura zu ändern. Er erzählte ihm von ihrem gemeinsamen Traum, dem Tod seines Papageien.

»Übertragung von Vorhersehung und Kausalität. Ist es das, was Sie damit andeuten wollen?«

»Ich weiß überhaupt nicht, was ich andeuten will.«

»In der Vorstellung einer Frau wie ihr muß die Trennlinie zwischen Präkognition und Kausalität sehr dünn sein. Aber selbst wenn ihre Testergebnisse noch so außerordentlich sind, einen Dritten dazu zu bringen, einen Mord zu begehen . . .«

Er wurde von einem durchdringenden Ton unterbrochen, der über den Verstärker noch unerträglicher wurde, ein schauderhaft verzerrter Schrei, der in der Kammer widerhallte. Durch die Spiegelglasscheibe konnte er Laura sehen, die von einem Alptraum erwacht war und sich die Elektroden und Pflaster vom Gesicht riß, versuchte, sich aus der Zwangsjacke aus Drähten und Schnüren zu befreien.

David sprang auf und rannte zur Tür.

29

Sie träumte.

In diesem dichten Dschungel schwamm sie mit David in einem Fluß. Auf beiden Ufern war alles so zugewachsen, daß sie nicht hindurchblicken konnte. Im Dschungel wimmelte es von Lebendigem: Insekten, Schlangen, winzigen Kreaturen und mächtig großen; es summte und brummte nur so von geheimem Leben. Die Ranken und Farne gaben am Ufer eine Lücke frei, wo kein Sonnenstrahl hinfiel. Das Wasser zischte und dampfte wie eine heiße Suppe, die Luft war so dicht und schwer, daß sie sie auf ihrer Haut spürte. Eine Gruppe von Alligatoren, die ihre gewaltigen Zahnreihen sehen ließen, wälzte sich durch die wabernden Dunstschwaden. Ein vibrierendes Summen erfüllte die Luft, ein Geräusch, das Gefahr verhieß.

Aber sie schwamm neben ihm her, von ihrem Schmerz befreit, und spürte nur Leichtigkeit, Glück, Lust. Sie hörte ihn lachen, obwohl sie ihn in der trüben Luft kaum erkennen konnte. Sie schwamm näher an ihn heran, das Haar umspülte ihre Schultern, breitete sich wie ein Fächer im Wasser aus. Sie wollte ihn berühren. Sie ließ die Arme um seinen Hals gleiten und küßte ihn, lang und intensiv; fühlte, wie er sich an sie drängte, sie liebkoste. Das war es also, was sich zwischen Mann und Frau abspielte, nicht diese andere, scheußliche Sache, diese Brutalität, dieser Haß. Sie fühlte, wie sich zwischen ihren Schenkeln etwas regte und schloß die Augen.

Irgendwer stöhnte.

Nein. Es war Zach, der in sie eingedrungen war. Schweißtropfen liefen wie kleine Insekten über seine Stirn, sein Haar fühlte sich klebrig und feucht an. War er das die ganze Zeit gewesen?

Er schwamm weg von ihr, tauchte unter die Wasseroberfläche. Einen Augenblick später hörte sie ihn schreien und sah sich im Wasser nach ihm um, im Wasser, das sich nun verändert hatte – voll von schrecklichem, krabbelndem Leben, Insekten, Würmer. Fische, die um sie herum Kreise zogen. Eine riesige Flußschlange in einem schäumenden Strudel. Sie sah, wie ihre gespaltene Zunge hervorschnellte.

Wieder hörte sie Zachs Schrei, einen wilden, verzweifelten Schrei. Sie wollte auf das Geräusch zuschwimmen, doch mit jedem Schlag trieb sie weiter fort.

Sein Brüllen hallte durch den Dschungel. »Irgendwas ist *in* mir. Irgendwas ...«

Er kämpfte sich ans Ufer des mächtigen Stromes und hob seinen schlaffen Penis, bückte sich, als wolle er in ihn hineinsehen. Er konnte sie beide natürlich nicht ausmachen. Und selbst, wenn er es könnte, wäre es zu spät gewesen. Die winzigen Geschöpfe des Flusses bohrten sich in ihn, klebten mit stacheligen Häkchen an seinen Darmwänden, in seinen Hoden, in seinem Magen. Er begann bereits von innen zu bluten.

Sie sah, wie er sich krümmte, ein lächerlicher Akrobat, der inmitten des Lianengewirrs einen grotesken Tanz vollführte – schreiend, jammernd, sterbend.

Irgend jemand kreischte. Sie wollte fort, aber irgend etwas hielt sie fest.

Nein, es war nicht irgend etwas, es waren all diese Drähte, das Heftpflaster, die Fesseln. Sie zappelte sich frei, riß sie sich von der Stirn, von den Armen, von ihrer schmerzenden Haut.

Und sie schrie: »Ich habe ihn umgebracht, umgebracht!«

David hielt sie in seinen Armen. Er sagte liebe Dinge zu ihr: »Ruhig, ganz ruhig, du bildest dir das alles doch nur ein. Es ist doch nur ein Traum.« Und sie brabbelte nur wie eine Geistesgestörte. Ihre Stimme hallte in ihrem Kopf wieder, eine Stimme, die sich wie die eines anderen anhörte. Doch in seinen Armen wurden aus ihren Schreien Schluchzer, ihre Schluchzer wurden ein Flüstern, und dann war sie ganz still. Sie wußte, daß er sie verstand.

Aber würde er den Traum verstehen?

Sie wand sich los und rannte hinaus in den Garten.

Barfüßig auf dem kalten grünen Untergrund, durch den Duft der frischgemähten Wiese, rannte, rannte.

»Laura!«

Sie hörte, wie David hinter ihr gelaufen kam, doch sie hetzte weiter, über die weite mondbeschienene Wiese und in das dahinterliegende Wäldchen. Sie hastete durch das Dickicht. Sie rannte blind, die Arme vor sich ausgestreckt, damit sie nicht gegen einen Baum stieß. Äste und andere unsichtbare Dinge klatschten ihr ins Gesicht, die Zweige unter ihr zerbrachen, wie ihr Verstand.

Sie stolperte über eine herausragende Baumwurzel und stürzte auf ein Bett von trockenem Laub.

»Hilf mir, David.«

Er kniete sich neben ihr auf dem Waldboden nieder, legte die Arme um sie, so daß sie sich beschützt fühlte, für einen Augenblick nur.

»Hilf mir.«

Aber sie wußte, daß es von ihm keine Hilfe für sie geben konnte, keine tröstenden Worte, keine Sicherheit. Aber er war ihr immerhin sehr nahe. Sie konnte seinen Atem auf ihrem Gesicht spüren.

Er ließ sie los.

»Erzählen Sie mir von dem Traum, Laura.«

Ein Licht.

»Ist mit ihr alles in Ordnung?« Es war Niles Martin, der sie beide mit einer blendenden Stablampe anleuchtete. Hinter ihm konnte sie Martha näherkommen sehen.

David half ihr auf. »Ich glaube, sie hat genug gehabt«, sagte er.

Sie ließ sich von ihm zurück ins Haus führen. Behutsam bettete er sie auf eine Liege. Sie sah zu, wie er mit zitternder Hand eine Spritze vorbereitete, erst die Nadel fallenließ, dann mühevoll fummeln mußte, bis er eine andere ausgepackt hatte, sich dann in den Finger stach, als er die Spitze der Ampulle abbrach.

Ja, sie würde still liegenbleiben.

David war sehr vorsichtig mit ihr, hob ihren Arm, rieb etwas Kaltes auf ihre Haut. Sie sah die Nadelspitze in ihrem Arm verschwinden. Sie wußte, daß ihr Arm noch mit ihrem Körper verbunden war, obwohl sie es nicht fühlen konnte. »Laura?«

Laura war nicht da; es war nur eine Frage der Zeit, bis sie jeden mit ihrem Gift infiziert hatte. Sie starb schon, nicht wahr? Auch das war nur eine Frage von wann und wie. Wenn sie die Kraft richtig einsetzte, konnte sie sich den Tod herbeidenken. Aber sie mußte sich etwas anderes einfallen lassen. Die Bestrafung mußte schnell und brutal geschehen, ihrem Verbrechen angemessen.

Sie konnte mit dem Wagen auf den Highway hinausfahren, das Lenkrad herumreißen, den Wagen einen Abhang hinunterstürzen lassen. Ein dumpfer Aufprall, das Zersplittern von Glas, das ihr Gesicht an tausend Stellen aufschnitt, und dann wäre sie frei. Vielleicht würde auch ein leichter Schneefall einsetzen, ein Schneefall im Oktober, unerwartet und tückisch auf dem warmen Asphalt, und der Wagen würde ins Schleudern geraten. Oder die Pistole in ihrem Haus.

Oder sie konnte von irgendwo herunterspringen. Es mußte aus großer Höhe sein. Um frei zu schweben. Frei von Schmerz zu sein. Frieden.

Am nächsten Morgen fand Laura David in der Bibliothek beim Lesen vor. Sie hatte schon eine Zeitlang dagestanden und ihm zugeschaut, als er sich ihrer Anwesenheit bewußt wurde.

»Laura!« Sie hatte einmal eine Puppe mit so blauen Augen wie den seinen gehabt.

»Ich muß nach Hause«, sagte sie.

»Entschuldigung.« Martin war in der Tür aufgetaucht. »Geht es Ihnen besser, Mrs. Wade?«

»Wir müssen jetzt los«, sagte David.

Niles Martin sah Laura an und sagte: »Wie lange wissen Sie schon, daß Sie solche Fähigkeiten haben, Mrs. Wade?«

»Schon immer.«

Er trat näher. »Ich würde gerne ein Symposium einberufen.«

»Ein *was?*«

»Ein wissenschaftliches Symposium. Wir haben die bedeutendsten Ergebnisse in der Geschichte der paranormalen Psychologie erzielt.«

Sie warf David einen flehenden Blick zu. »Bitte verhindern Sie das, David. Ich würde es nicht durchstehen. Ich kann es nicht.«

»Was glauben Sie denn, wer Sie sind?« sagte David zu Martin. »Haben Sie Laura denn nicht schon genug ...«

Martin schien vor Wut zu kochen. »Was glauben *Sie* denn, wer Sie sind? Sie wollen doch auch ein Wissenschaftler sein. Sie müssen doch wissen, was diese Entdeckung für die ...«

»Es ist mir scheißegal, was in aller Welt das bedeutet. Mir geht es nur darum, was es für Laura bedeutet.« David nahm ihren Koffer in die eine und sie bei der anderen Hand. »Ich bringe Sie nach Hause, Laura.«

Er bestand darauf, sie bis nach Connecticut zu fahren. Sie schlief beinahe die ganze Reise lang, denn sie wollte seine Augen nicht sehen.

Es war fast vier, als sie ankamen. Ihre Töchter stürzten sich gleich auf Laura, als sie ins Haus traten.

»Das ist Dr. Goldman. Melissa, Courtney.«

Die beiden Mädchen begrüßten ihn mit einem Knicks und blieben dann etwas täppisch stehen, bis Laura ihnen sagte, sie könnten nun wieder spielen gehen.

Nachdem Melissa und Courtney nach oben verschwunden waren, sagte David: »Ganz reizende Mädchen, Laura.«

Sie fragte ihn, ob er eine Tasse Kaffee wollte. Er lehnte dankend ab. Sie standen in der Vorhalle.

»Was wollen Sie jetzt tun?« fragte er.

»Ich weiß nicht. Zach wird bald von der Arbeit nach Hause kommen.«

Plötzlich sagte er: »Zeigen Sie mir Ihre Bilder, Laura.«

»Wozu?«

»Ich möchte sie einfach sehen.«

Sie führte ihn hinauf in ihr Atelier. Er blieb in der Tür stehen, und sie hörte ihn einen erschrockenen Ausruf unterdrücken, als sie das Licht andrehte. Dann trat er ein, ging zwischen den Leinwänden umher. Sein Blick sprang vom einen zum anderen. Auf seinem Gesicht lag der Ausdruck sprachlosen Erstaunens.

»Ganz schön schrecklich, was?« sagte sie.

Er antwortete nicht sogleich. Schließlich sagte er: »Ich dachte, Sie hätten gesagt, Malen wäre Ihr Hobby.«

»Ist es doch auch.«

Er wandte sich dem Bild zu, das auf der Staffelei gerade im Entstehen war.

»Darf ich?« fragte er.

Bevor sie etwas erwidern konnte, hatte er das Tuch von dem Bild genommen und war einen Schritt zurückgetreten.

›Alptraum unter dem Mond‹ erklärte sie.

Er vertiefte sich einen Augenblick in das Bild und ging dann zum Zeichentisch, wo sie mit Skizzen für ein neues Werk begonnen hatte. Es war der vierte Versuch. Der alte Mann war perfekt, aber der Dämon stimmte immer noch nicht.

»Donnerwetter, Laura«, sagte er. »Ihre Arbeiten sind phantastisch. Warum machen Sie denn bloß nichts daraus?«

»Was denn?«

»Ich weiß nicht. Stellen Sie sie doch irgendwo aus, in einer Galerie oder in einem Museum.«

»Wozu?«

»Na, um... ich weiß nicht, wozu. Um sie zu verkaufen, um auch andere . . .«

»Vielleicht will ich gar nicht, daß jemand sie sieht. Vielleicht möchte ich sie alle für mich behalten.« Sie zog das Tuch wieder über das Bild.

»Laura«, sagte er, »Sie können doch nicht wirklich denken, daß Ihre Bilder etwas anderes als großartig sind?«

»Ich weiß, daß sie maltechnisch gesehen sehr gut ausgeführt sind.«

»Maltechnisch?«

»Nun, Sie würden doch keines davon in Ihrem Wohnzimmer aufhängen wollen, oder?«

»Vielleicht doch«, log er. »Die Bilder sind unglaublich gut, Laura. Ich sage das nicht, weil ich irgendeine Ahnung von Kunst habe. Ich weiß nur, welches Gefühl mir Ihre Arbeiten geben.«

»Als ob Sie aus einem Alptraum aufwachen?«

»Ja, schon. Aber so sind sie doch gedacht, oder?«

Sie wußte nicht, wie sie gedacht waren.

Bevor er ging, sagte er noch etwas von einem Gedanken, der ihm gekommen war, wie er ihr vielleicht helfen könnte – was er aber ebensowenig wirklich glaubte wie sie.

Nachdem er fort war, klopfte Ellen an der Tür.

»Wer war das, Laura?«

Laura sah ihre Freundin verwirrt an.

»Zach weiß Bescheid, Laura«, sagte Ellen. Ihr Arm war noch immer bandagiert; sie hatte ihren neuen Job kündigen müssen.

»*Worüber* weiß er Bescheid?«

Jetzt machte Ellen ein verblüfftes Gesicht. »Sieh mal«, sagte sie schließlich, »es ist mir schnurzegal, mit wem du ins Bett steigst. Gott weiß, vielleicht ist es gut, daß dich nach fünfzehn Jahren Ehe die Leidenschaft wieder gepackt hat. Ich wäre die erste, die dir gratulieren würde. Aber du solltest doch wenigstens schauen, daß dein Alibi auch hinkommt.«

»Wovon redest du, Ellen?«

»Zach hat deine Freundin Annie angerufen. Er weiß, daß du nicht dort warst.«

Ihr Gesicht wurde mit einem Male glühendheiß. »*Und er glaubt ...*«

»Ich weiß nicht, was er glaubt«, sagte Ellen. »Ich weiß nur, daß er mich am Samstag angerufen hat, um mich zu fragen, ob ich wüßte, wo du steckst. Dieser Polizist ist wieder hiergewesen, der, der mich über dich ausgefragt hat. Er hat ein paar Kollegen mitgehabt. Sie haben wieder in der ganzen Gegend Fragen gestellt, schon zum zweiten Male. Meine Güte, Laura, was ist denn bloß los?«

Vielleicht sollte sie sich einfach stellen. Nein. Diesmal würde sie die Sache selber in die Hand nehmen.

»Warum stellt dieser Bulle all diese Fragen über Ritas Tod?«

Sie konnte es ihr ebensogut auch sagen. Ellen verdiente es, die Wahrheit zu erfahren. Sie hatte versucht, eine gute Freundin zu sein. Bald würde es sowieso jeder wissen. »Der Detective glaubt, daß ich es gewesen bin«, sagte sie.

»Wegen dem, was auf der Party passiert ist, meinst du?«

Laura nickte.

»Ich habe ihm gesagt, daß du nie ...«

»Halt dich da raus, Ellen.«

»Ich kann mich da jetzt nicht mehr raushalten. Wenn du mir nur erzählt hättest, was los ist, hätte ich dir für dies Wochenende ein Alibi verschafft.«

»Oh, hör' bitte auf. Das denkst du doch nicht wirklich.«

»So? Wenn du übers Wochenende weg bist und ein fremder Mann dich hier absetzt, was glaubst du denn, was ich dann denken soll?«

»Er ist mein Psychiater.«

Ellen blickte ungläubig drein. »Aha. Ein Psychiater, der seine Patientinnen abholt und wieder nach Hause bringt. Komm, Laura, ich dachte, wir wären Freundinnen.«

»Das ist die Wahrheit.«

»Wie lange bist du schon in psychiatrischer Behandlung?«

»Ein paar Monate.«

Ellen zuckte mit den Schultern und wandte sich zum Gehen. »Wenn du je darüber sprechen möchtest, ich wohne gleich nebenan.«

»Danke, Ellen. Es tut mir leid. Ehrlich.«

Ellen zögerte, dann sagte sie: »Dein Psychiater sieht für einen Psychiater ziemlich gut aus, und wenn du eine Affäre mit jemandem haben würdest ...«

»Er ist mein Arzt. Ärzte haben keine Affären mit ihren Patientinnen.«

»Du wirst dich noch umgucken, was manche Ärzte so machen. Jason kennt einige, die es mit ihren Patientinnen treiben. Aber keiner von ihnen macht Hausbesuche.«

Das Haus kam ihr jetzt ganz verändert vor, als wäre etwas darin gestorben. Laura ging in die Küche, wo Darlene das Abendessen vorbereitete, setzte sich an ihren Tisch und sah in ihren Terminkalender.

Sie hörte ein Geräusch im Kinderzimmer und lief hin. Sammy saß mitten im Zimmer auf dem Fußboden. Große, dicke, rote, blaue, grüne und gelbe Kleckse waren wie klaffende Wunden über die ganze Wand verteilt.

»Sammy! Verdammt nochmal!«

O nein! Wie leicht könnte sie ihn infizieren!

Sie kniff die Augen zu, dann drückte sie ihren Sohn an sich, so fest und so lange sie nur konnte. Auch er hatte zu weinen begonnen. Sie schob ihn fort, stand auf und sah ihn voller Entsetzen an. Würde das Gift aufhören, aus ihr zu entströmen, wenn sie Sammy an sich drückte? Würde die tödliche Milch nicht überlaufen? Nein. Sie mußte davonlaufen. Es tat schon weh, ihn nur anzusehen.

Sie zog sich in ihr Zimmer zurück, versuchte zu schlafen, erfolglos, stand auf und begann, ziellos in dem toten Haus von Raum zu Raum zu laufen, bis sie die Gegenwart von jemandem spürte. Zach war gekommen und sah die Post in dem Körbchen durch.

Er sah sie ostentativ nicht an. Glaubte er wirklich, sie hätte einen Liebhaber? Würde er bloß eisern schweigen, wie er es immer machte, wenn er ihr böse war, oder würde er sie ansehen, mit diesem Blick, bei dem sie immer das Gefühl bekam ...

Natürlich würde er sie nicht ansehen, noch würde er ihr vor den Kindern eine Szene machen. Er würde bis nachher warten, wenn sie beide alleine waren. Vor anderen Leuten, vor ihren Kindern, war alles in bester Ordnung. Selbst sie war perfekt. Zach wollte nicht, daß jemand erfuhr, was für ein Ungeheuer er geheiratet hatte.

Melissa und Courtney waren die Treppe heruntergelaufen gekommen. Zach ließ seine Lippen über die Wangen der beiden streichen. Laura hörte wieder das Tosen in den Ohren.

»Los, Mädchen«, sagte er, »laßt uns mit dem Boot rausfahren.«

»Darlene hat in ein paar Minuten das Abendessen fertig«, sagte sie.

»Dann wird es eben warten«, sagte er.

»Zach, bitte.« Er war so groß, so selbstbewußt, ihr Mann, so blond, so gutaussehend, so perfekt. Wie hatte sie je glauben können, sie würde ihm eine normale Ehefrau sein?

»Du hast gar nichts zu sagen.« Er hatte die Arme um die Mädchen gelegt und eskortierte sie schon zur Hintertür.

Sie ging in die Küche und sah durch das Fenster, wie Zach mit den Mädchen über den Steg ging und dann das Rennboot startete. Aufrecht am Steuer stehend, manövrierte er das Boot gekonnt hinaus ins tiefe Wasser. Der Motor röhrte, der Wind wehte Zach das Haar aus dem

Gesicht. Sie blieb am Fenster stehen, bis das Boot verschwunden war; und sie stand noch da, als es eine halbe Stunde später zurückkam.

Das Abendessen dauerte endlos, ein Alptraum von Schweigen und vorwurfsvollen Blicken. Nur die Kinder unterbrachen bisweilen die peinliche Stille. Melissa hatte in der Schule einen Verehrer gefunden; Courtney zog sie deswegen auf. Laura konnte nur mit Mühe zuhören.

»Mom?«

Courtney wollte ihr etwas erzählen. »Hast du Daddy gesagt, was Sammy heute gemacht hat?«

Sie hatte es ganz vergessen. Sie wünschte, ihre Tochter hätte nichts davon erwähnt; dann erstarrte sie völlig vor Angst, sich irgend etwas zu wünschen.

»Ich habe es ihm noch nicht gesagt, Courtney.«

»Sammy hat die ganze Wand bemalt.«

»Ich habe ihn schon ausgeschimpft, Zach.«

»Ich glaube kaum, daß irgendeine Schimpfe von dir die Schmiererei an der Wand überdeckt. Wenn du eine richtige Mutter wärest, würdest du das wissen.«

Warum sagte er das? Sie war immer eine gute Mutter gewesen.

Plötzlich fühlte sie etwas, was er ihr noch nie entgegengebracht hatte. Haß. Sie spürte, wie er von ihm ausging, sie wie eine leichte Brise auf der nackten Haut berührte.

Natürlich haßte er sie.

Alle schwiegen.

»Sammy, geh rauf in dein Zimmer«, sagte Zach.

»Zach, ich weiß, daß du glaubst, ich hätte ... aber laß es bitte nicht an ...«

»Wir sprechen später darüber, Laura.«

Er schob seinen Stuhl nach hinten und stand vom Tisch auf.

Er wartete im Schlafzimmer auf sie, wo er sich auf den Stuhl gesetzt und Papiere durchgesehen hatte. Sie sollte ein paar Sachen unterzeichnen.

Sie versuchte, den Stift zu halten, und schrieb mit zitternder Hand ihren Namen. Ihre Unterschrift war zu einem kindlichen Gekrakel geworden.

Er nahm ihr das Papier ab.

»Laura, es gefällt mir nicht, daß du Privatangelegenheiten vor den Kindern ansprichst. Kinder brauchen vom Versagen Erwachsener nichts zu wissen. Zumindest wünsche ich es nicht.«

Er hatte natürlich recht.

»Und nun«, sagte er, »möchte ich wissen, wo du an diesem Wochenende gewesen bist. Ich habe bei Annie angerufen, Laura. Sie hat gesagt, daß sie dich seit zehn Jahren nicht mehr gesehen hätte.«

Sie mußte ihm alles sagen. Zuerst dachte sie daran, ihm nur gewisse Dinge, bestimmte Einzelheiten zu erzählen, doch als sie zu sprechen begann, war es, als hätte sich ein Schleusentor aufgetan. Es sprudelte nur so aus ihr heraus. Sie erklärte und erklärte.

Danach sagte er: »Du glaubst immer noch, daß du Rita mit deinen Gedanken umgebracht hast?«

»Ich kann mich nicht daran erinnern, Rita wirklich umgebracht zu haben«, sagte sie. »Bitte, Zach. Ich erzähle dir, was ich fühle, womit ich habe leben müssen.«

»Vielleicht *bist* du eine Art Hexe«, sagte er.

»Du glaubst mir?«

»Ich glaube es, wenn du es glaubst.«

»Ich habe Angst um dich, Zach.«

»Wieso um mich?«

Sie erzählte ihm von ihrem Traum mit dem Fluß. Noch nie war ihr etwas so schwer über die Lippen gekommen.

Er schwieg eine Weile, dann stieß er einen langgezogenen Pfiff aus. »Dr. Freud hätte daran seine helle Freude gehabt. Und was sagt dein Dr. Goldman zu all dem?«

»Er denkt ... er hat mich am Wochenende ins Rockham Institute gefahren. Dort bin ich gewesen. Man hat mit mir diese ganzen Tests gemacht, um festzustellen, ob ich paranormale Fähig-«

»Wie bitte??«

»Er versucht ... er versucht, mir zu helfen.«

»Indem er dich in so eine Voodoo-Klapsmühle schleppt? Jesus. Ich kann es einfach nicht glauben. Du schaffst es nicht einmal, dir einen normalen Psychiater zu besorgen.«

»Zach, bitte ...«

Er sah sie wütend an. »Laura, wenn du noch einmal zu diesem Quacksalber gehst, werde ich dafür sorgen, daß ihm seine Approbation entzogen wird. Gleich morgen früh gehen wir zu Bill Brindell.«

O Gott.

30

David fuhr zu seiner Wohnung zurück und vertiefte sich in die Post, die am Wochenende gekommen war. Er bezahlte einige der Rechnungen, die sich angesammelt hatten, machte einen Spaziergang, wobei er das Treiben der Stadt um sich herum kaum wahrnahm. Es regnete, ein leichtes, gleichmäßiges Rieseln. Wenn er Laura doch nur ein Gefühl der Sicherheit geben, sie trösten, sich selber trösten könnte. Aber nein. Er hatte sie da runtergekarrt, sie durch all diese Tests zerren lassen, dafür gesorgt, daß ihre Kräfte wissenschaftlich bestätigt wurden. Dennoch – auch Martin glaubte offenbar, daß der Gedanke, sie hätte einen Fremden dazu gebracht, einen Mord zu begehen, lächerlich war. Was bedeutete, daß auch David ihr nicht glauben durfte. Und wenn es doch so war, wenn sie die Welt mit ihren Emotionen tatsächlich beeinflussen konnte, was war dann?

Das Schlimmste war, daß er sich so in sie verliebt hatte, daß es schon schmerzte. Er konnte nicht länger so tun, als wäre er ihr Arzt. Seine Lage war hoffnungslos.

Als er an der 74th Street angelangt war, begann es zu schütten, und David kehrte um. In seinem Apartment herrschte eine beklemmende Stille; da hing der leere Vogelkäfig an seinem Haken. Das Messing glänzte. Er zog seinen Regenmantel aus und rief Allison an.

»Wollte nur mal hören, wie es dir geht«, sagte er.

»David«, antwortete sie, »deine Besorgtheit ehrt dich, ist aber völlig unangebracht nach deinem Benehmen in der vergangenen Woche.«

Daraus entspann sich ein sonderbares, verqueres Gespräch, aus dem er herauszuhören versuchte, ob ihr irgend etwas Ungewöhnliches zugestoßen war, und sie versuchte herauszufinden, warum er das wissen wollte.

Um halb zehn legte er sich in seinen Kleidern aufs Bett

und wollte sich in einen langen, sehr langen Schlaf sinken lassen, konnte aber noch immer an nichts anderes denken als an Laura. Sie hatte sich geweigert, ihm ihren Traum zu erzählen. Hatte sie von ihm geträumt? Hatte sie geträumt, daß etwas Schreckliches mit ihm geschehen war und war dann mit der Überzeugung erwacht, er wäre ein Todgeweihter?

Und diese Bilder. Wie erstaunlich sie waren, wie gut. Und jedes einzelne von ihnen entsprang ganz deutlich, unmißverständlich, derselben Quelle. David kannte diese Quelle; er erkannte die Symbole wieder. Er hatte sie alle von ihr zu hören bekommen: ihre Ängste, ihre Dämonen, ihre Träume.

Es war, als wäre ein überirdischer Fotograf am Werke gewesen.

Auf dem einen Bild war eine Wiese voller lieblicher Blumen, ein Baum, ein wolkenloser blauer Himmel. Aber dort, in der Mitte der Wiese, inmitten der Blumen hingekauert, war eine kleine schwarze Gestalt mit weißen Augen, Klauen und spitzen Zähnen. Ein Dämon. Und das eine Bild, das sie ›Alptraum unter dem Mond‹ nannte. Zehn Klauenabdrücke auf dem Gesicht der Frau. Und die Skizze auf dem Tisch zeigte einen alten Mann mit lichtem grauem Haar und über ihm wiederum eine Spukgestalt, die die Brust des alten Mannes berührte – und dieser Dämon war aus nächster Nähe gezeichnet gewesen, so genau, daß man den roten Rand um seine Iris erkennen konnte. Es gab in der Tat in jedem Bild irgendwelche Kobolde, Kreaturen mit ausgestreckten Krallen, blutrote Feuer und Biester, die Fleisch verschlangen – und immer wieder Blut.

Vor seinem geistigen Auge wanderte er durch diese alptraumartige Landschaft. Etwa eine Stunde lang trieb er zwischen Wachen und Träumen hin und her, bis ihn endlich der Schlaf überkam.

Er erwachte vom Läuten des Telefons.

»Mr. Goldman?« Eine ärgerliche männliche Stimme.

»*Doktor* Goldman«, verbesserte er idiotischerweise. »Wer spricht denn da?«

»Zachary Wade.«

Er schoß hoch, ließ die Füße auf den Boden gleiten und versuchte, in so etwas wie einen Wachzustand zu gelangen.

»Mr. Wade, womit kann ich Ihnen helfen?«

»Ich denke, Sie haben schon genug getan, um mir zu *helfen.*«

»Ich verstehe nicht. Worum geht es denn?«

»Ich werde Ihnen sagen, worum es geht. Vor zwei Monaten finde ich heraus, daß meine Frau völlig durchgedreht ist, daß sie auf ein Polizeirevier gegangen ist und einen Mord gestanden hat, den sie begangen zu haben glaubt, und dann lerne ich Sie kennen. Diesen Freitag läßt mich meine Frau wissen, daß sie übers Wochenende zu ihrer Freundin Annie gefahren ist. Was mir nur recht sein soll. Sie kann tun, was sie will; ich rede ihr nicht dazwischen. Bloß bekomme ich am Wochenende schon wieder Besuch von diesem verdammten Detective, der meint, daß Laura den Mord tatsächlich begangen hat. Er will wissen, wo sie ist, also rufe ich bei Lauras Freundin Annie an; und es stellt sich heraus, daß Laura mit der Frau seit zehn Jahren keinen Kontakt mehr gehabt hat. Ich lasse mich nicht gerne zum besten halten. Ganz gewiß nicht. Aber das soll mir jetzt egal sein. Mir ist aber nicht egal, wenn ich das ganze restliche Wochenende herumsitzen und mich fragen muß, wo zum Teufel sie die ganze Zeit steckt. Und heute kommt sie schließlich zurück, und als ich ihr Vorhaltungen mache, was erzählt sie mir da? Sie erzählt mir, ihr *Doktor* hätte sie irgendwo hingeschleppt, um ihre beschissenen psychischen Kräfte untersuchen zu lassen.«

»Das Rockham Institute ist eine wissenschaftliche . . .«

»Sie wollen auch noch rechtfertigen, daß Sie sie dort hingebracht haben? Das ist ja wohl die Höhe.«

»Mr. Wade«, sagte David mit leicht gesenkter Stimme,

»ich begreife ja, daß dies alles für Sie einen ziemlichen Schock bedeutet haben muß.«

»Ein *Schock?* Was, wenn ich fragen darf, glauben Sie denn, was mit meiner Frau los ist? Vom medizinischen Standpunkt, wenn ich bitten darf.«

»Zunächst, wie ich Ihnen schon bei Ihrem Besuch sagte, habe ich eine schizophrene Psychose diagnostiziert und sie dahingehend behandelt. Aber dann passierten nach und nach verschiedene Dinge, die zu bestätigen schienen, daß an Lauras sogenannten Zwangsvorstellungen doch etwas dran ist.«

»*Was?*«

»Ich glaube wirklich, daß wir das nicht am Telefon besprechen können. Wenn Sie mitkommen würden, könnten wir drei uns doch darüber unterhalten.«

»Mit Ihnen? Keine zehn Pferde bringen mich noch einmal in Ihre Nähe.«

»Mr. Wade, wir haben es hier mit einer sehr komplexen Situation zu tun, und Ihre Feindseligkeit ist da nicht sehr hilfreich.«

»Was ist hier komplex? Meine Frau ist verrückt. Das kann man ja wohl so deutlich sagen. Aber darum, was *sie* ist, geht es hier überhaupt nicht. Es geht um *Sie.* Sie sollen ihre Geistesgestörtheit behandeln und sie nicht auch noch darin bestätigen, indem Sie sie zu so einem ... ich weiß nicht einmal, wie ich das nennen soll.«

»Dann lassen Sie mich es Ihnen erklären. Aber ich würde es gerne in einem persönlichen Gespräch tun, bei dem Laura dabei ist.«

»Ich möchte, daß Sie mir nicht noch einmal unter die Augen kommen.«

»Sehen Sie, Mr. Wade. Ich kann Ihre Reaktion durchaus verstehen. Ich glaube, ich hätte mich nicht anders verhalten. Aber die ... Krankheit Ihrer Frau ist sehr kompliziert. Wenn Sie doch nur ...«

»Meine Frau hat überhaupt keine Krankheit. Sie ist verrückt.«

»Ich wünschte, Sie würden nicht so mit diesem Wort herumwerfen. Der korrekte Begriff –«

»Es ist mir scheißegal, was Sie wünschen. Für mich ist klar, daß meine Frau ins Irrenhaus gehört.«

Ins Irrenhaus?

»Es gibt keine Irrenhäuser mehr, Mr. Wade.«

»Dann meinetwegen ein Krankenhaus. Egal. Wissen Sie, daß sie mir erzählt hat, daß sie schuld daran ist, daß letzte Woche ein Mann auf dem Bahnhof ums Leben gekommen ist? Nein, sie hat ihn nicht geschubst. Sie hat ihm ihren Willen aufgezwungen oder so etwas. Also für mich ist das verrückt. Völlig von der Rolle. Nicht mehr alle Tassen im Schrank. Übergeschnappt.«

David ging mit einem Male auf, daß er diesen Mann haßte, mehr als er jemals jemanden gehaßt hatte.

»Mr. Wade, wenn Sie sich nicht zusammennehmen, können wir dieses Gespräch nicht fortsetzen.«

»Dr. Goldman, oder wie immer Sie sich auch nennen, dieses Gespräch ist bereits beendet. *Sie sind offensichtlich ebenso verrückt wie meine Frau.* Und wenn Sie noch einmal in ihre Nähe kommen, lasse ich Sie verhaften.«

Und damit knallte er den Hörer auf die Gabel. David blieb neben dem Apparat stehen, starrte den Hörer an und ging das Gespräch noch einmal im Geiste durch. Etwas in ihm sagte ihm, daß sein Verhalten am Telefon nicht minder tadelnswert gewesen war als das von Zachary Wade. Hatte er auf dessen Angriffe nicht mehr wie ein gekränkter Liebhaber als wie ein Arzt reagiert? Aber das einzige, woran er jetzt denken konnte, war: »Wie *konnte* sie nur mit ihm zusammenleben?«

Er konnte die Skepsis des Mannes ja auch verstehen – ebenso wie seine Feindseligkeit. Unverständlich aber blieb David, wieso er an ihm nicht die geringste Spur von Anteilnahme, kein bißchen Mitgefühl für die Frau, die er doch angeblich liebte, entdecken konnte; und das stieß ihn so ab, widerte ihn geradezu an. Sein Haß auf Zachary

Wade wuchs von Minute zu Minute, während er ruhelos in seiner Wohnung umherlief.

In Gedanken immer noch ganz mit dieser Frage beschäftigt, öffnete er einige Stunden später die Wohnungstür.

Laura war klatschnaß. Von ihren Haaren lief das Wasser nur so herunter, neben ihr bildeten sich kleine Pfützen, die Tränen strömten ihr übers Gesicht.

»Es tut mir leid, David.«

»Alles in Ordnung, Laura. Ich sagte doch, falls Sie mich brauchen . . .«

»Ich wollte dich warnen.«

»Haben Sie von mir geträumt?«

»Nein. Von Zach.«

Er legte ihr den Arm um die Schultern, ließ sie eintreten, half ihr aus dem Mantel und hängte ihn über eine Stuhllehne.

»Wovor wollen Sie mich warnen?«

»Ich mußte es ihm sagen«, begann sie. »Dieser Detective ist noch einmal gekommen, und Zach hat Annie angerufen. Von ihr erfuhr er, daß ich nicht bei ihr war, und dann hat er gedacht . . . ach, ich weiß nicht, was er gedacht hat, aber als ich ihm vom Rockham Institute erzählte, wurde er wütender, als ich ihn je gesehen habe. Er hat alle möglichen Beschimpfungen gegen dich losgelassen. Er hat gesagt, daß ich dich nie wieder sehen dürfte.«

»Laura, Sie sind doch kein Kind, nicht das Eigentum Ihres Ehemannes. Wir leben doch nicht im neunzehnten Jahrhundert.«

»Er hat gesagt, daß wir morgen früh zu Bill Brindell gehen. Er ist ein Psychiater, den wir gesellschaftlich kennen. Ein schrecklicher Mensch.«

»Ihr Mann hat doch nicht zu bestimmen, zu welchem Arzt Sie gehen.«

Sie hatte wieder zu weinen angefangen. »Als Sie ihm alles erzählt hatten, was hat er da gesagt?«

Sie setzte sich aufs Sofa. »Er tat furchtbar besorgt. Er hat so getan, als glaubte er mir.«

Nach dem Telefonat, das David mit ihm geführt hatte, war das nicht leicht zu glauben.

»Sind Sie sicher, Laura?«

»Zuerst habe ich gedacht, daß er mir wirklich glaubte. Aber dann merkte ich, daß er sich wahrscheinlich bloß ... über mich lustig machte.«

»Und was haben Sie dabei empfunden?«

»Irgendwie konnte ich ihn wohl auch verstehen?«

»Seien Sie doch nicht immer so verdammt rücksichtsvoll zu allen«, sagte er scharf, entschuldigte sich jedoch sogleich wieder. »Es tut mir leid. Erzählen Sie mir doch Ihren Traum.«

Und sie erzählte ihn. Zuerst sagte er nichts dazu; ein ganzer Schwall von Empfindungen hatte ihm die Sprache verschlagen. Zunächst war er erleichtert, daß sie wirklich nicht von ihm geträumt hatte. Das war wohl die schrecklichste und deutlichste Rachephantasie, die ihm je zu Ohren gekommen war. Der Traum enthielt keine rechte Symbolik. Der Wunsch stand vornean, offensichtlicher und latenter Inhalt gingen miteinander einher.

»Warum träume ich nur so etwas Scheußliches von Zach?« sagte sie. »Er ist mein Mann. Er ist der Vater meiner Kinder.«

Er fragte sich, ob es so etwas wohl tatsächlich gab – irgendein Tier, einen Wurm oder auch einen Parasiten, der sich so in den Penis bohren konnte, also etwas, wovon sie irgendwo gehört oder gelesen haben konnte. Oder war es ein Produkt ihres Unterbewußten, das sie mit dem Wassersymbol, das so häufig in ihren Träumen vorkam – und auch in ihrem Leben – verknüpft hatte?

»In unseren Träumen übertreiben wir unsere Gefühle, Laura. Sehen Sie sich doch an, wie sich Ihr Mann verhält, Sie herumkommandiert, als wären Sie sein Eigentum. Irgendwo in Ihrem Innersten verübeln Sie ihm das vielleicht doch, selbst wenn Sie sich dessen nicht bewußt sind oder sein wollen. Sie wissen, daß ein Traum nicht unbedingt bedeutet, daß Sie sich das, was darin vorkommt, auch in Wirklichkeit wünschen.«

»Diesmal vielleicht doch«, sagte sie nachdenklich. »Nicht wahr?«

»Was?«

»Vielleicht habe ich ... wegen dir so einen Traum von ihm gehabt?«

Natürlich. Sie wollte ihm sagen, daß sie ihn liebte. Aber sie war doch nicht *wirklich* in ihn verliebt, oder? Es war nur eine Gedankenübertragung, und seine eigenen Gefühle waren bloß ... er wußte nicht, was seine Gefühle waren.

»Träume dramatisieren das Gefühlsleben«, sagte er mit kläglicher Stimme.

»Bei anderen Leuten, nicht bei mir, David.«

Sie stand auf und sah ihn mit großen, dunklen Augen an. »Ich schäme mich, weil ich dich in all das mit hineingezogen habe.«

»Tu das nicht. Bitte.«

Sie griff nach ihrem Mantel. »Siehst du jetzt, wie gefährlich es ist, mich zu kennen?«

Gefährlicher, als er wissen konnte.

Er konnte sich nicht helfen; er konnte nicht anders. Er gestattete sich diesen Verstoß gegen seine Berufsehre und seine private Ethik.

Als er sie erst einmal geküßt hatte, war es schon zu spät. Ihre Lippen waren von den Tränen leicht salzig. Es schien die natürlichste Sache der Welt zu sein, jetzt weiterzumachen. In seinen Gedanken hatte er das schon so oft getan, daß es gar keinen Unterschied mehr zwischen dem Gedanken und seiner Ausführung zu geben schien. Er bewegte sich wie in Trance, wie ein Teenager, der sich auf dem Rücksitz eines Autos seiner Lust hingibt.

Aber der Geschlechtsakt war ganz anders – zärtlich, ganz behutsam, so selbstverständlich, als wären sie schon seit langer, langer Zeit ein Liebespaar.

Er hatte sich nackt ausgezogen; sie hatte sich abgewandt, als könnte sie es nicht ertragen, angeschaut zu werden.

David war nie der Typ gewesen, der bei der Liebe viel redete. In solchen Augenblicken war es einfach absurd, mit Worten etwas ausdrücken zu wollen, aber er fand Laura so schön, daß er ihr das immer wieder sagte. Er legte sie auf sein Bett, küßte ihr Gesicht, ihren Hals, betastete mit den Lippen ihre Brüste, fand ihre geheimsten Stellen, sprach dabei leise auf sie ein, sagte alles, was ihm einfiel und was ihr das Gefühl geben würde, schön zu sein. Er meinte, nie genug von ihr bekommen zu können, während er ihren Körper erforschte. Er roch ihren Schweiß, ihren süßen Duft, erforschte und erforschte. Sie hatte kleine, wundervolle Brüste, an denen sich ganz leichte Druckstellen von ihrem BH abzeichneten, und lange, schön geformte Beine. Auf ihrem Oberschenkel hatte sie eine lange, rauhe Narbe.

Es war verblüffend, wie aktiv sie in der Liebe war, geradezu wild. Aber die ganze Zeit stöhnte sie, nein, nicht »ich liebe dich, ich liebe dich«, sondern »du liebst mich, du liebst mich.«

Wie konnte sie sich so verachten und geringschätzen, wenn er sie liebte? Endlich kamen sie beide zu einem betäubenden, phantastischen Höhepunkt.

Danach schien sie ganz in Gedanken verloren, außer Reichweite für ihn, obwohl sie neben ihm lag. Er sah sie an. Eine ihrer Schultern lugte unter der Bettdecke hervor.

Er würde nie das Gefühl vergessen, sich selber beobachtet zu haben, während er sie liebte. Irgendwie war es ihm gelungen, sich davon zu lösen, ihr Verschmelzen zu erfahren und gleichzeitig zuzusehen wie bei einem Film in Nahaufnahmen. Mit seinen Lippen ihre Brüste zu berühren, ihren Bauch mit seiner Wange zu streicheln – jede Einzelheit, dies ganze Erleben, nichts anderes zählte mehr.

Sie bewegte sich unter der Decke. »Ich habe das Gefühl, ich wäre in eine Million Stücke zersprungen und dann plötzlich wieder ganz geworden«, flüsterte sie. »Ich habe nie geglaubt, daß ich das könnte.« Sie sah ihn an. »Irgendwie erinnert mich das an eine Geburt.«

»Inwiefern?«

»Ich glaube, weil es ein so allumfassendes, so in sich geschlossenes Gefühl ist. Ich mochte das immer wahnsinnig gerne.«

»Was meinst du?«

»Nicht die Schmerzen, obwohl, ehrlich gesagt, mich das auch nicht besonders gestört hat. Es war einfach *nötig,* daß man all das durchmachte, um so viel zu bekommen.« Sie drehte sich um. Ihr dunkles Haar bedeckte das ganze Kissen.

»Du bist gerne Mutter, nicht wahr?«

»Ganz bestimmt. Das hört sich wohl nicht sehr modern an. Aber ich liebe Kinder. Sie sind so voller Eifer, so offen für alles; sie legen sich nicht immer mit ihren Urteilen fest. Sie denken völlig anders als Erwachsene. Sie –« Sie hielt inne.

»Du möchtest das nicht hören. Ich habe schon genug geredet.«

»Nein. Ich liebe den Klang deiner Stimme.«

Sie sprach weiter, wie im Traum, immer weiter, während sie zur Decke hinaufstarrte.

»Als ich Melissa bekam«, sagte sie, »wollte ich unbedingt Zach dabeihaben. Ich habe ihn darum gebeten, aber er sagte, er könne all das Blut und den Schmutz nicht ertragen. Und weißt du, ich war froh, daß er bei der Geburt von Sammy und von Courtney nicht dabei war. Es war, als müßte ich es alleine schaffen, und das gab mir das Gefühl zu leben, ein so unmittelbares Gefühl, so ...« Sie zögerte und sah ihn an.

»Warum hast du das gemacht, David?«

»Weil ich dich liebe. Was glaubst *du* denn, Laura?«

Sie lachte nervös. »Ich zahle dir 120 Dollar die Stunde, damit du ...«

»Damit ich was, Laura?« Er setzte sich auf. »Damit ich mit dir schlafe?«

»Nein, nein, so nicht. Damit ich besser begreife.«

»*Weißt du, was ich gerade getan habe?* Dein Mann würde mich jetzt am liebsten umbringen!« Er hatte sie nicht nur verführt, jetzt lud er auch noch seine Schuldgefühle auf ihr ab.

»Nein, das wird er nicht.«

»Aber er sollte es tun.«

»David«, sagte sie mit sehr ernster Stimme, »ich bin jetzt sechzehn Jahre mit Zach verheiratet. Nicht ein einziges Mal hat er mir das Gefühl gegeben, das ich bei dir hatte. Ich kann dich nicht verdammen. Ich möchte mich bei dir bedanken.«

»O nein, tu das bitte nicht«, sagte er. »Ich bin dazu da, dir zu helfen, dein Leben einfacher zu machen und nicht noch komplizierter. Und ganz bestimmt nicht mitten hineinzuspringen. Ich habe in allen Punkten versagt.«

»Ich liebe dich«, flüsterte sie. »Ich habe nie geglaubt, daß es Männer wie dich gibt.«

»Du glaubst, ich bin ein wundervoller Mann, aber du kennst mich gar nicht. In unserer Beziehung ging es um dich, nicht um mich, und somit hattest du Zeit genug, mich zu idealisieren.«

»Aber das stimmt nicht. Ich kenne dich, David, ich kenne dich vollkommen.«

»Du meinst, weil du meine Gedanken gelesen hast?«

»Naja, zum Teil wohl schon. Manchmal mache ich nicht einmal einen Unterschied zwischen dem, was ich auf diese Weise erfahre und dem, wie sich die betreffende Person mir gegenüber verhält. Manchmal ist es auch eine Kombination aus beidem. Aber ich muß nicht einmal deine Gedanken lesen. Ich kenne dich durch dein Verhalten. Ich weiß, daß du aufrichtig bist, zärtlich und etwas zu geben hast. Ich weiß es durch die Art, wie du mich berührt hast.«

»Ich kann nicht länger dein Therapeut sein, Laura. Und ich kann auch nicht dein Liebhaber werden.«

»Dann sei mein Freund«, sagte sie. »Hilf mir.«

Er sah sie an. Da lag sie, in seinem Bett, in seiner Wohnung, und er hatte den überwältigenden Wunsch, zärtlich zu ihr zu sein, zärtlich und beschützend, und er fühlte sich auf überwältigende Weise für sie verantwortlich.

»Verstehst du«, sagte er leise, »ich *liebe* dich. Und ich habe keine Ahnung, wie ich dir helfen kann.«

»Mach das nicht, David. Es ist gefährlich, mich zu lieben.«

»Das glaube ich nicht«, sagte er, überzeugter als er in Wirklichkeit war.

»Ach nein? Sieh doch nur, was ich dir schon alles eingebrockt habe.«

Er konnte sie nicht länger ansehen.

»Ich habe Angst, David. Weißt du, was für eine Angst ich habe?«

Er legte seinen Arm um sie. »Ja, das weiß ich.«

»Gestern«, sagte sie, »oder war es letzte Nacht, als ich den Traum von Zach hatte, habe ich mir gesagt, daß ich so nicht mehr weiterleben will. Nie zu wissen, wann. Immer die Furcht, immer die Sorgen, die Angst. Mein Verstand schlägt Purzelbäume, und manchmal denke ich wirklich, daß ich durchdrehe.«

»Es kann doch sein, daß gar nichts passiert, Laura. Vielleicht war das endlich einmal *wirklich* nur ein Traum. Nur symbolisch. Schrecklich, aber symbolisch. Es geschieht doch nur manchmal. Diesmal vielleicht nicht.«

Sie lachte. »Und vielleicht hast du mich geheilt.«

Er machte ein paar Vorschläge, wie man den Traum vom Fluß deuten könnte.

»Zach hat es nicht verdient, für das, was ich fühle, bestraft zu werden«, sagte sie. »Niemand hat das verdient.«

Worauf David keine Erwiderung einfiel.

Später schlief sie eine Weile. Auch er versuchte zu schlafen, doch vergeblich. Die meiste Zeit über sah er ihr nur beim Schlafen zu. Die Schatten des Mondes tanzten auf ihrem Gesicht; sie atmete ganz flach. Er hob die Decke und studierte ihren Körper, ihren runden Bauch, die Konturen ihres Nackens und ihrer Brüste.

Es war nicht ihr Körper gewesen, durch den er das leidenschaftlichste und erotischste Erlebnis seines Lebens gehabt hatte. War es das Element der Gefahr gewesen, das Bewußtsein, etwas Verbotenes zu tun? Mit einer Frau, die nicht nein sagen würde – konnte? Die Geringfügigkeit, daß Laura nicht über seine Qualitäten als Liebhaber urteilen würde? Oder war es etwas völlig anderes? Daß er sie liebte.

Er versuchte sogar, über das »warum« nachzudenken. Sie besaß keine der Eigenschaften, die er an Frauen zu schätzen geglaubt hatte. Sie hatte sich ihm vollkommen unterworfen; sie war paranoid und voller Selbstverachtung; sie wußte nicht, was sie vom Leben erwarten sollte, abgesehen von dem simplen Recht zu leben. Ja, sie kam ihm nicht einmal wie ein vollständiger Mensch vor, obwohl sie Gaben besaß, an die die meisten anderen Menschen nicht einmal im Traum dachten. Aber dann war da noch ihre Tapferkeit, ihr Wille zu leben, angesichts einer solch grausamen Sackgasse durchzuhalten. Ein schwächerer Mensch hätte schon längst aufgegeben.

Er legte seinen Kopf neben ihren, spürte ihren Atem auf seiner Wange, leicht säuerlich vom Schlaf und vom Rauchen. Er konnte gerade noch den Geruch ihres Parfüms erahnen und noch einen anderen Duft, Shampoo vielleicht. Es war, als könne er ihr Leben spüren, ihre Vergangenheit, als ströme ihr Blut durch seine Adern. Und er spürte eine Einsamkeit, tiefer und verheerender, als er sie jemals selber gekannt hatte.

Ja, er liebte sie. Er hatte ihr helfen wollen, damit es ihr besser ging, ihr zeigen, daß auch sie geliebt wurde, ihr zeigen, wie sehr er sie liebte. Hatte er sich eingeredet, daß es helfen würde, wenn er mit ihr schliefe?

Er berührte ihre Haut, fuhr mit der Fingerspitze über

die Rundungen dieses Körpers, der ihm so viel Glück und Schuld und Schmerz gebracht hatte. Sie seufzte und drehte sich auf die andere Seite, und dann sah er im Mondlicht ein kleines braunes Mal über ihrem Gesäß. Das Mal, das er im Traum berührt hatte.

Er lag noch im Halbschlaf, nahm entfernt die frühmorgendlichen Geräusche von der Straße wahr, das Scheppern der Mülleimer unter dem Fenster, irgendwo weit weg das Rumpeln der U-Bahn, den leisen Regen, der gleichmäßig gegen die Scheibe trommelte. Und noch ein Geräusch: ein Klopfen.

Er öffnete die Augen. Laura saß aufrecht im Bett. Sie keuchte. Auf ihrem Gesicht war der Ausdruck von panischem Schrecken, den er schon im Institut an ihr gesehen hatte. Sie sah ihn mit Augen an, die ihn nicht zu kennen schienen.

»Ich habe ihn umgebracht«, flüsterte sie. »Ich habe ihn umgebracht.«

Sie hatte wieder diesen Traum gehabt.

Er sah auf die Uhr. Fünf vor sechs, und jemand klopfte – hämmerte an der Tür, so laut, daß er sich fragte, ob Grace Axelrod im achten Stock es wohl hören konnte.

Er sprang auf, schlüpfte rasch in seine Pyjamahose und taumelte zur Tür.

Im Flur stand Zachary Wade. David war im Pyjama – und dazu noch in Panik. Sein Herz trommelte wie wild, in seinem Kopf schossen die Gedanken hin und her. Ich sage ihm einfach, daß Laura nicht hier ist. Oder ich sage ihm, daß sie doch hier ist, aber so spät gekommen ist, daß ich ihr angeboten habe, in meinem Bett zu übernachten, und selber auf dem Sofa geschlafen habe.

Aber bevor er überhaupt etwas sagen konnte, hatte der Mann sich schon an ihm vorbeigeschoben und ging entschlossenen Schrittes auf die Schlafzimmertür zu.

Auweh. Es wäre besser gewesen, wenn er ein paar Stunden früher gekommen wäre. Es wäre besser gewesen, sie beim Liebesakt zu erwischen als jetzt so.

Laura stand nackt am Fenster. Sie hatte es weit geöffnet und stand in der kalten Morgenluft da und sah auf die Straße hinunter – zwanzig Etagen tiefer. Hatte ihr Auftauchen sie etwa davor bewahrt, tatsächlich zu springen?

»Laura!«

Sie rührte sich nicht und starrte weiter aus dem Fenster. Es war David klar, daß irgendwas in ihr ›klick‹ gemacht haben mußte und daß das nicht etwa ein gutes Zeichen war, wie er sich einzureden versucht hatte, sondern ein schlechtes, so schlecht, wie es nur sein konnte. Das lernte jeder angehende Psychotherapeut im ersten Studiensemester.

Zachary Wade sah seine Frau an, wandte sich dann um und warf David einen Blick tiefster Verachtung zu.

»Sie verführen eine Frau, die so augenscheinlich seelisch krank ist? *Was für ein Mensch sind Sie nur?*«

Später war es David unmöglich zu beschreiben, was er in diesem Augenblick empfunden hatte. Innerhalb weniger Stunden war er vom schönsten Erlebnis seines Lebens ins schlimmste gestürzt, ins aller – allerschlimmste.

David trat zu ihr hin. »Laura?«

Sie machte keine Anstalten, sich gegen den kalten Wind zu schützen, starrte nur aus dem Fenster. Um sie herum wehten die Vorhänge, während sie auf den Broadway hinuntersah, in den man von Davids Schlafzimmerfenster aus ein ganzes Stück hineinblicken konnte.

»Sieh nur all die Leute«, sagte sie. »So viele Leute.«

Sie hatte kaum einen Blick für die beiden Männer übrig. Ganz langsam, beinahe flüsternd, sagte sie: »Du mußt nach Hause zurück, Zach. Geh nach Hause, weg von mir.«

»Komm mit mir, Laura.« Er machte einen Schritt auf sie zu.

Sie hob die nackten Arme über den Kopf, faltete die Hände und stöhnte leise.

»Laura?« sagte David.

Endlich sah sie ihn an.

»Bleib weg. Das Gift wird dir schaden. Du warst so gut zu mir. Ich möchte nicht, daß dir etwas passiert.«

Wade trat noch einen Schritt näher an seine Frau heran, bis er ihr die Hand auf die Schulter legen konnte.

»Bring die Kinder zu meiner Mutter, Zach. Nein, bring sie weit weg, wo ich sie nicht erreichen kann. Die Kinder sind in Gefahr. Versprich mir das.«

»Laura, deinen Kindern geht es gut.«

Sie sah ihn an, als würde sie entweder ihn nicht kennen oder die Sprache, derer er sich bediente.

Zachary Wade half ihr, ihren Büstenhalter, ihr Höschen und die Hose anzuziehen. Sie erhob keine Einwände, als er ihr erst den einen und dann den anderen Ärmel über den schlaffen Arm zog, ihre Bluse zuknöpfte, ihr die Stiefel überstreifte. David stand da und sah ihnen zu. Er war wie gelähmt, selber Zeuge der beschämendsten Minuten seines Lebens.

Er sah ihnen nach, wie Zachary Wade seine Frau den Gang hinunter geleitete und dann mit ihr vor dem Fahrstuhlschacht wartete.

Als sich die Fahrstuhltür öffnete, sah sich Wade noch einmal nach David um. In seinem Blick lag eine Kälte, eine Bösartigkeit, wie er sie noch nie gesehen hatte, nicht einmal von den gestörtesten Patienten.

»Ich hätte wissen müssen, was passiert, sobald sich einer von euch Burschen dazwischenmischt«, sagte er.

Und dann waren sie im Fahrstuhl.

31

»Du hast *waaas??*«

Stan Friedland hatte Davids Monolog atemlos zugehört, aber jetzt wurde es ihm zuviel.

»Meine Güte, David. Eine schizophrene Patientin. Ich hätte nie gedacht, daß du so was machen würdest.«

Über den Schreibtisch hinweg sah David seinen Freund an. Hatte er gehofft, daß es ihm Erleichterung verschaffen würde, zu Stans Praxis rüberzulaufen und ihm alles zu gestehen? »Ich auch nicht«, sagte er.

Stan trat ans Fenster, blickte kurz auf die Park Avenue hinaus und wandte sich wieder David zu.

»Ich habe heute früh mit Niles Martin telefoniert. Er sagte, sie sei ein geeignetes Medium – ein großartiges Medium sogar –, er könnte aber keine Indizien für paranormale Fähigkeiten in dem Ausmaß, von dem *du* redest, feststellen. Sie ist also ein schizophrenes Medium, aber schizophren bleibt schizophren. Niles hat auch gesagt, daß zwischen euch beiden etwas im Gange ist.«

»Ich – ich liebe sie.«

»Das will ich aber auch hoffen, daß du sie liebst. Wie könntest du sonst deine ganze Karriere aufs Spiel setzen? Wie soll es deiner Meinung nach denn weitergehen? Sie läßt sich scheiden, und ihr beide werdet glücklich bis an euer seliges Ende?«

»Ich dachte, wir wären Freunde, Stan.«

Er setzte sich, zog seine Pfeife hervor und begann, sie mit Tabak aus einem abgeschabten Lederbeutel zu stopfen.

»Es tut mir leid, David. Wirklich. Ich höre mich wohl so gemein an, weil ... weil es mir mit einer Patientin auch einmal beinahe so ergangen ist. Ich bin zum Teil auch auf mich selber böse, weil ich nicht erkannt habe, was sich da anbahnte, oder jedenfalls erst, als es zu spät war.«

»Es hätte auch nichts geändert, Stan.«

»Ich weiß, daß du dich einsam gefühlt hast, aber ich kann es trotzdem immer noch nicht glauben. Selbst wenn sie nicht schizophren wäre ...«

»Aber das ist es doch gerade, Stan. Ich glaube nicht, daß sie das ist.«

»Wieso nicht? Die Symptome sprechen dafür. Plötzliche Sprünge im Denkprozeß, Gedankenübertragung, Halluzinationen.«

»Keine Halluzinationen«, korrigierte ihn David.

»Na schön, aber auf jeden Fall Zwangsvorstellungen von Schuld und Sühne, und zwar grandiose.«

»Die Zwangsvorstellung, daß sie mit ihren Gedanken Ereignisse auslösen kann. Der Rest sind keine Zwangsvorstellungen. Sie hat hellseherische, telepathische und präkognitive Kräfte. Das haben wir bewiesen. Aber wenn die Vorstellung, Dinge bewirken zu können, keine Zwangsvorstellung ist, was stellen wir dann für eine Diagnose?«

Stan zündete die Pfeife mit einem Streichholz an und sog den Rauch tief ein. »Also ist es eine depressive Psychose. Und was fangen wir damit an?«

»Und wenn es überhaupt keine Psychose ist?« David war aufgestanden und ging im Raum auf und ab. »Klar, sie ist depressiv. In ihrer Lage wärest du das auch. Wie würdest du es finden, wenn deine privatesten Gefühle, deine geheimen Gedanken, sich plötzlich auf gewaltsame Weise in der Wirklichkeit bemerkbar machen würden und du nichts dagegen tun könntest?«

Stan zog an seiner Pfeife, bevor er antwortete. »Du meinst, ich würde dann auch durchdrehen?«

»Ich meine, daß dies keine gewöhnliche Geistesstörung ist. Sie ist ja auch ganz bestimmt keine gewöhnliche Frau. Vielleicht ist es ein völlig verständlicher, vernünftiger Wahn. Ein ganz normaler Wahnsinn.«

Stans Pfeife war ausgegangen. Er legte sie in den Aschenbecher, lehnte sich auf der Couch zurück und sah

David, der immer weiterredete, beim Hin- und Herrennen zu.

»Und stell dir doch mal vor, Stan, daß dies passiert, wenn deine Selbstachtung schon auf dem Tiefpunkt ist. Laura hat eine Erziehung genossen, die ihre Selbstverachtung sehr wahrscheinlich noch gefördert hat. Denk daran, daß ihr Vater panische Angst davor hatte, sie könne so werden wie seine Schwester, die Laura so ähnlich gesehen hat, daß man es nicht glauben sollte. Und Sam Gardner hat auch vor den Gewalttätigkeiten seiner Schwester Angst gehabt, also war jeder Ausdruck von Wut und Zorn – alles, bei dem man sich nicht völlig in der Gewalt hatte – verboten. Wußtest du, daß Laura mindestens einmal, soweit ich weiß, versucht hat, sich das Leben zu nehmen, und die Familie immer noch nicht zugeben will, daß da etwas schiefgelaufen ist? Dabei muß doch jeder das Gefühl bekommen, nicht geliebt, nicht erwünscht zu sein, wenn alles, was sie tat oder fühlte, unrecht war?«

»Was eine psychologische Grundlage für eine paranoide Wahnvorstellung dieser Art abgäbe«, sagte Stan.

»Vergiß die Wahnvorstellung. Versuch zu verstehen. Gedanken und Wünsche und Gefühle, die du oder ich ganz schlicht als zum Menschen gehörig betrachten würden, will sie sich unter keinen Umständen erlauben. Sie meint, sie sollte darüber erhaben sein. Diese Emotionen kann sie einfach nicht für sich akzeptieren, und damit wird ihr Selbsthaß noch verstärkt. Daraus entwickelte sich ihre Vorstellung, ein Gift zu sein, und während um sie herum lauter Dinge geschehen, die das zu bestätigen scheinen, fühlt sie sich in ihrer fixen Idee auch noch bestätigt. Die Grenze zwischen den inneren Gefühlen und den äußeren Ereignissen verwischt, und sie fühlt sich für immer neue Unglücksfälle verantwortlich. Und letzten Endes *ist* sie dann verantwortlich. Es ist ein Teufelskreis.«

»Aber du sagst doch, daß sich das alles auch so verhält, David. Du suchst eine psychologische Erklärung für ein parapsychologisches Phänomen.«

David hörte auf herumzulaufen und stellte sich ans Fenster.

»Ja, und warum denn nicht? Sie hat ein psychologisches Gerüst, wie jeder andere auch. Warum sollten sich ihre Kräfte nicht verändern, so wie sie gesagt hat?«

»Aber David, niemand kann lernen, seine Emotionen voll und ganz zu kontrollieren. Wenn das wahr ist, was du da sagst, schwebt wirklich jeder, den sie kennt, in Gefahr. Sie muß doch einfach irgendwann einmal etwas Schlechtes über jemanden denken, mit dem sie gerade zu tun hat. Wie soll sie das denn verhindern?«

»Das stimmt. Sie steckt ziemlich in der Zwickmühle.« Stan trat zu David ans Fenster. »Ich verstehe, was du meinst, aber sieh mal, David, ich möchte nicht mit dir über ihre Möglichkeiten debattieren. Eine Möglichkeit wäre, mit seiner Patientin ins Bett zu gehen, und die hast *du* gewählt.«

»Oder auch nicht, Stan. Verstehst du, sie steht mit mir in enger gedanklicher Verbindung, aber mich zu lieben ist für sie natürlich nicht akzeptabel. Aber es ist und bleibt ihre Empfindung, so sehr sie sie auch verleugnen mag. Es ist ihr Wunsch. Sie will, daß ich sie liebe. Und es sind die unbewußten Wünsche, die, die sie nicht haben will, die sich in der Wirklichkeit zu manifestieren scheinen.«

Stan sah ihn erstaunt an. »Willst du damit ernsthaft behaupten, daß sie mittels Telepathie in dir leidenschaftliche Gefühle für sie erzeugt und dich dann gezwungen hat, dieser Leidenschaft freien Lauf zu lassen?«

»Ich weiß, daß es sich unglaublich anhört. Aber wie sollen wir sonst anfangen, Lauras Kräfte zu begreifen? Hör zu. Vor etwa zwei Wochen habe ich von ihr geträumt. Es war ein erotischer Traum. Und in diesem Traum habe ich ein kleines Muttermal auf ihrem Rücken *gesehen.* Ich habe es berührt. Und sie *hat* genau an der Stelle ein kleines braunes Muttermal, Stan. Das habe ich gestern abend gesehen.«

»Du meinst also, sie hätte dir die Kenntnis von dem Muttermal zukommen lassen, damit du davon träumst?«

»Vielleicht bin ich eine geistige Verbindung mit dieser Frau eingegangen. Vielleicht gibt mir meine Liebe zu ihr Zugang zu ihrer Seele, zu ihrem Gehirn, ihren Gedanken – ohne daß es erst eines sprachlichen Ausdrucks oder eines physischen Vorganges bedürfte. Wer kennt schon die Geheimnisse und die Mächte, die die Liebe in uns freisetzen kann und für die wir nur nicht zugänglich sind?«

»Du solltest das nicht so romantisieren, David.«

Das Telefon läutete. Stan nahm den Hörer ab. »Ja, Sue. Vielen Dank, daß du Bescheid gesagt hast.« Er legte auf, kam wieder zurück zu David und legte ihm die Hand auf die Schulter.

»Ich meine einfach, daß du dir erlaubt hast, dich in eine Patientin zu verlieben, und der Rest sind alles Versuche, das rational zu erklären. Was du jetzt tun mußt, um den Schaden möglichst gering zu halten ...«

»Das geht nicht mehr, Stan«, sagte David. Dann erzählte er ihm, was hinterher passiert war, als Zachary Wade plötzlich vor der Tür gestanden hatte.

Stan hörte nachdenklich zu, ohne ihn zu unterbrechen. Als David geendet hatte, sagte er: »Was mag Wade wohl damit gemeint haben?«

»Womit?«

»Ich hätte wissen müssen, was passiert, wenn einer von euch Burschen sich dazwischenmischt.«

»Was soll er damit denn schon gemeint haben?«

»Meinst du, daß das eine Anspielung darauf sein sollte, daß du Jude bist?«

»Lauras Familie ist jüdisch. Ich hatte angenommen, er wäre es auch.«

Stan zuckte die Achseln. »Das bedeutet nicht unbedingt, daß er kein Antisemit ist. Was immer er auch damit gemeint hat, komisch ist es doch.«

»Jedenfalls sind wir damit jetzt sozusagen quitt. Ich kann es dir ja auch ruhig sagen, ich habe den Mann vom ersten Augenblick an nicht ausstehen können.«

»Aus irgendeinem bestimmten Grund? Ich meine abgesehen davon, daß du in seine Frau verliebt bist?«

David zog es vor, den Seitenhieb zu ignorieren. »Irgendwas an ihm ist sonderbar.«

»Was sagt Laura denn über ihn?«

»Nach dem zu schließen, was sie mir in der Therapie erzählt hat, ist er nicht besonders fürsorglich oder liebevoll. Nach dem, was ich selber gesehen habe, würde ich meinen, daß er die Probleme in ihrer Beziehung grob unterschätzt, sie vielleicht sogar nicht wahrhaben will und so tut, als existierten sie nicht. Zum Beispiel hat diese Frau ihr ganzes Leben mit der Vorstellung verbracht, daß sie frigide ist.«

»Was du natürlich besser weißt.«

Wieder überhörte David die Anspielung. »Er redet ihr das ein. Und sie glaubt ihm natürlich aufs Wort.«

»Das muß sie ja wohl auch, wo doch alles, was nicht gut ist, ihre Schuld ist.« Stan blickte auf seine Pfeife, die auf den Tisch gekollert war, ließ sie aber dort liegen.

»Das ist richtig«, sagte David. »Aber im Moment kommt es sowieso nicht darauf an, was ich von ihm halte, sondern darauf, was er von mir denkt.«

»Wieso das?«

»Weil er mich heute morgen angerufen hat, um mir zu sagen, daß er die Ärztekammer benachrichtigt hat und eine Schadensersatzklage in Millionenhöhe gegen mich anzustrengen gedenkt.«

32

»David?«

Lena Goldman stand in der Tür. Sie wirkte blaß, verletzt. Als er ihren Gesichtsausdruck sah, wäre er am liebsten davongelaufen.

»Komm herein, Mom.«

In den vergangenen drei Wochen war David mit einer Flut von Androhungen rechtlicher Schritte bombardiert worden. Eine gerichtliche Vorladung wegen einer Schadensersatzklage in Höhe von zwei Millionen Dollar hatte er am Freitag erhalten; heute früh war ein Brief von der Ärztekammer gekommen, in dem ihm mitgeteilt wurde, daß seine Zulassung als Arzt zur Überprüfung anstand und zunächst eine Untersuchung wegen beruflicher und ethischer Verfehlungen durchgeführt werden sollte. Noch während seine Schande immer öffentlicher wurde, hatte David gehofft, sie vor seinen Eltern verbergen zu können, und sich gesagt, daß er es ihnen immer noch beichten konnte, sobald ihm die richtigen Worte einfielen. Außerdem war Philadelphia weit weg von New York. Offenbar doch nicht weit genug.

»Also ist es wahr.« Seine Mutter blickte sich im Zimmer um. Die Wohnung war eine einzige Müllhalde. Hier ein Stapel Bücher, dort ein Haufen Zeitungen; im Spülbecken türmte sich das schmutzige Geschirr, ein Teller mit dem Rest eines Spaghettigerichts auf dem Couchtisch, überall Kartons voller halbvergammelter Speisereste, in denen David sich etwas vom Chinesen geholt hatte. Es war ihm gar nicht groß aufgefallen. Er hatte sich schon daran gewöhnt, im Dreck zu leben.

»*Wie konntest du das nur tun, David?*«

Wie sollte er es seiner Mutter erklären, wenn er es sich nicht einmal selber erklären konnte?

Sie räumte eine Ecke auf dem Sofa frei und setzte sich.

»Dein Vater wollte mich nicht begleiten. Tut mir leid.«

Das überraschte David nicht. Sein Vater hatte sich immer damit gebrüstet, daß er wüßte, wie man ein würdiges Leben führt. Ehrlichkeit und Pflichterfüllung. David packte einen Stapel Zeitungen, die meisten davon ungelesen, beiseite.

»Laß das jetzt sein, David. Erzähl mir, was passiert ist.«

Er erzählte es ihr, so objektiv und nüchtern er es nur konnte, ohne sentimentale Selbstvorwürfe.

»Ich fürchte, sie steht unmittelbar vor einer Anklage wegen Mordes.«

»Glaubst du, daß sie den Mord begangen hat?«

»Nein. Aber der Detective, der den Fall bearbeitet, glaubt es wahrscheinlich.«

»Und wieso verhaftet er sie dann nicht?«

»Weil er noch nichts in der Hand hat, was vor Gericht als Beweis anerkannt würde. Aber er sucht weiter, darauf kannst du Gift nehmen.«

»Woher weißt du das?«

»Weil er mich dauernd anruft. Er stellt lauter Fragen. Mal will er mit mir über ihre Bilder reden. Dann fragt er mich, ob wir uns je über ihre Gewohnheiten unterhalten haben, wo sie so hingegangen ist, mit wem sie befreundet war. Es könnte sein, daß er herauszubekommen versucht, wo sie die Sachen, die sie angehabt hat, und vielleicht die Mordwaffe gelassen haben könnte ... Der Gerichtsarzt meinte, daß es höchstwahrscheinlich ein Skalpell gewesen ist.«

»Wo sollte sie denn ein Skalpell herhaben?«

»Das kann sich jeder in einem Fachgeschäft für Laborbedarf besorgen.«

»Vielleicht hat sie es weggeworfen.«

»Sie hat es nicht getan, Mom. Und glaub' mir, Culligan hat jeden Müllhaufen von Manhattan bis Easterbrook nach einem Paar blauer Hosen und den anderen Sachen, die die Zeugin beschrieben hat, absuchen lassen. So kommen die nie weiter.«

»Und wieso nicht?«

»Weil sie von der Annahme ausgehen, daß Laura es getan hat. Also überprüfen sie alle Orte, wo sie gewesen sein könnte, Personen, die sie kannte, alle Stellen, wo sie die Dinge, die vor Gericht als Beweismittel gelten würden, gelassen haben könnte. Und dazu müssen sie wissen, wo sie nach dem Mord gewesen ist. Aber, verstehst du, sie ist es gar nicht gewesen, also fangen sie ihre ganzen Ermittlungen völlig verkehrt an.«

»Woher weißt du, daß sie es nicht gewesen ist, David? Bist du in diese Frau verliebt?«

»Sie ist jetzt im Krankenhaus.«

»David, du hast meine Frage nicht beantwortet.« Sie sah ihn an und fügte sogleich hinzu: »Schon gut, ich kenne die Antwort. Es ist sowieso erstaunlich, daß so was nicht noch häufiger passiert.«

Wollte sie ihn damit trösten? Als nächstes würde sie Laura wahrscheinlich als Verführerin unschuldiger Söhne bezichtigen. Oder sie wollte einfach nur nicht begreifen, wie ernst seine Lage war.

»Kapierst du es denn nicht, Mom? Psychiater haben sich nicht in ihre Patientinnen zu verlieben, und wenn sie es doch tun, dann haben sie sie nicht zu vögeln.«

Sie war bei dem rüden Ausdruck kein bißchen zusammengezuckt.

»Verstehst du das?« sagte er. »Ich habe alles nur noch viel schlimmer gemacht. Ich habe *für sie* alles noch schlimmer gemacht. Es spielt keine Rolle, ob ich in sie verliebt bin oder meinetwegen auch, ob *sie* in *mich* verliebt ist. Sie ist ...«

»Warum hast du mir das nicht erzählt, als ich dich letzte Woche angerufen habe? Und die Woche davor?«

Er begann zu weinen. Seine Mutter streckte den Arm aus und drückte ihn an sich. Dann sah sie ihm fest in die Augen.

»Du liebst sie.«

»Ja«, sagte er. »Ich liebe sie.«

»Ich wußte doch, daß du nichts dergleichen tun würdest, wenn du nicht in diese Frau verliebt wärst. Ich habe deinem Vater gesagt, ich habe gesagt: ›David würde so etwas nie tun, wenn es keinen triftigen Grund dafür gibt.‹ Er wollte nicht auf mich hören, aber ich kläre das schon noch mit ihm.«

David wollte wissen, wie sie davon erfahren hatte. Offenbar hatte sie es von seiner Schwägerin, der es wiederum von der Tochter einer Freundin von Marilyn Reinhold erzählt worden war, mit der seine Schwägerin Maggie flüchtig bekannt war. Und alle lebten unten in Philadelphia. Er konnte sich die Unterhaltung richtig vorstellen: »Hast du schon gehört? Dein Schwager ist mit einer seiner Patientinnen ins Bett gegangen! An Schizophrenie soll sie leiden.«

»Mußt du zu einer Anhörung, David?«

»Ja, innerhalb eines Monats. Meine Zulassung als Arzt wird wahrscheinlich widerrufen.«

»Um Himmels willen, David! Was sagt dein Anwalt denn dazu?«

»Was *kann* er schon sagen? Ich bin ja sozusagen auf frischer Tat ertappt worden.«

»Aber... er wird dich doch verteidigen? Ich könnte Don Graceland ...«

David schüttelte den Kopf. »Mike Reilly ist ein tüchtiger Anwalt, Mom. Du solltest dir eher Sorgen über die Kompetenz seines Mandanten machen. Ich habe meine Praxis geschlossen.«

Sie sah ihn mit großen Augen an. Doch, es stimmte. Er hatte jeden einzelnen seiner Patienten angerufen und sie an Kollegen verwiesen. Er hatte nicht den Mut aufgebracht, ihnen den Grund zu nennen, und es dabei belassen, ihnen zu sagen, daß er seine Praxis aufgäbe, was ja auch der Wahrheit entsprach. Einige wenige hatten es auf die eine oder andere Weise allerdings doch erfahren. Diane Sagori hatte ihn vor ein paar Tagen abends sehr aufgebracht zu Hause angerufen und ihn volle fünf Minuten lang am Telefon beschimpft. Es schien, als sei David für sie endlich der Beweis dafür, daß alle Männer doch nur an das Eine dachten.

»Wie willst du denn jetzt zurechtkommen?«

»Ich habe mir etwas auf die hohe Kante gelegt.« In Wirklichkeit besaß er eine stattliche Menge Geld, dank eines Maklers, den Allison aufgetan und der für ihn einige verwegene, aber sehr lukrative Anlagemöglichkeiten an Land gezogen hatte. In der Tat brauchte David sich mindestens für ein paar Jahre keine Geldsorgen zu machen.

»Was wirst du jetzt tun?«

»Ich weiß noch nicht.«

»Soll ich dich zum Essen einladen?«

»Nein.«

» Dann mache ich hier sauber.«

»Es ist in Ordnung, Mom. Wirklich. Ich mag es so.«

Sie fing an, alle Sachen vom Couchtisch auf den Stapel von Zeitungen zu packen.

»Kann ich sonst etwas für dich tun?«

Für ihn tun? Sie könnte aufhören, ihn so zu bemuttern.

»David?«

Mike Reilly war am Apparat.

»Hast du es schon gehört? Laura Wades Vater ist gestern gestorben.«

David hörte sich scharf die Luft einziehen. »Ein Herzanfall«, sagte er. Er hatte es gar nicht aussprechen wollen. Er hatte wie aufs Stichwort reagiert, und es war nicht als Frage gemeint gewesen.

»Wie hast du davon erfahren?« fragte Mike.

»Ich habe dir das doch schon alles erklärt, Mike.«

Eine Weile schwiegen sie beide am Telefon. Ohne Zweifel erwog Mike, auf Unzurechnungsfähigkeit zu plädieren.

»Ich muß jetzt auflegen, Mike.«

»Mach keine Dummheiten, David.«

David stellte seinen Wagen auf dem Besucherparkplatz des Rolling Hills Psychiatric Hospital ab. Die beste psychiatrische Klinik im Fairfield County, ja eine der besten im ganzen Land. Nur die besten Ärzte, erstklassige technische Einrichtungen, hochqualifiziertes Personal. Nur konnte das alles Laura nicht vor sich selber schützen.

Er ging zum Empfangstresen.

»Dr. Goldman«, sagte er und hoffte, sich nicht als Arzt ausweisen zu müssen. »Ich möchte bitte zu Laura Wade. Sie ist bei mir in Therapie.«

Die Empfangsdame sah in einer Liste nach, die sie vor sich auf dem Tresen liegen hatte. »Es tut mir leid, Dr. Goldman. Ich habe ausdrückliche Anweisung, Sie nicht vorzulassen.«

Anweisungen von Zachary Wade. Konnte er es ihm verdenken?

Und abgesehen davon konnte er sich zu allem anderen noch eine Anzeige wegen versuchter Einflußnahme auf eine Zeugin einhandeln.

»Danke«, sagte er und wandte sich zum Gehen.

Er verließ das Gebäude durch die Vordertür und ging zur Rückseite, wo er den Eingang für die Ärzte fand. Er legte seine Aktenmappe auf das Dach eines der in der Nähe des Eingangs geparkten Autos und begann, darin herumzuwühlen, so, als suchte er nach etwas. Eine Frau in einem weißen Kittel kam vorbei und lächelte ihm zu. Er lächelte zurück. Auf ihrem Namensschildchen stand »Dr. Myra Nordstrom«. Sowie sie außer Sichtweite war, hastete David die Stufen hinauf, hielt dem Pförtner seinen Ausweis unter die Nase und sagte: »Ich bin angemeldet. Bei Frau Doktor Nordstrom.«

Der Mann winkte ihn durch.

Er ging den Flur entlang, wandte sich nach links und folgte dann einem Hinweisschild zum Tagesraum. Der Raum war aufdringlich farbenfroh eingerichtet, mit lauter buntbezogenen Sofas, einer Bücherwand vom Boden bis zur Decke und einer Ecke voller Kunstgegenstände. Hier und dort saßen ein paar Patienten. Die meisten sahen fern. Laura war nicht dabei.

Er irrte weiter durch die Gänge, begann bei der ziellosen Sucherei die Nerven zu verlieren und wußte schon gar nicht mehr, warum und wozu er überhaupt hergekommen war.

In einem der Zimmer in einem Gang, der als Besucherflügel ausgewiesen war, fand er sie schließlich. Er blieb in der Tür stehen und sah sie an. Sie sprach leise mit einer ziemlich stämmigen, elegant gekleideten Frau von etwa siebzig Jahren. Ihr graues Haar war sorgfältig toupiert und dick mit Haarspray verklebt, aber es war so dünn, daß man vermutlich bis auf die Kopfhaut hindurchsehen konnte, wenn man sich über sie beugte. Sie weinte. Laura hatte ihr den Arm um die Schulter gelegt.

David blieb eine Weile stehen. Lauras Augen waren trübe – man hatte ihr Beruhigungsmittel gegeben –, und ihre Haut war erschreckend fahl. Endlich blickte sie auf und sah ihn.

»David?«

»Entschuldige, daß ich störe«, sagte er von der Tür. »Ich wollte nur mit dir sprechen, sehen, wie es dir geht, dir sagen ...«

»Wer *sind* Sie?« fragte die ältere Frau.

»Mutter, das ist David Goldman.«

»Ich hole die Schwester.« Sie stand auf und wollte zur Tür gehen.

»Warte, Mutter.«

»Bitte, Mrs. Gardner, ich bin in ein paar Minuten wieder weg. Ich bin nur gekommen, um zu sehen, wie es Laura geht.«

»Wie soll es ihr schon gehen? Vor weniger als einer Woche ist ihr Vater gestorben.«

Er sah Laura an, die ihm wie ein verängstigtes kleines Tier vorkam.

»Ich habe meinen Vater getötet, David«, flüsterte sie.

»Aber sie wollen nicht zulassen, daß ich mich selber auch umbringe. Verstehst du? Es ist wieder passiert.«

»*Was* ist wieder passiert?« wollte ihre Mutter wissen.

»Ich habe ihn umgebracht, Mutter. Ich habe es dir doch gesagt.«

Mrs. Gardner sah Laura an. Sie war offenbar zutiefst verstört. »Sie geben mir so viele Medikamente«, sagte Laura. »Ich kann kaum noch einen klaren Gedanken fassen. Aber ich kann nicht mehr hören, was die Leute denken. Mein Kopf ist ... Dr. Roland möchte dauernd über dich sprechen. Sie sagt, du hättest mich hintergangen. Sie sagt, daß du das Schlimmste getan hast, was ein Arzt nur tun kann.«

»Laura ging es gut, bis sie zu Ihnen kam«, sagte ihre Mutter.

»Es ist mir nie gut gegangen, Mutter.«

Die Frau sah ihre Tochter an, als sähe sie sie zum ersten Male in ihrem Leben.

Laura wandte sich wieder David zu. »Mit Zach und mir ist es auch viel besser geworden. Einmal in der Woche besucht er mich. Und er ist sehr lieb zu mir gewesen. Er versucht, sich zu ändern. Mehr für mich da zu sein.« Ihre Stimme klang flach, ohne Betonung. Als spräche sie etwas nach.

»Zach ist ein guter Mann, Laura«, sagte ihre Mutter. »Dein Vater und ich hatten auch mal unsere schwierigen Phasen, und wir haben sie gemeinsam gemeistert. Auch du wirst es schaffen. Du brauchst nur etwas Ruhe, und dann kommt alles wieder in Ordnung. Das habe ich deinem Vater auch immer gesagt.«

»Du warst immer da, und du hast nie gemerkt, daß mit mir etwas nicht stimmte. Du hast dir nicht einmal Sorgen gemacht. Vater hat sich wenigstens Sorgen gemacht.«

»Woher willst du wissen, ob ich mir Sorgen gemacht habe oder nicht?«

Laura sah erst David, dann ihre Mutter an. Würde sie es ihr erzählen?

»Du hast recht, Mutter«, sagte Laura. »Woher sollte ich das wissen.«

»Ich habe dich geliebt«, sagte Mrs. Gardner. »Dein Vater hat dich geliebt. Ich glaube, er hat dich am allermeisten geliebt. Was hätte ich denn sonst für dich tun sollen?« Sie sank in ihrem Stuhl zurück. »Ich habe es versucht, Laura, aber du hast uns nie etwas gesagt.«

»Hätte das etwas genützt? Ihr hättet es nicht hören wollen. Du willst es immer noch nicht.«

Mrs. Gardner vermied es, ihre Tochter anzusehen.

»Du wolltest nur, daß ich normal bin, nicht wahr?« sagte Laura.

»Ist das ein Verbrechen?«

»Nein. Ich habe das nämlich auch gewollt.«

Dann schwiegen beide. Schließlich trat Laura auf David zu und sagte: »Ich habe Zach herumgekriegt. Er wird die Anklage gegen dich fallenlassen.«

Sie fixierte ihn einen Augenblick, dann beugte sie sich vor und flüsterte: »Mein Vater ist tot, David. Wenn es vorbei ist ... wirst du ihnen dann sagen, warum ich keine andere Wahl hatte?«

Er trat erschrocken einen Schritt zurück. Sie wollte, daß er ihrer Familie ihren Selbstmord erklärte.

Er sah sie noch einmal an, wandte sich um und ging rasch den Flur hinunter. Als er den hinteren Ausgang erreicht hatte, rannte er praktisch schon.

Als er um halb zwölf wieder in sein Apartment kam, läutete das Telefon.

»Hallo?«

»Hier spricht Marla Gardner.« Sie brauchte sich nicht als Lauras Mutter vorzustellen und ihm auch nicht zu sagen, daß sie vor Wut kochte. »Wie können Sie es wagen«, polterte sie los, »ich habe im Krankenhaus nichts gesagt, weil ich Laura nicht unnötig aufregen wollte. Wir haben in den letzten paar Wochen genug ...«

Er hörte, wie sie zu weinen anfing. Aber dann bekam ihr Zorn wieder die Oberhand.

»Wir werden die Anklage nicht zurückziehen. Wir haben ihr das nur gesagt, weil Sie so darauf beharrte. Sie ist jetzt so zerbrechlich, und wenn Sie nur irgend etwas für sie empfinden würden, müßten Sie wissen ...«

»Mrs. Gardner, ich kann überhaupt nicht mehr für Laura empfinden, als ich es jetzt schon tue.«

»Wer sind Sie denn schon? Irgend so ein lausiger Quacksalber, der es auf meine Tochter abgesehen hat. Und warum? Weil sie so schön ist? Das ist ja geradezu widerwärtig!«

»Es tut mir leid. Das müssen Sie doch wissen. Mein Leben liegt in Scherben vor mir, wissen Sie das auch?«

»Erwarten Sie von mir Mitleid, junger Mann? Was haben Sie schon für eine Ahnung von Liebe? Liebe ist nicht gleich Sex. Liebe ist, das beste aus allem zu machen, jemandem treu zu sein, immer füreinander dazusein, was auch geschieht. Zach steht zu Laura. Ich habe zu meinem Mann gestanden, diesem armen, gequälten Menschen. Er hat sich sein ganzes Leben lang wegen dieser schrecklichen Schwester zermartert, hat immer versucht, sich etwas einfallen zu lassen, was er hätte tun können. Und dann, als Laura älter wurde ...«

»Ich verstehe es ja, Mrs. Gardner«, sagte David. »Ich habe ja gesehen, wie sehr Laura seiner Schwester ähnlich sieht. Auf dem Foto.«

Sie stöhnte entnervt auf. »Dieses verdammte Bild! Wenn Sie die Wahrheit wissen wollen, daß er *das* mit der Post bekam, hat meinen Mann, glaube ich, umgebracht.«

»Einen Moment mal, Mrs. Gardner.« In Davids Kopf drehte sich alles. »Sie meinen, jemand hat ihm das Bild seiner Schwester *zugeschickt?*«

»Genau.«

»Und wer?«

»Ich weiß es nicht.«

»Wußte *er* es?«

»Was macht das schon für einen Unterschied? Ich weiß nur, daß er vor dem Bild gesessen und geweint hat, Nacht für Nacht. Und ich mußte zusehen, wie er sich damit quälte. Also erzählen Sie mir nichts von Liebe. Und wenn Sie noch einmal Laura behelligen, dann schwöre ich Ihnen, daß ich Sie umbringe. Ich bin zwar eine alte Frau, aber ich bringe Sie um.«

Nachdem David aufgelegt hatte, machte er einen Spaziergang im Park. Der Wind blies ihn bis auf die Knochen durch, aber er legte den Weg zu seiner Praxis dennoch zu Fuß zurück. Seit Wochen schon hatte er nicht den Mut aufgebracht, sie zu betreten.

In der Eingangshalle traf er Mrs. Frangipani.

»Wie geht es Ihnen, Dr. Goldman? Waren Sie verreist?«

David lächelte verkrampft. »Ja.«

Drinnen hatte sich über allem eine feine Staubschicht abgesetzt. Er betrat sein Sprechzimmer, setzte sich an seinen Schreibtisch. Wenn er kein Arzt mehr war, was sollte er dann mit sich anfangen?

Er öffnete seinen Schrank und holte eines von Lauras Bändern heraus. Es war das vom 28. August. Er legte es ein und hörte ihre Stimme vom Band. »Ich habe darüber nachgedacht, woran mich die Sache mit meinem Arm erinnert. Anna O . . .«

Er begann, seinen Schreibtisch leerzuräumen, und stapelte alles auf der Platte auf: Schreibblöcke, Stifte, ein Foto von Allison an einem Strand in Mexiko, eine geöffnete Packung Erdnußbutter, Käsekräcker . . .

Vom Band redete Laura über ihre Bilder.

»Nein, es ist nur ein Hobby. Ich verkaufe meine Bilder nicht.«

Seine eigene Stimme: »Warum nicht?«

»Zach sagt, daß meine Bilder wie kleine groteske Alpträume aussehen.«

»Und was sagen *Sie* dazu?«

»Warum sollte jemand sich kleine Alpträume kaufen?«

Kleine groteske Alpträume?

Meine Güte! Es war ihm damals nicht aufgegangen – und auch seitdem nicht. Er hatte sich voll und ganz auf *sie* konzentriert, aber das war nicht sie, jedenfalls nicht ganz.

Er stoppte das Band, schnappte sich seinen Mantel und stürzte aus der Praxis. Er schloß zweimal ab und ließ den Stapel auf dem verstaubten Schreibtisch liegen. Mit ein bißchen Glück würde er um sechs in Philadelphia sein.

33

Es war schon fast dunkel, als er vor dem St.-Francis-Altersheim vorfuhr. Es war ein altes, verfallenes Gebäude im Westen der Stadt. Beinahe die ganze Fahrt über hatte David in den Innenspiegel geschielt, weil er überzeugt war, daß der blaue Mustang, den er ständig darin sah, ihm folgte – bis er eine Ausfahrt nahm und der Mustang geradeaus weiterfuhr. Innen wirkte das Haus wesentlich freundlicher.

Die Wände waren blaßgelb gestrichen und alles war hell erleuchtet.

»Die Besuchszeit ist vorbei«, sagte die stämmige schwarze Schwester hinter dem Empfangstisch.

»Ich suche einen Patienten namens Dr. Emmanuel Kassand. Mein Name ist David Goldman. Ich bin Arzt und ich bin von New York hierhergekommen, um ihn zu sehen.«

Sie sah auf die Wanduhr. »Er wird jetzt beim Abendessen sein.«

»Bitte. Es ist sehr wichtig.«

»Was ist denn los? Den armen alten Knaben – Sie wissen ja wohl, daß er schon über dreiundneunzig ist – hat doch schon seit Jahren kein Mensch mehr besucht. Nicht mal sein Sohn kommt mehr. Und seit letztem Monat fragen alle möglichen Leute nach ihm.«

»Wer denn alles?«

»Na, Sie zum Beispiel. Und der andere Typ, der mit der Brille da. Ein Bulle, denke ich.«

»Noch jemand?«

»Nein, sonst keiner.«

Natürlich nicht. Es wäre ja auch zu schön gewesen.

»Na, ich denke, ich kann Sie wohl zu ihm lassen«, sagte sie, »vorausgesetzt, daß Sie nicht zu lange bleiben. Will ja schließlich keinen Ärger kriegen, nicht wahr?«

Emmanuel Kassand nahm in einer Ecke des Zimmers an einem kleinen Klapptisch sein Abendessen ein. Er wirkte sehr zerbrechlich; seine Haut spannte sich über die Knochen, an den Venen war sie so durchscheinend wie dünnes Papier. Ein paar weiße Haarbüschel sprossen ihm aus dem ansonsten kahlen Schädel.

Von der Tür aus sagte David: »Dr. Kassand?«

Der alte Mann blickte von seiner Mahlzeit auf. Der Truthahn mit Füllung plumpste von der Gabel zurück auf den Teller.

David trat näher heran. »Dr. Kassand, ich bin aus New York gekommen, um Sie zu sprechen.«

Kassand legte die Gabel hin. »Hatte mal 'ne Kusine da. Alma. Ist jetzt tot.«

»Dr. Kassand, meine Name ist David Goldman. Ich bin Arzt – Psychiater.«

»Ich bin auch mal Psychiater gewesen – ist jetzt lange her. Hab's gelassen. Bin lieber Kinderarzt geworden. Da weißt du wenigstens, woran du bist. Wenn es um den Verstand geht, sind wir alle wie Kinder, die im Dunkeln weinen.«

»Was hat Sie dazu bewogen, Dr. Kassand?«

»Wer interessiert sich denn dafür?«

David wiederholte seinen Namen, erklärte den Grund seines Kommens. Als er den Namen Sophie Zophlick erwähnte, schien der alte Mann aufzuhorchen.

»Wieso wollen Sie das alles jetzt aufwühlen?«

David ließ sich auf dem Bett nieder. Es gab sonst keine andere Sitzgelegenheit im Zimmer.

»Ihre Nichte – die Tochter von Sophie Zophlicks Bruder – ist meine Patientin.«

Kassand beäugte David aus zusammengekniffenen Augen. »Sie haben sie nach Darlington gebracht, nachdem sie ihren kleinen Bruder mit einer Glasscherbe angegriffen hat. Jedenfalls hat Elias das gesagt. Ich weiß nicht, ob es sich um denselben Bruder handelt.«

David nickte. »Kann sein. Also wissen Sie über Sophie Bescheid?«

»*Bescheid wissen?* Elias hat doch nie von was anderem geredet. Anfangs war sie ihm zugeteilt. Wir waren damals randvoll mit denen – den richtig Verrückten. Heute hat man ja die Drogen, da ist es nicht mehr dasselbe. Wir waren bloß zu dritt, und das ganze Haus voller Wahnsinniger. Dementia – heute sagt man ja Schizophrenie dazu. Damals wurden gerade die Schocks eingeführt. Die schienen einigen von denen zu helfen, sie wurden manchmal etwas ruhiger davon. Bei manchen wurde es natürlich nur noch schlimmer.«

»Und Sophie?«

»Ihr schien es zu helfen. Die meiste Zeit war sie ziemlich gut beieinander, aber dann konnte sie plötzlich eine mörderische Wut bekommen, bezichtigte dich, daß du schlecht von ihr dachtest, griff dich sogar an. Einmal mußten vier Pfleger ran, damit sie nicht eine Schwester umbrachte. Elias – das war einer von den jungen Idealisten, die die ganze psychiatrische Medizin umkrempeln wollten. Er war erst seit ein paar Jahren in Darlington. Einige Patienten waren . . . wie soll ich es sagen? . . . nicht sehr attraktiv. Ich habe ihn bewundert dafür, was er vorhatte. Hätte er ein paar Jährchen länger da gearbeitet, hätte er die Dinge so gesehen wie wir. Ein feiner Mensch und ein guter Arzt – bis er sich mit ihr einließ. Da wurde alles anders.

Die Frau hat Elias DeMane kaputtgemacht. Er rannte immerzu herum und schwafelte von irgendeiner Macht, die sie besaß, einer Willensmacht. Sagte, sie könne die Zukunft vorhersagen, wüßte, was andere dachten. Ich kann Ihnen sagen, Elias ist genauso durchgedreht wie sie. Es tat einem in der Seele weh zu sehen, wie er immer mehr verfiel. Er war völlig von ihr besessen. Hat sie bisweilen sogar herausgeschmuggelt. Konnte stundenlang dasitzen und sich das Bild angucken, das er hatte machen lassen.«

»Von Sophie?«

Kassand nickte. »Ich kann Ihnen sagen, sie war schon

was. Hübsches Mädchen. Exotisch.« Er hielt einen Augenblick inne, dann sagte er ganz leise: »Aber am Ende waren ihre Augen tot ... tote Augen.«

So waren Lauras Augen aber nicht.

»Er hat die Porträtaufnahme in einem Fotostudio unten an der South Street machen lassen. Er hatte keine Frau mehr – Felicia war bei der Geburt ihres Sohnes gestorben.«

»*Er hatte einen Sohn?* Elias DeMane hatte einen Sohn?«

»Ja, gewiß doch. Niedlicher kleiner Junge, sah ganz wie seine Mutter aus. Ein richtiges Puppengesicht, eine Haut wie Pfirsich. Henry hieß er, glaube ich.«

Davids Beine fühlten sich wie Gummi an, als er zum Fenster trat und auf die Straße hinaussah. Eine Frau mit einem Einkaufskarren voller Lebensmittel kam vorbei. Ein kleines Kind hockte oben auf den Einkäufen.

»Wie alt war dieser Sohn, als es passierte?«

»Jung. Vier, vielleicht sogar nur drei.« Er wollte mit den Fingern schnipsen, aber es kam dabei nur ein kratziges Geräusch heraus. Seine Haut war wie Sandpapier. »Oder hieß der Junge Martin? Weiß nicht mehr. Alles so lange her. Wahrscheinlich wollte ich es alles auch vergessen.«

»Dr. Kassand, besteht die Möglichkeit, daß der Sohn dabei war, als es geschah?«

Ein Schauder durchfuhr Kassand. »Ein Kind – *das* gesehen? Elias war doch geradezu in Fetzen gerissen. Wie von einem wilden Tier. Und sie ... sie hat sich praktisch selbst verstümmelt. Nein, nein. Der Junge schlief. Meine Frau und ich haben uns angeboten, ihn aufzunehmen, aber irgendwo gab es noch eine Verwandte. Großtante oder so was. Kansas, glaube ich. Weiß es nicht mehr so genau. Kann auch Ohio gewesen sein.«

»Erinnern Sie sich noch an den Namen des Ortes, Dr. Kassand?«

»Carrelville, Charleyville – irgendwas in der Art.«

»Können Sie sich wirklich nicht erinnern?«

»Ich bin dreiundneunzig Jahre alt, mein Junge. Sie kommen auch noch eines Tages dahin. Eines Morgens wachen Sie auf und sind ein – Greis. Weiß nicht, wozu ich noch lebe. Jeder, den ich je gekannt habe, ist tot.«

David bedankte sich bei ihm und wollte gehen.

»Habe ich mein Abendessen eigentlich schon bekommen?« fragte Kassand.

David schob ihm den Tisch näher heran. Der Truthahn mit dem grauen Mischmasch sah kalt auch nicht besser aus.

»Mein Lieblingsessen, Truthahn«, sagte Kassand. »Schon immer. Zum Erntedankfest. Mary und ich sitzen mit den Kindern bei Tisch. Alles kommt rüber zu Besuch. Das ist immer wieder ein schöner Moment. Finden Sie nicht?«

David nickte.

»Dr. Kassand? Noch eine Frage. Was ist mit dem Foto geschehen?«

Er sah von seinem Teller auf. »Das Bild von Sophie? Ich glaube, es war bei Elias' Sachen. Vielleicht hat's der Junge auch mitgenommen.«

Wieder wandte sich David zum Gehen, aber Kassand rief ihn zurück.

»Junger Mann«, sagte er, »das Kaff hieß Lordsville. Lordsville, Kansas. Und der Name der Tante war Lucille Dreedle.«

34

Eine halbe Stunde nach der Landung des Inlandfluges der Northwest in Wichita am nächsten Morgen war David schon in einem Mietwagen auf dem Interstate Highway 51 unterwegs. Es war ein klarer, kalter Tag. Der Mais war bereits geerntet, und auf den Feldern tat sich kaum noch etwas. Die unvorstellbare Weite der flachen Landschaft wurde nur ab und zu von einem Farmhaus, einer Straßenkreuzung und, noch seltener, von einem entgegenkommenden Auto unterbrochen.

Bei einem Blick in den Spiegel sah er den alten silbergrauen Wagen, der schon seit über zwanzig Meilen hinter ihm war, aber er sagte sich, daß er sich wieder nur etwas eingebildet hatte, als der Wagen an der nächsten Einmündung abbog. Er fragte sich, wann er wohl den nächsten Anfall von Miniparanoia haben würde. Am Flugticketschalter in Philadelphia hatte er zweimal das Gefühl gehabt, daß ein Mann ihn anstarrte.

Etwa drei Meilen westlich von einem Städtchen namens Pawnee kam er zu einem großen, niedrigen Ziegelgebäude, das ein wenig abseits der Straße lag. Dem Schild über der Einfahrt nach war das die Pawnee Regional High School.

Der Mann am Schalter hatte gesagt, daß Lordsville gleich südlich von Pawnee lag. David fand das Büro und fragte die Sekretärin, ob er den Schulleiter sprechen dürfte. Er erklärte, Psychiater aus New York zu sein, sagte, daß er wegen eines Patienten hier wäre und in den Unterlagen der Schule gerne etwas nachsehen würde.

Sie bat ihn zu warten und verschwand in einem Büro, dessen Tür mit »Allen Dunning, Schulleiter« beschriftet war. Wenige Augenblicke später führte sie David in das Büro.

Dunning war ein jugendlicher Mann mit einer langen

Habichtsnase und litt an einer bösen Erwachsenenakne. David stellte sich vor und sagte, daß er Informationen über eine Familie aus Lordsville namens Dreedle suche.

»Lordsville is' nur'n paar Meilen die Straße runter«, sagte Dunning.

Er hatte den starken Akzent der Leute aus dem Mittleren Westen. »Gibt nicht viel her, das Städtchen. Haben jetzt nicht mal mehr 'n Postamt da. Und ich habe auch noch nie von 'ner Familie dieses Namens hier in der Gegend gehört.«

»Das war vor ungefähr vierzig Jahren.«

»Die Pawnee Regional ist die Schule für den gesamten Bezirk und erst vor acht Jahren errichtet worden. Früher hatten die da ...«

»Haben Sie noch Unterlagen von damals?«

»Da muß ich mal im Keller nachsehen«, sagte Dunning.

»Ich will es gerne selber tun, wenn Sie keine Zeit haben.«

»Ich bin Ihnen gerne behilflich.«

David folgte ihm in eine große Abstellkammer neben dem Heizungsraum des Gebäudes. Entlang der Wände befanden sich aufeinandergestapelte Pappkartons voller Akten, die mit einem dicken Stift datiert waren. Das am längsten zurückliegende Datum schien 1926 zu sein.

»Vielleicht ein paar Jahre nach dem Krieg«, sagte David.

Dunning zerrte den Karton mit der Jahreszahl 1950 hervor.

»Wie war der Name?«

»Dreedle, Henry.« Henry, und nicht Martin, hoffte David. Dunning klappte die Mappe auf und blätterte darin. Er zog eine Akte heraus. »Nein. Das ist nicht, was Sie wollen. Das ist ein Mädchen. Barbara Dreedle.« Er überflog den Inhalt. »Mittelmäßige Schülerin. In der achten Klasse abgegangen. Hier ist die Eintragung.«

»Wo ist sie hin?«

»Union High School, Topeka, wie's scheint.«

»Könnten Sie einmal nach dem Namen Henry DeMane schauen?«

Er blätterte weiter. »Nichts dabei.«

»Könnten Sie noch einen anderen Namen versuchen? Oder darf ich einmal selber sehen?« Die beiden Männer gingen noch diverse Ordner durch. Nichts. Sie versuchten einige andere Jahrgänge. Dunning suchte im Jahre 1948. David begann, die Hoffnung zu verlieren.

»Hier haben wir's«, sagte Dunning und nahm eine Akte aus der Kiste. »Muß wohl verkehrt abgelegt worden sein.« Er klappte sie auf und las das mit Maschine geschriebene Blatt, das oben auf einigen weiteren Unterlagen lag. »Guter Schüler, Ihr Henry DeMane.«

David nahm die Mappe und besah sich die Niederschrift selber. Guter Schüler? Durchweg nur beste Noten. Bis 1950. Mit diesem Jahr endeten die Eintragungen. In der zehnten Klasse. Offenbar hatte er im selben Jahr wie Barbara Dreedle (seine Adoptivschwester?) die Schule verlassen. Hier gab es jedoch keine Eintragung über seinen weiteren Schulbesuch.

Weiter unten fand David einen zweiseitigen maschinegeschriebenen Brief, mit den Jahren schon stark vergilbt. Der Briefkopf lautete: Dr. Emmett Darwin, 16 Main Street, Wichita, Kansas.

8. Juni 1945

Mr. Donald Billingsly
Schulleitung
Lordsville Grammar School
Lordsville, Kansas

Sehr geehrter Mr. Billingsly,
ich habe mit dem heutigen Tage eine umfängliche psychiatrische Bewertung Ihres Schülers Henry DeMane abgeschlossen. Im Hinblick auf sein Verhalten und die disziplinären Probleme, die Sie mit ihm gehabt

haben, kann ich nur zu gut verstehen, warum Sie darauf bestanden, daß seine Tante ihn mir vorführt.

Der Proband ist ein Knabe von zwölf Jahren, für sein Alter hochgewachsen, gut proportioniert, mit angenehmen Zügen, und, soweit ich feststellen konnte, keinen physischen Defekten. Vom Intellekt her ist er auf der Stanford-Binet-Skala im Hochbegabtenbereich anzusiedeln.

Zusätzlich zu dem IQ-Test habe ich auch einen neuartigen Test angewendet, der in Harvard entwickelt worden ist. Ich möchte mich nicht mit den Einzelheiten der Resultate aufhalten; es möge hier genügen festzuhalten, daß ein extrem gewalttätiger, aggressiver Faden sich durch alle Geschichten zieht, die der Knabe für den Test erzählt hat. Seine Schilderungen waren grausam, manche auch bizarr.

Der Knabe zeigt keinerlei Tendenz zur Reue. Er empfindet augenscheinlich keine Neigung, dem von ihm Erwarteten zu entsprechen, und gleichzeitig sucht er und braucht auch keine Bestätigung durch andere. Es überrascht mich nicht, daß Sie ihn in Ihrem Brief als Einzelgänger beschrieben haben. Es ist höchst vielsagend, daß in seinen Geschichten keinerlei Hinweis auf erhaltene häusliche Wärme auftaucht. In seinen Gedanken läßt sich keinerlei Bestreben erkennen, anderen helfen oder sie lieben zu wollen.

Ich habe, ehrlich gesagt, noch nie einen Knaben wie ihn zu Gesicht bekommen. Für seine zwölf Jahre ist er unglaublich selbstbewußt; er strömt eine Art gelassenen Charme aus und weiß sich auf Gebieten auszudrücken, die man von einem Knaben seines Alters einfach nicht erwartet. Erschreckenderweise kommt hinzu, daß die negativen Züge, die unter der Oberfläche verborgen liegen – Langeweile, Feindseligkeit, Haß, möglicherweise Paranoia –, bei der Konversation außerhalb einer therapeutischen Umgebung nicht zum Vorschein kommen. Im Hinblick auf die Gewalttätigkeiten, deren Zeuge er seiner Tante zufolge im jungen Knabenalter geworden sein soll, wäre der Schluß zulässig, daß er in einer sehr frühen Phase seiner Entwicklung stehengeblieben ist, was zu kriminell auffälligem Verhalten – wie Sie es beschreiben – führen könnte (das Feuer auf der Knabentoilette der Schule, die Köpfung der Ziege etc.). Obwohl er nicht zugeben wollte, für diese Taten verantwortlich zu sein, gab er doch einen sehr allgemeinen Kommentar von sich: »Was ist denn schon groß passiert?« Er erklärte außerdem, daß seine jüngere Adoptivschwester, als er sie zwingen wollte, intimen Verkehr mit ihm zu haben, in Wahrheit *wollte,* daß er das tat, weil Mädchen immer »nein« sagen, wenn sie »ja« meinen. Wir reden hier von einem zwölfjährigen Knaben und einem neunjährigen Mädchen!

An die bewußte Nacht hat er keine Erinnerung, zumindest keine, die er zugeben wollte, obgleich Mrs. Dreedle erklärte, daß er bis zum sechsten oder siebten Lebensjahr schreckliche Alpträume gehabt hat. Er weigerte sich, hypnotisiert zu werden. Er weigerte sich weiterhin, über seine Träume zu reden, und erklärte, daß er überhaupt nie träume. Ich müßte eine umfangreiche Analyse bei ihm vornehmen, bevor ich eine näher spezifizierte Diagnose stellen dürfte, doch möchte ich darauf hinweisen, daß die Verhaltensmuster kaum alarmierender sein könnten. Sollten Sie einen *Beweis* dafür haben, daß es dieser Knabe war, der die bewußten Taten begangen hat, sollten Sie wohl besser die Tante zum Handeln zwingen und damit vielleicht der weiteren Entwicklung von der Kleinkriminalität zur Erwachsenenkriminalität zuvorkommen ...

Und so ging es weiter. Es folgte noch die Empfehlung, nach einer kurzfristigen ambulanten Einweisung eine umgehende Psychoanalyse vorzunehmen. Der Brief war, wie der zweite, kürzere, in dem auf die Zurückweisung der Vorschläge durch die Tante eingegangen und in dem sie als »Vogel Strauß« bezeichnet wurde, deren Mitleid für den Jungen den völlig verkehrten Quellen entsprang, unterschrieben mit Dr. Emmett Darwin.

Nanu. Der Schweinehund hatte seinen *Dobermann* nach diesem Psychiater benannt.

»Ist dieser Junge bei Ihnen in Behandlung?« fragte Dunning, der über Davids Schulter hinweg mitgelesen hatte.

»Nein, aber ich glaube, daß er mit meiner Patientin verheiratet ist.«

Unter Darwins Brief lag die Stellungnahme eines Sportlehrers, in der Henry DeMane als völlig undiszipliniert, von den anderen Schülern verachtet und zur Gewalttätigkeit neigend charakterisiert wurde. Es konnte nicht verwundern, daß der Lehrer den Jungen nicht länger in seiner Klasse haben wollte.

David brauchte kein weiteres Wort zu lesen. Natürlich muteten Darwins Tests – wie auch der ganze Tonfall seines Briefes heute etwas veraltet an, aber das Bild, das sie ergaben, war doch erschreckend klar genug. Bereits 1941 hatte Cleckly die Anzeichen der psychopathischen Persönlichkeit beschrieben, und obwohl Darwin Cleckly in seinem Brief nicht erwähnte, fügte sich Henry DeMane doch genau in Clecklys Profil: der oberflächliche Charme, der hohe Intelligenzquotient, das unterentwickelte Gewissen, die Unfähigkeit zur Reue, das Ausbleiben von Schuldgefühlen und jeglicher Angst vor Bestrafung. Und das galt auch für die Schandtaten, derer er bezichtigt wurde – Brandstiftung, Tierquälerei, versuchte Notzucht, und alles von unangemessenen Beschwichtigungsversuchen begleitet.

Sie gingen zurück nach oben in Dunnings Büro. Davids Gehirn arbeitete auf Hochtouren, aber es kamen dabei keine Antworten heraus, nur weitere Fragen. Wie hatte Zachary Wade Laura kennengelernt? Hatte er sie mit der Absicht geheiratet, sie so zu behandeln, wie er es jetzt tat? Und *wie* genau behandelte er sie denn eigentlich?

Dunning war damit einverstanden, David den Inhalt der Akte zu fotokopieren. David stand schweigend neben dem Apparat und sah Dunning zu. Die klare Linie in Wades Motiven machte ihn betroffen. Schlicht und einfach Rache. Weil Lauras Tante allem Anschein nach seinen Vater umgebracht hatte. Weil er ihr möglicherweise dabei zugesehen hatte.

Dunning reichte David die Kopien. David bedankte sich dafür, daß er seine Zeit hatte beanspruchen dürfen, ging hinaus zu seinem Wagen – und mußte plötzlich lachen. Zachary Wade hatte geglaubt, es mit einem ganz normalen Menschen zu tun zu haben. Aber Laura Gardner Wade war kein ganz gewöhnlicher Mensch. Weit gefehlt. Ihre Tante hatte offenbar dieselben Gaben besessen und war darüber irre geworden. Das Allerwitzigste war aber, daß Wade, der selber längst nicht alle Tassen im Schrank hatte, meinte, es bei seiner Frau mit einem ganz normalen Wahnsinn zu tun zu haben. Er wußte es nicht besser, konnte es auch gar nicht wissen.

Vierter Teil
Wahnsinn

35

Im Haus von Tante Lucy begann der Mann, die Ermordung der Todeshexe zu proben – zumeist an kleinen Tieren. Als Junge, als Heranwachsender, begriff er nichts und unternahm keinen Versuch, sich zu verstecken. Ihm mangelte es sowohl an Disziplin wie auch an Charakter, zwei Unzulänglichkeiten, die daher rührten, daß man sich zuviel entschuldigte. Er wurde bedauert; selbst von Tante Lucy. (Das arme Kind hat ein traumatisches Erlebnis gehabt!) Und er wurde überschüttet mit ihren Versuchen, ihm zu helfen. Was noch viel schlimmer war.

Der Vertrauenslehrer hatte ihn zu dem einzigen Seelendoktor geschickt, den er hatte auftreiben können, und der hatte ihm eine Menge persönlicher Fragen gestellt und versucht, ihn dazu zu bewegen, darüber zu reden, warum er immer so aggressiv war, was er noch vom Tod seines Vaters wußte (als würde er das je einem Menschen erzählt haben) und ob er mit seiner Mutter schlafen wollte, was der Junge wiederum lächerlich fand, wenn man die Umstände des Ablebens seiner Mutter berücksichtigte. Sie war bei seiner Geburt gestorben und spielte in seinem Leben daher keine Rolle mehr. Der Seelendoktor war ein intellektueller Pygmäe, verloren in einem Meer von Blödheit. Freud war sein einziger Rettungsring. Später hatte er diesem hirnlosen Quatschkopf einen Haufen Hundekot in einem Kästchen zukommen lassen. Er hatte das Kästchen in rotes geblümtes Geschenkpapier, das er seiner Tante Lucy gestohlen hatte, eingewickelt, es mit einer Schleife verziert und dem Quacksalber gesagt, daß es ein Geschenk von seiner Tante wäre. Was sagten sie immer zu ihm? Warum tust du so was nur. Ein so aufgeweckter Junge wie du. *Der Seelenklempner hatte ihnen gesagt, er wäre geisteskrank. Ha! Was wußten die schon von Geisteskrankheit?*

Die Todeshexe erwähnte er nie.

Nicht lange darauf verschwand er – ein Mensch ohne Vergangenheit. Er wurde ein Vagabund, ein Wanderer, reiste über die ganze Welt, hierhin, dorthin, wieder zurück.

Er lebte von Gelegenheitsjobs. Er erlernte mehrere Sprachen. Er studierte Kunst in Frankreich. Einmal, das war in Amsterdam gewesen, sagte ihm eine Schlampe, daß er ficke wie ein Roboter. Er hatte ihr eins aufs Maul gegeben. Sie wollte, daß er verschwand, was er natürlich tat. Sie war sowieso unsauber, und das konnte er nicht ausstehen.

Im Frühjahr 1955 schloß er sich Nadia Maurant an, einer reichen Frau, die nichts anderes zu tun hatte, als mit ihrem Mercedes durch Europa zu düsen. Sie nahm ihn auf eine Reise durch Schottland mit, ein feuchtes, unnützes Land, in dem er sich eine Lungenentzündung holte, worauf sie ihn in die Klinik ihres Bruders am Rande von Genf brachte. Der Mann fühlte sich den Maurants auf eine gewisse Weise verwandt; ihre Lebensumstände ähnelten den seinen ein wenig. Als Claude sechs und Nadia vierzehn gewesen waren, war ihre Mutter mit einem Italiener durchgebrannt (schauderhafte Leute, fast so schlimm wie die Juden; kein Wunder, daß Freud Jude war), und ihr Vater hatte sich umgebracht. Natürlich wurden Claude und Nadia mit einem Haufen Geld zurückgelassen, wogegen ihm nichts geblieben war. Was seinen Sieg nur um so süßer machen würde, wenn es erst einmal soweit war.

Der Mann hatte Claude Maurant bewundert. Seine Talente waren vielfältig. Bevor er seine Klinik aufmachte, war Maurant im Krieg ein hochangesehenes Mitglied des französischen Untergrunds gewesen, ein Spezialist für Sabotage. Seine Fähigkeiten als plastischer Chirurg wurden nur durch sein Schachspiel und seine Kenntnis von Sprengstoffen übertroffen. Durch Maurant erlernte der Mann den Wert des Opfers, die Disziplin des Mes-

sers, die Wichtigkeit, eine Operation zu planen, ob es sich nun um eine chirurgische handelte oder nicht.

Maurant hatte schon zweimal das Gesicht seiner Schwester operiert, aber sie war immer noch alt; und sie zu vögeln war der Tod. Nach seiner Genesung, als der Mann ihr sagte, daß er die Schnauze voll von ihr hatte, bettelte sie ihn an zu bleiben, warf sich in einem Zimmer der Klinik vor ihm auf die Knie. Eine ekelhafte Szene, nichts, was er noch einmal erleben wollte. Frauen, außer Huren, waren immer Opfer.

Er erzählte Maurant davon, den es nicht überraschte. Warum sollte ein junger, gutaussehender Mann seine Zeit mit einer unnützen, verlebten Frau verplempern? Noch heute dachte er bisweilen an Maurant, eine schöne Gestalt von einem Mann, ein feingeschnittenes Gesicht, nirgendwo etwas Weiches, nirgendwo schwabbeliges Fett. Scharf, wie sein Skalpell. Einmal hatte der Mann ihn geküßt und seine Lippen warm und süß gefunden. Aber damals hatte er sich schon für seinen Bestimmungsort am Fluß entschieden, drüben, auf der anderen Seite des Erdballs, und er brauchte Geld, um ihn sich zu erwerben, während Maurant beabsichtigte zu bleiben, wo er war. Vielleicht auch besser so. Er konnte es sich nicht leisten, sich zu sehr zu binden.

Mit 31 Jahren hatte er die paar Kröten, die sein Vater ihm hinterlassen hatte, aufgebraucht. Ein Mann ohne Geld mußte sich dazu herablassen, sich mit anderen Idioten im Dreck abzurackern. Ein Mann mit Geld konnte sich selber aussuchen, wann und für wie lange er in die Niederungen des Lebens hinabsteigen wollte. Er konnte sich am Unterschied zwischen der Hure, die er sich für zwanzig Dollar kaufte, und der, die ihn fünfhundert kostete, delektieren. Der Mann wußte nicht, was ihn in die Stadt seiner Geburt zurücktrieb. Er hatte die Härten des Lebens erfahren, doch noch nicht alle Annehmlichkeiten. Zwar ging er methodisch vor, doch hatte er keinen bestimmten Plan, keinen bestimmten Grund *für seine Rück-*

kehr. Aber er vergeudete auch keine Zeit damit, sich über irgendwelche Gründe den Kopf zu zerbrechen. Man war, was man war. Man tat, was man tat.

Es amüsierte ihn, daß ein so gezielt vorgehender Mensch wie er sein Leben um Zufälle herum geplant haben sollte. Darüber dachte er manchmal nach – was geschehen, ausgeblieben wäre, wenn er an diesem Tag nicht die Stadt verlassen hätte; wenn er in einen der nördlichen Vororte gefahren wäre, anstatt in einen der südlichen; er nicht an dieser bestimmten Kreuzung abgebogen wäre, nicht zum Essen bei eben diesem Restaurant an eben dieser Straße gehalten hätte.

Es war einer jener altmodischen Läden, deren Tresen mit auf Hochglanz poliertem Chrom verziert waren und in denen Serviererinnen in ockerfarbenen Kitteln herumliefen und sich die Bestellung auf kleinen Schreibblocks genau notierten. Er saß gerade vor seinem Kaffee und knabberte an einem trockenen Stück Kuchen, als SIE hereinkam. Zunächst konnte er einfach nichts anderes tun, als SIE zu beobachten – voller Faszination, voller Verzückung. Nachdem SlE gegangen war, blieb er noch mindestens eine Stunde lang sitzen, kehrte dann in sein schäbiges Zimmer zurück, wo er seine erbärmliche Sammlung von Erinnerungsstücken inspizierte und sich dann bestätigte, was er bereits als Wahrheit erkannt hatte. Er stellte Fragen, diskret, aber den richtigen Leuten. Tag für Tag beobachtete er aus einem Versteck, wie SIE mit IHRER Schwester an der Schule ankam, beide in kleinen blauen Uniformen. Er brachte in Erfahrung, was er wissen mußte. Er plante sein Vorgehen.

Eine so gewagte Maskerade würde ihre Zeit brauchen. Zeit, sich eine neue Vergangenheit zuzulegen, sich ein neues Leben zu erfinden, eine Ausbildung zu machen, ein neues Gesicht zu bekommen – das war Maurants Beitrag. Seinen neuen Namen – er bedeutete »der Herr gedachte« – wählte er aus der Bibel. (Er gestattete sich diesen einen Augenblick der Bitterkeit, denn Gott gedachte seiner be-

stimmt längst nicht mehr.) An der Seite der Todeshexe zu leben, ohne von ihr befleckt zu werden, würde die endgültige, höchste Prüfung seiner Charakterstärke sein.

Sie kannte den ganzen Ablauf schon. Zunächst versuchte sie, ihnen das mit dem Gift verständlich zu machen; sie schrie und tobte wie eine Furie, sie schlug mit dem Kopf gegen die Wand – sie wollte ihr Gehirn zerquetschen, damit sie ihnen mit ihren Träumen nichts antun konnte, damit ihre Gedanken sie nicht erreichten – aber sie steckten sie nur in eine dieser weißen Jacken, in der sie ihre Arme nicht bewegen konnte, und banden sie am Tisch fest. Dann befreiten sie sie aus der Jacke und gaben ihr stärkere Mittel, damit sie nicht mehr die Kraft hatte, ihren Kopf gegen die Wand zu schlagen.

So schlecht war es hier gar nicht. Sie machten alles so leicht für sie. Jeden Morgen kam eine Schwester mit einem Tablett voller Medikamente. Dann frühstückte sie, beschäftigte sich eine Weile mit sich selber, vielleicht, indem sie draußen auf dem Rasen saß und Skizzen anfertigte oder malte (obwohl dazu ihr Arm zu sehr zitterte). Im Aufenthaltsraum gab es ein Piano. Und beim Mittagessen saß sie manchmal mit Angela zusammen, die erzählte, daß sie in Wirklichkeit eine italienische Gräfin wäre.

Es war schon komisch. Es gab einige Menschen, aus deren Gedanken sie beim besten Willen nicht schlau wurde, ja, es erging ihr so mit einer ganzen Reihe von Leuten, die auch hier sitzen müßten. Ihre Gedanken waren ganz konfus, die Landkarten ihrer Gehirne voller Umleitungen und Schlaglöcher. Wie auch bei Angela.

Nach dem Mittagessen bekam sie weitere Medikamente. Dann ging sie zu einer Nachmittagsanalyse zu ihrem Arzt, zu ihrer Gruppe oder sie bekam Besuch von Zach und Arlene. Später ging sie unter die Dusche (unter Bewachung, natürlich) und dann zum Abendessen. Manchmal fing jemand mit ihr einen Zank wegen der Größe ihrer Portion an, aber meistens saßen sie alle nur da, schoben sich kleine Happen in den Mund und beachteten sie gar nicht. Sie hatten schon genug Sorgen, also brauchten sie nicht auch noch ihre zu hören. Und vor dem Zubettgehen las sie vielleicht noch ein wenig oder sah fern, und dann schlief sie. Sie hatte ein schönes Einzelzimmer mit Blick auf die Rasenflächen. Sie war von hübschen, hellen Farben umgeben, Farben, bei denen man sich wohlfühlen sollte, freundlichen, munteren Schwestern, netten Ärzten. Sogar die Pfleger waren liebenswürdig, doch bisweilen konnte sie sie denken hören. Anders als bei den Patienten.

Aber keiner von ihnen wußte, in welcher Gefahr sie sich befanden.

Sie hatte sogar ihren Vater ermordet.

Zu seiner Beerdigung durfte sie raus. Hatte es an diesem Tage geregnet?

Sie glaubte, es wäre ein feuchter, trüber Tag gewesen, und er wäre nahe bei einer riesigen Eiche auf dem Mount-Laurel-Friedhof bestattet worden, und ein Rabbi namens Tannenbaum hätte gesagt, Samuel Gardner wäre ein wundervoller Ehemann und Vater gewesen und ein großer Freund der Menschheit; aber sie konnte sich all dessen nicht sicher sein, weil sie nicht zugegen gewesen war. Es war dort ein Körper gewesen, der wie der ihrige aussah, in einem hübschen schwarzen Kleid und einem Hut auf dem Kopf, der eigens für diesen Anlaß gekauft worden war, ein Körper, den sie alle drücken und küssen und bedauern konnten, aber sie hatten nur dünne Luft an sich gepreßt, eine Fata Morgana in einem Modellkleid von Givenchy. Sie war durchsichtig; wenn sie genau hinsahen, konnten sie glatt durch ihre Haut hindurchblicken. Und sie mußte immer wieder daran denken, daß sie doch vielleicht eine kleine Rede halten sollte, in der sie sich bei all diesen Leuten dafür entschuldigte, daß man sie zu so einem traurigen Anlaß zusammengerufen hatte; und wie witzig wäre es doch, wenn dieses durchsichtige Wesen sich vor der Synagoge hinstellte und eine Rede hielt. Und alle würden dann die Worte von der Kanzel hören, die Stimme, die Geräusche, ohne zu wissen, wo sie herkamen. Es konnte sogar sein, daß sie bei dem Gedanken daran laut aufgelacht hatte, während der Rabbi von dem Toten redete, denn Carole, die neben ihr saß, hatte sie entsetzt angesehen, während ihre Mutter nichts davon mitbekam.

Die Ärzte fürchteten, sie könne Hand an sich legen, also achteten sie darauf, daß die Fenster immer verriegelt blieben und sie nichts Scharfes in die Finger bekam. Sie erlaubten ihr nur im Aufenthaltsraum das Rauchen. Und sie dachte, daß sie es dennoch schaffen würde. Aber dann war der erste Tag vorüber, und sie schob ihr Vorhaben zunächst auf, denn in Wirklichkeit war sie eigentlich ein Feigling. Sie pumpten sie so mit Medikamenten voll, daß sie schon bald vergessen hatte, aus welchem Grund sie sich hatte umbringen wollen. In ihrem Inneren verfaulte sowieso alles, also war es vielleicht auch gar nicht mehr nötig.

Manchmal durfte sie Besuch bekommen.

Ihre Mutter kam. Laura konnte nichts anderes sagen, als »es tut mir leid«. Ihre Mutter weinte die ganze Zeit und sagte: »Bald geht es dir besser.«

Nach dem ersten Besuch blieb David fern, weil er Bescheid wußte. Er war der einzige, der Bescheid wußte, und sie war froh, daß er nicht kam. Er hatte schon zuviel für sie riskiert, um wenigstens zu versuchen, einen Menschen aus ihr zu machen. Aber nur Gott konnte Wasser zu Wein werden lassen.

Ihre Schwester kam ein einziges Mal und sah Laura an, als wäre sie ein Untier. Laura, die es ja immer allen recht machen wollte, verzog das Gesicht zu einer Grimasse. Aber sie war sich nicht sicher, ob ihre Muskeln auch richtig reagierten, denn sie war durch die Medikamente wie betäubt. Also hatte sie vermutlich nur blöde ausgesehen und nicht richtig wild. Das fand Carole jedenfalls.

Ihr Bruder war jetzt irgendwo auf Sansibar.

Sie wußte, daß alle über sie redeten. Sie hörte, was sie dachten. Arme Laura, hat einen Nervenzusammenbruch gehabt. Sie glaubt, sie wäre zu einem Gift geworden. Nein, nicht zu einem Gift geworden, *sie wäre* ein Gift. Wäre schon immer ein Gift gewesen.

Ihre Kinder durften nicht zu ihr. Sie mußte jedesmal weinen, wenn sie an sie dachte.

Eines Nachmittags hatte sie eine längere Unterhaltung mit Sue Ellen X, die Laura nicht ihren Familiennamen nennen wollte; wenn sie das täte, sagte Sue Ellen, würden sie sie finden. Als Laura fragte, wer »sie« denn wären, erklärte Sue Ellen X, »sie« würden immerzu Musik in ihrem Kopf spielen lassen, um sie durcheinanderzubringen. Laura konnte die Musik aus Sue Ellens Kopf *hören,* mußte laut auflachen und sagte: »Vivaldi und Pink Floyd«. Sue Ellen war wütend, weil Laura es wußte, und beschuldigte sie, mit »ihnen« unter einer Decke zu stekken. Darauf versuchte sie, Laura anzugreifen, aber als sie sich wehrte, kamen die Pfleger, hielten sie fest, und eine Schwester verabreichte ihr noch eine Tablette.

Sie durfte ihnen nichts sagen. Durfte überhaupt nichts sagen, nur einfach so werden wie zuvor. Alles für sich behalten. Wenn sie wüßten, daß sie immer noch ihre Gedanken hören konnte, käme sie hier nie mehr raus.

Sie hatte eine neue Ärztin. Ihr Name war Arlene. Sie war nett. Sie trug das Haar ganz kurz und streng. Sie sagte, daß David Laura hintergangen hatte, aber sie fühlte sich gar nicht hintergangen, war nur sehr traurig. Zach hatte sich bereiterklärt, auch zu kommen und an einigen therapeutischen Gesprächen teilzunehmen. Er wollte alles tun, damit es Laura nur bald besser ging. Arlene sagte zu Laura, daß es nur an ihrer Krankheit lag, daß sie glaubte, ihre Träume und Gedanken würden wahr. Man könnte die Krankheit im Zaume halten, wenn Laura nur regelmäßig ihre Pillen nahm, die Pillen, die ihr das Gehirn zerfraßen. Laura sagte, daß sie Arlene glaubte, und nach einer Weile tat sie es vielleicht sogar. Vielleicht hatte sie sich geirrt. Vielleicht hatte sie nie jemandes Gedanken gehört. Vielleicht hatte sie niemals die Zukunft vorhersehen können. Vielleicht war sie gar keine Hexe, nur die kränkelnde Hülle einer Frau mit nichts darin – außer triefendem Mus.

Sie träumte:

Sie lief durchs Haus und suchte Sammy. Es herrschte eine beklemmende Ruhe, eine völlige Stille, und nirgends waren Möbel. Nur leere Räume, als würde hier niemand wohnen. Sie rannte immer weiter, aber sie konnte Sammy nirgends finden. Sie sah im Schlafzimmer nach und in der Küche, ging sogar hinauf in ihr Atelier, aber es stand leer. Auch ihre Bilder waren nicht mehr da. Als sie aus dem hinteren Fenster zum Swimmingpool und dem Strand hinaussah, konnte sie nichts erkennen als das Wasser des Beckens, und es glitzerte im Sonnenlicht. Also lief sie zurück in Sammys Schlafzimmer und setzte sich dort in eine Ecke. Auch dieses Zimmer war leer bis auf Sammys Kater George, der zusammengerollt in der Ecke schlief. Sie streckte den Arm aus, um das Tier zu streicheln, aber plötzlich fiel sie, fiel ...

Sie wachte schreiend auf. Noch eine Pille.

Nun würde Arlene wissen wollen, was sie geträumt hatte, und Laura würde es ihr erzählen müssen. Aber sie würde Arlene auch sagen, daß sie keine Angst hatte, der Traum könne wahr werden. Sie würde Arlene sagen, sie wäre geheilt. Dann würde Arlene sie entlassen.

Sie hatte sich auch schon zurechtgelegt, wie sie alles enden lassen würde. Das Fallen würde ihr Erleichterung von dem Schmerz bringen.

Bloß konnten sie Laura bis dahin nicht schlafen lassen.

37

Als er mit seiner Post und seiner Reisetasche aus dem Fahrstuhl trat, fiel David der merkwürdige Geruch im Treppenhaus auf. Als hätte jemand eine Suppe auf dem Herd anbrennen lassen. Er fummelte mit dem Schlüssel an der Tür herum und hatte sie gerade einen Spalt breit geöffnet, als er merkte, daß er ein paar Briefe am Fahrstuhl fallengelassen hatte. Er stellte seine Tasche hin und ging zurück, um sie zu holen.

Keine dreißig Sekunden später, er wollte gerade den letzten Umschlag vom Boden aufheben, geschah es. Eine gewaltige, ohrenbetäubende Explosion. Die Tür seines Apartments flog mit einer solchen Wucht und einem solchen Krach auf, daß David zu Boden geschleudert wurde.

Und dann Stille. Das Treppenhaus war um ihn herum mit Stücken von Glas, Kunststoff und Holzsplittern übersät. Als er sich wieder einigermaßen aufgerappelt hatte, konstatierte er, im wesentlichen unverletzt zu sein. Seine Lippe blutete, und sein Arm schmerzte höllisch, aber ansonsten schien alles mit ihm in Ordnung.

»Himmel! Was ist denn . . .?« Seine Nachbarin, Mindy Stewart, kam aus ihrer Wohnung gestürzt, und mit ihr füllte sich das Treppenhaus mit weiteren Mietern. »Dr. Goldman, sind Sie verletzt?«

David versuchte aufzustehen, aber ihm wurde schwindelig. Er mußte sich wieder auf den Boden setzen.

»Ich glaube nicht«, sagte er. »Nur mein Arm tut mir weh.« Seine Stimme hörte sich an, als spräche er vom Grund eines tiefen Brunnens.

Mindy starrte auf das riesige Loch, wo einmal die Wand von Davids Apartment gewesen war.

»Mein Gott! Was ist denn bloß passiert?«

Sie klang, als wäre sie meilenweit entfernt.

Einige Minuten später konnte David sich aufrichten. Er

trat zum Loch und sah hindurch. Beim Anblick der totalen Verwüstung wurde ihm erneut schwindelig. Es war beinahe nichts Erkennbares übriggeblieben. Nur ein Haufen Schutt. Fast die ganze Wandverschalung war fort. Man konnte die Stützbalken und Bretter sehen. Das Glas in der Schiebetür war zersplittert; eine kalte Brise zog durch das Wohnzimmer. Es roch irgendwie angebrannt. Und es war totenstill.

David trat ein und schlurfte ziellos durch die Zerstörung. Seine Nachbarin folgte ihm schweigend; zwei oder drei andere Mieter lugten durch das Loch in der Wand.

Das Schlafzimmer, stellte David fest, war ziemlich unversehrt geblieben. Im Bad warf er einen Blick in das, was vom Spiegel noch vorhanden war. Die Wunde an seiner Lippe war nicht so schlimm. Er mußte sich selber gebissen haben. Aber sein Arm tat verdammt weh. Im Schrank, dessen Tür schwarz vom Ruß, aber erstaunlicherweise noch intakt war, fand er ein Hemd und band sich mit Mindys Hilfe eine Schlinge.

Dann ging er zum Telefon neben dem Bett und nahm den Hörer ab. Tot. Er ließ sich aufs Bett sinken.

»Tun Sie mir einen Gefallen, Mindy? Würden Sie die Polizei rufen?«

»Ich glaube, Mrs. Harrison ist schon dabei.«

»Nein«, sagte er. »Ich möchte, daß Sie Detective Henry Culligan vom Zehnten Revier persönlich anrufen und ihm sagen, was hier passiert ist. Ich würde es gerne selber machen, aber ich bin noch ein bißchen derangiert.«

Detective Henry Culligan wollte gerade zur Ecke 25th Street und 10th Avenue fahren, um einen Verdächtigen zu vernehmen, den Compton im Zusammenhang mit dem Garcia-Fall festgenommen hatte. Vorher wollte er noch schnell etwas Schreibkram erledigen, und dabei war ihm plötzlich aufgegangen, daß er sich so wohl fühlte wie schon seit Monaten nicht mehr. Lilly Dunleavy hatte heute morgen ganz überraschend angerufen und gesagt, daß sie sich das mit der Hypnose doch noch anders überlegt hätte. Ihr Therapeut meinte, daß sie dadurch vielleicht ihre Alpträume loswürde. Um eins war Culligan mit Doug Gray und Lilly im Polizeipräsidium verabredet.

Wie gut, daß es Psychiater gab.

Von Laura Wades Psychiater konnte man das natürlich nicht behaupten. Andererseits kam ihm dieser Goldman ganz sympathisch vor – für so einen Seelenklempner. Aber man konnte nie wissen.

Aber jetzt kam vielleicht endlich wieder Bewegung in den Harmon-Fall. Drei Monate nach dem Mord waren die Ermittlungen völlig festgefahren. Sie hatten nicht eine einzige Spur zu einem Verdächtigen; die Spur, die zu Laura Wade führte, war im Nichts geendet. Eigentlich tat ihm die Frau beinahe leid. Sie war *wirklich* wie eine wandelnde Pest. Erst geht Goldman hin und zerknautscht mit ihr die Laken, dann wird sie in die Klapsmühle gesteckt, obwohl sie dort ja eigentlich auch hingehörte, und obendrein stirbt dann noch ihr Vater. Aber das war nicht sein Problem. Sein Problem war Rita Harmon. Und jetzt auch Emmanuel Garcia, auch wenn der bloß ein mickrigerJunkie war, der vor ein paar Nächten in einer Toreinfahrt erschossen wurde und ohne den die Welt wahrscheinlich besser dastand.

Culligan zog sich gerade den Mantel über, als das Telefon läutete. Er nahm den Hörer ab. »Culligan, Zehntes Revier.«

»Detective Henry Culligan?« Eine weibliche Stimme. »Mein Name ist Mindy Stewart, und ich wohne 210 West 80th Street. Hier ist eine Bombe hochgegangen.«

»Warum rufen Sie mich an? Haben Sie schon den Notruf gewählt?«

»Das hat auch schon jemand gemacht, aber Dr. Goldman bat mich, Sie persönlich anzurufen.«

»*David* Goldman?«

»In seinem Apartment ist das passiert. Es geht ihm gut,

glaube ich. Jedenfalls den Umständen entsprechend. Ich weiß nicht, warum ich Sie anrufen sollte.«

»Bin schon unterwegs«, sagte Culligan. Der Verdächtige im Garcia-Fall konnte warten.

Es dauerte beinahe zwanzig Minuten, bis Culligan sich vom Revier hinauf zur Upper West Side durch den Verkehr gekämpft hatte. Vor dem Gebäude stand ein Ambulanzwagen. Die Sanitäter luden gerade ein Frau ein, die bei der Explosion im zwanzigsten Stock durch einen herumfliegenden Glassplitter an der Stirn verletzt worden war.

Vor der Absperrung im Treppenhaus lümmelten Scharen von Leuten herum, als Culligan aus dem Fahrstuhl trat. Die Bombenspezialisten waren schon da. Culligan zeigte dem Polizisten seinen Dienstausweis, trat zu dem gähnenden Loch in der Wand und sah hindurch. Das absolute Chaos. War vielleicht mal 'n ganz nettes Apartment gewesen.

David Goldman stand schweigend da und sah den Polizeibeamten bei der Arbeit zu. Sein Arm war bandagiert und hing in einer Schlinge.

Detective Roger Ramirez, der einzige Kollege, den Culligan unter den Anwesenden kannte, blickte auf. Er kniete vor etwas, was wahrscheinlich einmal der Rahmen einer verglasten Schiebetür gewesen sein mochte.

»Henry, der Typ hier sagt, daß er mit keinem reden möchte – außer mit dir. Die Leute von der Notfallambulanz wollten ihn ins Krankenhaus bringen, aber er hat sich geweigert. Sagte, er wolle auf dich warten.« Ramirez zuckte die Achseln und machte sich wieder an seine Arbeit.

Culligan trat durch das große Loch hindurch. »Okay, Goldman, das hier ist nicht meine Kiste, sozusagen, aber ich bin da. Alles klar?«

»Mein Arm ist verletzt. Aber es ist wohl nur eine Verstauchung.«

»Woher wissen Sie das?«

»Ich bin Arzt. Erinnern Sie sich?«

Culligan nickte. »Also, was zum Teufel ist hier vorgegangen?« Goldman starrte ihn an. »Zachary Wade hat versucht, mich umzubringen. Das ist hier vorgegangen.«

Culligan sah ihn an.

»Er hat mich wohl verfolgen lassen«, sagte David. »Also habe ich mir das doch nicht alles nur eingebildet. Und als der Kerl, der mir gefolgt ist, sah, wo ich hinfuhr, hat er ihn angerufen. Er wußte, daß ich zu nahe dran war.«

»An seiner Frau, wie ich gehört habe.«

»Sie wissen davon?«

»Selbstverständlich weiß ich davon. Und auch, daß Sie sich ganz schön in die Scheiße geritten haben. Sagen wir mal, *es sieht so aus,* als könnte Wade ein *Motiv* gehabt haben, Sie umzubringen.«

David runzelte die Stirn. »Nicht das Motiv, an das Sie jetzt denken, Detective.«

»Ach nein? Ich wäre ganz schön sauer, wenn Sie meine Frau flachgelegt hätten. Natürlich würde ich nicht gerade so was hier abziehen, aber ich würde ...«

»Detective, hören Sie zu! Das hier hat nichts mit Eifersucht zu tun, sondern mit Rache. Es hat mit Rita Harmon zu tun und mit einem Wahnsinnigen!«

»Goldman, Sie werden mir erklären müssen, wovon Sie da reden.«

David stöhnte auf. »Detective, wissen Sie, warum Sie geglaubt haben, Laura Wade hätte Rita Harmon ermordet? Weil es nämlich *aussah,* als hätte sie es getan. Und wissen Sie, *warum* es so aussah, als ob sie es getan hätte? Weil alles so arrangiert worden ist, damit es danach aussieht.«

»Von wem?«

»Von ihrem Ehemann.«

»Also behaupten Sie, daß Zachary Wade nicht nur das hier angezettelt hat, sondern auch der Täter im Fall Harmon ist?«

»Kommt Ihnen Laura Wade wie eine Frau vor, die einen Mord begehen könnte?«

»Also, sie ist ganz schön durch den Wind, das steht fest.«

»Durch den Wind zu sein, wie Sie es ausdrücken, ist die eine Sache. Psychosen sind eine weitere, Wahnvorstellungen wieder eine andere. Ich würde meinen, daß es für eine Frau mit Lauras Fähigkeiten, eine Frau, die fünfzehn Jahre mit diesem Mann zusammengelebt hat, ein kleines Wunder wäre, wenn sie keine Psychosen bekäme. Aber ein ausgewachsener Psychopath, das ist wieder eine andere Geschichte.«

»Aber Wade sagt doch immer wieder, daß seine Frau so etwas nie tun würde. Er will bestimmt nicht, daß wir seine Frau verknacken, Doktor.«

»Das will er auch nicht.«

»Jetzt kann ich Ihnen nicht mehr ganz folgen. Ich dachte, Sie hätten gesagt, er wollte, daß wir denken, sie hätte es getan?«

»Es ist ihm völlig gleich, was Sie denken. Er hat die ganze Sache für *sie* so hingedreht, weil er will, daß *sie* denkt, daß sie es gewesen ist.«

»Aber haben Sie nicht eben gesagt ...«

»Schauen Sie, Culligan, ich bezweifele nicht, daß Sie ein tüchtiger Detective sind. Aber diese Geschichte hier hätten Sie niemals herauskriegen können. Weil Sie einfach nicht Zugang zu sämtlichen Fakten haben, und auch nie bekommen haben würden. Ich bin der einzige, der diesen Zugang hat, Zugang zu allen Fakten Laura Wade betreffend. Also werden Sie sich einen Augenblick lang mit mir abgeben müssen. Weil Zachary Wade die Frau umgebracht hat, und Zachary Wade die ganze Sache arrangiert hat, so sicher, wie ich hier vor Ihnen stehe.«

»Aber aus welchem Grund sollte Wade Rita Harmon ermorden, selbst wenn die beiden was miteinander hatten?«

»Vergessen Sie das. Niemand hat irgendwas mit irgendwem gehabt. Es hat alles mit Sophie Zophlick zu tun.«

»Laura Wades Tante?«

David fühlte plötzlich eine Leere in seinem Kopf. »Ich muß mich hinsetzen«, sagte er.

Culligan folgte ihm ins Schlafzimmer, wo alles ziemlich in Ordnung geblieben zu sein schien. Was darauf hinwies, daß der Bombenleger kein Amateur gewesen war.

Ramirez erschien an der Tür: »Da waren Profis am Werk, Henry.«

»Was bedeutet das?« fragte David.

»Das bedeutet, daß der Sprengsatz von einem Experten gelegt worden ist, einem, der genau wußte, was er tat, wie stark die Sprengladung sein durfte, damit nicht das ganze Gebäude in die Luft fliegt, wie man an der Wohnungstür einen Kontaktschalter anbringt, der nach kurzer Verzögerung die Detonation auslöst, und schließlich auch, wie man möglichst keine Spuren hinterläßt.« Ramirez ging wieder zurück ins Wohnzimmer.

»Das können Sie mir glauben«, sagte Culligan zu David, »Sie haben ganz schönes Schwein gehabt. Wie haben Sie das bloß geschafft, hier lebend rauszukommen?«

»Ich, ich weiß es gar nicht so genau. Ich habe draußen auf dem Flur ein paar Briefe fallenlassen, und als ich dann zurückging, um sie zu holen ...«

Culligan schüttelte den Kopf.»Hab' ich ja gesagt, verdammtes Schwein gehabt.«

Mit seiner unverletzten Hand suchte David etwas in der Brusttasche seines Hemdes. Er zog eine schmerzverzerrte Grimasse, als er einen Stapel zusammengefaltetes Papier herausfischte.

»Alles klar mit Ihnen?« fragte Culligan. »Vielleicht sollten Sie das doch untersuchen lassen, bevor Sie ...«

»Nicht jetzt. Lesen Sie diesen Brief.« David gab ihm die Papiere. Es war die Kopie eines Briefes vom 8. Juni 1945. Dr. Emmet Darwin, 16 Main Street, Wichita.

»Was soll ich damit?«

»Lesen Sie es.«

Culligan überflog den Brief.

»DeMane? Ist das nicht der Name von dem Doktor, den diese Zophlick umgebracht hat?«

David wühlte in seiner Nachttischschublade.

»Es ist sein Sohn.«

»Kassand hat mir nicht gesagt, daß er einen Sohn hatte.«

»Sie haben ihn bestimmt auch nicht gefragt«, sagte David. Er holte eine Glasröhre mit Tabletten aus der Schublade hervor und ging damit ins Badezimmer.

»Das begreife ich alles nicht«, sagte Culligan, der ihm gefolgt war. »Sie drücken mir hier einen vierzig Jahre alten Brief in die Hand, in dem es um einen Zwölfjährigen geht, der damals, in den vierziger Jahren, Disziplinschwierigkeiten gemacht hat. Sein Name war Henry. Zufällig ist das auch mein Name.«

»Ich rede nicht von Disziplinschwierigkeiten, Detective«, sagte David und spülte zwei Tabletten mit einem Schluck Wasser aus einem Plastikbecher hinunter, den er vom Boden aufgehoben hatte. »Ich rede von einer beginnenden Psychopathie. *Lesen* Sie den Brief. Ich rede von völligem Fehlen von Moral, von einem Jungen, der zu einem Mann herangewachsen ist, der diesen Mord begangen haben könnte, ohne auch nur mit der Wimper zu zucken. Der *das* hier getan haben könnte, oder zumindest jemanden dafür bezahlt hat.«

»Sie meinen, daß Zachary Wade und Henry DeMane ein und dieselbe Person sind?«

»Eben das. Nun hören Sie mir mal zu. Es fing damit an, daß Sophie Zophlick ihren Arzt umgebracht hat. Das hat Ihnen doch Kassand auch erzählt, nicht wahr?«

David und Culligan gingen wieder ins Schlafzimmer.

»Stimmt.«

»Nun«, fuhr David fort, »es steht in diesem Brief so gut wie geschrieben, daß Henry DeMane als kleiner Junge Zeuge dieses Mordes geworden ist. Stellen Sie sich das bitte vor. Er hat gesehen, wie sein eigener Vater mit einem Küchenmesser zerfleischt wurde. Und dann hat er gesehen, wie die Mörderin, Lauras Tante, sich selber mit dem Messer umgebracht hat. Ein reichlich traumatisches Erlebnis für einen Vierjährigen, oder? Jeder Psychiater wird Ihnen sagen, daß ihn das zum Frauenhasser werden lassen könnte, besonders, wenn eine Frau aussieht wie Sophie Zophlick. Ich glaube nicht, daß Sie das Foto von Lauras Tante gesehen haben, Detective. Die Ähnlichkeit ist verblüffend.«

»Mag sein, daß der Junge sie hassen würde. Fahren Sie fort.«

»Nachdem sein Vater ermordet worden war, wurde der Junge nach Lordsville in Kansas geschickt, wo die Dreedles ihn aufnahmen. Es sieht danach aus, daß die Adoptiveltern eine nachgiebige Haltung gegenüber dem frühen asozialen Verhalten des Jungen eingenommen haben, weil er mit vier Jahren doch so viel hatte durchmachen müssen.« David gab Culligan noch einen Brief. »Das jedenfalls hat die Tante Darwin geschrieben, es sogar zur Begründung angeführt, um dem Jungen nicht die therapeutische Hilfe zukommen zu lassen, die er nötig gehabt hätte.«

»So?«

»So. Ein Heranwachsender, dessen Gewaltakte nur auf Nachsicht stoßen, kann von sich allein aus nicht den Zusammenhang zwischen Grausamkeit und, sagen wir, ihren Konsequenzen erkennen. Er entgeht der konsequenten Bestrafung, weil es ihm immer gelingt, seine Eltern zu manipulieren, indem er an ihr Mitleid appelliert. Der arme Waisenjunge. Und er hat so etwas Furchtbares mit ansehen müssen. Sieh nur, wie leid es ihm tut. Er hatte in Wirklichkeit nicht einmal ein schlechtes Gewissen.« David hatte sich wieder aufs Bett gesetzt. »Sehen Sie, Culligan, ich habe nie behauptet, eine Experte in forensischer Psychologie zu sein, aber ich weiß doch, was ich weiß. Psychopathisches Verhalten folgt beinahe immer einer im Menschen vorhandenen Veranlagung, Schritt für Schritt. Meistens beginnt es schon früh, in der Kindheit. Geringfügige Verhaltensstörungen, die aber sehr bezeichnend sind, wenn man weiß, worauf man zu achten hat. Das Kind legt vielleicht irgendwo Feuer, vielleicht sogar noch ein zweites Mal, oder es reißt Fliegen die Flügel aus. Es verhält sich grausam, triebhaft, deviant. Einer Ziege den Kopf abzuschneiden, wie es Emmett Darwin in seinem Brief andeutet, ist ganz schön brutal, nicht wahr? Oder zu versuchen, eine Neunjährige zu vergewaltigen und hinterher zu behaupten, sie habe es so gewollt? Diese Haltung – ›was ist denn schon groß passiert‹, hat er zu Darwin gesagt – deutet doch auf ein Defizit an Moralbewußtsein, ein völliges Ausbleiben von Schuldgefühlen hin.«

David reichte Culligan noch ein Blatt, die Kopie eines alten Schülerbogens von der High School.

»Sieht aus, als hätte er in der zehnten Klasse die Schule gewechselt«, sagte Culligan.

»Nein. Dann wäre eine Eintragung erfolgt. Dieses Blatt hört einfach auf. Kein Hinweis darauf, daß er umgeschult worden ist. Vielleicht ist er mit sechzehn einfach abgehauen und hat sich eine Weile lang umhertreiben lassen, und dann ist er vielleicht zehn Jahre später oder so in Philadelphia aufgetaucht, mit einem neuen Namen, einer neuen Identität. Und als Laura dann alt genug war, hat er sie vielleicht geheiratet.«

»Und Sam Gardner setzte ihn an die Spitze seines Unternehmens?«

»Ja, warum denn nicht? Es ist doch ein Familienunternehmen, Detective. Es war doch sonst niemand dafür da. Laura hatte gewiß kein Interesse und ihr Bruder auch nicht. Und ihre Schwester ist Architektin. Also hat Wade sich seinen Weg hinein und dann hinauf geebnet.«

»Vielleicht, vielleicht, vielleicht. Meine Güte, der Junge war zwölf, als dieser Bericht geschrieben wurde, was bedeutet, daß er heute ...«

»Dreiundfünfzig Jahre.«

»Da haben Sie's. Wade sieht doch nicht aus, als wäre er einen Tag älter als dreiundvierzig oder vierundvierzig Jahre.«

»Sie haben doch schon mal von plastischer Chirurgie gehört, nicht wahr? Und Fitneßübungen? Der Kerl ist geradezu fanatisch.«

»Ich sehe immer noch nicht, wohin das alles führen soll, Doktor. Was hat Rita Harmon mit all dem zu tun?«

»Aber das ist es doch gerade. Sie hat gar nichts damit zu tun. *Laura* ist diejenige, die er bestrafen will. Nur dafür, daß sie da ist, daß sie *existiert.* Spielen Sie Schach, Detective?«

Jetzt hatte Culligan wirklich den Faden verloren. »Ja. Als Kind.«

»Haben Sie je einen Läufer geopfert, um eine Dame zu ...?«

»Goldman, bitte!«

»Die Sache ist, daß wir – wir beide – nicht von Anfang an beim Spiel dabeigewesen sind, sondern erst dazukamen, als es schon im vollen Gange war. Rita Harmon hat nur als Mittel zum Zweck sterben müssen.«

»Zu welchem Zweck?«

»Zachary Wade versucht, seine Frau in den Wahnsinn zu treiben. Und er macht seine Arbeit gründlich, finden Sie nicht? Wie er das macht? Er arrangiert Geschehnisse, bei denen es so aussieht, als wären die Alpträume seiner Frau plötzlich wahr geworden. Und da kommen wir ins Spiel. Der Mord an Rita Harmon ist sozusagen sein Meisterzug. Vor drei Monaten haben bei einer Dinnerparty acht Zeugen beobachtet, wie Laura Wade Rita beschuldigte, sich an ihren Mann heranmachen zu wollen. Ja, sie war wütend auf Rita Harmon. Sie hat sogar daran gedacht, ihr das Gesicht zu zerkratzen. Sind Sie je auf jemanden so richtig wütend gewesen, Detective? Wie würden Sie es finden, wenn zwei Wochen, nachdem Sie diesen Wutanfall gehabt haben, das Objekt Ihres Zornes plötzlich ums Leben käme?«

»Jeder normale Mensch würde sagen ...«

»Genau. Aber Laura Wade ist kein normaler Mensch.«

»Sie hat Ihnen wirklich den Kopf verdreht, stimmt's?«

David sah ihn scharf an. »Meinetwegen, sie hat mir den Kopf verdreht. Aber denken Sie doch mal darüber nach, Detective. Um jemanden in den Irrsinn zu treiben, müßte man doch zunächst einmal die besonderen Schwächen des Opfers herausfinden, seine Schwachpunkte, Ängste. Und was sind Lauras Schwachpunkte? Nun, zum einen hat sie hellseherische Visionen. Aber plötzlich scheinen ihre Visionen nicht mehr nur passiver Art zu sein. Plötzlich kommt es ihr vor, als hätte sie die Grenze überschritten, die zwischen dem bloßen Erkennen der Zukunft und ihrem Erschaffen liegt. Und das läßt ihr keinen Ausweg mehr, das verursacht ihr Schuldgefühle, weil die Ereignisse unmittelbar den kleinen Emotionen entspringen, die wir alle empfinden: Eifersucht, ärgerliche Gedanken, Ängste, unerträgliche Alpträume. Können Sie Ihre Emotionen kontrollieren? Kann ich es? Niemand kann das.«

»Aber warum sollte sie mit einem Male zu dem Schluß kommen, sie hätte Rita Harmons Mörder behext?«

»Weil ihr Ehemann die letzten fünfzehn Jahre damit zugebracht hat, die Grundlagen für die Entwicklung solcher Vorstellungen zu legen. Und worin besteht diese Zwangsvorstellung? Daß sie wertlos ist, schlecht und böse. So schlecht und böse, daß sie mit dem Gift, das sie versprüht, sogar Menschen töten kann.«

»Was denn für Grundlagen? Schlägt er sie?«

»Keineswegs. Dafür ist er viel zu glatt. Nach außen hin muß er es so aussehen lassen, als wären sie das ideale Liebespaar. Nein. Psychische Grausamkeit kann viel schlimmer sein. Wenn sie unter sich sind, sagt er ihr, daß sie unfähig ist, er schimpft mit ihr, zermürbt sie. Er zerstört ihr Selbstwertgefühl, das sowieso schon ziemlich angeschlagen ist. Er ist grausam zu ihr. Er erniedrigt sie. Oder, was noch gemeiner ist, er beachtet sie gar nicht. Fünfzehn Jahre voller Mißachtung und seelischer Grausamkeit, Detective. Denken Sie mal darüber nach.«

»Wie könnte eine Frau es denn jahrelang mit so einem Mann aushalten?«

»Die meisten Frauen könnten das nicht. Aber Laura glaubt von sich, daß sie kein besseres Leben verdient hat, geschweige denn Liebe und Zuneigung.«

Culligan nahm seine Brille ab, zog ein Taschentuch aus der Hosentasche und begann, sie zu putzen. »Meine Frau möchte, daß ich diesen verdammten Job hinschmeiße«, sagte er. »Gestern abend hat sie mir wieder damit in den Ohren gelegen. Sie sagt, daß die Arbeit mich zu einem nervösen Wrack macht. Finden Sie, daß ich ein nervöses Wrack bin, Doktor?«

»Detective . . .«

Culligan setzte seine Brille wieder auf. »Und wissen Sie, was ich zu ihr gesagt habe? Ich habe gesagt, das würde ich bald auch tun, was gelogen war, aber es ist nett, daran zu denken. Ich gebe bestimmt nicht auf, bevor ich nicht herausbekommen habe, was in diesem gottverdammten Fall eigentlich so abläuft.«

»Sehen Sie es denn nicht? Laura Wade hat ihm praktisch *den Weg gewiesen*, wie er sie in den Wahnsinn treiben kann. Einfach, indem sie so ist, wie sie ist.«

Culligan steckte sich eine Zigarette an. »Na gut. Das scheint irgendwie einen Sinn zu ergeben. Aber woher weiß er denn, was er tun, welche ihrer Ängste er ansprechen muß? Erzählt sie ihm davon?«

»Nein. Beide haben mir gesagt, daß sie nie mit ihm über diese Dinge redet.«

»Aber wie . . .« Culligan sah ihn an. »Natürlich. Sie *malt* sie ja.«

David stieß einen langen, tiefen Seufzer aus. »Stimmt. Sie malt sie. Sie haben das Bild auf der Staffelei gesehen, den ›Alptraum unter dem Mond‹. Sie ist der Dämon, der sich das Blut von den Klauen leckt. Zehn Klauen. Verstehen Sie? Er hat das Bild zum Vorbild für den Mord genommen, damit Laura glaubt, sie wäre verantwortlich für Rita Harmons Tod.«

Culligan sah ihn an. »Und wenn jemand – ein Detective, zum Beispiel – je das Bild zu Gesicht bekommt, denkt auch er das.«

»Haben Sie zufällig auch einen Blick auf Lauras *andere* Bilder geworfen?« fragte David.

»Ziemlich scheußliches Zeug.«

»Erinnern Sie sich noch an das mit dem Tiger? Der die Frau anfällt?«

»Nein, daran erinnere ich mich nicht.«

»Aber es ist da. Ich habe es gesehen. Laura Wade *malt* ihre Ängste, die Dämonen, die sie verfolgen, ihre Alpträume. Und der Tigerangriff ist in einem ihrer Träume vorgekommen. Sie hat geträumt, daß ein Tiger ihre Freundin anfällt. Sie hat mir in der Analyse davon erzählt; ich habe alles in meinen Notizen. Und auf Band.«

»Ihr Typen laßt bei euren Sitzungen ein Band mitlaufen?«

»Manchmal. Und ein paar Wochen später hat der Hund der Wades – ein Dobermann – eben diese Freundin angefallen. Und zwischen dem Traum und diesem Zwischenfall hat sie das Bild gemalt. Wade sieht das Tigerbild. Er arrangiert den Hundebiß. Vielleicht hat er sogar – nein, er *hat* seinen Hund abgerichtet, damit er die Nachbarin beißt. Es ist ungewöhnlich für einen solchen Hund, der bei einem wütenden Angriff leicht einen Menschen *töten* könnte, aus seinem Zwinger zu kommen und zu einer bestimmten Person zu laufen und sie in die rechte Hand zu beißen. Wieso hat der Hund sie nicht *richtig* angefallen? Weil Dobermänner intelligente Tiere sind. Man kann sie trainieren. Und Wade hat dem Hund genau das beigebracht, was er von ihm wollte. Er hat die ganze Sache ausschließlich für seine Frau inszeniert. Und dann ist da noch die Sache mit dem Tod ihres Vaters.«

»Ja, ich habe den Nachruf gelesen. Aber wollen Sie mir jetzt erzählen, Wade hätte auch Sam Gardners Herzstillstand inszeniert?«

»Detective, Sie wissen so gut wie ich, daß man Herzanfälle provozieren kann. Durch Medikamente. Und wenn niemandem ein Verdacht kommt, wird die Leiche begraben, ohne daß eine Untersuchung stattfindet.«

Culligan war verblüfft. Mensch, wenn Goldman recht hatte, mußte Wade ja der kaltblütigste Killer sein, der ihm je über den Weg gelaufen war. Aalglatt. Aber es war was daran. Es mußte nur alles genau richtig aussehen. Oder war Goldman so unverschämt, ihm so etwas einreden zu wollen, nachdem er mit der Frau des Burschen in die Federn geschlüpft war?

»Sie sagen also, daß Wade gewußt hat, daß seine Frau ihrem Vater böse war und sich auch das zunutze gemacht hat. Werden Sie mir auch sagen, warum sie mit ihm böse war?«

»Ja, das werde ich. Schauen Sie, Sam Gardner hat Laura nie etwas von ihrer Tante erzählt. Und nachdem *Sie* ihr davon erzählt haben, hat sie ihren Vater damit konfrontiert, und sie haben sich schrecklich gestritten. Eines Nachts dann hatte sie einen Traum, in dem ...«

»... er einen Herzanfall erlitt.«

»In dem sie die Brust ihres Vaters berührte, was dazu führte, daß sein Herz stehenblieb. Und ich habe es auf einem ihrer Bilder gesehen. Eigentlich war es nur eine Skizze für ein Gemälde. Ein Dämon, der die Brust eines alten Mannes berührt.« Culligan nahm einen tiefen Zug aus seiner Zigarette, sog den Rauch in seine Lunge. »Man könnte die Leiche wohl noch herausholen und eine Autopsie vornehmen«, sagte er. »Mensch, wissen Sie eigentlich, was das wieder für einen Papierkram gibt? Kennen Sie die Mühlen der Bürokratie? Zwei Mühlen in diesem Fall, die Police Departments von New York und Philadelphia. Ganz zu schweigen davon, daß man für einen Befehl zur Exhumierung etwas mehr vorweisen muß als Mutmaßungen. Oder haben Sie noch etwas in der Hinterhand?«

David schüttelte den Kopf. »Es kann sogar sein, daß es gar nichts zu finden gibt. Denn abgesehen davon, daß er ihm etwas verabreicht haben könnte, kann man bei einem fünfundsechzigjährigen Mann einen Herzinfarkt auch auf andere Weise provozieren. Etwa, indem man ihn aufregt.«

»Wie meinen Sie das?«

»Nun, es scheint, als hätte Sam Gardner Laura ein Bild von Sophie Zophlick gezeigt. Und als sie darauf bestand, hat er es ihr gegeben. Aber dann habe ich herausgefunden, daß Sam Gardner das Foto überhaupt nicht die ganzen Jahre lang aufbewahrt hat. Ganz gewiß nicht. Er hat sein ganzes Leben lang versucht zu *vergessen,* daß er je eine Schwester gehabt hat. Er hat keine Erinnerungsstükke an sie gehortet. Irgendwann während der vergangenen Monate hat ihm jemand das Foto zugeschickt.«

»Wade?«

»Wer sonst? Sam Gardner sagte, er hätte nie wieder etwas von seiner Schwester gehört, nachdem sie 1935 in die Anstalt mußte. Aber das Foto war von 1937. So ist es datiert. Es muß auf Veranlassung von Elias DeMane, Henry DeManes Vater, aufgenommen worden sein. Und er hatte es bei seinen Sachen. Nach seinem Tod ist es seinem Sohn zugefallen.«

Culligan hielt seine Zigarette unter den Strahl aus dem Wasserhahn und warf sie in den Papierkorb. »Ich gebe zu, daß sich ein Zusammenhang herstellen läßt. Aber wo sind die Beweise? Wo sind die Indizien, die DeMane und Wade in Verbindung bringen?«

»Nun, ich ... aber der Polizist sind doch Sie. Ich hatte gehofft, *Sie* wüßten, wie das alles bewiesen werden könnte.«

Culligan sah um die Ecke in den anderen Raum, wo die Bombenspezialisten noch suchten. Dann sah er wieder David an. »Na gut. Wir müssen einfach mal unser Glück versuchen. Haben Sie sonst noch etwas?«

David stand auf und sah ihn an. »Sie haben mal gesagt, daß Zufälle Sie stören. Hier habe ich einen schönen Zufall für Sie. Der Name von Zachary Wades Dobermann war Darwin. Läuten da die Glocken, Detective?«

Culligan warf einen Blick auf den Brief, den er immer noch in der Hand hielt. »Dr. Emmett Darwin. Der Hund könnte nach ihm benannt sein. Und auch nach Charles Darwin. Oder nach gar keinem Darwin. Einfach nur ein Name.«

»Kann sein, aber das glaube ich nicht. Der Kerl haßt Psychiater. Ich gebe ja zu, daß viele Menschen Therapeuten mißtrauen, aber wie viele *hassen* sie wirklich? Wissen Sie, was er einmal zu mir gesagt hat? ›Ich hätte wissen müssen, was passiert, sobald einer von euch Typen sich dazwischenmischt.‹«

»Dazwischenmischt?«

»Komischer Ausdruck, nicht wahr? Selbst wenn mein Verhalten nicht ... gerade ... korrekt war? Fällt Ihnen dabei nichts ein?«

»Nicht auf Anhieb. Warum fragen wir nicht den Hund, nach wem er benannt ist?«

»Sehr lustig. Der Hund ist zufällig tot.«

»Stimmt. Als ich zum zweiten Mal da rausgefahren bin, war er nicht in seinem Zwinger. Was ist mit ihm passiert?«

»Zachary Wade hat ihn erschossen.«

»Er hat den Hund *erschossen.*«

»Mit einer Pistole, die er im Haus aufbewahrt. Zum Schutz.«

»Ja, die habe ich gesehen. Er hat einen Waffenschein dafür.«

»Hätte ich auch nicht anders erwartet.«

»Warum hat er den Hund erschossen?«

»Weil er die Nachbarin gebissen hat.«

Culligan nickte. »Ich würde einen Dobermann, der meine Nachbarin beißt, auch erschießen.«

»Aber sagen Sie mir, würden Sie den Hund gleich da neben dem Swimmingpool erschießen, wo Ihre drei Kinder und die Kinder Ihrer Nachbarn zusehen können?«

»Nein, das wohl gerade nicht. Aber Wade scheint nicht ... ich meine, er ist wahnsinnig arrogant, aber er führt ja auch das Geschäft, führt es schon seit Jahren. Wie kann ein Kerl, der so eine Macke hat, eine so phänomenal erfolgreiche Firma leiten? Können Sie mir das sagen?«

»Wir sprechen hier nicht über ein psychotisches Individuum, Detective. Psychopathen leiden sehr oft nicht unter hindernden Halluzinationen oder Zwangsvorstellungen wie Psychoten. Mit einer Ausnahme natürlich.«

»Und die wäre?«

»Daß alle ihre Handlungen gerechtfertigt sind.«

Culligan zögerte. »Gut, ich gebe zu, daß es eine gewisse Grausamkeit darstellt, in Gegenwart seiner Kinder einen Hund zu erschießen. Das ist dumm, unnötig brutal. Aber was beweist das? Es ist noch nicht einmal gegen das Gesetz.«

»Sehen Sie nicht den Zusammenhang zwischen dem Mord und dieser Art und Weise, den Hund zu erschießen? *Und dem hier?* Diese Arroganz, diese rücksichtslose Mißachtung der Gefühle anderer? Glauben Sie nicht, daß ein Mann, der dazu und hierzu fähig ist, auch das Gesicht dieser armen Frau aufgeschlitzt haben könnte, ganz bedächtig, als hätte er alle Zeit der Welt, und das mitten auf der Straße, wo jederzeit einer vorbeikommen kann?«

Das entbehrte nicht einer gewissen Logik. Aber mit Logik alleine konnte er noch nichts anfangen. Dennoch, solange Laura Wade nicht das perfekte Verbrechen begangen hatte, indem sie nicht die geringste Spur hinterließ, war Goldmans Szenario die einzig mögliche Erklärung dafür, daß sie von den zehn Schnitten gewußt hatte. Und dann dieses Chaos hier. Konnte natürlich auch ein unzufriedener Patient gewesen sein. Wer konnte das schon wissen?

Culligan wandte sich wieder David zu. »Und was hat Wade jetzt mit ihr vor? Will er sie umbringen?«

»Nein, ich glaube, er wird das tun, was er schon die ganze Zeit vorhat, sie nämlich davon zu überzeugen, daß sie keinen Ausweg mehr hat, daß ihr Gift schließlich jeden, der ihr am Herzen liegt, zur Strecke bringen wird.

Kein Ausweg – also wird sie sich das Leben nehmen. Bei ihrer Vorgeschichte – sie hat schon Selbstmordversuche hinter sich – eine ziemlich sichere Sache.«

»Verstehe«, sagte Culligan. »Von Schuldgefühlen zerfressen macht sie Schluß. Schon ist der Fall abgeschlossen. Nichts, was irgendwie nicht ganz sauber erscheint. Nicht nur ist der hinterbliebene Ehemann über jeden Verdacht erhaben, er hat auch seine Rache bekommen und erbt obendrein noch ihr Geld. Und das ist 'ne schöne Stange.« Er stand auf. Jetzt verspürte *er* Lust, hin- und herzulaufen. »Wissen Sie was?« sagte er, »ich wette, es wäre ihm nicht im Traum eingefallen, daß sie hingeht und den Mord gesteht. Zuerst hat er es vielleicht als Rückschlag verbucht, aber dann ist ihm eingefallen, daß er das ebensogut in seinen Plan mit einbauen kann, sozusagen als Hintertürchen.«

»Wie meinen Sie das?«

»Falls sie sich nicht selber umbringt, kann er immer noch irgendein Indiz auftauchen lassen, was dann dazu führt, daß sie verurteilt werden kann. Es gibt Möglichkeiten, Fingerabdrücke von einem Objekt aufs andere zu übertragen. Und peng, sitzt sie lebenslänglich.« Culligan sah David an. Er war immer noch nicht vollständig überzeugt. »Aber warum tut er seiner Frau all das an, wenn sie doch nicht einmal diejenige ist, die seinen Vater umgebracht hat?«

»Sie sprechen von Logik«, sagte David. »Ich spreche von Wahnsinn.«

Culligan trat zum Fenster und sah hinaus. Die Straße war ganz schön weit unten ... Wades Alibi war gewiß nicht ganz wasserdicht. Sein Bürogebäude lag recht dicht bei dem Tatort. Vielleicht hatte er die Harmon angerufen und sich mit ihr verabredet. Nein, das wäre nur gegangen, wenn sie etwas miteinander hätten. Also hatte vielleicht auch Wade gewußt, wo Rita Harmon an diesem Abend hinwollte? Aber woher? Ja, natürlich, irgendwann an diesem Tag hatte Laura Wade es ihm gesagt, ihm mitgeteilt, daß aus ihrer Verabredung mit Rita nichts würde, weil Rita ins St. Germain wollte. Aber wie hatte Wade es geschafft, ihn so vollständig hinters Licht zu führen? Er hatte den Kerl zweimal vernommen. War es, weil er, Culligan, wollte, daß es Laura Wade getan hatte, weil er sich keine andere Erklärung dafür vorstellen konnte, daß sie so genau über den Mord Bescheid wußte. Vielleicht hatte er sich auch hinters Licht führen lassen *wollen.*

»So, werden Sie ihn jetzt festnehmen?« fragte David.

»Nicht so eilig«, sagte Culligan. »Ich kann nicht zur Tür hereinmarschieren und einen Kerl ohne Beweise festnehmen. Lassen Sie uns abwarten, was die Bombenspezialisten herausfinden. Außerdem hat sich unsere Zeugin bereiterklärt, sich hypnotisieren zu lassen, und zwar heute nachmittag.«

»He, das ist ja eine gute Idee.«

Culligan sah ihn leicht schockiert an. Was glaubte er denn, was das New York Police Department war? Ein Haufen von Vollidioten?

Beide schwiegen.

Plötzlich entfuhr es David: »Zachary Wades Adoptivschwester! Ihr Schülerbogen war auch in dem Ordner! Ihr Name war Barbara Dreedle. Ich habe ihre Akte nicht fotokopiert, aber ich glaube, es hat darin gestanden, daß sie auf eine Schule in irgendeiner anderen Stadt in Kansas gewechselt ist, Topeka, glaube ich. Vielleicht hilft sie uns, ihn zu identifizieren.«

»Vielleicht. Okay, passen Sie mal auf. Warum gehen Sie nicht rüber ins Krankenhaus und lassen Ihren Arm untersuchen? Ich habe jetzt eine Vernehmung. Es wird ein Weilchen dauern, bis wir das alles überprüft haben. Und wenn es stimmt, was Sie da sagen, glaubt Wade jetzt, daß Sie tot sind, und das können wir uns zunutze machen.«

»Also glauben Sie mir«, sagte David. »Gott sei Dank.«

»Das hat nichts mit glauben zu tun, Goldman. Alles eine Frage der Anhaltspunkte.« Er trat zur Tür. Der Nebenraum war mit Beamten vollgestopft. Auch die Medien hatten sich eingestellt. Culligan erkannte Sergeant Detective John Alonso.

»Hallo, John.«

Alonso kam zu ihm. »Hey, Henry. Was machst *du* denn hier?«

»Ich bin vom Opfer persönlich eingeladen worden«, sagte Culligan. »Einer von uns muß den Knaben jetzt zum Krankenhaus fahren. Und ich meine, daß es eine gute Idee wäre, den Medien nicht zu sagen, was hier genau passiert ist. Sagen wir ihnen einfach, die Umstände wären noch ungeklärt.«

»Wird erledigt. Aber warum?«

»Das ist eine lange Geschichte, John. Ich werde sie dir so knapp wie möglich erzählen, sobald wir Dr. Goldman hier raushaben.« Er wandte sich wieder David zu.

»Wissen Sie, Goldman, wenn es wahr ist, was Sie sagen, und er die ganze Geschichte bis ins kleinste Detail geplant hat, dann war es ein Fehler, das hier anzustellen.«

»Wieso?«

»Weil er doch wissen muß, daß er der erste wäre, der uns einfiele, sobald wir uns fragen, wer dafür ein Motiv gehabt haben könnte.«

David zuckte die Schultern. »Aber wenn er keine andere Wahl hat?«

»Ich warne Sie, Doc. Wenn Sie mich hier hinter einem Phantom herjagen lassen, nehme ich Sie hops.«

»Weswegen?«

Er grinste. »Wegen Behinderung der Polizeiarbeit. Falschaussagen. Verleumdung. Mir fällt schon irgendwas ein. Verlassen Sie sich auf mich.«

Mit seiner einschmeichelnden Stimme hätte Doug Gray eine zweite Karriere als Radiosprecher starten können. Er war ein kleiner, adretter Typ mit wuscheligem roten Haar und schien jünger, als Culligan ihn in Erinnerung hatte. An seiner linken Hand fehlte ihm ein Finger. Das erinnerte Culligan noch.

Lilly hatte ihren Freund mitgebracht. Gray bat ihn, draußen zu warten, und schob Culligan und das Mädchen in sein Büro. Culligan fragte sich, ob Lilly bei all dem Lärm vor der Tür auf die Hypnose überhaupt ansprechen würde. Er bekam sogar mit, wie sich Lillys Freund draußen auf dem Korridor mit jemandem unterhielt.

Nachdem sie alle Platz genommen hatten, ließ Gray sich Zeit, um das Mädchen auf die Hypnose vorzubereiten. Er erklärte ihr noch einmal, daß ihre Teilnahme vollkommen freiwillig wäre, daß sie jederzeit aufstehen, gehen und sich weigern könnte, eine Frage zu beantworten.

»Ich dachte, unter Hypnose wäre ich . . . also, *gezwungen,* alles zu beantworten, was Sie mich fragen«, wandte sie ein.

»Durchaus nicht. Sie werden sich dessen, was Sie sagen, völlig bewußt sein, Lilly.« Dann fuhr Gray mit seiner Vorbereitung fort.

»Wer Zeuge eines traumatischen Ereignisses geworden ist, leidet häufig unter etwas, was traumatische Amnesie genannt wird«, erklärte Gray. »In diesem Fall ist man nicht fähig, sich an bestimmte Einzelheiten zu erinnern. Unter Hypnose kehren sie ins Bewußtsein zurück.«

»Aber ich kann mich gut erinnern«, protestierte Lilly energisch. »Ich träume doch noch die ganze Zeit davon. Ich habe Alpträume.«

»Sie werden staunen, wieviele Einzelheiten Sie noch

wahrgenommen haben, Lilly. Das Bewußtsein kann einfach nicht die gesamte Informationsflut, die jeder Augenblick bringt, verarbeiten. Man könnte sagen, daß die Hypnose dabei hilft, all diese Details – und es sind viel zuviele, als daß jemand sich unter normalen Umständen an alle erinnern kann – vom Unbewußten ins Bewußte zu bringen.«

Er begann mit einer Reihe von Augenübungen, holte dann eine kleine silberne Kugel hervor, die an einer Kette baumelte, und bat sie, sich darauf zu konzentrieren, nacheinander jeden einzelnen Teil ihres Körpers zu entspannen. Nach etwas mehr als einer halben Stunde schien Lilly tief in Trance zu sein. Sie lag mit offenen Augen auf der Couch.

Culligan warf einen Blick auf seine Uhr und schaltete das Tonbandgerät ein. Doug begann, ins Mikrofon zu sprechen.

»Heutiges Datum: der zweite November. Es ist dreizehn Uhr dreißig. Ich bin Douglas Gray vom Chief of Detectives Office, Abteilung für Hypnose. Mit mir im Raum ist Detective Henry Culligan vom zehnten Revier. Wir sind hier, um Miß Lilly Dunleavy zu befragen ...

Okay, Lilly, ich werde jetzt damit beginnen, was ich Ihnen vorhin erklärt habe. Ich bitte Sie, bis zehn zu zählen, ganz langsam, und sich vorzustellen, Sie befänden sich in einem Brunnen. Mit jeder Ziffer sinken Sie tiefer in den Brunnen. Stellen Sie sich vor, daß Sie mit jeder Zahl tiefer in den Brunnen sinken. Malen Sie es sich vor Ihrem geistigen Auge aus. Sagen Sie ›tiefer‹, während Sie in den Brunnen hinabtauchen. Fangen Sie jetzt an.«

Mit ruhiger, entspannter Stimme begann Lilly zu zählen.

»Eins ... tiefer ... zwei ... tiefer ... drei ...«

Noch eine Minute länger, und Culligan wäre selber in Trance versunken. Der Mann beherrschte sein Metier.

Als Lilly mit dem Zählen fertig war, sagte Gray: »Nun möchte ich, daß Sie sich an den Tag des Mordes erinnern.

Denken Sie an den Abend des zehnten August. Sie machen im Büro Überstunden. Es ist Hochsommer, und die Klimaanlage funktioniert nicht. Es ist sehr heiß. Stellen Sie sich vor, wie Sie am Schreibtisch sitzen. Stellen Sie sich alles genau vor. Was Sie anhaben. Was auf dem Tisch liegt. Stellen Sie sich vor, wie Sie da sitzen, als ob es jetzt und hier wäre.«

Er schwieg eine Weile, dann sagte Gray: »Sie sitzen da, an Ihrem Schreibtisch, Lilly. Was tun Sie gerade?«

»Ich tippe an dem Bericht. Es dauert Ewigkeiten. Ich muß immerzu auf den Bildschirm starren. Meine Augen schmerzen.«

»In welcher Haltung sitzen Sie?«

»Ich habe mir die Schuhe abgestreift. Es ist heiß, mein Rücken tut weh ...«

Culligan hörte Lillys Beschreibung zu, wie sie vom Stuhl aufstand, zum Fenster ging, auf der Straße die beiden Gestalten sah – die eine auf dem Boden liegend, die andere über sie gekniet.

»Was macht die liegende Gestalt?«

»Sie liegt einfach nur da. Sie bewegt sich nicht. Ihre Füße – ich kann die hohen Absätze erkennen – liegen in einem komischen Winkel ... irgendwie verdreht.«

»Und die kniende Gestalt?«

»Ich... kann ein Messer erkennen. Er beginnt, in ihrem Gesicht herumzuschneiden. Es erinnert mich ans Aufschneiden eines Bratens. Eins ... zwei ... drei ...«

Culligan beobachtete Gray, während Lilly bis zehn zählte. Es war auffällig, daß Gray sich nichts anmerken ließ, obwohl doch bisher absolut nichts Neues dabei herausgekommen war, außer der Tatsache, daß Lilly sich unter Hypnose genauso daran erinnerte. Gray gab ihr weiter Anweisungen, wobei er darauf achtete, daß er der Zeugin keine Einzelheit in den Mund legte.

»Gut, Lilly, was macht er jetzt?«

»Er steht auf und dreht sich um. Jetzt sieht er mich an ... er hält das Messer in der Hand.«

»In welcher Hand?«
»Rechts.«
»Was tut er?«
»Er steckt das Messer in die Tasche.«
»Welche Tasche?«
»Die an der rechten Seite seiner Jacke.«
»Und was macht er dann?«
»Er steckt das Messer in die Tasche und beginnt gleichzeitig zu gehen. Er geht sehr langsam auf mich zu.«
»Beschreiben Sie seine Kleidung.«
»Jeans. Dunkle Jacke – kurz. Einen Blouson. Eine Maske.«
»Stellen Sie sich die Maske vor, Lilly. Welche Farbe hat sie?«
Sie kniff die Augen zusammen, als würde sie tatsächlich die Maske vor sich sehen, und sagte nach kurzem Nachdenken: »Ich kann es nicht sagen. Es ist zu dunkel.«
Verflixt. Nichts Neues. Es war natürlich erst ein paar Stunden her, aber nach den Worten von Alonso war der Bombenanschlag in Goldmans Apartment Präzisionsarbeit gewesen. Es war eine fünfundvierzig Zentimeter lange Rohrbombe gewesen, selbstgebaut, die mit Schießpulver und Metallsplittern gefüllt war. Eine altmodische Konstruktion, aber ohne den kleinsten Fingerabdruck darauf, und auch im Apartment hatte man keine gefunden. Sie hatten im Apartment einen Abdruck von *Laura* Wade entdeckt, und zwar auf dem Fensterbrett des Schlafzimmers. Culligan hatte ihn selber am Computer verglichen. Aber sie konnten Zachary Wade nicht bloß festnehmen, weil er ein Motiv zu haben schien.
»Okay, Lilly«, sagte Gray gerade, »der Mann geht also los. Was tut er?«
»Er . . . er geht.«
»Und?«
Sie zögerte einen Augenblick und schien sich zu konzentrieren. Dann sagte sie: »Und er macht die Tür auf und steigt ein, auf der Fahrerseite.«

Doug Gray sah Culligan an. »Wo steigt er ein, Lilly?«
»In ein großes Auto. Es ist da auf der Straße geparkt.«
»Was für ein Auto?« fragte Gray.
»Ein großes Auto. Ein sehr langes, sehr großes Auto.«
»Welche Farbe, Lilly?«
»Schwarz. Es ist ein Cadillac.«
Henry Culligan sah Gray an und grinste über beide Ohren.

David Goldman hörte sich am Telefon panisch an.
»Man hat Laura Wade heute morgen aus der Klinik entlassen, Detective.«
Culligan zögerte und überlegte, ob er es ihm sagen sollte.
»Was macht Ihr Arm?«
»Ein Bruch. Nichts Schlimmes. Detective, Laura ist in Gefahr. Sie müssen etwas unternehmen.«
Culligan entschied, daß er Goldman erzählen würde, an was die Zeugin sich erinnert hatte; das war er ihm schon schuldig. »Ich bin gerade von meiner Vernehmung zurück, Goldman. Sie hat sich plötzlich an etwas erinnert, was Ihre Theorie zu unterstützen scheint.«
»Und was?«
»Eine große Limousine am Tatort.«
»Eine *Limousine?*«
»Ich denke, das ist doch schon mal ein Anfang.«
»Wie konnte sie denn eine Limousine vergessen?«
»Sie sind der Seelenklempner. Sie wissen, was ein Trauma anrichten kann. Und außerdem gibt es in Manhattan heutzutage eine Menge großer Schlitten. Mir fallen sie selber schon kaum noch auf.«
Nach einer längeren Unterbrechung sagte David: »Ich fahre da rauf. Glauben Sie mir, Detective. Laura ist in Gefahr.«
»Das ist Ihre erste Lektion in Polizeiarbeit, Doktor. Sie müssen Geduld haben.«
»Das ist ja wie in der Therapie«, sagte David.

Culligan lachte. »Ja, in dem Punkt wohl schon.«

»Warum sind Sie Polizist geworden, Detective?«

»Wollen Sie meine Antwort analysieren?«

»Nein. Ich bin nur neugierig.«

»Ehrlich gesagt, ich habe nie groß darüber nachgedacht. Mein Vater war bei der Polizei. Und zwei meiner Onkel. Sogar meine Schwester ist bei der Truppe. Man könnte wohl sagen, daß es mir im Blut liegt. Irisches Blut. Was liegt den Juden im Blut?«

Jetzt mußte David lachen. »Psychiatrie, glaube ich. Und Geduld.«

»Das will ich doch hoffen. Toben Sie da nicht rauf, Doktor, weil Sie glauben, irgend etwas retten zu müssen. Warten Sie, bis wir da sind.«

»Mit Zachary Wade werde ich schon fertig, Detective.«

»Wie denn? Wollen Sie ihm sagen, daß er sich auf die Couch legen und von seiner Mutter sprechen soll?«

»Detective.«

»Ich warne Sie, Goldman. Wenn Sie da 'ne Rettungsaktion starten wollen, kann Sie das den Kopf kosten.«

39

David sah auf die Uhr. Schon vier. Wo, zum Kuckuck, blieb bloß Culligan? Er hatte es ihm am Telefon nicht gesagt, aber er war bereits in Easterbrook gewesen, als er ihn anrief. Es hatte fast zwei Stunden gedauert, bis sein Arm versorgt gewesen war.

Von einer öffentlichen Zelle im Roosevelt Hospital hatte er Rolling Hills angerufen und erfahren, daß Laura entlassen worden war, doch als er Culligan daraufhin nicht hatte erreichen können, war er gleich nach Connecticut gefahren. Seit seinem Telefonat mit dem Detective von einem Telefon gleich an der Ausfahrt nach Easterbrook war beinahe eine Stunde vergangen.

David wandte sich wieder Lauras Haus zu. Es lag auf der anderen Straßenseite. Er stand ein Haus weiter hinter einer Sträucherhecke. Seit beinahe einer halben Stunde hatte sich auf der Straße nichts gerührt. Das einzige Geräusch war das der Wellen, die leise plätschernd auf die Privatstrände gleich hinter den Häusern rollten. Aus dem Haus war nichts zu hören. Lauras Mercedes parkte in der Einfahrt; dahinter stand der Cadillac. Wo steckten denn bloß die Kinder? Sie hätten doch jetzt von der Schule nach Hause gekommen sein müssen.

David fand, daß er lange genug gewartet hatte.

Er schlüpfte durch das offene Eisentor des angrenzenden Grundstücks, lief hinters Haus und über den Rasen auf die Rückseite von Lauras Grundstück. Er konnte den für den Winter fest abgedeckten Swimmingpool sehen und den schmalen Strandstreifen. Ein rotes Rennboot ruhte an einem Bootssteg. Das Boot aus seinem Traum.

Er ging zur Seite des Hauses, trat an ein Fenster und schielte hinein. Das war das Eßzimmer. Kein Mensch zu sehen. Sein Arm schmerzte. Er hatte für diese Expedition fit sein wollen und daher seit Stunden kein Schmerzmittel mehr eingenommen.

Im nächsten Fenster konnte er Laura sehen. Sie war in der Küche, die von Chrom und schwerer, heller Eiche nur so glänzte. Sie saß auf einem Stuhl; sie war blaß und schien so schlaff wie ein Klumpen Teig.

Zachary Wade stand in der anderen Ecke des Raumes vor einem Küchentresen. Er hatte die Arme vor der Brust verschränkt. Sein Gesichtsausdruck war schwer zu deuten. Amüsiertheit? Zorn?

David glaubte, an seinen Lippen ablesen zu können, was er sagte.

»Du verdienst nicht zu leben, Laura. Hexen haben kein Anrecht darauf.«

Er war gerade noch rechtzeitig gekommen. Und immer noch keine Spur von Culligan und seinen Leuten. Er mußte Wade ablenken, irgendwie in das, was sich da abspielte, eingreifen. Culligan würde sicherlich bald hier sein.

Er schlug gegen die Scheibe. Sie entdeckten ihn beide gleichzeitig. Zachary Wade ließ seine Kinnlade hinunterklappen, aber er erholte sich binnen zwei Sekunden von dem Schreck und schubste Laura beiseite, als sie die Tür aufreißen wollte.

David konnte hören, wie sie sich anschrien.

Er rannte nach vorne in den Garten, fand einen Stein von der Größe eines Softballs und stürzte zurück zum Küchenfenster. Laura saß wieder auf dem Stuhl und sah zu ihrem Mann auf.

David schlug mit dem Stein ein Loch in die Scheibe.

»Laßt mich herein!«

Unmittelbar darauf flog die Tür auf, und David stand von Angesicht zu Angesicht vor Zachary Wade. Da war er, groß, selbstbewußt, so wie beim ersten Mal, als David ihn gesehen hatte. Er machte eine kaum merkliche Verbeugung, trat dann zur Seite, um David vorbeizulassen, und schob die Tür mit seinem Fuß zu. Überall auf dem Fußboden lagen Glassplitter.

»Sammy ist verschwunden«, flüsterte Laura und sank zurück auf den Stuhl. Dann sagte sie, noch leiser: »Es ist wieder geschehen, David. Ich habe geträumt, daß er vermißt wurde, und nun ist er fort.« Sie ließ den Kopf in die Hände sinken und jammerte: »Mein Baby, mein Baby . . .«

David sah Zachary Wade an. In seinem ganzen Leben war er nie so wütend gewesen. Sammy war der *Sohn* dieses Mannes, sein eigenes Fleisch und Blut. Er benutzte seinen eigenen Sohn, um seine Frau zu zerstören. Und das Schlimmste daran war, daß er das wahrscheinlich überhaupt nicht mehr *nötig* hatte. Laura hatte sich bereits entschlossen, ihrem Leben ein Ende zu bereiten; dessen war David sich gewiß. Sowie sie aus dem Krankenhaus käme. Vielleicht noch heute. Zachary Wades Plan war geglückt.

»*Was haben Sie mit ihm gemacht?*« schrie er, lauter als er es selber je für möglich gehalten hätte.

Wade schien weder von der Lautstärke noch von Davids Ton beeindruckt.

»Was soll *ich* denn schon gemacht haben? Das Kind ist verschwunden. Bestimmt kein Grund zur Sorge. Ist wahrscheinlich einfach von dieser Viertausend-Dollar-Vorschule weggelaufen. Und diese Leute da haben ihn einfach so gehen lassen. Ich habe ihr gesagt, daß er alleine nach Hause findet.« Die Worte kamen ihm leicht über die Zunge; kein Zucken in seinem Gesicht verriet, daß er log. Sein Gesicht blieb kalt, fest, unbewegt.

»*Was haben Sie mit ihm gemacht?*«

Laura blickte zwischen ihrem Mann und David hin und her. Tränen liefen ihr übers Gesicht. Mit den Händen knüllte sie verzweifelt ihren Pullover.

»Wovon redest du, David? *Ich* war es. Es ist *meine* Schuld. Ich habe Sammy infiziert.«

»Nein, Laura. *Er* hat deinen Sohn genommen. Er will, daß du glaubst, dein Traum wäre wahr geworden. Er hat Sammy irgendwo versteckt.«

Sie starrte ihn an. »Was ... was meinst du damit?«
»Laura«, sagte David, »hast du die Polizei angerufen?«
»Die Polizei kann Sammy nicht finden. Ich war es, die ...«
»Laura, denk doch mal nach! Hätte *dein Mann* nicht die Polizei rufen sollen?«
Sie sah Zach an. »Er weiß doch auch, daß die Polizei Sammy niemals finden ...«
»Laura, dieser Mann liebt dich nicht. Er hat dich noch nie geliebt. Dein ganzes Leben mit ihm ist eine einzige Farce gewesen. Deine Kräfte sind gutartig. Sie sind eine ganz besondere Gabe. Aber er hat dir eingeredet, du seiest ein schlechter Mensch, und dabei ist *er* derjenige, der schlecht ist. Laura, er ist vollkommen verrückt.«
»Verrückt?« sagte Wade. »Sie zerren meine Frau ins Bett, und dann kommen Sie her und nennen mich verrückt?«
David hielt ihn auf Armeslänge. »Sie haben versucht, mich umzubringen!«
»Wenn ich das versucht habe, wieso sind Sie dann nicht tot?«
David trat auf ihn zu. Seine Schuhe knirschten auf dem splitterübersäten Boden.
»Sie haben das alles geplant, DeMane, und Ihr Plan war ziemlich gut, aber Ihr großer Fehler war, eine Bombe in meiner Wohnung zu legen.«
Wade starrte David an. Seinem Gesicht war keine Regung anzusehen. Dann sagte er: »Mein großer Fehler war, daß ich Sie nicht gleich umgebracht habe, als ich Sie zum ersten Mal zu Gesicht bekommen habe.«
Plötzlich griff er David beim Kragen seiner Jacke und preßte ihn gegen die Wand.
»Jetzt wirst du mir zuhören, du kleiner Ficker. Wenn du noch einmal meiner Frau zu nahe kommst, *werde* ich dich umbringen.«
David hatte das vage Gefühl, er würde versinken; er bekam keine Luft mehr, er rang nach Atem, zappelte in

Wades Griff. Es fühlte sich an, als drücke Wade mit seinem ganzen Gewicht gegen seinen Arm. Der Schmerz ...

»Zach, hör auf!« schrie Laura.

»Geh nach oben, Laura«, zischte Wade. »Ich kümmer' mich schon um deinen Lover!«

»Zach!«

»Laura! Nach oben.«

Das war das Spiel, das sie seit fünfzehn Jahren trieben. Es war wie ein Tanz. Er drückte sie nieder; sie kam wieder hoch, stärker, als er geglaubt hatte; er drückte sie erneut nieder. Aber diesmal hatte die Musik aufgehört zu spielen, und sie tanzte nicht mehr. Sie blieb, wo sie war.

»Laß ihn los, Zach.«

Unerklärlicherweise ließ er David tatsächlich los und trat einen Schritt zurück. David konnte winzige Schweißtropfen auf seiner Stirn sehen.

»Wie war es denn, sie zu berühren?« sagte Zachary Wade. »Haben Sie sie gefickt und gefickt, bis Sie ganz blau im Gesicht waren? Bis Sie geglaubt haben, daß Ihnen der Schwanz abfällt, weil es so kalt war in der Todeshexe?«

Auf seinem Gesicht lag eine seltsam tödliche Blässe.

»Todeshexe?«

»Ja, natürlich. Sie haben sie doch kennengelernt. Aber sie ist ja nur eine schäbige Imitation der ersten. Die erste hat hübsche Spielchen gespielt. Laß-uns-mal-raten-was-du-denkst-Spielchen.«

»Sie sind ja wahnsinnig!« brüllte David.

Wade lachte. »Was für ein eingebildeter Dummkopf Sie doch sind, genau wie der Rest von euch. Wie können Sie es wagen, mich wahnsinnig zu nennen, wo Sie doch sehen, was ich hier geschaffen habe? Sehen Sie sich doch nur Laura an. Ich kann hier in meinem Laboratorium Wahnsinn produzieren. Und ich habe es schon getan. Sie hätte diesen Tag nicht überlebt.«

Langsam wandte sich Laura ihrem Mann zu und fixierte ihn mit einem dunklen, durchdringenden Blick. Ihre Augen schienen ihn zu durchbohren.

David sah sie an. Sie mußte es wissen, mußte es begreifen.

»Laura! Hör doch, was er gerade gesagt hat! Was er gerade gedacht hat! In Gottes Namen, *hör diesmal wirklich genau hin!*«

Sie kniff die Augen zusammen und bedeckte das Gesicht mit den Händen.

»*NEIN!*«

»Laura, du mußt! Du mußt ihm zuhören!«

»Nein.«

»Laura, als er den Hund getötet hat, *was hast du da gedacht?* Was denkst du *jetzt?*«

David blieb einen Augenblick lang stehen und sah, wie sie die Augen vor der Wahrheit verschloß. Aber als sie sie wieder öffnete, blickte sie ihn direkt an. Ihr Gesicht war vom Schmerz des Erkennens verzerrt. Endlich. Sie *wußte* es.

»Du haßt mich, Zach«, flüsterte sie. Es war wie ein Klageruf. Unvorstellbar traurig.

»Dich hassen?« sagte er. »Ich hasse niemanden. Dich am allerwenigsten.«

Sie sah David an. »Wie habe ich es nur nicht merken können?«

»Du hast es nicht merken wollen, Laura«, sagte David. »Du hast es verdrängt. Du hast nicht hingehört.«

»Nein. Bei ihm habe ich nichts gehört.«

David wandte sich wieder Wade zu, der jetzt ganz gelassen, die Beine übereinandergeschlagen, auf dem Küchentresen saß, als wäre er zu Besuch in der Küche eines Nachbarn. Nur hatte er eine Pistole auf Davids Kopf gerichtet.

»Zach?« fragte Laura leise. »Hast du Sammy etwas getan? Du hast ihm nichts getan. Du könntest nie . . .«

»Halt den Mund. Ich muß nachdenken.«

David überlegte, ob er versuchen sollte, nach der Waffe zu greifen. Wenn er nur den richtigen Augenblick abpaßte. Er sah wieder den Mann an, der dasaß, die Pistole im

Anschlag, und ihn anstarrte. Was, zum Teufel, dachte er jetzt? Körperlich war David ihm nicht gewachsen, selbst ohne einen gebrochenen Arm nicht.

»Also«, schlug Wade vor, »warum setzen wir drei uns nicht zu einem kleinen Schwätzchen hin?«

»Wo ist Sammy? Wo hast du ihn hingebracht?«

»Setz dich hin!«

»Laura, wo sind die Mädchen?«

»Bei einer Freundin.« Sie stand gegen die Spüle gelehnt und sah ihren Mann an, als wäre er ihr in diesem Augenblick zum ersten Mal im Leben begegnet. Langsam trat sie auf ihn zu, bückte sich und hielt das Gesicht ganz nahe an die Waffe.

»Warum, Zach?«

»Warum was?«

»Ich habe es gespürt«, sagte Laura und trat wieder einen Schritt zurück. »Ich habe es immer gespürt, aber ich habe nie verstanden, was es war.«

»Henry«, sagte David so ruhig er konnte, »leg die Pistole hin. Du möchtest das doch gar nicht tun. Du weißt, daß du das gar nicht tun willst. Wir können dir helfen. Wir können ...«

Wade lachte auf, ein lautes, schrilles, kindisches Lachen. Aber ebenso abrupt hörte er zu lachen auf. »Sie glauben, Sie können mich durcheinanderbringen, austricksen. Nein, das können Sie nicht. Das ist meine Stunde, und ich habe fünfzehn Jahre darauf gewartet. Können Sie sich das vorstellen, fünfzehn Jahre mit dieser Frau, diesem verrückten, frigiden Aas!«

»Was habe ich nur getan, Zach?« fragte Laura leise. »Was habe ich dir bloß getan?«

Seine Augen funkelten wütend. »Du hast meinen Vater auf dem Gewissen.«

»Aber Zach!«

»Halt's Maul!«

Sie rückte von ihm ab und flüsterte: »Du hast *meinen* Vater umgebracht.«

Er sah sie lächelnd an. Es schien ihn zu amüsieren. Dann wandte er sich wieder David zu und hielt ihm den Mund zu. »Schwache Pumpe. Wäre nicht nötig gewesen.« Er grinste. »Aber andererseits, ihr beide ... für dich muß ich mir was besonders Feines einfallen lassen, Doktorchen. Ich weiß schon. Wie wäre es, wenn ich dich an die Steckdose da drüben anschließe?« Er mußte kichern. »Elektroschocktherapie. Das wäre doch was. Schockt einem das Leben aus dem Leibe.«

Er verstummte für einen Moment.

»Was hast du mit Sammy gemacht, Zach? Er ist doch unser Sohn.«

»Ja, nur schade, daß er dich zur Mutter hat.«

»*Wo ist er?*«

»Eigentlich ganz simpel. Ich mußte bloß warten, bis du wieder einmal einen von deinen bösen Gedanken hattest, die dich immer so aufregen. Und schon läßt du mir eines Tages während dieses Unsinns mit deinem neuen Seelendoktor einen in den Schoß fallen.«

»Ich habe dir von meinem Traum während der Sitzung erzählt.«

Er sah sie an und lächelte. »Natürlich hätte ich es lieber so gehabt wie ursprünglich geplant«, sagte er zu David gewandt, »daß die Todeshexe sich nämlich selber umbringt, aber man muß auch mal Zugeständnisse machen können. Bleibt nur die Frage, wie. Was sein muß, muß ...«

»*Du hast Rita umgebracht!*« schrie Laura. »Du hast meine Bilder benutzt! Du wolltest, daß ich denke ...«

»Die Bilder!« sagte er und grinste breit. Er ließ sich vom Tresen gleiten und trat auf die beiden zu. »Die Bilder. Warum gehen wir nicht nach oben und schauen uns die Bilder mal an? Ja. Das ist doch eine prima Idee. Wenn wir schon da oben sind, kann Laura uns ja mal einen ihrer kleinen Alpträume malen. Vielleicht ein Bild von einem liebenden Paar? Ein totes Paar. Wie sie da liegen in ihrem nackten Glanz. Würde sich damit der Kreis nicht auf wunderbare Weise schließen? Sie bringt ihn um und nimmt sich dann selbst das Leben. Perfekt!«

Er trat auf David zu und stieß ihm die Pistole in die Hüfte.

»Los jetzt!«

Lauras Atelier war ins Licht der Nachmittagssonne getaucht. Die Bilder waren alle da, genau wie David sie erinnerte, genau so schockierend, verstörend, bewegend. Das Feuer. Der Tiger. ›Alptraum unter dem Mond‹ stand noch auf der Staffelei. Die Schatten sahen noch düsterer aus, die Gestalten noch schauriger, noch schärfer konturiert, noch lebendiger. Das Blut an den Klauen des Dämonen war von tiefer Purpurfarbe. David sah sich um. Auf dem Zeichentisch war die Skizze von Lauras Vater und dem Dämon an seiner Brust mit Reißnägeln befestigt.

Wade befahl ihnen, sich auf den Boden zu setzen. Dann wühlte er in einem Stapel von Skizzenblöcken, zog einen heraus und gab ihn Laura. Von der Staffelei nahm er einen Kohlestift und warf ihn Laura zu. Er sprang einmal vom Boden auf und rollte dann bis vor ihre Füße.

»Los, zeichne!«

»Das ist doch nicht dein Ernst, Zach!«

Er hielt die Pistole an Davids Kopf. » Los!«

»Was soll ich denn zeichnen?«

»Das habe ich dir doch schon gesagt. Ein totes Liebespaar.« Er begann im Kreis um sie herumzulaufen wie ein Tiger um seine Beute, die Pistole ständig auf Davids Kopf gerichtet.

Langsam nahm Laura den Kohlestift auf und malte mit zitternder Hand eine fließende Linie aufs Papier. Und noch eine. Nach wenigen Minuten hatte sie die Umrisse einer auf dem Rücken liegenden Frau gezeichnet. Sie hatte die Augen geschlossen und war nackt. Der eine Arm lag ausgestreckt neben ihr, der andere ruhte abgewinkelt auf ihrem Herzen. Die Frau sah natürlich wie Laura aus.

Hatte sie nicht auf all diesen Leinwänden immer wieder sich selber dargestellt? Mal mit Klauen, mal mit Fängen, aber stets sich selber?

Wade trat näher, um die Zeichnung zu inspizieren. »Sehr gut. Jetzt der andere.«

Nach ein paar weiteren Minuten würde sie fertig sein. Nach ein paar Minuten würde er sie beide töten und sie dann hier mit der Skizze liegenlassen. David mußte irgend etwas tun. Vielleicht sollte er noch einmal versuchen, den kleinen Jungen in Zach Wade zu erreichen.

»Henry«, sagte er, »es muß furchtbar für dich gewesen sein zu sehen, wie dein Vater...«

»*Willst du wohl nicht über meinen Vater reden!*«

David sah den Mann an, der drohend über ihm stand. Ja. Das war es.

»Aber du *möchtest* doch darüber reden, Henry. Du hast noch nie mit jemandem darüber gesprochen, nicht wahr? Du hast deinen Vater doch *geliebt.* Du hast ihn *gebraucht.* Das hat nie jemand begriffen.«

»Mein Vater war schwach. Er war der Liebhaber der Todeshexe. Überhaupt kein richtiger Mann.« Während Wade zu David sprach, kam ein knurrendes Geräusch aus seiner Kehle.

Vorsichtig richtete sich David auf und sah ihm ins Gesicht.

»Henry, dein Vater hat dich auch geliebt.«

»*Ich brauche dein Mitleid nicht.*«

»Henry, du brauchst es doch. Du verdienst es.«

»Ich verdiene überhaupt nichts.« Die Hand, in der er die Waffe hielt, zitterte.

»Du warst doch noch ein kleiner Junge. Kein kleiner Junge sollte so viel Blut sehen müssen.«

Wade stieß zwischen zusammengebissenen Zähnen ein Geräusch aus, teils ein Schrei, teils ein Heulen. Und da war noch ein Geräusch.

Eine Sirene.

Zachary Wade stand da wie erstarrt, die Pistole immer

noch in der Hand. Schweiß lief ihm übers Gesicht. Er lauschte, legte dabei den Kopf auf die Seite wie ein Tier, wirbelte herum und war – mit einem letzten Blick auf Laura, den David nie vergessen würde – aus der Tür hinausgerannt und stürmte die Treppe hinab.

David rannte ihm nach, Laura folgte dicht hinter ihm. Doch als sie zur Tür hinaus waren und über den Rasen zum Bootssteg gelaufen kamen, wußten sie, daß es zu spät war. Sie hörten das Aufheulen des Rennbootes und sahen es in den Sund hinausschießen.

Die beiden standen auf dem Steg und sahen dem Boot nach, das immer kleiner wurde, bis es nur noch wie ein winziger roter Edelstein auf der metallisch glänzenden Wasseroberfläche aussah.

»Ich weiß, wo Sammy ist«, sagte Laura plötzlich. »Zach hat ihm nichts getan. Noch nicht. Ich habe es in seinen Gedanken gesehen.«

David legte den Arm um sie und drückte sie an sich. Da standen sie nun auf dem Steg vor dem weiten Meer.

Sie drehten sich um und hatten mit einem Male Henry Culligan vor sich. Hinter seinem Rücken wimmelte es nur so von Polizeiuniformen.

40

Drei Monate später fuhr David bei Lauras Haus vor. Draußen traf er auf Sammy, der dick eingemummelt in einem gefütterten Overall unter der kahlen Buche hockte und mit Lastautos im Schnee spielte.

»Hi, Dr. Goldman.«

David stapfte zu ihm hin, kniete nieder und sah ihm tief in die Augen. Lauras Augen, ein beinahe schwarzes Braun.

»Sammy, würde es dir etwas ausmachen, mich David zu nennen?«

»Okay, David, aber du bist nicht mein Daddy.«

»Natürlich nicht, Sammy. Das weiß ich doch.«

Der Junge wandte sich seinen Lastautos zu, ließ eines haarscharf an Davids Fuß vorbeisausen und sah wieder auf.

»Wo ist mein Daddy?«

Plötzlich traten David die Ereignisse der letzten Monate wieder vor Augen; er sah sich auf dem Steg stehen und Zachary Wade nachblicken, der am Horizont immer kleiner wurde; wie er mit Culligan und seinen Männern in das Hotelzimmer gestürzt war und Sammy gefunden hatte, verängstigt, aber unversehrt; die Jagd auf Zachary Wade, die mit einem Anruf bei der Küstenwache ihren Anfang nahm und ihren vorläufigen Abschluß mit einer im Nichts endenden Spur am Kennedy Airport und einem Flug nach Südamerika fand; Culligan, der ihn darüber in Kenntnis setzte, daß Barbara Dreedle Moore Wades wahre Identität bestätigt hatte; der Versuch, all das Lauras Kindern zu erklären; ihr Zorn auf sie beide, David und Laura; und Lauras liebevolle, hartnäckige Versuche, sie wieder für sich einzunehmen; Davids und Lauras Aussagen vor der Untersuchungskommission seiner Standesvereinigung; die Entscheidung der Kommission, seine Lizenz nicht einzuziehen.

»*Wo* ist mein Daddy, David?«

»Dein Daddy war sehr krank, Sammy«, sagte David. »Er war so krank, daß er nicht mehr hier bei euch wohnen bleiben konnte; er mußte woanders hinziehen.«

»Was war er denn krank?«

David hatte es ihm schon so viele Male erklärt, aber er würde es immer wieder tun, solange und sooft es nötig war. Was Zachary Wade den Kindern auch angetan haben mochte – damit würden sie zur gegebenen Zeit fertig werden, wenn sie soweit waren.

»War mein Daddy krank mit Masern?« fragte Sammy.

»In seinem Kopf, Sammy. Mit etwas, was in seinem Kopf ist und einen Menschen schlechte Dinge tun läßt.«

»Aber warum hat er mich dahin mitgenommen und mich ganz allein gelassen?«

»Ich weiß es nicht, Sammy. Ich bezweifle sogar, daß *er* es weiß.«

»Sammy, komm jetzt herein«, rief Laura von der Tür. »Es wird zu kalt für dich.« David fand, daß sie schöner aussah als je zuvor. Sie hatte in den vergangenen Monaten enorme Fortschritte gemacht. Sie hatte sich über so vieles klar werden, so viel Schmerz, so viel Zurückweisung verarbeiten müssen.

»Sammy?«

»Och, Mom, laß mich doch spielen.« Aber dann sammelte er doch seine Autos zusammen und folgte David ins Haus.

Laura machte die Tür für David weit auf.

»Niles Martin hat wieder angerufen«, sagte sie.

»Und?«

»Und ich denke über seine Vorschläge nach. Es fällt mir schwer, meine Geheimnisse mit jemandem zu teilen.«

»Das kann ich mir denken«, sagte David. »Wo wir gerade von deinen Geheimnissen reden, was macht das neue Werk?«

»Es ist fertig. Möchtest du es mal sehen?«

Sie gingen hinauf auf den Dachboden. Oben hieß sie

ihn einen Meter vor der Staffelei stehenzubleiben, während sie langsam das Tuch von dem Bild herunternahm.

David betrachtete das Gemälde. Es war einfach großartig, das beste Bild, das sie je gemalt hatte, voller Tiefe und Reichtum und ohne die Dämonensymbolik ihrer früheren Werke. Dennoch evozierte es dieselben elementaren Gefühle, dieselbe düstere Erhabenheit, die Vermischung von Alptraum und Realität – ein behutsam mit feinstverteilten Pinselstrichen ausgeführtes Spiel von Schatten und Licht, die beinahe unmerklich ineinander übergingen.

Es war ein dunkles Bild, ein weites Panorama eines breiten, trüben Stromes und seiner Ufer unter der Kuppel eines drohenden Gewitterhimmels. Die unwirklich anmutende Landschaft bestand gänzlich aus schwarzen, braunen und dunkelgrünen Tönen. In dem dichten Geflecht von Ranken und von schwerer Feuchtigkeit in den Uferschlamm herabgedrückter Farne konnte man deutlich die Gegenwart unzähliger Lebewesen von unterschiedlichster Art und Größe erkennen – und sie alle warteten, lauerten, hockten auf jedem Ast, krabbelten über den Boden des Dschungels, durch das Blattwerk der Bäume und bewegten sich unter der Wasseroberfläche.

»Ich nenne es ›Morgen‹, sagte sie. »Technisch ist es doch ganz gut geworden, findest du nicht?«

David legte den Arm um ihre Schultern. Sie war schon ein besonderer Mensch, diese Laura Wade – so begabt, mehr als in einer Hinsicht. Und entsprangen ihre verschiedenen Begabungen doch nicht ein und derselben Vision? Sie mußte nur die Augen öffnen, den Mut fassen, auch jenes zweite Paar Augen zu gebrauchen.

»Du malst wohl immer noch deine Träume?«

»Dieser hier sollte das Wohlgefallen meines Psychiaters finden, David«, sagte sie. »Dieses Bild hat mir geholfen, mit meiner Wut fertig zu werden.«

»Ich kann dir einen Menschen nennen, der mit seiner Wut nicht fertig geworden ist. Henry Culligan.«

»Weil Zach ihm entwischt ist?«

David nickte.

»Aber er ist nicht entwischt, David.«

Er sah sie erstaunt an. »Woher weißt du das? Hat Culligan ihn gefunden?«

Sie lachte. »Warum ist der Mann, den ich liebe, nur so dumm?«

»Es muß dir wirklich besser gehen, wenn du dich schon über mich lustig machst.«

Sie zeigte auf das Bild. »Er ist da drin, David. Ich habe ihn in meinem Traum gesehen.«

David sah wieder die Leinwand an und fragte sich nicht zum ersten Mal, ob er wohl überhaupt etwas über Menschen wußte, über das Leben, über den Wahnsinn.

Fast in der Mitte des Bildes war das entscheidende Element; ein winziges Etwas, das im Wasser schwamm, eine kleine Gestalt – ein Mann mit blondem Haar und feinen Zügen, eine vollkommene Ähnlichkeit. Die hellen Fleischtöne des Mannes waren fast liebevoll gemalt. Er schien durch ein von innen ausströmendes Licht zu leuchten, als wäre er die einzige Quelle, durch die die ganze Szene vom Wasser aus erhellt wurde. Er sah zum Himmel hinauf, die Arme über dem Kopf ausgestreckt, als flehe er um Erlösung. Und sein offener Mund stieß einen stummen, qualvollen Schrei aus.

41

Doktor Raoul Mendez war mächtig stolz auf sein neues Röntgengerät. Erst vor einem Monat war es eingetroffen, von einem Lastwagen aus Manaus gebracht, nach einer langen, beschwerlichen Reise durch das unwegsame Terrain des Regenwaldes. Idiotische Bürokraten. Die Mendez-Klinik leistete hier wichtige Arbeit. Die Menschen benötigten die moderne ärztliche Hilfe, die Mendez ihnen brachte, wenn es auch in Form eines Einzimmerhospitals geschah, das über ein zwanzig Jahre altes Röntgengerät und eben gerade über fließendes Wasser verfügte. Dem Mann auf dem Bett dort in der Ecke allerdings würde der neue Apparat nicht mehr helfen können. Ein paar Indianer hatten ihn heute morgen angeschleppt. Sie hatten ihn am Ufer des trüben Flusses gefunden, ihn bei der Klinik abgeliefert, wo sie ihn, vor Schmerzen brüllend, vor die Haustür legten. Dann waren sie eilig davongerannt.

Armer Kerl.

Mendez wischte ihm mit einem Handtuch den Schweiß vom Nacken. Um diese Zeit des Jahres war es hier so heiß, so feucht und drückend, daß schon Mendez selber es nur mit Mühe aushalten konnte. Aber er war nun seit zwei Jahren hier und gewöhnte sich nach und nach an die Geräusche des Urwaldes; die unsichtbaren Kriechtiere, das Pfeifen und Schreien der Vögel, das Summen der Insekten, das konstante Plätschern des Regens.

Er warf einen Blick auf die Schwester und dann auf den Mann, der sich auf dem Patientenbett krümmte und sich in den schweißnassen Bettbezügen verhedderte. Mendez hatte ihn an den Knöcheln und Handgelenken festbinden müssen, aber er wand und wälzte sich noch immer, besinnungslos vor Schmerzen. Seine durchdringenden Schreie vermischten sich mit dem allgegenwärtigen Urwaldlärm.

Mendez legte eine der Röntgenaufnahmen, die er gemacht hatte, auf die beleuchtete Glasplatte. Die Aufnahme zeigte mehrere kleine dunkle Punkte – Löcher in der Lunge des Mannes.

»So etwas habe ich noch nie gesehen, Rosa«, sagte Mendez in seiner Muttersprache. »Schauen Sie, hier, auf der rechten Seite. Drei Stück davon.«

Mendez legte eine andere Aufnahme auf die Platte. »Und hier. Mehrere von den Parasiten, im Darm. Und in der Niere. *Candiru.* Ekelhafte Würmer. Hier, in den Hoden. Da ist er eingedrungen. Sehen Sie, wie er das Fleisch zum Anschwellen bringt.«

»Er muß sein Weibchen gleich mitgebracht haben, Doktor« sagte die Schwester. »Der Mann hat so viel Blut verloren. Er hat furchtbare Blutungen. Können wir denn gar nichts tun?«

»Einmal habe ich einem Mann einen herausoperiert. Aber hier? Unmöglich. Zu viel Gewebe angegriffen. Überall hat er sich eingesaugt.«

Ein Geräusch von der Tür.

Mendez sah das Mädchen an, das nun schon seit Stunden dort stand und sie beobachtete. Ihre Haut war dunkel, glatt, jung. Eine Kindfrau.

»Was weißt du darüber?« fragte Mendez.

»Ich bin ein gutes Mädchen«, antwortete sie. »Ich tue immer, was man mir sagt.«

»Und wer sagt dir, was du tun sollst?«

Sie zeigte auf den Mann. »Er. Er kommt schon seit vielen Jahren hierher. Ich halte sein Haus sauber. Ich ...« Sie sprach nicht weiter und wandte den Blick ab.

»Was machst du? Erzähl es mir.«

Das Mädchen zögerte. »Ich tue, was er von mir will. Und dann gehe ich weg. Er gibt mir ein paar Cruzados.«

Mendez sah sie an. Sie war höchstens vierzehn. »Weißt du, wer er ist?«

»Er hat mir nie seinen Namen gesagt. Er sagte, er hätte keine Familie, kein Land, keine Leute.«

»Wo lebt er?«

»In einer kleinen Hütte, hier ganz in der Nähe. Er hat sie vor vielen Jahren gebaut. Vor vier Monaten ist er zurückgekommen. Er sagte, diesmal würde er für immer bleiben.« Sie schluckte. »Er ist sehr schlecht zu mir.«

Der Mann stieß ein paar Worte aus, Fragmente seiner Gedanken. Gott sei Dank, dachte Mendez. Er schien nicht bei Bewußtsein zu sein. Niemand könnte solche Schmerzen ertragen. Was wollte er sagen? Der Arzt verstand einzelne Worte; er hatte als Junge Englischunterricht erhalten. Irgend etwas von wilden Tieren, Klauen, Töten. Mendez hörte konzentriert hin: »Daddy, ich habe geträumt. Ich habe Geräusche gehört. Unten im Haus. Ich ging hin. Ich habe die Tür aufgemacht, Daddy. Daddy. Alles ist voller Blut.«

Worte, die keinen Sinn ergaben. Irgendwas aus seinem Leben.

Der Mann war ruhiger geworden. In kurzen, gequälten Zügen schnappte er nach Luft. Er stöhnte leise. Mendez befühlte seinen aufgeblähten Bauch. Sein Fleisch schimmerte grünlich. Sein Atem roch faul.

Plötzlich öffnete der Mann die Augen und wollte sich aufrichten. »Laßt mich. Ich muß SIE töten.«

Der Arzt rückte näher heran. »Wen?«

»Todeshexe«, flüsterte er. Dann sank sein Kopf zurück. Er schloß die Augen.

Mendez wandte sich der kindlichen Hure zu, die immer noch in der Tür stand. »Was weißt du darüber, Mädchen?«

»Er hat immer von diesem Dämon Todeshexe gesprochen«, sagte sie. »Er ist der einzige, der sie zerstören kann. Er weiß schon genau wie, sagt er, aber die Todeshexe ist sehr gerissen. Sie kann mit den Gedanken töten. Das böse Auge.« Ängstlich schrak sie zurück.

Der Doktor sah sie an. In diesem Teil des Amazonasgebietes hatten die Eingeborenen viele uralte Legenden, viele Ängste. Dieses Mädchen hatte die Ehre ihres Stammes befleckt, indem sie sich diesem Mann verkaufte. Doch mit ihrem primitiven Verstand glaubte sie immer noch an solche Geschichten wie die von der Todeshexe.

Der Mann aber war ein Fremder. Er würde nicht an so etwas glauben.

»Er hat mir gesagt, daß die Todeshexe ihn beschmutzt hat«, sagte das Mädchen. »Er sagte, daß er sich reinwaschen mußte, im Fluß.«

»Die Fremden haben keinen Respekt vor dem Fluß«, sagte Mendez. »Hast du ihm nicht gesagt, daß er nicht in dem verseuchten Wasser schwimmen soll?«

»Ich habe ihn vor *Candiru* gewarnt.«

Die Augen des Mannes klappten wieder auf.

»Gütiger Himmel, er ist bei Bewußtsein«, sagte die Schwester.

»Geben Sie ihm etwas gegen seine Schmerzen.«

Ja. Etwas Morphium. Im Verlauf der Nacht würde es schlimmer mit ihm werden, wenn sich die Parasiten weiterbohrten. Das Morphium würde ihm helfen, leichter zu sterben. Mendez wies die Schwester an, eine Spritze vorzubereiten, hielt dann inne. Der Mann starrte ihn an. Es war etwas Beunruhigendes an seinen Augen, diesen stechenden grünen Augen. Das Weiße war nun mit einem feinen roten Netz überzogen. Die Blutbahnen platzten auf. Der Blick des Mannes rührte nicht von seinem Schmerz her. Er war irgendwie grausam, erbarmungslos. Als wäre das Leben aus seinen Augen gewichen.

Als wäre der Mann schon tot.

Mendez trat einen Schritt zurück.

»Doktor?«

»Tut mir leid, Rosa«, sagte er. »Wir können unser Morphium nicht für die Sterbenden verschwenden. Wir haben ja kaum genug für die Lebenden.«

Langsam zog Raoul Mendez den Vorhang um das Bett des Mannes zu. Draußen, vor der Klinik, kreischte ein Affe.

Danksagungen

Ich möchte mich bei Hillel Black von der Birch Lane Press bedanken; bei John Hawkins, meinem Agenten, für sein Vertrauen und seine Unterstützung von Anfang an; bei Dres. Marlin und Marcia Brenner für ihre fachlichen Kommentare; bei Dave King, John Maloney und Jane Rafal für ihre Unterstützung, ihre Vorschläge, guten Ratschläge und dafür, daß sie mir immer wieder mal auf die Sprünge geholfen haben.

Doch am allermeisten möchte ich der unermüdlichen Renni Browne meine zutiefst empfundene Dankbarkeit aussprechen, meiner Lehrerin, meiner Freundin, die an mich glaubt.

SERIE PIPER

Thomas Perry

Die Hüterin der Spuren

Roman. Aus dem Amerikanischen von Fritz R. Glunk. 319 Seiten. SP 5683

Jane Whitefield ist eine Spezialistin in ihrem Beruf. Sie läßt Menschen verschwinden, indem sie ihnen neue Identitäten verschafft. Ein Grund dafür ist ihre Abstammung. Jane ist Halbindianerin und versteht sich darauf, Spuren zu verwischen und Finten zu legen, bis ein Mensch wie unauffindbar ist. Als eines Tages ein John Felker ihre Dienste erbittet, ein Buchhalter, der eine Menge gestohlenes Geld für sich abgezweigt hat, nimmt sie den Auftrag an. Sie schließt ihn auch erfolgreich ab. Doch dieser Auftrag hat Folgen: Zwei Tote im dichten Netz der falschen Fährten und dunklen Geheimnisse! Jane beginnt zu begreifen, daß sie selbst in die Irre geführt worden ist, und bietet alles auf, die rätselhaften Vorgänge aufzuklären.

Der Tanz der Kriegerin

Roman. Aus dem Amerikanischen von Fritz R. Glunk. 357 Seiten. SP 5686

Ein achtjähriger Knirps stürzt in den Gerichtssaal, wo er gerade für tot erklärt werden soll: »Ich bin Timothy Phillips!« Da Timmy Erbe eines Millionenvermögens ist, begibt er sich in höchste Lebensgefahr, denn irgend jemand ist hinter ihm und seinem Geld her. Jane Whitefield ist schon länger diskret in der Umgebung Timmys und hat diese höchst gefährliche Aktion geplant.

Die Jagd der Schattenfrau

Roman. Aus dem Amerikanischen von Fritz R. Glunk. 443 Seiten. SP 5687

Pete Hatcher verschwindet spurlos während einer glanzvollen Magic-Show in Las Vegas. Inszeniert hat dies Jane Whitefield, die Halbindianerin, eine Meisterin raffinierter Verwirr- und Vesteckspiele. Doch sie ahnt nicht, daß die Killer, die Pete auf den Fersen waren, nun sie selbst im Visier haben …

Elizabeth Chaplin

Geisel des Glücks

Szenen eines Ehekrimis. Aus dem Englischen von Edith Walter.
301 Seiten. SP 5688

Wer träumt nicht von dem Millionengewinn? Als Susan Bentham, im Hauptberuf Hausfrau, fast anderthalb Millionen Pfund im Fußballtoto gewinnt, scheint für ihren Ehemann Jeff, ebenso erfolgreich als Rechtsanwalt wie als Schürzenjäger, der Traum wahr zu werden: genügend Geld, um den Rest seines Lebens in Luxus zu verbringen, einen Rolls Royce zu fahren und eine junge, attraktive Geliebte zu haben. Für seine Frau Susan dagegen bedeutet der unerwartete Geldsegen endlich Unabhängigkeit: Eine neue Welt tut sich auf, Aufmerksamkeit und neue Interessen stellen sich ein sowie ein wundervoller Liebhaber und, last but not least, die Chance, sich für eine frustrierende, demütigende Ehe zu rächen. Das Ehedrama beginnt, in dessen Verlauf nicht nur Porzellan zerdeppert wird …

Karin Fossum

Evas Auge

Roman. Aus dem Norwegischen von Gabriele Haefs.
368 Seiten. SP 2705

Könnte sie als Prostituierte ihr Geld verdienen? Für die junge, bislang erfolglose Malerin Eva Magnus stellt sich diese Frage, als sie ihrer Jugendfreundin Maja begegnet. Diese ist der lebensfrohe Beweis dafür, wie man durch Anschaffen zu viel Geld kommt. Eva beginnt ihre Lehre: Durch einen Türspalt läßt Maja sie dabei zusehen, wie sie einen Kunden empfängt. Aber es kommt zu einem Streit, und die Voyeurin im Nebenzimmer bleibt mit der Leiche der Freundin zurück. Der sympathische Kriminalkommissar Sejer, der in dem Mordfall ermittelt, ahnt, daß die junge Künstlerin mehr zu erzählen hat, als sie aussagt, und Eva muß befürchten, daß der Mörder um die Zeugin weiß. Ein ungemein spannendes Drama um eine junge, alleinerziehende Frau.

»Mit ›Evas Auge‹ liegt weit mehr vor als ein ausgezeichneter Kriminalroman.«
Bayerischer Rundfunk

Gemma O'Connor

Tödliche Lügen

Psychothriller. Aus dem Englischen von Inge Leipold. 479 Seiten. SP 5658

Es ist kaum drei Wochen her, daß Grace Heartfield ziemlich überraschend und brutal von ihrem Mann verlassen wurde. Dann findet sie einen amtlichen Brief im Briefkasten! Doch er hat nichts mit ihrem Mann zu tun, sondern kündigt eine Erbschaft an: Ihre Schwester sei gestorben – Grace wußte nichts von deren Existenz. Und wer ist der mysteriöse Holländer, der sich im Dubliner Kanal ertränkte? Grace reist nach Dublin und muß mehr und mehr erkennen, daß ein Gespinst aus Halbwahrheiten und Verschleierungen ihr Leben vergiftete, daß Angst und Terror ihre Kindheit bestimmten. Sie folgt den Spuren der Toten und wagt es, genau hinzusehen, wagt es, die Büchse der Pandora zu öffnen. Gemma O'Connor gelang ein psychologisch dichter Thriller, der in London und Dublin spielt, dessen Schauplatz aber gleichzeitig die Abgründe menschlichen Versagens sind.

»Ein Buch, das man nicht aus der Hand legt.«
Brigitte Dossier

Fallende Schatten

Psychothriller. Aus dem Englischen von Inge Leipold. 412 Seiten. SP 5659

»Das ist eine Geschichte, von der man nicht mehr loskommt. Eine Geschichte von Schuld und Sühne, von Ehrgeiz und Geldgier. Gemma O'Connor verdient eine Menge Punkte auf der nach oben offenen Krimi-Skala.«
Frankfurter Rundschau

Wer aber vergißt, was geschah

Psychothriller. Aus dem Englischen von Inge Leipold. 426 Seiten. SP 5689

Holy Retreat, ein Nonnenkloster hoch über einer Bucht bei Dublin, muß renoviert werden. Die verarmten Schwestern lassen sich deshalb dazu überreden, das Friedhofsgelände zu verkaufen. Die junge Rechtsanwältin Tess Callaway soll die heikle Angelegenheit abwickeln. Doch bei der Umbettungsaktion taucht plötzlich ein Sarg zuviel auf. Tess wittert skrupellose Machenschaften, Geldgier und Verrat. Sie beginnt, viele unangenehme Fragen zu stellen – und setzt eine Katastrophe in Gang.

Susanne Mischke

Mordskind

Roman. 360 Seiten. SP 2631

Der fünfjährige Max ist ein wahrer Satansbraten, destruktiv und böse. Als Max plötzlich spurlos verschwindet, gerät die spießige Kleinstadt in Aufruhr, weil dies der zweite Fall in kurzer Zeit ist. Allerdings trauert niemand um ihn, nicht einmal seine Mustermutter Doris. Die sucht sich das Prachtkind Simon als Ersatz. Und ihre Freundin Paula, Redakteurin und beruflich ständig im Streß, bemerkt viel zu spät das teuflische Intrigenspiel um sich und ihren Sohn Simon.
Susanne Mischke hat mit »Mordskind« einen beklemmenden Psychokrimi geschrieben, der zugleich sarkastische Schlaglichter auf einen grassierenden Mutterschaftswahn wirft und das Dilemma zwischen Kind und Karriere mit Ironie und Einfühlungsvermögen zur Sprache bringt.

»Ein Kriminalroman der Extraklasse, lebensnah und spannungsvoll.«
Der Tagesspiegel

Der Mondscheinliebhaber

Roman. 255 Seiten. SP 2828

Das Leben ist zu kurz, um schlechten Sex zu haben, sagt sich die Malerin Valentine, als sich im ehelichen Schlafzimmer nichts Aufregendes mehr tut, und stöckelt hinüber zum neuen Nachbarn Ludwig: Philosoph, Gesundheitsapostel, arbeitsscheu und unzuverlässig, aber ausgestattet mit wunderbaren blauen Augen und einer göttlichen Figur. Klar, daß diese Liaison Valentines Gatte Frank nicht lange verborgen bleibt. Doch der widmet sich unverdrossen seiner Leidenschaft, kocht Ente mit Trüffel, Lamm in Kräuterkruste, Mousse au Chocolat. Plant er etwas? Bald lernt Valentine, daß der Mensch des Menschen Feind ist und die größte Bestie in einem selber steckt. Als plötzlich eine Leiche auf der Terrasse ihres Geliebten liegt, kommt nicht nur Valentines kreative Ader, sondern auch ihr Sinn fürs Praktische voll zur Geltung …

Fran Dorf

Dämonenlied

Roman. 512 Seiten. Geb.
Aus dem Amerikanischen von Marcel Bieger.

Dinah, Psychologin mit gutgehender Praxis, ist glücklich verheiratet und dreifache Mutter. Als ihr über alles geliebtes Sorgenkind, der fünfjährige Elias, schwer erkrankt und ins Koma fällt, beginnt für Dinah ein Horrortrip. Auf der Intensivstation begegnet ihr ausgerechnet der dubiose Seth wieder, ein ehemaliger Liebhaber, den sie seit Jahren für tot gehalten hat und am liebsten für immer vergessen hätte. Sein rätselhaftes Erscheinen weckt bei ihr dunkle Erinnerungen. Dinah, die in ihrer Hilfslosigkeit bereit wäre, jeden Preis zu zahlen, um ihren kleinen Sohn zu retten, läßt sich von Seth zu einem fatalen Deal überreden. Doch als sie erkennt, worauf sie sich eingelassen hast, hat sie bereits zu viel aufs Spiel gesetzt: ihren Beruf, ihre Ehe und die beiden anderen Kinder.
Wie in »Die Totdenkerin« versteht es Fran Dorf perfekt, atemberaubende Spannung mit psychologischen und übersinnlichen Elementen zu kombinieren – bis zum bitteren Ende.